主编　钟起煌

顾问　周銮书

副主编　邵鸿　彭适凡（常务）　方志远

江西通史

江西人民出版社
Jiangxi People's Publishing House
全国百佳出版社

《江西通史》编辑委员会

主　任　钟起煌

副主任　钟健华　傅伯言

委员（以姓氏笔画为序）

方志远　孙家骅　邵鸿　林学勤　彭适凡

编委会办公室

主　任　孙家骅

副主任　游道勤

工作人员（以姓氏笔画为序）

王琴红　王紫林　曾敏

常务编辑

林学勤　徐建国　游道勤

江西通史 清前期卷

梁洪生 李平亮 著

图书在版编目(CIP)数据

江西通史·清前期卷/梁洪生　李平亮著.—南昌:江西人民出版社,2008.12(2017.8重印)
(江西通史/钟起煌主编)
ISBN 978-7-210-04025-5

Ⅰ.江… Ⅱ.①梁…②李… Ⅲ.江西省—地方史—清前期 Ⅳ.K295.6

中国版本图书馆 CIP 数据核字(2008)第 212957 号

江西通史·清前期卷

梁洪生　李平亮　著
责任编辑:张国功
封面设计:同异文化传媒
出版:江西人民出版社
发行:各地新华书店
地址:江西省南昌市三经路47号附1号
学术出版中心电话:0791-86898330
发行部电话:0791-86898815
邮编:330006
网址:www.jxpph.com
E-mail:swswpublic@sina.com　web@jxpph.com
2008年12月第1版　2017年8月第3次印刷
开本:787毫米×1092毫米　1/16
印张:26.5　插页:4
字数:450千字
ISBN 978-7-210-04025-5
版权所有　侵权必究
定价:100.00元
承印厂:江西华奥印务有限责任公司印刷

龙南县燕翼围,始建于清顺治七年,落成于清康熙十六年,占地面积1368平方米

龙南县关西新围,始建于清嘉庆三年,竣工于清道光七年,占地面积7700平方米

①

① 贵溪耳口曾家清代建筑群
② 清康熙五十九年滕王阁图
③ 清康熙年制花卉杯
④ 清康熙年制粉彩盘龙盒
⑤ 清雍正年制青花桃蝠纹瓶
⑥ 清乾隆年制青花番莲八宝纹大瓶
⑦ 清雍正年制青花龙穿花纹天球瓶

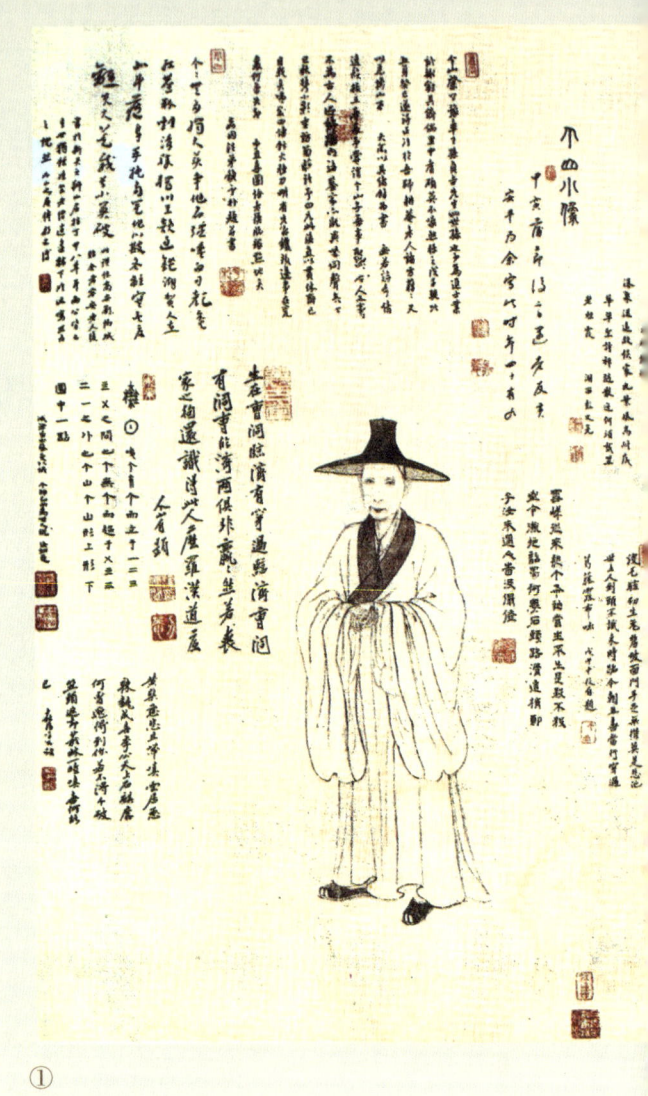

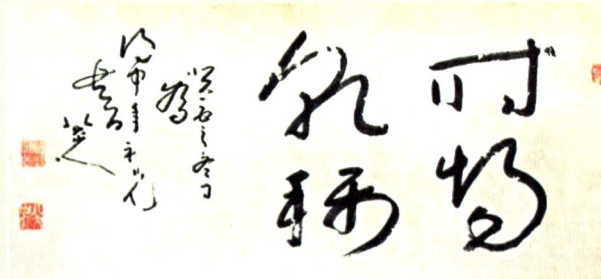

① 八大山人自画像
② 朱耷花鸟斗方
③ 朱耷行书横幅

总 序

钟起煌

世界上的很多事情都是由机缘而起因执著而成,包括我们这部《江西通史》。

说由机缘而起,是因为这件事情的发生几乎纯属偶然。2002年夏天,我和彭适凡、孙家骅同志谈到江西悠久的历史、谈到江西辉煌的文化,因而产生了组织专家编撰《江西通史》的设想,彭、孙二位当即认为此举当行而且可行。

说因执著而成,是因为一旦有这个想法,而且认为这是一件研究江西历史、弘扬江西文化的重要工程,就决心去做。为此,我征询了周銮书同志的意见,并邀请邵鸿和方志远同志共商此事,得到他们的热烈响应。2002年10月18日,在江西省文物局和江西师大历史文化与旅游学院共同举办的全省文博教育成果展示与经验交流会上,我向大会通报了编撰《江西通史》的意见,引起全体代表的热烈反响,大家用长时间的热烈掌声表示支持,认为这是贯彻"三个代表"重要思想、全面挖掘和整理江西传统文化、推进江西经济文化建设的一大盛事。有了这个共识,12月13日,准备工作进入实质性阶段。在我的主持下,召开了有关专家和编辑人员的联席会议,对编撰《江西通史》的指导思想、作者人选、工作日程、成果形式等具体问题展开了比较细致的讨论。2003年2月15日,召开了第一次编撰工作会,《江西通史》的编撰工作就此正式启动。

虽然说是机缘和偶然,但新的《江西通史》的编撰,实具备诸多因素和条件。

一、江西在中国历史上具有重要的地位。根据最新的考古发现,在江西这块土地上,人类的活动至少已有20万年历史,它是中华民族发展史和古代文明发展史的重要组成部分;唐末五代以来,随着全国经济重心的南移,江西遂为全国经济文化最为发达的省份之一,其物产之富、人才之众,举世瞩目;进入20世纪,江西又因为中央苏区的建立而成为全国苏维埃运动的中心。很难想象,在十分漫长的时段里,没有江西的中国历史将会是什么样子。

二、文献与实物资料丰富。江西既有"物华天宝、人杰地灵"之誉(唐王勃语),又素称"文章节义"之邦(宋司马光语)和"人文之薮"(清乾隆帝语),存世官修私撰文献极为丰富。近年来一系列的考古发现,既可弥补文字记载之不足,更可与文献资料相互印证,为编撰《江西通史》提供了可供参考的实证材料和科学依据。

三、前期成果丰硕、学术队伍整齐。老一辈的历史学家仍然健在,他们不但学术积累深厚,而且对研究江西历史有着强烈的责任心;中青年学者正趋成熟,他们继承了前辈学者的严谨学风,又吸收了新的研究方法和研究技术,思维敏捷,勇于创新。在他们的共同努力下,这些年来已有大批高质量的有关江西历史的学术成果问世,这些成果涉及江西历史的方方面面,为编撰《江西通史》奠定了坚实的学术基础。

四、政治环境宽松、经济形势发展。盛世修志是中国的传统。改革开放以来,政通人和,国泰民安,江西经济和全国一样,有较快速度的发展。这为编撰《江西通史》提供了自由的学术气氛和比较充裕的财力保证。近年来,江西的学术事业和出版事业取得了有目共睹的成就,连续获得中宣部"五个一"工程奖和国家图书奖、中国图书奖,给江西文化艺术界和学术界以振奋,也引起了各兄弟省市的关注。这些成就的取得,为我们组织大规模著作的编撰工作提供了经验。而周边各省如湖北、湖南、浙江以及其他省市新编通史的纷纷问世,对《江西通史》的编撰是有力的推动,也提供了有益的借鉴。

五、从我个人来说,当时也恰恰能分出一些精力和时间来抓这件事情。于是尽力协调各方面的关系,为作者们、编者们排除各种障碍,以保证这项重大工程的圆满完成。

四年来,《江西通史》的编撰工作得到了各方面的关心和支持。黄智权、吴新雄省长亲自过问此事并指示有关部门给予支持,省政协将其作为一件大的文化事业进行推动,省社联将其列为重大科研项目,江西师大、南昌大学、省社科院、省文物局、省博物馆和省考古所等有关单位也对参与编撰的专家们给予各种便利,出版部门派出了强大的编辑班子并准备了足够的启动和出版资金。特别要指出的是,各位作者在繁忙的教学和科研工作中,能够将《江西通史》的

总序

写作列入重要的工作计划并全身心地投入。我在第一次全体编撰会议上指出，《江西通史》的编撰是一项挖掘和弘扬江西历史文化传统的千秋事业，希望作者和编者将其视为自己学术生涯中的重大事业。事实证明，作者和编者们后来都是这样要求自己的。正是因为有了各方面的支持和全体编撰人员的共同努力，11卷的《江西通史》才能顺利地完成书稿并得到如期出版。

明代中期，随着区域经济文化的发展，修撰地方志成为一大文化现象。各省、各府乃至各县的省志、府志、县志大量涌现。此后遂为传统。盛世修志也不仅仅限于修前朝历史，更大量、更具有普遍意义的乃是修当地地方史。具有全局意义的江西省志也正是在这个时候产生的。自明中期以来，江西整体史著作已编撰过多部，其中著名的有：林庭㭿《江西通志》（37卷，明嘉靖四年），王宗沐《江西省大志》（8卷，嘉靖三十五年；万历二十五年陆万垓增修），于成龙、杜果《江西通志》（54卷，清康熙二十二年），白潢、查慎行《西江志》（206卷，康熙五十九年），高其倬、谢旻《江西通志》（163卷，雍正十年），刘坤一、刘绎、赵之谦《江西通志》（180卷，光绪七年），吴宗慈、辛际周、周性初《江西通志稿》（9编，民国三十八年）。20世纪末，又有许怀林的《江西史稿》（1994年，江西高校出版社），陈文华、陈荣华主编的《江西通史》（1999年，江西人民出版社）问世。这些著作在保留江西历史遗存、挖掘江西历史文化方面作出了重要的贡献。如何在充分吸取前人成果的基础上有所发展、有所创新，是对新编《江西通史》的重大考验。

为了使新的《江西通史》更具有时代特色和历史价值，更具有划时代的意义，我们对这部著作提出了以下的要求。

一、中国历史是一个整体，我们在研究任何地方历史的时候，都不能脱离这个整体。因此，正确认识各个历史时期江西在全国政治经济格局中的地位就显得尤其重要，必须充分关注江西与中央、与周边地区的关系，不溢美、不自卑，不关起门来论江西，将《江西通史》写成一部与中华民族的整体有着血肉联系的江西历史。

二、《江西通史》是系统记述和研究江西历史的大型学术著作，由众多学者共同参与完成。一方面，各卷是作者的个人成果，是作者最新研究成果的结晶，可以也应该有自己的风格和特色，所以希望作者精益求精，使其成为各自领域的学术精品。另一方面，甚至更为重要的是，它又必须是一个整体，是一部"通史"，所以全书11卷必须有统一的体例和统一的要求，在文风上一定要力求简洁、明快。各卷作者务必服从整体、服从大局，使自己的作品成为整个《江西通史》的有机组成部分。

三、《江西通史》必须是一部真实、动态、有可读性的信史。所谓真实，是指史料翔实、言必有据。此"据"是经过考证后认为合理的，否则，"尽信书则不如无书"（孟子语）。这就需要每个作者既尽可能地系统爬梳和挖掘史料，又谨慎辨析和使用史料。所谓动态，是指用发展的眼光看问题，既将问题放在特定的历史背景之下，又特别关注它的演进过程，因为即使是同一件事物，其状态和作用也是随着时间的推移和社会的变迁而变化的。这就需要每个作者以历史唯物主义和辩证唯物主义的观点和方法去阐释历史、去探讨历史演进的规律。所谓有可读性，是指应该用流畅的文字、叙述的方法写作，展示的是作者的观点和结论，而不是考辨的过程，它的体例是史书而不是论文。无图不成书。图文并茂是中国出版物的优良传统和重要特点，《江西通史》应该在尽可能的情况下，收集能够说明江西历史各阶段各方面状况的历史图片，以加强其历史感和可信度，同时也使其更具有可读性。

四、以人为本，以民为本，以基层社会为本。所谓以人为本，指的是要写成人的历史，以人的活动为描述对象，即使是制度、习俗，也应尽可能地有人的活动。所谓以民为本，指的是尽可能地站在大众的立场上来叙述历史、看待历史，更多地叙述大众的活动。所谓以基层为本，是因为地方史本身就是基层乃至底层的历史，要尽可能地揭示基层组织和底层社会的活动状况。在此基础上，充分重视统治者和社会精英对社会的主导作用，重视自然环境、人文环境，特别是包括传统价值观念和现实政治制度等在内的上层建筑对个人、对大众、对底层的影响和制约作用，写成一部上层建筑与经济基础互动、国家权力与基层社会互动、社会精英与人民大众互动的历史。

11卷本《江西通史》即将付梓，我们希望它的出版能够成为江西历史研究的新的里程碑、能够成为江西文化史上的一大盛事。当然，能否达到这个目标，还要由读者和历史来检验。

【目录】

引言 1

第一章
清军对江西复明活动的镇压及清政权统治的确立

第一节 清军对江西的攻占及南明政权抵抗的失败 …… 2
　一、左良玉部的叛降与金声桓攻占江西州县 …… 2
　二、以益藩为旗帜的抚、建二府抵抗 …………… 4
　三、隆武朝节制下的赣州保卫战 ………………… 7
　四、与楚地互通声气的湖西抗清活动 …………… 10

第二节 金、王反正的败亡及江西社会经济的初步修复 …… 12
　一、金声桓、王得仁反正及其败亡 ……………… 12
　二、顺康之际江西官府舒缓民困的主要举措 …… 17
　三、招徕民众城居与恢复城市社会生活 ………… 21

第三节 三藩叛军对江西的争夺及其败退 …………… 25
　一、吴三桂兵进江西和清军的交战 ……………… 25
　二、湖西再次沦为战乱重灾区与清军驱逐
　　　棚民 ………………………………………… 29

第四节 江西督、抚建制的调整及地方精英对清政权的逐渐
　　　认同 …………………………………………… 35
　一、"南赣巡抚"与"江西总督"建制的调整 ……… 35
　二、清代首批方志编修及地方精英对江山易姓

　　　　的逐渐认同 …………………………………… 44

第二章
清前期管理江西的重要举措与制度建设

第一节　清前期江西政区沿革与道员职权的调整 ……… 57
　　一、清前期江西政区沿革概况 …………………… 57
　　二、江西"道"的划分归并及道员职权的调整 …… 69
第二节　处理移民入籍引发的冲突和学额分配的定制 … 72
　　一、雍正朝宁州设置"怀远都"引发的土著抵制
　　　　及其示范意义 ………………………………… 72
　　二、各府县土著及入籍移民子弟学额分配的
　　　　定制 …………………………………………… 83
第三节　江西漕运体系的完善及其陋规的革除 ………… 87
　　一、南昌、九江等漕帮建制和承运内容 ………… 88
　　二、康雍朝以来江西兑粮水次的归并调整 ……… 90
　　三、南漕旧规中陋例的革除和漕丁抚恤 ………… 93

第三章
闽广移民的进入与清前期江西农业经济的发展

第一节　清前期闽广移民的进入与"摊丁入地"的实施 … 99
　　一、清前期闽广移民进入江西及其分布概况 … 99
　　二、土地开垦、"摊丁入地"与人口增长 ……… 108
第二节　水利工程修建与粮食产品输出 ………………… 115
　　一、清前期小型水利工程的广泛修建 ………… 115
　　二、粮食生产与米谷输出 ……………………… 124
第三节　江西山区的垦殖与利用 ………………………… 129
　　一、各种经济作物的栽培 ……………………… 130
　　二、番薯、玉米的种植 ………………………… 135
第四节　林业与渔业的发展 …………………………… 136

一、经济林木的广泛种植 …………………… 136
二、渔政管理与渔业生产 …………………… 139

第四章
清前期江西城镇与农村市场的发展及商贸格局

第一节 中心城市的发展 …………………… 148
一、南昌城的建设与经济的扩张 …………… 148
二、九江关的设置与城市的繁荣 …………… 152

第二节 四大商镇的专业化导向及其市场辐射 …… 154
一、樟树镇的药材加工和集市贸易 ………… 154
二、陶瓷业与景德镇的繁盛 ………………… 159
三、河口镇的茶叶转运与纸张产销 ………… 164
四、清初最终形成的转运口岸吴城镇 ……… 167

第三节 农村市场的繁荣 …………………… 173
一、农村墟镇数量增长及其内涵 …………… 173
二、农村市场网络与"乡脚" ………………… 179
三、乡村基层市场的集期与庙会 …………… 182

第四节 清前期江西墟镇的管理 …………… 185
一、官方派驻机构 …………………………… 185
二、牙行与牙人 ……………………………… 191
三、乡族与墟市 ……………………………… 196

第五节 清前期江西与周边各省的商贸格局 …… 200
一、粮食产品的传统输出格局 ……………… 200
二、夏布的普遍生产与外运 ………………… 203
三、烟叶的种植与运销 ……………………… 208
四、棉货与盐的输入及其意义 ……………… 214

第五章
清前期江西的家族活动与民间崇拜

第一节 官府管理政策的变化与江西民间建祠修谱的
　　　　普及 ………………………………………… 222
　　一、《圣谕广训》和"族正"制对江西建祠修谱的
　　　　刺激 …………………………………………… 222
　　二、"毁祠追谱"及其对江西家族活动的影响 … 230
第二节 福主崇拜与万寿宫网络的形成 …………… 236
　　一、从道教神灵到民间神灵 ……………………… 237
　　二、万寿宫网络的形成 …………………………… 238
　　三、万寿宫与地方社会 …………………………… 242
第三节 水神、蝗神与康王崇拜 …………………… 244
　　一、水神崇拜 ……………………………………… 244
　　二、蝗神刘将军与康王崇拜 ……………………… 250
第四节 行业神与房头神崇拜 ……………………… 254
　　一、各种行业神崇拜 ……………………………… 254
　　二、各色房头神崇拜 ……………………………… 255
第五节 祖先崇拜与岁时祭祀 ……………………… 257
　　一、清明挂纸与中元超度亡灵 …………………… 257
　　二、冬至祭祖与祠堂上谱 ………………………… 260
　　三、新春期间的祭祀活动 ………………………… 264

第六章

清前期江西的文化、艺术与科技

第一节 "三山"呼应的江西明遗民群体 …………… 268
　　一、"三山"遗民群体的基本情况 ………………… 268
　　二、"三山"诸子的社会活动 ……………………… 273
　　三、"三山"学派的学术思想 ……………………… 278
　　四、江西其他地区的明遗民活动 ………………… 282
第二节 清前期江西科举概况及其学术思想的边缘化
　　　　趋势 ………………………………………… 289
　　一、清前期江西科举与他省的消长对比 ………… 289

【目录】

	二、江西科举姓氏的分布及各地著名的进士家族 ……………………………………………	300
	三、乾嘉学人主流对"江右王学"的批判 ………	312
	四、李绂的特立独行及其对王学的偏挚申论 …	317
第三节	清前期江西的邪教案和文字狱 ……………………	324
	一、江西境内的邪教及大乘邪教案 ……………	324
	二、江西的文字狱与毁禁书籍 …………………	333
第四节	清前期江西的佛教、道教与天主教 ……………	337
	一、佛教的复兴与衰落 …………………………	337
	二、走向民间的道教 ……………………………	341
	三、清前期天主教在江西的传播 ………………	346
第五节	戏剧与绘画的成就 ………………………………	357
	一、蒋士铨与《藏园九种曲》 …………………	357
	二、江西地方戏的勃兴 …………………………	359
	三、深入民间的采茶戏 …………………………	365
	四、八大山人与罗牧的艺术成就 ………………	367
第六节	大型书院的修复与兴衰 …………………………	369
	一、清初四大书院的修葺与重建 ………………	369
	二、康乾时期白鹿洞书院的兴盛及嘉庆后的衰微 ……………………………………………	372
第七节	名医、"龙泉两码"与"样式雷" ………………	374
	一、名医与医案 …………………………………	374
	二、"龙泉两码" …………………………………	378
	三、宫廷建筑世家"样式雷" …………………	379

主要参考文献　　382

后记　　397

引言

本卷所确定的"清前期"时段,其上限始自清军入关建立政权的顺治元年(1644年),下限至道光二十年(1840年),与中国史学界通常划分中国近代史的开端相对应,并以之与《江西通史·清后期卷》的时间上限相衔接。

一

清顺治二年(1645年)四月下旬,顺长江东下的李自成大顺军在距江西九江40里处,被清军阿济格部攻入老营,汝侯刘宗敏、军师宋献策等文武要员被俘,大批随军将领的家属也被清军俘获,丞相牛金星偕子脱离大顺军向清军投降,几万条船只也被清军缴获。另外一支清军已由豫、皖直扑南京,李自成原定东下南京的战略意图已无法实现,不得不改变进军方向,准备穿过江西西北部转战湖南。五月初,大顺军由湖北通城县进入江西宁州(今修水县),攻克州城后又向北前往湖北通山县。五月四日,李自成在通山县九宫山下突遭当地武装的袭击阵亡,此后,江西境内再未出现过大顺军与清军的正面作战。然而发生在长江中游的这些战事,使大顺军、清军和左良玉军三支大的军事力量汇聚于江西北部,对日后江西的形势变化和战事发展产生了两个直接的影响:一个是左良玉部裹挟了时任湖广总督的江西籍人袁继咸,并对九江城进行焚掠;另一个是降清后迅速占领江西绝大多数州县的汉人军队中,金声桓是左良玉旧部,而王体中、王得仁则是投降清军的大顺军将领。

明末王朝管理的混乱无力与崇祯帝的仓皇自杀,使得诸多朱明宗藩在是否具有合法继承权的问题上暧昧不清。南逃的宗室诸王本来就与明廷的不同政治派别有着复杂的关系,福王朱常洵最终得到马士英、刘孔昭等握兵重臣的拥戴,于顺治元年六月十九日在南京称帝,宣布次年改元弘光,此即南明政权中的弘光朝。从此开始到顺治五年,南明三个小王朝先后影响江西的战事:最初是弘光朝,其次是唐王朱聿键建立于福州的隆武朝,最后是以两广为中心驻扎地的永历朝。另外,江西东部抚州、建昌二府的抗清力量,则以原本分封于建昌府(治今南城县)的益藩王为旗帜,与福建的抗清武装联系比较密切,武夷山脉两边的拉锯战不断出现,但是规模小,坚持的时间短。隆武朝节制下的赣州保卫战长达五个月之久,是江西境内南明军民抵抗清军时间最长、作战最为英勇、牺牲最为惨烈的一次,彪炳史册。而永历朝对江西的影响,则与顺治五年初发生的金声桓、王得仁起兵反正有更多的联系。金、王皆属降清的汉人军官,曾是江西境内南明抵抗武装的主要杀手,后来出于对清廷封赏不足的失望和怨愤,加上一批南明人士的策反,重新举兵反清,史称"戊子之变"。因为江西战场界于闽广沿海和永历朝控制的两湖地区之间,所以金、王反正在当时造成很大震动。但他们没有采取北进以图大业的方略,而是掉头南下,集重兵进攻赣州,围城三个月后无功而返,并且很快被清军包围于南昌城中。在坚守八个月之后城破兵败,金、王死难。南昌遭受残酷的屠城,损失重大。金、王反正的失败,也加速了永历小朝廷的覆亡。

顺康之际,为了修复残破的社会经济,稳定刚刚建立的清朝统治,清江西官府采取了一系列舒缓民困、恢复经济的措施,主要是招徕流民开垦荒地,蠲免历年钱粮逋欠,鼓励民众进入城市居住等等。其中影响很大的举措之一,是清理了瑞州、袁州、南昌三府延续三百年之久的"浮米"问题,其意义已经不限于消除战乱的后遗影响,而是直接清理民间积怨甚久的明代赋役弊端。在当时民族矛盾依然尖锐,一批明朝遗民仍然坚持"夷夏之辨"的情势下,这些切实的利民措施具有不容忽视的感召力。宋明以来已在江西繁衍生息的土著居民是这些措施的主要受益者,他们逐渐倾向或支持清政权,对于维护江西腹心地区的社会稳定必有好处。

康熙十二年(1673年)底发生的三藩叛乱很快波及江西,湖西的萍乡一带被叛军占领两年之久,江西先后有三十多个县、府出现起事和变乱,呼应叛军,攻陷城市,大大迟滞了清军向西南地区进攻的速度,迫使清廷回身清剿,花费很大力气巩固后方,确保江西居吴楚之间的战略枢纽地位。为此,清军还在袁州地区迅速驱赶了大批棚民,此举影响很大,从平叛的角度考察,值得肯定。江西境内旷日持久的拉锯战,不仅再次给社会经济造成很大破坏,而且也引发清廷对江西具有的重要战略地位及其民情的重新认识。另外,部署于江西的军事指挥系统也经受历练并不断调整,江西总督因战事而重置,坐镇南昌;江西巡抚则长期派驻赣州,不仅加强了江西南部的军事指挥力量,同时也提高了就近处理民事、调动战争资源的效率。平叛后江西总督很快被撤销,此后江西只设提督,作为两江总督的副贰分守南昌。

  顺康之际,江西有一批地方精英参加了科举考试,参编了八十多种地方志。这些举动,无疑是对明代以来地方文化传统的一种延续,但是在经历了一场天崩地裂的时代大变局后,参与其事者还有其特殊的用意和困窘,他们要考虑怎样面对前朝的历史和当地已有的文化成就,如何为那些抗击过清军的地方名人立传,如何记载数十年战乱给地方民众带来的巨大苦难等等。修志者尽量收集晚明史事,且随处可见"春秋笔法"。而他们参与修志本身,一定意义上说也是对清朝统治逐渐认同的一种表示。康熙朝新修方志,既是为了抓紧记载平叛功绩和三藩造成的破坏,也是通过记录各地殉难的忠臣节烈事件,证明此时清王朝已经有了一批忠于自己而不仅仅是忠于前明君主的汉族臣民,证明一个"正统"的王朝逐渐为越来越多的人所认同和臣服,由此而可增强其统治的自信。通过这些具体的事项和操作过程,清王朝经过多年的战争改朝换代,平息叛乱,稳定统治的"大历史",也鲜活地体现为江西的"地方化过程"。

二

  清前期江西的行政区划,在继承明代的基础上小有变革。江西巡抚为地方最高长官,顺治元年(1644年)即置,但直到康熙三年(1664年)裁撤南赣巡抚后,江西巡抚才完全管辖江西13府。乾隆八年(1743年)和十九年时,又先后在吉安府辖区内增设莲花厅,在赣州府辖下划出宁都县,将其升格为直隶州,通过这种新置政区的措施,加强了对湖西和江西南部地区的管理和弹压能力。至此,江西巡抚辖下共有13府,1直隶州,77县。清前期江西在省、府之间还设置了道,也是承袭明制。清初最常见的是分守道和分巡道,二者辖区基本一致,共分南瑞道、湖东道、湖西道、九南道、岭北道等五道,各道还专门配置了军官和士兵。从康熙朝开始,各道守、巡并设的制度逐渐改变,基本的趋势是先裁撤分守道,保存部分的分巡道;后来分巡道的职事也逐渐由督粮道、驿盐道、兵备道等驻省城的专司衙门官员兼领，并仍然兼有监察职能。

漕运是中国古代特有的一种水路运输形式，即王朝中央通过水路强制性地转运官粮等物资至京师，以满足京城需求的一种经济现象。清前期，在全国漕运总督管辖下，江西形成了一套较为完备的运漕管理机构。设粮道一人，为本省最高漕运长官，后来又于粮道之下增设押运通判三名，分别于南昌府、吉安府、临江府分片负责漕粮监兑。入清后，江西卫所功能主要在于运漕，卫所官员的职责范围逐渐与行政系统的州县官吏趋同。江西计有4卫8所，卫、所下设14漕帮，其中南昌卫、九江卫各设前、后两帮。每帮漕船数量大体相当，清初额定漕船为1003艘，雍正四年(1726年)总计为708艘，乾隆中期实有638艘，此后大体相沿不变。从制度上说，各卫所漕帮靠屯漕生存，即清廷按照各卫、所额定船只数量，派给相应屯田，由各卫、所实行屯田，以屯济运，各军丁则"领屯起运"。卫所"运军"名为"旗丁"，又被称为"运丁"，常年担负着南粮北调任务。平定三藩之乱后，佥选运军的范围已不再限于原有运漕军户，卫、所对军役的认定更加宽松，军役的范围也有所扩大。康熙三十五年(1696年)改制后，军丁常年出运逐渐演变为运丁轮流领运，每年由一名运丁领运，其余运丁出银帮贴济运。领运之丁从以前常年附着于漕船的"军奴"，转变为负责"征租办运"的漕船经营管理者，身份发生重大变化。其雇募舵工、水手代运的行为得到政府认可，漕船的技术性操作也部分地由民间船工充任，应募水手成为运漕主力，运漕队伍呈现民运化趋势。康雍朝以来，由于江西漕船体积逐渐增大，吃水渐深，很难深入到中小河流所经的边远县份受兑，因此江西官府遂对兑粮水次进行归并调整。为保证漕运的顺利进行，还采取了严格津贴运丁造船运粮，规范屯田济运，严格佥选运丁等方法，对江西漕运中较为常见的各种陋规进行整顿，并且采取了多种方式对运丁加以抚恤。

康熙十七年(1678年)江西境内的战乱基本平息后，官府即考虑安置主要是进入周边山区垦种的外省移民。总体而言，此时的移民主体来自闽广两省，既是明代中期以后闽广移民逐渐进入江西的一种持续，同时更是明末清初大规模战乱引发江西地方社会一系列变化的后果之一。移民主要进入江西南部、中部、西北及东北部的山区垦殖和定居，基本过程是先依附于土著的里甲系统中，纳粮当差；后来再要求按粮额重新编排里甲，准予移民在迁入地落籍，成为官府认可的编户齐民。但这个安置的过程和方式在江西不同府县并不相同，尤其是江西西部的棚民，直到康熙中后期，仍然被视为异类。从江西各级官员直

引言

到当地土著,一直对袁州诸县棚民曾经举兵反清,导致清军大规模驱逐棚民回归原籍的历史记忆犹新,坚持把棚民和"贼人"、"匪类"联系在一起。雍正元年(1723年)三月,在江西万载县又发生了温上贵谋乱事件,再次引起清廷和地方官府的高度警觉。但也正是以此事为契机,形成雍正朝臣中另外一种更为积极安置棚民的主张,代表人物就是当时正好在江西主考的何世璂,以及后来积极筹划的户部尚书张廷玉等。其基本主张是两条:一是将棚民单独编成保甲,棚民的保、甲长也由棚民中身家殷实者担任;二是给棚民子弟读书和科考的前途。这种主张的基础和前提,是改变对棚民的定性,即首先认定棚民是"闽广寄籍之民",其主体是"久来种地之人"而不是"奸"民,所以将其安置好是首要问题。这个深谙统治之道的一揽子解决方案得到雍正帝的支持,并作为在江西、浙江等省安置移民的基本政策。这个政策对江西地区还有一个特殊的意义,就是实际上已经以王朝政令的形式,明确地为湖西的棚民正名,使之可以从过去的恶名中解脱出来。而宁州土著对新的棚民政策进行了强烈抵制,从拒造清册到罢考,地方性的骚动前后持续了三个月之久,最后在官府的强硬表态和具有弹性的具体处置下才结束。从这样一个有关移民人群身份的制度性变化中,集中反映了江西西部一些"有棚(篷)"州、县的社会冲突及其折射的时代变迁。从康熙朝平定三藩叛乱到雍正帝登基,清朝社会又经历了数十年的安定生活,闽广移民不仅基本站住脚跟,而且人口增加,有了较强的经济实力,并逐渐产生出可以代表自己利益的精英人物,他们已经开始了在迁入地的土著化进程。在清王朝方面,对移民的态度也有了很大改变,已有足够的信心来解决这个实际上是由王朝更替、战乱、民众流徙以及基层社会组织发生变动等多重原因造成的历史遗留问题,此时加以解决的客观条件已经成熟,何世璂、张廷玉等朝臣所设计的新安置政策遂应运而生。而宁州为移民专门设置"怀远"户籍,成为江西地区率先落实新安置政策的一个成功范例,其影响远远大于其他一些地方将移民附籍于土著的做法。

清朝建立之初,为巩固其异族统治,笼络与加强对汉族读书人的感情联系,迅速沿用了明代的科举制度。进入地方各级官学仍是参加科举的必备前提,每个地方学校的入学名额(即学额)就显得至关重要。顺治初期,清廷对各省府、州、县儒学学额即有规定,康熙九年(1670年)再次调整学额,府学及大州县儒学均为20名,其余州县为大学15名,中学12名,小学七八名,此后遂为定制。清朝将儒学文武同校的制度也继承下来,在江西一半以上的府、州、县儒学中，武科学额均按大、中、小学的次序，较文科学额降低一等。科举制度中与人员流动和地方社会变迁最为密切的一点，在于严防"冒籍"，即要求考生必须在户籍所在地参加考试，假冒他地籍贯参加考试被视为严重的舞弊行为，一旦查出，尽行斥革；已经中举者亦须革去功名，逐回原籍。而对户籍所在地的基本核定，是要求考生祖、父辈入籍达二十年以上，并且坟墓、田宅都有契据者方予认可。而江西清代科举的冒籍问题，主要表现在棚民群体中。雍正三年（1725年），江西巡抚题准江西棚民中入籍二十年以上并有庐墓者可在县考试。为避免土、棚争夺学额发生矛盾，准许在县学录取名额之外，另外额取棚籍若干名，江西各县棚民子弟争相报名应试。雍正九年清廷又规定，在江南地区，棚民童生满50人以上，额外取进1名，100人以上取进2名，200人以上取进3名，而最多不得超过4名。至乾隆年间，因为江西棚童考试人数不断减少，经过江西学政奏请，于乾隆二十八年（1763年）将棚童归入土籍，一体考试，不再另立名额。然而在万载县还有众多的棚童与考，所以单独规定他们虽与土著子弟合考，但在卷面上仍须注明棚籍，以示区别。这种做法使万载县学额总数减少，虽然当地土、棚士绅都不愿意接受这种事实，但因为他们之间的尖锐矛盾，而无法以同一个声音向朝廷申论而增广学额。于是棚童采取了不少冒籍作弊的手法，多次发生冒名顶替的考案，明显挤占了土著生员的考取名额，激起土著强烈不满，最终演化为土著童生的集体罢考。嘉庆十三年（1808年），礼部采取了划定录取名额的办法，确定在土著学额之外，另外给棚籍文生、武生学额，才平息了土、棚的考试争端。

由此可见，无论是从移民和土著生活空间的地理地貌差别考察，还是直接从语言的明显不同来加以区分，抑或是发现不少县境之内的族群冲突加剧而明显形成土、客两大人群，都可以认定到清前期江西已经形成一种二元的社会人文分野，并形成入清以后江西社会面貌非常不同于明代的一个特点。移民与土著人口数量的对比改变，不断引发地方权势力量的对抗和地方政治格局的变化。在一些府县，移民与土著为谋求各自生存发展的空间而引起的各种社会矛盾不断激化，甚至成为其清前期以来地方历史发展的主要脉络和内容之一。这种二元的社会人文分野长期存在，对近代以来的江西社会变迁及地方动乱和革命等，都产生了长远而深刻的影响。

三

在清前期闽广移民进入江西以前,江西人口的大规模输出是一个极为引人注目的现象,特别是元末明初以后江西人口向湖南、湖北两省的大规模迁移,构成了中国移民史上"江西填湖广"的移民大浪潮。在此同时江西南部山区则几乎没有人口外迁,究其原因之一,在于明初这一地区的人口数量比南宋时期减少了三分之二,本身就形成一个有待于填充人口的地区,这也为明代中期以后闽广流民进入江西南部留下了一个很大的空间。清前期江西人口输出输入的最大特点,就是在上百万江西人向西南川黔等省迁移的同时,江西本身也成为闽广移民的一个重要迁入区。其主要流向,是进入江西南部、中部、西部及东北部的山区定居乃至入籍,从而掀起江西山区垦殖的一个高潮。

闽广移民把新的农业耕作技术与农作物物种带进江西山区,主要从事各种经济作物的栽培与种植,如蓝靛、甘蔗、烟草、苎麻等。同时,双季稻的栽种与推广,水稻耕作技术的进步,玉米、番薯的传入与种植推广,以及油茶、桐、漆、杉、竹等经济林木的广泛种植,极大地改变了清前期江西山区的土地利用方式与农业生产面貌,使许多地方的自然生态环境大为改观,促进了江西土地与人口的增长。因而可以说清前期江西农业经济的发展,与这一时期闽广移民大规模进入江西山区有直接而重要的关系。相对而言,清代江西农田水利灌溉工程建设的成就进步不大。明末清初由于战乱等原因,许多水利工程年久失修,清前期江西水利建设的主要成就,集中表现在重修许多被大水冲坏的圩堤,以及疏浚淤塞的陂塘。以此为基础,江西作为重要的粮食传统产区,其水稻生产与米谷输出,在清前期国家的漕粮供应、战争与灾害时期区域间的粮食协济,以及平常年份的粮食长距离省际贩运中,仍发挥着极为重要的作用。

清前期江西的渔业生产分布,依然集中在九江、南康、南昌、饶州四府的河湖地区。与明代相比,九江府辖区的渔业经济虽然有所衰落,但仍具相当规模,其中以德化县最为发达,瑞昌、彭泽、湖口诸县次之。南昌府的渔业则主要集中在南昌、新建二县,其渔业生产尚能与明代基本持平。此外,九江、湖口一带为鄱阳湖水系汇注长江之所,是天然的鱼类繁殖产卵场地,鱼苗捕捞规模巨大,因而在明代即成为长江中下游地区最大的鱼苗生产基地和贩运集散地。这种情况,在入清以后依然未变。

自康熙朝开始,随着国内形势的逐渐稳定,加之政府采取招垦等一系列措施,江西社会经济开始缓慢恢复,商品交换日趋活跃,促进了城镇和农村市场的繁荣。清前期江西城镇的发展,首先体现在以南昌、九江为代表的中心城市生活设施的修复和建设,其城市发展进入一个新的历史阶段。除了继续拥有行政和军事等功能外,这些中心城市在一定程度上还具有商品中转码头的作用,经济、文化的功能也日益增强,且至嘉道年间体现得最为明显。商品交换的活跃为城镇发展提供了坚实基础,各地出现了一批专业化较强的市镇,其中以号称"四大镇"的樟树镇、河口镇、景德镇与吴城镇最具代表性。它们不仅具有繁盛的商业贸易和较高程度的专业化生产能力,还对周边地区形成很强的经济辐射,并在全国市场流通体系中占据重要一席。康乾以来,随着越来越多的农产品进入交易领域,江西农村市场出现了繁荣景象,墟镇数量亦日益增加,墟市商业化程度提高,集期逐渐频繁,农村市场网络得以形成并逐步完善,江西乡村的各种农副产品由此进入更大的流通网络。这些处于不同层级和类型的市场虽无直接的统属关系,但在商品的实际流通过程中相互联系,各自发挥功能,形成一个有机的市场体系,促进了江西经济与外部世界的交流和互通。至清中叶,江西农业种植更为专门化,农产品大量商品化,商业性的农业日益兴起。与此同时,全国范围内的区域性生产分工日益明显,区域间的商品交换发展到一个新的水平,江西与周边省份的商贸也呈现繁荣景象,江西形成以其传统的粮食、苎麻及夏布、烟叶、木材等大宗农副产品,与周边省份换取江西紧缺的棉花(棉布)和食盐的基本商贸格局。

随着农村市场商品流动频率的提高,市镇人口的流动也在加快,外来人口增多,人口构成日益复杂,加之市镇多处要冲,因而成为地方官府加强管理的重点,一些较大市镇也成为官方非常设机构的驻扎地。清代江西农村墟市的管理机构,主要由官方的进驻机构、牙行和牙人以及乡族组织构成,市场管理体制呈现更为多元的趋势。这一特征,既是清代江西商品经济发展的必然产物,又是地方政治结构变化的结果。在这个管理体系中,民间文化往往发挥了重要功能。许多庙会与地方墟市互为一体,承担墟市管理职责的既不是宗族,也不是行会,而是围绕某个神灵而形成的会社组织,一些神庙活动常常被民众用来维护市场秩序。

四

顺治九年(1652年),清王朝借鉴明朝治国经验,将朱元璋的《圣谕六言》颁行八旗及各省。康熙九年(1670年)又向全国颁布《上谕十六条》,雍正二年(1724年)再将"十六条"扩展为十六篇"训言",世称《圣谕广训》。清朝宣传以孝治天下的政治思想纲领由此而逐渐完善,并与明以来的乡约制度相结合,建立了一种自上而下的圣谕传导系统,定期宣讲,使之深入广大乡村地区,成为清代地方施政的要目之一和乡民群体活动的内容之一。《广训》对建家庙、置义田、办家塾、撰修谱牒和举行家族祭仪等都给予肯定和提倡。从雍正四年开始直到道光朝,江西还切实推行了"族正"制度。族正先由家族选举,再经州县查实后给牌认定。族正的首要职责即按照《圣谕广训》推行孝治,还须配合保甲维护地方治安,族正及其家族还被赋予一定的实行家法(私法)的权力。乾隆前期在江西大力推动族正制度,促进家族建设并产生深远影响的是江西布政使陈宏谋。自清廷到各级官员的这些理论倡导和具体措施,对入清以后江西家族制度的继续发展和强化,具有十分重要的推动作用。特别是在平原河谷地区耕种生息的土著居民,聚族而居成为其聚落的基本形态和日常生活内核。到雍乾时期,江西修建祠堂和编修谱牒已是普遍现象,各地建立祠堂的规模、数量及祭祀的祖先世代等,都逾越了清朝国家的制度规定。乾隆二十八年(1763年)满族人辅德继任江西巡抚,他对江西普遍出现的合族建祠,妄联姓氏,进而敛财争讼械斗等行为十分反感,特别是大批合族祠堂进入省、府中心城市,"竟为聚讼之地",已经成为影响地方治安和统治秩序的负面因素,引起官府的深切担忧。为此辅德奏请在江西采取"毁祠追谱"的措施,得到乾隆帝批准。随后江西各地官府对各姓祠堂和家谱都有不同程度的清查,这对家族建设历有传统的江西民众来说,震动很大,民间社会生活受到一定程度的影响。但乾隆朝并无特殊的修谱禁例,地方官府虽有朝廷功令的压力,但要想清查汗牛充栋的各姓家谱,显然力不从心;即便有所动作,也只能收一时之效。

各地修建祠堂和普遍修谱的最重要也是最基本的动力,来自清康熙朝以后百余年间的社会稳定和经济的进一步发展,各地人口不断增加,家族拥有的财富总量有不同程度的增加,各地家族之间为了获取生存资源而产生的摩擦和争夺也比以前加剧,所以祠堂日益成为聚集更多族人于此祭祖、议事、欢宴进而加强认同的一个公共场所。各姓家谱如同地下涌流一般,按照现实需求和各种变数不断编修,在乡民的日常生活中已经不可或缺。清代江西民间的祖先崇拜与一些重要的岁时祭祀联系在一起,其中特别重要的如清明挂纸与中元超度亡魂,冬至祭祖与祠堂上谱,以及一般自农历小年(腊月二十四日)开始,直到正月十五闹完元宵的新春期间举行的各类祭祖活动等等。这些重要活动的理论依据和"说法",是因为在现实生活中的子孙们坚信一种观念,即已故的先祖们并没有与他们分开,还在注视着子孙在人间的各种行为,给予后世荫泽,因此子孙们也必须给予回报。除了日常的祭拜外,还应在特定时节为先祖送去各种物品,以示诚意和追念,以求祖先在天之灵的荫佑。这样,在浓郁的节日氛围中,广大乡民不仅可以表达他们的精神期盼,也能在辛苦的劳作之后享受收获的喜悦,寻欢作乐的天性得到一时的放纵。

基层民众生活的相对富裕和稳定,民间崇拜和祭祀活动的传统得以维护和延续,乡村文化生活趋于丰富,构成清前期江西经济发展和社会稳定的重要基础。江西的许真君崇拜历史悠久,明末以来全省出现了许多万寿宫,并逐渐形成一个以南昌西山万寿宫为中心的祭祀网络。这个祭祀网络在商业、移民等因素的作用下,又扩散到全国各地。许真君崇拜的形象和内涵也在发生变化:最初只是与治水相关,但随着官绅、商人以及广大民众与许真君崇拜发生联系,其内涵变得更为多元,最终成为江西人崇奉的"普天福主"。在各种不同社会力量的共同塑造下,万寿宫成为各种地方利益集团共享的象征性文化资源,逐渐形成以西山万寿宫为中心的区域文化网络,并借此将不同地域的不同利益集团联成一体。这一演变,集中反映了明末清初以来江西地方权力体系的跨地域整合趋势,以及江西与其他省份在经济和文化上不断交融的历史过程。

水神是清代江西民间崇拜体系中非常重要的组成部分。除了最初的许真君外,还有源自新淦县的"萧公"、清江县的"聂公"以及都昌县的"元将军"等崇拜较为普遍。这样一些原本是地域性的神祇,也在商业、漕运等因素影响下,逐渐沿着商路和漕河扩大到全省甚至江西以外地区,成为很有影响的水神崇拜。此外,还有被视为忠义化身的"康王"和作为驱蝗神的"刘将军",也在江西受到普遍崇奉。江西民间诸神崇拜的流布与传播,也与清政府继承前朝"神道设教"的宗教政策有关。国家与基层社会在精神生活和习俗层面基本避免了刚性冲突,一般情况下彼此相安无事。

民间行业神的出现,是社会分工不断细化和地方经济发展的结果。而遍布各地乡村不同名目的房头神崇拜,则与特定空间的人群相关,基本上可谓一村

引言

一神甚至一村多神,其形象和装束各不相同,有着不同的来由和故事,与广大乡民的日常生计和精神生活有着最为密切的联系,并直接影响着当地一些民俗活动的时间、场合及名气的大小等。在这个意义上说,越是家族活动富有活力,神祇崇拜及其仪式丰富多彩的地方,越是会被众人公认为"有文化"而声名远播,越有可能成为一片地域社会的中心和执牛耳者。而更重要的意义在于:民间崇拜作为一种文化传统得以传承不替,其最本质的根源来自普通百姓的日常生活,来自相对非制度化的家庭与社区内部的耳濡目染。作为一种表达方式,民间崇拜和仪式常常相当稳定地保存着在其演变过程中所积淀的社会文化内容,更深刻地反映了乡村社会的内在秩序。

五

明清鼎革,江西各地不少志士拒绝和新朝合作。他们曾经避居山林,耕读授徒,反思学问,相互砥砺,形成独具特色的明遗民群体。宁都翠微峰的"易堂九子"、南丰程山的谢文洊及"程山六君子"和星子髻山的"髻山七隐",是清初江西境内遗民群体的著名代表。"三山"诸子中的大多数人都经历了较长时间的隐居生活,在志节和人格方面操持甚严,但没有忘记肩负的社会责任,并未放弃对地方事务的热心,其中一些人交游颇广,甚至游幕当道,这不仅与当时盛行的实学之风完全吻合,实际上也有关心民瘼和稳定地方社会的意义。他们不但在深刻反思明亡教训的基础上提出自己的政治见解,而且针对各种社会弊病探索济世救民的方案。但在如何解决当时社会问题的途径或方式上,"三山"诸子却有不同设计。江西其他的明遗民人物还有陈弘绪、徐世溥、王猷定、欧阳斌元、八大山人(朱耷)、贺贻孙、张自烈及刘淑英等。他们当中有不少是晚明官宦子弟,年轻时已是闻名于地方的聪明才俊,在晚明讲学结社的氛围中多与四方名流交接,占尽风头,故而在明朝倾覆后痛不欲生,追思故国,爱恨交织的复杂心绪使之五内俱焚,入清后绝意仕进,屡荐不起。但已经很少采取逃入深山,"不食周粟"的极端措施,而是怀有存史的强烈愿望,虽不出仕却不放弃"立言"机遇,所以留下如《江变纪略》、《南昌郡乘》等一批史料价值极高的清初地方史料,从中也反映出他们对实现"经世致用"理念的一种追求。

清前期江西科举成绩较明代有明显下降。虽然举人录取名额仍居全国前列,但考中进士的人数比重则与举人录取定额的排名不符,而且三甲进士比例偏大,降低了清代江西进士考试成绩的含金量。然而,江西一省科举总体状况下降的趋势,并未导致江西士人追逐功名的热情降低。所以如此,原因是多方面的。其一是因为每届科考对江西的举子而言,可以考中的比例相对其他一些省份而言,还是比较高的,千军万马之中,每届必定有胜出者,科举考试自宋以来对民间精英产生的强大吸纳力,到清朝依然存在;且随着清王朝的日益强盛,这种吸纳力还有加强之势,江西士人自然不甘落后。其二是江西许多的州县自宋代以来,参与科举、提倡读书和对"有文化"的赞颂,和对地方"传统"的宣扬与标榜完全融为一体,早已变成乡民改变自身命运的最高价值追求和憧憬,形成一种深入乡民日常生活的强大惯性运动。这种惯性运动产生的直接效果之一,就是使一大批家境温饱的农家子弟可以在包括私塾在内的学习环境中读书识字,使民间的识字率处于一个相对高的水准,由此也为乡村培养了一批粗通文墨但可满足日常生活需要的文化人,譬如转而行医做乡村郎中,或学做讼师帮人打官司,或学习堪舆之术为人看风水相阳宅阴宅。最起码的还可以写信读信,可以写买卖交易的文契,逢年过节可以写一手不错的春联佳对等等。如果从这个层面来考察,那么完全可以说清代江西民间社会中依然潜藏着科举考试的深厚社会基础和巨大动力,未有衰减。其三也是很重要的一点,即在清代江西乡村普遍聚族而居的社会生存系统中,科举考试往往是一些大姓巨族掌控的重要政治资源。这种政治资源的掌控越是长久,越有助于他们在地方上获取更多的声誉、权力和利益,所以深为这些大姓巨族所骄傲和看重。清前期江西各地都不乏累世科甲者,无论是科甲联芳的祖孙进士、父子进士,还是棠棣同荣的兄弟同榜、兄弟联榜,以及几代之间的一门多进士,他们因此而形成远近闻名的"进士家族"。至今在江西不少村落中,清代竖立的标榜功名业绩的旗杆石屡屡可见,还有数量极多的家族谱牒,详细记载了各姓子弟清代中举的"捷报"与名人轶事。从其历史渊源考察,不少家族的科举活动可以上溯到明代;从其家族内部的中举人士分布看,往往不是均衡产生而是集中在某几个房支。这些历有科举传统和优势的家族房支,更加着意培养和激励其子弟生生不息地发愤念书,参加科举。长此以往,不仅形成其自身的一种"文化"和"传统",也凝结成人所知的称颂性口碑,在观念或印象上则形成某姓(家族)—地域(村或乡)—科举(仕宦)三位一体的重叠。清前期,随着科举制度的全面恢复,各地新的科举精英一批批涌现,用诗礼传家的耕读方式一再造就一个个显赫的科举家族。直到晚清废除科举之前,这样一种基本状态和追逐热情在江西始终存在。有所变化的,只是不同姓氏(家族)在这种科举竞争中的升降消长,

引言

或是科举人数的排名多少在不同府县之间的易位而已。

顺治至康熙前期,由于江南地区战乱不断,社会动荡并未平息,清王朝还无暇充分展开对思想文化的系统清理和整肃。雍乾以后,特别是随着《四库全书》编纂的展开,作为学界主流的考据学家在提倡"经世致用"的同时,几乎都对"江右王学"发起猛烈批判,且必定上溯陆王以期正本清源。清前期对王学空疏的反动,既是时代之大变使然,本身也是易代之变在思想领域的重要组成部分和具体表现之一。但在此同时,考据学家几乎是习惯性地将明儒之"空疏"与"江右"这一地理和文化空间相联系,进而从地域文化的品质方面,对江西文化人加以整体批判甚至否定,这对雍乾以后江西地方文化的发展产生的负面影响甚大。但是就总体比较而言,乾嘉时期的江西学人的确很少有人致力于考订之学,与此时江西举业依然吸引大批学子并于功名多有收获的价值取向,形成明显的对比,也是不争的事实。当乾嘉学者致力于经史考订,构成清前期中国学术思想界的主流之时,江西("江右")则逐渐失去了自北宋至明代中期中国的一个文化、思想创造地的地位,而逐渐地被疏离和边缘化。如果换一个角度观察,清前期在哲学思想、治学方法等方面的学术流派分野,也同时转化为不同区域的思想文化发展走向的问题。高下深浅,可圈可点,耐人寻味。这种深刻的变化,对直到近代江西在思想创造方面基本乏善可陈,深入的科学研究难成风气,学术建设长期后劲不足,学者队伍弱小的状态形成,不无深刻影响。由此也可见,清前期江西在思想、学术领域的逐渐边缘化态势和江西士人追逐功名,投身举业的热情已经皎然分途,人们完全不可将清前期江西的"学术"和"科举"混为一谈,等量齐观。

当对"江右王学"的声讨日益成为雍乾强音之时,江西临川籍显宦和著名学者李绂特立独行,终生以斗士姿态不畏逆境,在各种场合对陆王之学加以倔犟申论。李绂博闻多识,著述宏富,虽然喜好辩论朱陆异同,但一向不以理学家自居,而且在讲论为学等问题上并不完全附和陆王。李绂以躬行实践为行事准则,言必有据,是最将学识落实于日常行为的本色人,故而可以做到无畏无惧,被时人视为雍乾时期陆王之学的殿军和最后一位代表人物。因此,他的倔犟申论就不仅仅表现为学术之争,而是更体现出其政治道德的磊落和个人品行的正直。然而在当时,只有全祖望、袁枚等人对李绂的学识和人品加以赞赏和传颂,直到道咸以后,学人对李绂学问和人品的评价才逐渐提高并趋于客观。

处于清代国家认可和控制之外的一些江西民间教派,始终被视作"邪教"

并加以打击。入清以后,江西邪教逐渐盛行,其中大乘教表现尤为活跃,影响6府近40个县,集中在江西的北部和南部,还波及浙江、福建、湖北、湖南、广东、贵州和四川等7省,影响到乡村民众的日常生活,对清王朝的统治秩序构成威胁。清代江西邪教得以流播的原因较多,包括地理交通和经济因素、政治制度和官僚体制的缺陷、人口流动及身份控制的弱化、经卷的通俗性与教义的麻痹性等方面。清廷和江西地方政府采取了加强立法、强化保甲制度、考核并奖惩官员、捣毁聚集场所、区别对待教首和教徒等各种手段,对邪教予以控制和打击。为树立君主专制和满清贵族统治的绝对权威,自康熙朝开始制造全国范围内的文字狱,于雍乾时期达到鼎盛,江西成为重点区域之一,较为典型的有查嗣庭案、胡中藻案、王锡侯案、刘震宇案、李必亨案等。在查办文字狱的过程中,乾隆通过编纂《四库全书》销毁了大批典籍和著作刻版。清前期江西缴毁书籍452种、27400余部,数量仅次于江苏。列入"违碍"、"狂悖"等罪名的书籍,内容大多是涉及明末反清战事、清兵屠杀暴行、行文未予避讳等。较为典型的有李绂书集案、袁继咸《六柳堂集》案、沈大绥《硕果录》案、黎祖功《不已集》案等。

  清前期江西的宗教信仰演变呈现出多元的走势。上层佛教在经历了清初的短暂复兴后,逐渐呈现衰落趋势。江西道教的主流是正一道和全真道,清初这两大道派在政府抑扬并行的政策下,经历了一个相对稳定的发展时期。从国家制度层面和教派衍变的角度考量,江西这两大道派从乾隆朝开始均显现出衰败态势;但从社会生活的角度观察,江西的道教则日益走向民间,开拓出更为广阔的活动场景。典型的如崇祀许真君的各地庙宇,无不与当地百姓生活联系在一起。至清后期,为数众多的香会组织前往西山万寿宫进香,使之成为全省性的民间信仰中心。与此同时,随着宗族与地方士绅成为重修南昌青云谱道院的主导者,青云谱在地方社会的地位也日渐提升,至清末已经成为地方士绅活动的政治舞台,转化为地方权力中心的象征。此外,在抚州各县,普遍建有供奉"三仙"的宫观,其中南丰县的军峰山、宜黄县华盖山的三仙宫影响最大。自清中期开始,这些道家宫观逐渐与村落组织和基层行政组织互为一体,使道教逐渐融为江西民间社会生活的有机组成部分,获得新的活力。由于交通路线及传教历史等原因,自从明末利玛窦率先进入江西并开辟天主教之后,天主教传教士在江西的传教从未间断。清前期陆续有100多位外国传教士在江西活动过,其中耶稣会士就有80名。尽管清王朝的天主教政策不断变化,时禁时弛,教案屡兴,但江西天主教仍在艰难发展,并逐渐扩散到全省各地,形成了几大教

引言

区。清前期江西在开辟新教区、建设教堂和发展教徒等方面,在全国都占据十分重要的地位。

伴随着社会逐渐稳定与经济繁荣,清前期江西的文化艺术也进入一个新的发展阶段。在戏剧与绘画领域的成就,达到一个新的高度,分别出现了蒋士铨与八大山人、罗牧等代表性人物;地方戏亦呈现出勃兴态势,形成了东河戏、西河戏、宁河戏、饶河戏等大戏。采茶戏亦日益成熟,并衍变出全省东、南、西、北、中五大区域的采茶戏。从康熙朝开始,江西各地的书院建设也得到缓慢发展,至乾隆朝官府取消了对书院的禁令,对建设书院者进行奖励,江西各地的书院建设更有新的举措,尤其是白鹿洞书院长期得到地方官和各地学者的支持,其建筑规模和学术地位均呈现出新面貌。在医学、建筑等科技领域,也分别产生了以喻嘉言为代表的一大批名医和如"样式雷"这样杰出的清代宫廷建筑世家。

第一章
清军对江西复明活动的镇压及清政权统治的确立

清顺治二年(1645年)四月下旬,李自成率领的大顺军在江西九江附近遭受清军重创,被迫穿过江西西北部进入湖北。不久,李自成在通山县九宫山下遇袭身亡,此后,只有残余的大顺军两次占领宁州和在瑞昌、武宁、新昌(今宜丰县)短期过往的记载。①顺治二年到五年,先后有弘光、隆武、永历等三个南明小王朝影响江西战事,其中隆武朝节制下的赣州保卫战长达五个月之久,是江西境内南明军民抵抗清军时间最长的一次战役,作战英勇,牺牲惨烈。另外,江西东部抚州、建昌二府的抗清力量,则以原本分封于建昌府(治今南城县)的益藩王为旗帜,但规模小,很快失败。顺治五年,史称"戊子之变"的金声桓、王得仁起兵反清,造成很大震动。但他们没有采取北进以图大业的方略,而是挥师南下,围攻赣州城三个月后无功而返,并且很快被清军包围于南昌城中。八个月后城破兵败,金、王死难,南昌遭受残酷的屠城,损失重大。顺康之际,为了修复残破的社会经济,稳定刚刚建立的清朝统治,清江西官府采取了一系列舒缓

---

① 参见《宁州志》卷一《祥异》;卷五《列传·宦绩·万仁传》,康熙十九年版。另外在江西北部地区一些新修方志还整理出大顺军在当地出没的行踪。如《瑞昌县志·大事记》载:"顺治二年夏初,闯王李自成军一部,由德化(梁按:今九江县)退入县境,迷路过堰山栈道(原注:今大塘堰处),人马惊坠淹溺千余骑。走罗城山,辎重委弃如山,妇女散失数千。"(朱汉回、张旭明主编,新华出版社1990年版,第12页)还有《武宁县志·大事记》也有类似记载,但在时间上误写为"顺治元年"。(涂兆庆、张镜渊主编,江西人民出版社1990年版,第10页)另据《明史》记载,李自成被杀后,有"部下散掠新昌(今宜丰县)境",被唐王擢为右佥都御史、提督江西义军的新昌人陈泰来打败(《明史》卷二百七十八《陈泰来传》,中华书局1974年版,第7125页)。

民困、恢复经济的措施，主要是招徕流民开垦荒地，蠲免历年钱粮逋欠，鼓励民众进入城市居住等等，其中影响很大的一个举措是清理了瑞州、袁州、南昌三府延续三百年之久的浮米问题。康熙十二年(1673年)底发生的三藩叛乱很快波及江西，先后有三十多个县、府出现起事和变乱，其中湖西地区再度成为战乱的重灾区。清军花费了很大力气巩固后方，确保江西居吴楚之间的战略枢纽地位。为此，清军还在袁州府迅速驱赶了大批棚民，此举影响很大，从平叛的角度考察，值得肯定。江西境内旷日持久的拉锯战，不仅再次对社会经济造成很大破坏，而且也引发清廷对江西具有的重要战略地位及其民情重加认识和评价。顺康之际，一批江西地方精英参加了科举考试，参编了八十多种地方志。在特殊的时代条件下，修志者尽量收集晚明史事，采用"春秋笔法"记载了一批抗击清军的地方名人事迹，以及数十年战乱给地方民众带来的巨大苦难等。而他们参与修志本身，既是对明代以来地方文化传统的一种延续，也是对清朝统治逐渐认同的一种表示。康熙朝官府新修方志的重要用意之一，则是通过记录各地殉难的忠臣节烈事件，证明此时清王朝已经有了一批忠于自己而不仅仅是忠于前明君主的汉族臣民，由此而增强其统治的自信。

第一节
清军对江西的攻占及南明政权抵抗的失败

一、左良玉部的叛降与金声桓攻占江西州县

弘光帝在南京登基后，为了防备占领四川的张献忠军顺长江东下，任命与东林党有联系的江西宜春人袁继咸总督江西、湖广、应天、安庆军务，驻扎九江。①袁又致书说服当时江南最有实力的将领左良玉，共同组建抵御张献忠东进的防线。左良玉手下有正规军5万人，如果包括一批收编的农民军在内，号称

---

① 以往史著中通常称袁继咸此时的官职为"湖广总督"。1987年3月，在江西九江县新合乡出土崇祯末年关蓟总督、兵部右侍郎(德化县人)赵光抃墓志。撰写墓志者正好是当时驻节九江的袁继咸，时间在南明弘光元年(亦即顺治元年，1644年)正月，是最接近袁继咸死难前的一篇文字。墓志末尾袁自署官职为"钦命总督江楚应皖等处剿寇事务兼理粮饷，兵部右侍郎兼都察院右金都御使，通议大夫"，与《明史》袁继咸本传和吕大器本传的记载大致相同，而比《明史·职官志二》的记载准确。(分别见《明史》卷七十三《职官志二》，第1775页；卷二百七十七《袁继咸传》，第7086页；卷二百七十九《吕大器传》，第7142页)。详见刘晓祥《明末关蓟总督(志)赵光抃墓志铭》，《南方文物》1989年第4期。

第一章
清军对江西复明活动的镇压及清政权统治的确立

有80万兵马。他被弘光帝封为"宁南侯",在其辖区内有稳定的征税收入。不久,弘光朝臣中又先后爆出"童妃案"、"假太子案",朝野震动,使得南明政权的合法性和声誉大受损害,人心更加离散。因党争被克扣军需用项的左良玉,对扑灭马士英、阮大铖的势力久有计划,遂以接到崇祯帝"太子"密谕"清君侧"为名,立坛誓师,于弘光元年(亦即顺治二年,1645年)四月十九日从武昌率军沿长江东下,直逼南京。

四月二十六日,左军到达九江。左良玉对驻军九江的袁继咸有所提防,遂通过袁的旧友胡以宁与之联系,并借太子密谕之名调袁到左军兵船上,声称部署三十六总兵的军事行动。袁上兵船后,其所辖吕督师、郝效忠、郭云凤部却乘机焚掠九江,左兵附从。此时左良玉已患重病,失去了对军队的控制,并于几天后在船中呕血而死,军权转到其子左梦庚手中。袁继咸被扣为人质,被迫随左军继续东进。为防堵左军对南京的进攻,弘光帝调回了本来在扬州前线抗击南下清军的史可法,指挥黄得功部在安徽铜陵部阻击左军,使之撤回九江。

五月十日,弘光帝弃都城南京出逃,在安徽芜湖被手下叛将擒获交给清军,一年后被处死。五月十五日,留在南京城内的三十余名南明大臣及数十名军官开城投降,弘光小朝廷最后覆灭。此后,陆续降清者还有150多名南明军官和238400名士兵。闰六月,驻扎在东流县长江江面的左梦庚率12总兵、马步兵10万人及船舶4万只投降,受降的是清军靖远大将军和硕英亲王阿济格部。袁继咸在军中被俘后押解北去,誓不降清,于次年被杀害。

阿济格令左梦庚以其父之职率诸将入朝,其部将金声桓则另有打算。金声桓世袭辽阳卫出身,曾在杨嗣昌、史可法麾下带兵,升至淮徐总兵官,此时隶属左军后队。金声桓向阿济格提出,愿意率部攻取江西献给清廷,而不劳满族军队出一兵一卒。此议得到阿济格许可,清廷也实授金声桓提督江西全省军务总兵官的官衔,被授副总兵的是原李自成大顺军部的降将王体中。金、王遂合营屯守九江,继而挥师向南进发。此后,清军攻占江西各州县的战事,主要是金声桓和王得仁指挥其部队进行。金声桓借清军声威,向江西各州县频频通令招降,否则即以屠城相威胁。弘光朝原任江西巡抚旷昭解印而弃省城,逃往瑞州(今高安一带),南明官员和城中士民也纷纷出城避难,南昌成为一座空城。六月十九日,金声桓率军进入南昌。此后,金声桓笼络王体中部将王得仁杀死王体中,最终招诱其部归附了金声桓。

不久,原任江西巡抚旷昭逃至万安县境后被清军俘获。九月,担任招抚江南各省地方总督军务兼理粮饷的洪承畴向清廷奏报：江西的南昌、南康（治所今星子县）、九江、瑞州（治所今高安市）、抚州（治所今抚州市）、饶州（治所今鄱阳县）、临江（治所今樟树市临江镇）、吉安、广信（治所今上饶市）、建昌（治所今南城县）、袁州（治所今宜春市）等府俱已平定。此后，一些抗清武装力量又有反攻，先后夺回抚州、吉安等城池。

到顺治三年（1646年）正月，清军复占抚州，并俘虏了正向建昌府逃亡的南明永宁王及属官90余人。五月清军攻克吉安，迫使南明江西总督万元吉退保赣州。金声桓还集中兵力进剿鄱阳湖一带的抗清武装，俘获明藩王朱常溇及义军首领了悟和尚、赤脚黑先锋等。整个顺治三年，在江西东北部和东部的安仁（今余江县）、万年、余干、泸溪（今资溪县）、弋阳、铅山、崇仁等地，先后都发生了抗清的战事，有时还使清军感到吃紧，各地抗清力量"闻风愈炽"，但在金声桓和清江西巡抚章于天指挥的进攻下，逐个被扑灭。

随着江西战事逐渐向南推进，清廷先派来兵部尚书兼都察院右副都御使、翰林院侍读学士孙之獬提督江西军务，招抚江西。继而着手配置新的省一级文官系统，先后任命了江西巡按、江西道试监察御史、江西巡抚、江西道监察御史等，以加强对新占领地区的管理，同时也有加强监督清军将领的用意。顺治二年十月，实授金声桓为左都督，充镇守江西总兵官，后又授其江西提督总兵官之职。到顺治三年三月，清廷向江西、湖广二省发出谕令，将担负招抚之职的兵部大臣孙之獬、江禹绪调回北京，原因是这两个省"督抚镇臣，已经全设，地方渐宁"。这说明新入主的清朝江西省级文官系统和军事指挥系统基本建立，兵部大员统领地方军政大权的阶段即行结束。①

二、以益藩为旗帜的抚、建二府抵抗

南昌失陷之后，从南昌逃出的省府官员，加上明朝分封于江西各地的一些朱姓藩王，以及因为各种原因散处乡村的在籍官员与乡绅，先后在地方上组织抵抗清军。其中比较有影响的抵抗，先出现在江西东部地区。明朝江西三大藩

---

① 见《大清世祖章皇帝实录》卷二十五，"顺治三年三月癸未"条。两个月以后，顺治又下诏："撤各省招抚官吴惟华、黄熙允、丁之龙、谢弘仪还京。"见《大清世祖章皇帝实录》卷二十七，"顺治三年五月己酉"条。

第一章
清军对江西复明活动的镇压及清政权统治的确立

王之一的益王分封于建昌府(今南城县),此时的益藩王朱由本之长子朱慈炱①,为明宪宗第六子朱祐槟的七世孙,他将起兵抗清的具体指挥权委托给永宁王朱由榿、朱慈营父子与罗川王朱由棅两个郡王。云集于此的明朝官员则有原江西布政使夏万亨、弘光朝被任命为副使分巡建昌府的王养正、建昌知府王域、建昌推官刘允浩和南昌推官史夏隆等。其部众除了宗藩家人和在当地招募的乡兵外,还有一支原本奉命入卫南京而因其失陷滞留建昌的云南象兵。

广昌县驿前镇所存使用"皇明隆武元年"纪年的施田碑(梁洪生摄)

闰六月,夏万亨率军迎击清军,在抚州兵败失利,退守建昌。清军随之围城,城中坚守三日,因有内奸协助清军而城破,夏万亨、王养正、王域、刘允浩、史夏隆等均被俘,押解至南昌后杀害,另有同死一人失名。建昌民众后将六人尸骨装殓合葬,墓碑上刻写"六君子之墓"字样,以表其忠。王养正之妻张氏闻讯后绝食九日而死,夏万亨家人为之殉难者十余人。

益王东遁福建,得到福建总兵的接应。永宁王父子南逃宁都,联络连子峒士兵数万,于十月收复建昌,继而攻入抚州,与原本在此起兵抗清的曾亨应、揭重熙等相呼应。曾亨应,字子喜,临川人,明崇祯七年(1634年)进士。父曾栋,曾任广东布政使。清军占领南昌后,亨应命弟和应奉父入闽,自己与艾南英、揭重

---

① 陈文华等人有考证认为:南明史籍多记载益藩王为朱由本,而江西出土的《益定王朱由本圹志》载明朱由本卒于明崇祯七年,故南明时起兵抗清的应该是朱由本之长子朱慈炱。见陈文华、陈荣华主编《江西通史》,江西人民出版社1999年版,第554页下注①,本文从此说。

熙等策划共守抚州城,募兵数百响应永宁王。不日清军反攻,曾亨应被从弟出卖,与长子曾筠同时被俘,后皆不屈而死。曾和应得知兄长死讯后说道:"烈哉!兄为忠臣,兄子为孝子,复何憾?"拜辞其父,投井殉难。揭重熙,字祝万,也是临川人,抚州失陷后被唐王召往福州。抚州、建昌二府的抗清力量利用山地条件隐蔽自己,同时依托福建,进退于武夷山脉两边,因而得以坚持一段时期。这种时有进退的拉锯战,对当地百姓的生活必然产生影响,至今在原属建昌府的广昌县驿前镇赖氏祠堂里,还可以完整地看到署时为"皇明隆武元年季冬重立"的"施田主赖公四十朝俸永□"墓碑,说明在江西东部山区的一些村镇里,当时还是尊南明王朝为正朔。但到顺治三年(1646年)正月清军复占抚州并俘虏永宁王后,江西东部的抗清声势大挫。

　　顺治三年二月时,孙之獬还曾向清廷奏报,归顺了清朝而聚居南昌的明故宗室达数千人,令其担忧。孙之獬建议把这些人分散到江西其他城市中去,图谋不轨的则迁往北方或编入清军营伍。四月,顺治的旨意下达,除了没有同意分散处置一条外,其他的都按孙之獬的奏议办理,其中特别重要的是两条:明故宗室的身份一概革除;明故宗室的禄田钱粮与民田一体起科,纳入清朝的赋税系统。这样,遂从社会身份和经济来源两个方面彻底否定了前朝宗室原有的各种特权,同时也大大削弱了这些朱姓宗室潜藏的政治影响和号召力。另外,清廷对江西宗室的处置办法还带有政策转变的标志性意义:从弘光政权覆亡及清军占领江南地区以来,清廷一方面用"赏银令致仕"的办法,不断清除各级官府中的明宗室人员;另一方面还是对归降的明宗室实行一些优待措施,如顺治二年七月还规定:"岁给故明宗室赡养银两地亩:亲王银五百两,郡王四百两,镇国将军三百两,辅国将军二百两,奉国将军一百两。中尉以下无论有无名封及各王家下人丁,每名各给地三十亩。"顺治三年正月,又"定故明宗室恤典",对亲王、郡王、将军及其妻、母的祭葬,分等级拨给银两和祭田,且定守墓人数从八人到四人不等。这些举措,与清廷在北京和北方地区对崇祯帝和其他宗藩的礼遇有着内在的联系,而且对瓦解南方各地朱明宗室的武装抵抗不无作用。但随着清军对江南地区的占领越来越稳固,对朱明宗室更多的是采取打击措施,其中也折射出清廷对明代宗室问题引发的许多社会弊端的认识。在批复孙之獬奏章后不久,顺治帝再谕户部,强调"运属鼎新,法当革故。前朝宗姓。已比齐民",再次表明新朝君主对前朝宗室的否定,也是其除旧布新的必然举措之一。

第一章
清军对江西复明活动的镇压及清政权统治的确立

三、隆武朝节制下的赣州保卫战

南昌陷落之后,赣江中上游地区的抗清力量纷起,尤其是赣江以西地区各州县,明朝原来任命的地方官多数仍在履行守土之责,所以抵抗活动也较有组织性,并且得到原籍江西的崇祯、弘光两朝名宦的支持。其中典型的如杨廷麟,清江人,字伯祥,崇祯四年(1631年)进士。曾任兵部职方主事,赞画军务,后遭贬斥在家。闻知京城失守,廷麟恸哭,在家乡募兵勤王。福王立,荐廷麟为左庶子而推辞不就。所募兵勇健儿又遭到宗室诬劾,指责他欲与姜曰广联手图谋不轨,募兵被迫遣散。

弘光朝覆亡后,南方地区继而出现了两个朱姓藩王政权。一位是原本分封在山东,后来徙居浙江台州的鲁王,在浙江绍兴即"监国"位,史称"鲁监国",受到浙东地区抗清人士和军队的拥戴。另一位是原本分封于河南,后被徙居广西的唐王,名朱聿键,于顺治二年(1645年)八月在福州即皇帝位,建元隆武,定福州为临时国都。唐王是明末诸藩中最有能力的一位,从小历经磨难,生活刻苦,果敢有为。他即位后马上把登极诏书发往江西和浙西、皖南一带,并给这些地区有可能成为复明领袖的著名人物颁发了大批征聘和任命诏书,由此使唐王任用的文武官员遍及江西、两广、两湖和四川。唐王最为器重的大学士黄道周与杨廷麟曾为同朝为官的好友,黄遂举荐杨。唐王任杨廷麟为吏部右侍郎,刘同升任国子祭酒。杨、刘二人以赣州为基地,与巡抚李永茂等募集军队兵饷。九月,杨廷麟、刘同升率部在泰和打败清军徐必达部,并乘势收复吉安和临江(今樟树市南部),唐王加封杨廷麟为"兵部尚书兼东阁大学士,赐剑,便宜从事"。

唐王一直看重江西战场,并希望由此而与两湖地区的南明军队连成一片,继而在鄱阳湖与赣江流域战胜清军,继续挥师北上。杨、刘收复吉安后,唐王任命继任江西巡抚的万元吉为南赣总督,驻守吉安,也借以加强对赣州的防守,以确保从福建到江西和湖南的战线畅通。顺治三年三月,杨廷麟闻知唐王将从福建汀州来赣州,前往福建迎接,军务交由万元吉统管。万元吉,南昌人,素有才气,莅事精敏,治军严格。代守吉安后,他特别倚重在汀赣交界山区招降的"峒贼四营",并因此而与驻守吉安的云南和广东军队关系紧张。"峒贼四营"是山民武装,号称"新军",又被赣州百姓称为"抚(州)军"。其军纪败坏,沿途抢掠,更引发云南、广东两军将领的不满,军心日渐涣散。①待清军再攻吉安时,城中守军不战自溃,"新军"则因远在湖西地区无法驰援,吉安因此失守。万元吉

---

① 参见《明史》卷二百七十八《万元吉传》,第7119页。

率军退守赣县皂口,同时上谕极言云南兵将弃城之罪,导致云南军队自行离营西去。四月,皂口失陷,元吉退守赣州城,清军乘胜追抵城下,开始合围赣州。

此后,任江西巡抚的刘远生和杨廷麟两次前往雩都(今于都县)调集"新军"回援,都在梅林一带被清军打败。到六月份,副将吴之蕃率广东兵5000人抵达赣州,城围稍解,但很快又被合围。唐王得知赣州城久被围困,遣使劳军,赐名赣州府为"忠诚府",加封万元吉兵部尚书衔,还派遣龙泉(今遂川县)籍人尚书郭维经率领沿途募得的8000名兵勇来援。另外,有万元吉部将汪起龙率军数千,云南援将赵印选、胡一青率军3000人,大学士苏观生率军3000人,两广总督丁魁楚派兵4000人分别来援。杨廷麟又收集散兵游勇数千人,均先后到达赣州,于城外扎营。率军诸将请战,万元吉则坚持等待水师抵达后合击清军。但此时两路水师共7000人仍屯守南安府(治今大余县),不敢驰援赣州。至八月,清军得知南明水师将至,乘夜堵截江流,焚毁明水师大船80只,死者无数,舟中火药器械尽失。两广与云南兵皆不战自溃,其他援军也渐渐散去。参将谢志良率部万余人在雩都迟疑不进,杨廷麟调集广西狼兵8000人翻越南岭,也未及时增援。至此赣州城中只余部卒4000余人,城外仅有水师后营2000余人,前后苦战五个多月,已经疲惫不堪。

九月底,浙东鲁监国的军事防线被突破,清军翻越闽北浦城县境内的仙霞岭进入福建,隆武朝臣人心惶惶,私下向清军乞降者竟有二百余人。唐王见已无力抵抗,遂率众从驻跸的闽中地区延平县起身,经顺昌转至闽西的汀州,准备由此进入赣州府境。但却很快被清军的前锋部队俘获,几天后与其皇后一起被杀。唐王兵败被俘的消息传到赣州,人心震动。万元吉誓与赣州共存亡,禁止妇女出城逃亡。有家人私下将其妾缒城外逃,万元吉派人飞马追还,家人痛遭鞭挞,城中因此再无敢出城者。十月初三夜,清军在一名降卒的带领下登城,城内乡勇只得以巷战进行抵抗。黎明时清军大批部队拥入,城破失守。部将欲保护万元吉出城,元吉叹道:"为我谢赣人,使阖城涂炭者我也,我何可独存!"遂投水塘殉难,时年44岁。杨廷麟也佩带赐剑,投清水塘殉节。郭维经入嵯峨寺自焚而死,太常寺卿仍视兵备事彭期生自缢身死。被俘后遭杀戮的官员还有职方主事周瑚,通判王明汲,编修兼兵科给事中万发祥,吏部主事龚棻,户部主事林琦,兵部主事王其狄、黎遂球、柳昂霄、鲁嗣宗、钱谦亨,中书舍人袁从鹗、刘孟锽、刘应试,推官署府事吴国球,监纪通判郭宁登,临江推官胡缜,赣县知县林逢春等一百余人。兵科给事中杨文荐城破时重病在身,被俘后执送南昌,绝食

第一章
清军对江西复明活动的镇压及清政权统治的确立

顺治十二年(1655年)荷兰使节描绘的赣州城外远景(选自包乐史、庄国土《〈荷使初访中国记〉研究》)

而亡。而城中未战死的武将,则全部投降了清军。城中百姓或被杀死,或没入为奴。时人有诗写道:"诸君磊落忠义人,死去名节千秋新。可怜虔州十万户,日暮飞作沙与尘。"①追述了赣州城破之后的惨烈情景和民众遭际。

赣州城东西可通湘、闽,向南可达广东,是此数省之间抵挡清军继续前进的战略要塞,无论得失,都会对整个战局造成很大的影响,所以在防守过程中,曾有南明军事力量四方来援。从参战部队的绝对兵力而言,无疑是当时江西境内最强大的南明军事力量,加上唐王对赣州的节度和支持,所以抵挡清军的时间也最长。另外,指挥赣州城防的高级官员多是崇祯时的朝臣,再历弘光、隆武两朝,其正统性一以贯之,指挥抵抗的合法性和权威性远比其他的小藩王和乱世称雄者要强,对守城将士和民众的人心凝聚和士气鼓励,都有不容忽视的重要意义。再加上赣州城二水环流,高墙临江,易守难攻,因而可以固守近半年之久。赣州城保卫战,是清初江西境内南明军民牺牲最大也最为壮烈的一次抵抗。到清人修《明史》时,也对拼死一搏的赣州保卫战赞叹不已:"自南都失守,列郡风靡。而赣以弹丸,独凭孤城,誓死拒命。岂其兵力果足恃哉?激于义而众心固也。"②保卫赣州的战事几乎与隆武朝相始终,共存亡,实际上成为南明政权第二阶段的抗清中心。赣州城失陷后,武装抗清的中心才转入广西。

---

① 钱澄之:《虔州行》,《所知录》卷一《隆武纪年》,黄山书社2006年版。
② 《明史》卷二百七十八,杨廷麟等列传"赞曰"。

四、与楚地互通声气的湖西抗清活动

清初江西赣江以西地区的抗清活动,集中发生于袁州、吉州、临江三府,这片地区当时又泛称为"湖西",与明代湖西分守道的辖区在此有关。湖西地区的抗清活动,很大程度上形成湖广地区(今湖南、湖北二省)抗清活动的组成部分。在左良玉九江兵变时,福王任命为总督湖广、四川、云南、贵州、广西军务的何腾蛟也被劫持,后来他投江才只身逃出,转移到湖南长沙建立新的总督指挥体系。他的一些部将和大批来源不同的散兵游勇重归于他的麾下效力。而大顺军残部中最有实力的郝摇旗与李锦、高必正部,也与何腾蛟接洽,归顺了南明王朝。何统辖的兵力骤然增至十余万众,声威大震。远在福州的唐王大喜,立拜何腾蛟为东阁大学士兼兵部尚书,封定兴伯,仍命督师。何腾蛟随即奏报黄朝宣、张先璧、刘承胤等一批军官获得封赏,并分别镇守两湖各战略要地,时人称之为"十三镇"。何腾蛟依赖幕僚章旷整顿军务,并倚重云南的滇军为其嫡系,最终在岳州以南地区建立了一条坚固的抗清防线。从顺治二年(1645年)初冬到顺治三年初秋近一年的时间里,何腾蛟还派兵援助江西西北部的抗清力量,并多次奏请唐王移驾赣州,以协力夺取江西。武功山脉东南部安福县的刘淑英毁家抗清的悲壮遭遇,就与此有紧密联系。

刘淑英(1619—?年),自号木屏,又号个山,安福县三舍村人。其父刘铎在明天启年间任刑部主事、扬州知府等职,因不满魏忠贤专权迫害东林党人,在扇上题诗被人告密,最终下狱处死。崇祯继位后,宣布魏忠贤罪状,追赠刘铎为太仆少卿,谥"忠烈"。淑英发愤读书,旁涉司马兵法、公孙剑术、佛道经咒,无不精通。"操笔为文辞,蔚然可观"。15岁时与邻村的宁夏巡抚王振奇之子王蔼成婚,生活美满。后王蔼北上至其父亲任所,不久死于异乡,时年18岁的刘淑英悲痛欲绝。明王朝覆亡后,刘淑英闻讯大哭,誓报国仇家恨。随即尽散赀财,毁家纾难,招得士卒千余人,加上王氏家族的僮仆等,自成一部,扎寨安营。刘淑英自佩利剑,从不离身。顺治三年春,何腾蛟部下总兵张先璧从茶陵、攸县向吉安出击,驻兵永新县,闻刘淑英之名而求见,并欲获得资助。刘淑英开营门迎接张先璧,潸然泪下,随之慷慨论事,陈说大义,军卒无不动容。次日刘淑英回访,携千金与牛酒犒军。但在宴席上张先璧露出畏战情绪,且表示欲娶刘淑英为妻。刘淑英大怒,拔剑欲斩先璧,先璧绕柱逃脱。兵卒蜂拥而上,刘淑英见状大喝道:"你们怕我什么?这样胆小,还能上战场赴汤蹈火吗?你们想要我的家财吗?我已经散尽招兵;你们想打我的歪主意吗?这里只有一个断头寡妇在!"继而奋

第一章
清军对江西复明活动的镇压及清政权统治的确立

笔在墙壁上题写诗句明志,然后面北下拜,说愿追随崇祯皇后,以此表示死意。张先璧见刘淑英凛然不可侵犯,羞悔不已,率部下叩头请罪。刘淑英由此而知事不可为,万念俱灰,回家后即解散义军,尽归田里。到顺治六年清军再克江西时,杀戮残酷,刘淑英挈母逃匿湖南湘潭。后见南明小王朝大势已去,不得已潜回故里,建一庵堂,题名"莲舫",并迎母归养,奉佛以终。刘淑英以其奇气横溢之材、世变家破之痛,发为怨愤奇峭、激楚凄戾之诗。清初宋之盛在《江人事》一书中,特为刘淑英立《女贞传略》,且评论说"一时文士,无出其右"。

另据史载,吉水县人李元鼎(1595—1668年)为明天启二年(1622年)进士,崇祯朝官至光禄寺少卿。后降清,初授太仆寺少卿,后升任兵部右侍郎。顺治二年(1645年)八月,李元鼎曾向清廷上疏强调江西的战略地位重要,"恳恩遴简重臣二员,速往受事"。元鼎在上疏中同时还提到其家乡的抗清武装"视臣家为仇雠",致使其弟死母病,"家口流离,尽皆散失"①。从此也间接地反映出吉泰盆地民众抗清的激愤和报复举措。顺治四年十二月,在金声桓向清廷的一份疏报中,还透露出龙泉(今遂川县)山区的武装反抗与永历政权有联系:"吉安等处伪官郭应铨等,受永历伪职,盘踞龙泉山中,与渠魁王来八勾连作乱,残害地方。"后被清军副将刘一鹏等率兵扑灭。

顺治四年正月,湖广总兵柯永盛奏报:有兴国(州)人柯抱冲领导的抗清农民军占据江西武宁、湖广兴国(州)一带,"与何腾蛟结连,自立为王,以其党陈珩玉为帅,倚山结寨,焚劫郡县,攻陷兴国州,杀武昌同知张梦白,势甚猖獗"②,后在清军的围攻下才告失败。这是江西西北部及幕阜山脉两边民众抗击清军的又一实例。

然而,持续的战乱对湖西地区社会经济的破坏也是极其严重的。如顺治四年二月,清军与驻扎在萍乡西部凤凰寨的南明黄朝宣部交战,对当地百姓造成的劫掠与破坏为地方志书所记载,读来令人触目惊心,由此更可想见当时天灾与兵乱对江西社会生活破坏之一斑:

> 丁亥。春大水,奇荒,凡六阅月。萍民自乙酉、丙戌,连年累月苦于寇兵。春二月,大兵直捣朝宣巢穴,与衡、永兵夹攻,朝宣溃败而死。清兵洗运

---

① 《满汉名臣传》附《贰臣传·李元鼎传》,黑龙江人民出版社1991年版,第4589页。
② 龙泉县郭应铨及兴国(州)柯抱冲抗清情况,分别见《清世祖章皇帝实录》卷三十五"顺治四年十二月丁卯"条和卷三十"顺治四年正月壬子"条。

11

萍邑粮稻于军中。兵荒洊臻,惟此时为然。于是米一石价至三十余两,金贱如银,尚不乐受。绸绮衣服,升米可易一领。且疫痢交侵,饥饿疾病,食野草,啖糠秕。甚有杀人肉充狗肉卖者,饥民旋饱之,旋登鬼录矣!以至尸横于路,骨白于野,父母妻子相对,以视其死亡。奇荒惨变,宁第辗转沟壑已哉!①

第二节
金、王反正的败亡及江西社会经济的初步修复

一、金声桓、王得仁反正及其败亡

唐王被俘杀和赣州失守后,原逃亡在广西梧州的桂王朱常瀛之长子、永明王朱由榔,在广东肇庆被两广总督丁魁楚和广西巡抚瞿式耜拥戴为"监国",继而于顺治三年(1646年)十二月十四日行登基仪式,改元永历,成为南明时期第三个具有"正统"权威的小王朝。永历帝随即任命丁、瞿二人为大学士,并封仍在指挥两湖及西南地区抗清军事行动的总督何腾蛟为武英殿大学士,加太子太保衔。还给数十名将帅任职封爵,发给印信。顺治四年一月下旬,清军骑兵突袭广州城,消灭了由唐王之弟在那里建立的另一个流亡政权(国号"绍武")。此后清军很快占领了广东和广西的大部分地区,其主力则是历来以攻掠凶残著称的前明降将李成栋部。不久后,永历帝在武将的裹挟之下,转移到湖南西南部深山中的武冈县。清军三次进攻桂林均被击退,后来又因何腾蛟出兵打击,迫使战线过长的清军从广西东北部退回湖南。

正当此时,镇守江西的金声桓对清廷日益不满。他在江西一路进攻,除赣州、南安外,江西其他11个府都被金声桓、王得仁率部攻占。金、王自以为不费满人军队一兵一卒,而能立此战功,应该得到清廷的特殊封赏。况且他自进入江西以来,不仅攻城略地,对南明人士的镇压也毫不手软。②但清廷始终对其存有戒心,仅任命金声桓为镇守江西等地总兵官,王得仁屈居副将。顺治三年五

---

① 《萍乡县志》卷六《祥异》,康熙二十二年版。
② 徐世溥著《江变纪略》卷一记载:"声桓方恣杀明人士,诸凡年十五以上及有病者未剃与告反及诬官闽者,辄杀之;非有故而家产中百金以上,辄诬以通明,使有司论杀之,没其财产;十三郡人人莫必其命,是以游士莫敢言自外归。"清道光古槐山房木活字《荆驼逸史》本,《四库禁毁书丛刊》史部第6册,第549页。

第一章
清军对江西复明活动的镇压及清政权统治的确立

月,清廷兵部驳回了金声桓的奏疏,认为他要求授予在江西"节制文武"、"便宜行事"的权力"殊为僭越,自难允行"。但考虑到江西地方的抗清活动并未停止,清廷只同意将金的官职由"镇守江西等地总兵官"改为"提督江西军务总兵官"。但同时规定:"一切剿抚事宜,仍令会同抚、按,并听内院大学士洪承畴裁行",没有给他紧急处理地方事务的大权。金声桓大失所望。另外,金、王在攻占江西时勒索了一批金银财宝,遭到新任清江西巡抚章于天、巡按董学成的胁迫,要他们献出钱财,金、王的不满更为加剧。

而南明隆武朝的大臣黄道周、万元吉等,与金声桓有旧交。考虑到江西地界闽楚之间,战略位置重要,若可策反金声桓,江南局势将有大的改观。于是他们通过一些潜回南昌的文化人游走金府,充当说客,向金、王许以高官显爵。这些人还策划为金修建生祠,并得到金声桓的授意,"令塑为华阳巾而羽衣"。这些规劝感化的举动,对金、王都形成一定的诱惑。与此同时,章于天、董学成已经得到金、王暗中与南明势力来往的密报,加紧搜集证据上报清廷,而且还不断施以言语侮辱,有故意激怒金、王之意,这些也都加重了对金、王二人的挤压和威胁。①

顺治五年正月二十七日,金声桓、王得仁在南昌举兵反清,关闭城门,擒杀巡按董学成、布政使迟变龙等,并消灭了隶属地方文官系统的兵丁。王得仁又在河中诱捕了出巡瑞州的巡抚章于天,并逼使他出任兵部尚书,负责制造炮车。只有江西掌印都司柳同春缒城而出,乔扮和尚星夜逃往南京,报告了江西的重大事变。顺治五年的干支纪年为"戊子",所以在清初许多文献记载中又称金、王南昌举兵反清为"戊子之乱"。

金、王反清时还不知道永历帝即位的消息,仍尊隆武为正朔,自称"豫国公",王得仁称"建武侯"。金、王还把罢官后住在新建老家的原弘光朝大学士姜曰广迎到南昌城中,官拜太子太保、吏部尚书兼兵部尚书、中极殿大学士,另外还自行任命了一批文武官员。不久,金、王得知隆武帝已经遇难和桂王朱由榔即位称帝,于是文书告示皆改署"永历二年",并派幕客前往广西报告江西起兵反清情况。永历帝喜出望外,下诏同意仍封金声桓为豫国公、王得仁为建武侯。此后,江西绝大多数府县都闻风而动,纷纷竖起反清的旗帜。只有清南赣等地巡抚刘武元和南赣总兵胡有升、副将杨遇明等,仍然效忠清王朝,据守赣州,控制江西南部地区。还有参将康时升等扼守的广信府(府治在今上饶市),仍然在

---
① 参见徐世溥《江变纪略》卷一。

清军手中。

金、王反正之举,尽管主要出于个人私利之争而缺少深谋远虑,但造成的影响却很大。以两湖地区为基地的总督何腾蛟及其属下的各路将领,借势纷纷反攻,先取全州,又遣部将围攻永州城达三月之久,"大小三十六战",最终于十一月初攻克,就此而从湘、贵、桂三省交界山区久被包围的态势中缓过气来,继而夺回了湖南境内几乎所有的战略要地。福建沿海地区的抗清活动声势转盛,安徽无为一带的反清人士也纷纷攻击清军据点,北方地区此时也发生了大范围的反清起义,清军面临挥师南下以来最危险的局面。

反正之后的金、王决定先北上拿下九江,然后顺江而下进攻南京。顺治五年二月初,王得仁领兵进抵九江,镇守九江的总兵冷允登带领5000名士卒开城响应。王得仁军接着占领了湖口、彭泽,九江知府吴士奇等地方官都来归附。王得仁还占领湖北黄梅、广济等县,控制了九江东西的长江航道。崇祯朝兵部左侍郎余应桂、生员吴江也在南康府(治所在今星子县)起兵,攻克都昌、湖口、星子等县。吴江自称巡抚,余应桂称兵部尚书。长江中下游地区反清力量也纷纷响应,归附于清朝的地方官员人心震动,惶惶不可终日。

清廷在接到江西和湖广、南京的告急文书后,深知江南兵力有限,迅速采取对策,调兵遣将。顺治五年三月十五日,摄政王多尔衮派正黄旗满洲固山额真谭泰为征南大将军,同镶白旗满洲固山额真何洛会、降将刘良佐带领满、汉、蒙兵马从北京赶赴江西。同时,命固山额真朱马喇、江南总督马国柱领兵由江宁(今南京)溯江而上,在安庆府(今安徽省安庆市)同谭泰军会合。为了防备南明军队占领湖北,清廷又命令正在湖南作战的孔有德、耿仲明、尚可喜三王率部撤回汉阳地区。战局的这一变化,对南明小王朝无疑非常有利。然而永历朝廷虚有其名,无人统筹全局作出相应的决策,各地实力派更是自行其是。江西的金声桓、湖南的何腾蛟都缺乏战略眼光,没有抓住有利时机,互相配合,赶在清廷援军到达以前迅速收复失地,扩大辖区和政治影响。王得仁派使者到南昌参加金声桓召集的高级军事会议,商讨举兵东下南京的方案。参加会议的多数人都表示赞成,而任总督的黄人龙却主张南下攻打赣州,并以明正德朝宁王朱宸濠反于江西,被赣州巡抚王守仁发兵抄了后路为例,说动金声桓改变主意,调回王得仁军,并在三月上旬亲率主力二十余万水陆并进,南下赣州,而只在长江沿岸的小姑山(即小孤山)两岸留有少数南明军队布防。金、王主力放弃了出兵北上,在长江中下游会合各地义师共图恢复大业的正确方针,引兵南攻赣

第一章
清军对江西复明活动的镇压及清政权统治的确立

州,先在战略上就犯了致命错误。

三月十九日,金声桓大军进抵赣州城下。攻城之前,金曾多次对守城将领高进库等招降,许以加封官爵,但当时广东李成栋尚未反清,赣州守将不仅没有后顾之忧,还派急使要求佟养甲、李成栋出兵相救。金声桓的招降只收到部分效果,使赣州右协副将徐启仁带领部下一千兵马撤回原驻地南安府,连同府内的道、府文官举城归顺金声桓;镇守南雄的雄韶协将李养臣也跟着投降。赣州城虽已孤立,但因三面临水,城墙坚固,易守难攻,清军守城军将奋力顽抗,双方相持不下。闰四月初一日,王得仁又带领由九江回师的十余万军来到赣州,合兵继续攻城。闰四月二十二日,赣州清军突然出城反击,王得仁中炮负伤。然而旷日持久的赣州攻城之役对金、王非常不利:清廷派遣的征南大将军谭泰带领满、汉军队已经迫近江西;而王得仁率部增援赣州,更造成了江西北部防守力量的严重不足。闰四月下旬,清军进至安徽省东流县,又兵分两路,先后在闰四月三十日攻克饶州府治(今鄱阳县),五月初一日占领了江西门户九江。五月七日,清军前锋进入南昌府境。闻讯后,金、王为救老巢,不得不下令全军撤离赣州,回保南昌。赣州清军乘势出城反击,金、王后卫部队损兵折将,狼狈后撤。五月十九日,金、王返回南昌,赣州围城之役由此而失利。

六月初三日,王得仁领兵出南昌城迎战,在七里街一带被清军击败,退回城中。清军在七月初十日包围了南昌,分兵四出,扫除外围,切断省会同其他州县的联系。清军大肆抢掠,还在城外掘壕沟,筑土城,对南昌周边民众的生命和生活环境造成极大破坏。时人的记载称:

> 东自王家渡属灌城,西自鸡笼山及生米,尽驱所携丁壮老弱掘壕负土,妇女老丑者亦荷畚锸。为壕率深二丈余,广如之。远近伐山木,拆屋取其栋枋梁楣,大柯长干,作排栅以为沟缘。又掘冢墓,斫棺倾尸,及未葬者悉枭之,取其匡廓墙砖以为壕。溽暑督工不停晷,上曝旁蒸,死者无虑十余万。死即弃尸沟中,臭闻数十里,蝇鸟日盘飞蔽天。又役俘虏为浮沟于章江,以凌风涛,自东及西,广袤七里,上起文家坊,下至扬子洲,凡为三桥……死者又数十万。会天旱水涸,功亦竟就……附郭东西周迥数十里间,田禾山木,庐舍丘墓,一望殆尽矣。

城内的金、王除了固守待援外,还多次亲率兵马出城,向壕沟之外的清军发起反击,但都被击退。清军一等梅勒章京觉罗顾纳岱在攻城时中炮阵亡,足见守城官兵作战依然英勇。南昌城围日久,粮食薪柴均告匮乏,米价先涨到60两白银一石,后来竟高达600两一石,最后因断粮而"杀人而食",其残酷之状后人有所追忆,读来令人不寒而栗:

> 禽畜草根木实悉尽,遂杀人而食。东北一隅拆屋最先,废宅往往生雀麦,饥人将以食。得仁犹称瑞,曰:"此天贻我也。"国中非十五成群不敢行,交衢直巷先有瞭者,以隐为号:曰"雄鸡也"即男,曰"伏雌也"即妇,曰"有翅"即带刀者,曰"无翅"即无器,曰"有尾"者即群行,曰"无尾"即独行者。闻无"翅"与"尾"者,即共出擒而杀之。其始独兵食老弱及病者,渐乃择人而食。民剥鼓皮鞾筒之属既尽,亦复群聚掠兵为粮。后更不择人而食,至父子夫妇相啖矣。①

至此,南昌城中军民粮饷断绝,处境已经极为艰难。清军得以从容扫荡南昌周边的小股南明军队,南昌更成孤城。而此时永历小王朝内部仍然纷争不已,虽然深知江西之役在其"中兴"计划中的重要意义,但一直没有采取积极的援救措施,也缺乏有力的策应。两广总督何腾蛟为了虚夸战功,还向永历帝谎报江西南昌、吉安、赣州均已取得大捷,无须出兵救援。尽管五月一日提督广东总兵官李成栋在广州起兵反清后,曾在十月间进攻赣州,但失利后即退回广州,而没有引兵直下南昌,解金、王之围,导致失去战机。

顺治六年正月十八日,清军动用新运到的红衣大炮,向南昌城发动猛烈攻击。午后,蒙古兵竖云梯登上城墙,南昌失守。金声桓投入帅府荷花池内自尽,大学士姜曰广在傒家池投水而死。王得仁反复冲杀,击杀清兵数百人,突围至德胜门时被执,立遭肢解。此前,清军主帅谭泰已令对城内逃出的百姓或来降官兵一律格杀勿论,攻入南昌后,又进行了残酷的屠城。

金声桓、王得仁江西起兵反清,前后将近一年时间,至此最后被镇压下去。消息报至"行在"肇庆,永历帝赠金声桓为"豫章王",谥"忠烈";王得仁赠"建国公",谥"武烈";姜曰广赠"进贤伯",谥"文愍"。

顺治六年正月,已被永历帝加封为惠国公的李成栋再次从广州起兵,北上南雄,二月下旬翻过大庾岭进入江西境内。为了避免重蹈上年十月间仓促攻打赣州城失利的覆辙,李成栋决定先占领赣州城外围各县,然后进攻赣州。他亲

---

① 徐世溥:《江变纪略》卷二。

第一章
清军对江西复明活动的镇压及清政权统治的确立

率主力驻守信丰县,派董方策等占领雩都(今于都)等县。而清军已于正月十八日攻克南昌,据守赣州的清军已无后顾之忧,士气高昂,主力部队主动出击,二月十六日由赣州出发向信丰县进攻,同时派兵八百名前往雩都县协防。二十九日,李成栋出城迎战,为清军所败后退入城中。三月初一日,清军开始攻打信丰县城,李成栋军心不稳,率部出东门逃走,在河水泛涨的桃江里坠马淹死。永历帝追赠李成栋为"宁夏王",谥"忠武",赐祭九坛,葬礼极为隆重。

然而此时永历小朝廷的大势已去:何腾蛟在湘潭被俘杀,金声桓、王得仁在南昌覆亡;李成栋兵败身死,其大本营广州城随之被围八个月,于顺治七年十一月二十四日被尚可喜、耿继茂率军攻克,并实施了长达二十天的残酷屠城。同月,永历小朝廷的驻扎地桂林也被清军攻克,永历帝先逃南宁,再远遁云南,期望"中兴"的幻想最终破灭。南明小朝廷内部矛盾重重,文官与武将之间的猜忌和排挤由来已久,不同派系的军队只顾自己的利益,根本谈不上互相配合作战。清军原来在湖广和江南并没有足够的兵力援救江西,不得已从北京派兵南下,走了两个多月才赶到江西,竟然反使金声桓、王得仁功败垂成。而南昌被围时间长达八个月,没有得到南明其他军队的任何支援,说明南明各派势力的互相拆台和排挤,才是导致其失败的主要原因。

二、顺康之际江西官府舒缓民困的主要举措

顺治六年(1649年)后,江西境内大规模的战事基本平息,但地方社会经济极其凋敝,民生痛苦不堪。顺治九年秋,刚刚接任江西巡抚的蔡士英给清廷上的第一份奏章,即直陈"目击地方凋敝情形",开篇概括为:"江省自屡经兵燹,元气未复,连年遭水,今岁苦旱,其城郭之圮毁,乡村之草蔓,士民之鹑结,真有不能图绘者。"随后的奏章再次强调,连年的自然灾害给战后的江西民众雪上加霜:"其江民前此死于饥,死于疫,死于杀,死于焚者,仅存其十之三四;今又死于旱矣;嗟哉!江土前此荒于兵,荒于贼,荒于水,荒于逃者,亦仅存其十之三四,今又荒于旱矣!"此外,蔡士英还列举了江西其他几项全局性的社会问题:土旷不辟,赋役不均,荒亩不清。而这几件令人头疼的事情又相互影响,彼此交织。①对于刚刚掌控这片疆域的清朝地方官府来说,尽快恢复农业生产,稳定社会秩序,是其建立统治秩序的基本追求和基础所在。而从长远来说,清王朝当时在全国范围的统治还潜藏着许多危机,为了平息各地打着各种旗号,彼伏此

---
① 参见蔡士英《抚江集》卷一,清顺治刻本,《四库未收书辑刊》第七辑第21册,第248页。

起的"匪类"、"土贼",还必须抓紧为满、汉军队筹措粮饷。所以在清军占领江西之初,同时也把明末记录兵饷压欠、漕运积逋的旧账本也接收过来,继续照额追缴钱粮。而蔡士英等临民之官则看到:当时已经极度贫困的江西乡民再也无力清缴,如果一味追逼,不仅极易激发民变,甚至还因此造成了吏部委任的官员不敢来江西任职;一批江西官员又因无法清缴积欠而被降职,调任外地也无法脱身的问题,直接影响到统治机器的运行。所以蔡请求清廷允许江西和其他行省一样,免除那些实际上拿不到手的"虚赋"。仅由康熙二年(1663年)新修《南昌郡乘》中保留的官府文件即可知:从顺治八年(1651年)到康熙二年的十余年间,先后由江西巡抚蔡士英、郎廷佐、张朝璘等题写的相关奏疏即有《请除豁荒芜疏》、《请汰浮粮疏》、《酌定赋役疏》、《请禁牵夫疏》、《请议蠲豁疏》、《请禁湖口抽税疏》、《敬陈南昌浮粮疏》、《请蠲江省五、六、七年漕欠疏》、《题免未垦田亩从前荒赋疏》、《请积逋分限带征疏》、《蠲免九年分未完饷米疏》、《南瑞二府己未垦荒田升科蠲豁疏》、《题报照额蠲浮晓谕士民疏》等。江西省府官员的这些呈请,先后得到清廷的准许,基本的做法是:民间有主荒田而田主自认某年开垦,即先免其顺治六、七、八共三年的钱粮,到顺治九年以后一概交纳田赋。如果遇有灾荒,再奏请清廷予以蠲免。这些措施对于减轻当时江西乡民的负担与困苦,无疑有着不容忽视的积极意义。

在蔡士英等官员的陈请之下,清廷还批准清理了瑞州、袁州、南昌三府延续300年之久的浮粮问题,其意义已经不限于解除战乱的后遗影响,而是直接对民怨沸腾的明代积弊予以清汰,所以在当时造成很大的社会影响。早在顺治四年五月,其实江西巡按吴赞元已经向清廷提出这三个府的钱粮"倍征"问题,"故明因循未改。兼以水漂沙塞,虚粮逋欠甚多,亟请厘定,令照他郡额赋征输"。当时清廷只是指示"章下部议",并无下文。① 顺治十年巡抚蔡士英再行呈报,提出先清理瑞州、袁州二府浮粮问题。官府查实的情况是:瑞州府管辖的高安、上高、新昌(今宜丰)三县,在元代的田粮负担为12.5余万石,但到明初,当地粮长黎伯安为了邀赏,将陈友谅占据江西时加倍征缴的粮册献给明太祖,册中之数遂成定额,增至22.53余万石。有明近三百年间尽管民怨沸腾,但明政府始终不予更改,形成"硗角之区可耕者既窄而科粮偏重"的不合理局面。袁州府所辖宜春、分宜、萍乡、万载四县的弊端,则起因于"乡斗"和"官斗"的不同。明初陈友谅部将欧普祥降明时投献册籍,将"乡斗"的三升误报为"官斗"的十升,

---

① 参见《清世祖章皇帝实录》卷三十二,"顺治四年五月丙辰"条。

第一章
清军对江西复明活动的镇压及清政权统治的确立

致使当地田粮负担一下子增加了3倍,均摊到每亩,科粮竟然高达一斗六升多,与相邻的新喻(今新余市)、安福等县的田粮形成明显反差。但明官府一直将错就错,因此而导致大量户口逃亡。至明弘治间,袁州府只存6万余户,还不到北宋崇宁户口数的一半。到清初大乱之后,户口更少而赋税更显繁重,乡民或逃或欠,积弊日深。顺治十一年四月,清廷批准了蔡士英的奏请,对此积弊作出一步到位的清理:将瑞州田粮之数重归宋元时期的原额,只征12.5万石;袁州征粮数额比照相邻的新喻县,每亩只征九升三合。

到康熙二年(1663年),清廷又蠲免了南昌府自明代以来的浮米。其由来,与瑞、袁二州相同,"俱受伪汉窃据之害,烦刑掊敛,加宋元旧额数倍。明初因仍,莫之敢控"。据康熙二年新修《南昌郡乘》记载:"康熙二年,督台张公、抚台董公题准该府属除武宁原无浮米外,六县一州悉照宋额,税苗米一十五万九千二百一十五石二斗五升二合六勺二抄。内职田米二千七百一十八石四斗一升。蠲免明额浮米三十万一千五十四石三斗六升六合四勺八抄。"①

清廷相继清理江西三府明代遗留的浮粮问题,从根本上说仍是历史故事的重演,因为新入主的满族统治者已经懂得不可杀鸡取卵的"治道",此时与民休息,最终还是为了获得稳定的财税来源。所以蔡士英在接到清廷批复后,马上发布《减除瑞、袁二府浮粮示》,公告四方,宣扬皇恩浩荡于前,催促乡民交粮于后:"尔等务仰体洪恩,将应纳钱粮亟为上纳,以实朝廷正供。"但在当时民族矛盾依然尖锐,江南一批明朝遗民仍然坚持"夷夏之辨"之时,江西官府针对广大乡民的现实困苦所采取的这些切实措施,无疑十分及时,且具有不容忽视的感召力。康熙《南昌郡乘》还记载了进贤籍前明官员朱徽写的《跋请蠲浮粮疏后》,对此举措的评价为"恭遇清朝定鼎,与海内更始,救民水火而解其倒悬,真千载一时也"。康熙九年修《袁州府志》的"凡例"称:"减浮粮,纾袁困,旷代殊恩也。故上自奏疏,下及文移本末,备志不忘。"这些话,都不应简单地视为逢迎之词。另外还应该看到:顺康之间裁汰蠲免,减除浮粮的主要得益者,是宋明以来已在江西平原河谷地区耕种生息的土著居民,他们如果因此转而倾向或支持清政权,对于维护江西腹心地区的稳定必有好处。在不久之后发生三藩叛乱期间,江西平原河谷地区的社会秩序相对稳定,对叛军的呼应不多,袁州一带成为坚固的抵抗前线而未曾失陷等等,都与清朝官府在顺康之际曾采取一些惠民措施并且获得人心不无关系。

① 《南昌郡乘》卷十二《赋役志》,康熙二年版。

另外在顺康之际江西官府为了恢复农业生产,还大力推动移民垦荒运动。顺治九年(1652年)八月,上任之初的巡抚蔡士英就查到江西抛荒田地高达104819顷,已接近江西原额田地数的1/4,所以他在奏章中说江西是"土旷而不辟也"。顺治年间,清廷对各省的田地抛荒问题普遍采取两种处理方法:无主荒地收为官地,分派兵丁屯田种粮;有主而抛荒之地,出示招徕移民垦种。从巡抚蔡士英一任开始,江西官府主要在招徕移民方面下工夫,并反复向清廷上奏申诉,坚持恪守垦荒之田三年之内不收田赋的承诺,坚持不轻易将暂时无力交纳田赋的民田收为官地,以避免产生官府屯田难以处理的相关问题。顺治十一年七月,蔡士英在奏章中明确提出官民共垦的思路:认为天下田亩"总属朝廷之地土,似当问其垦不垦,不当问其官与民也"。蔡接着现身说法,列举两年以来江西地方官府为清廷增加财政收入所作的贡献:向各部解送了钱粮银40余万两,收缴顺治八、九两年漕粮银50.8万余两,及时解送楚、粤的军需而没有拖延,江西本省绿营军队的月饷得以按季发出等等。最后,蔡总结其根本原因在于"招徕归垦之民,州县渐次填实,故催科稍可施耳",道出了清代官府招民垦种,"与民休息"的根本目的。蔡士英等江西大员对调整清廷在江南的土地政策不无贡献,他们逐渐熟悉并比较尊重南方地区以小块田地为主,租佃关系错综复杂的现实,没有简单粗放地仿效北方地区搞官府屯田,尽量少把一批逋逃之田收归官有,避免酿成更多的官民冲突,激化社会矛盾,对稳定清初江西大局是有好处的。

从当时更大的政策背景看,清廷面对刚刚占领的广大南方地区,采取了一系列因时因地减免税赋的措施,既是对历代"与民休息"之法的仿效,同时还以此作为对南方民众是否归顺的一种奖惩之法,[1]再就是把收编来的大批明朝军队尽快复员,安置到土地上。[2]在顺治十二年,清廷刑部甚至批准了江西兴屯道瞿凤翥动用罪犯开垦荒田的疏言:

> 嗣后徒犯请发遣屯田,酌其年份,开垦荒田多寡,事完释放。其愿留者

---

[1] 参见《清圣祖仁皇帝实录》卷七十九,"康熙十八年二月己巳谕兵部"条。
[2] 顺治二年,清廷在平定南京后颁发的诏书就阐明了这一基本政策:"新经投顺马步官兵约有二十余万,除原系各处营制内抽调者应各还原营,其新经招募及久离家乡者,通查明白,准散归本籍各安生业。"(《清世祖章皇帝实录》卷十七,"顺治二年六月己卯"条)在《清实录》中,康熙年间清军平定江西各地的"从逆"活动后,招降"伪官",安抚其部众与家口的事例还多有记载。

第一章
清军对江西复明活动的镇压及清政权统治的确立

即永为己业，以沛皇仁。

在《清实录》中，我们还可以找到相应的佐证资料：

> （康熙二年）八月甲子，江西巡抚董卫国疏报江西省新增男妇七万六千六百二十丁口，共增丁银七千六百二十两有奇。下部查核。

> （康熙四年）八月庚申，江西总督张朝璘疏报吉安府龙泉县安插闽广流民男妇一千四十一名口。下部知之。

> （康熙十一年）九月辛巳，上谕大学士等：江西庐陵、吉水、上高、宁州四州县暨南昌九江卫，频年荒旱，灾疫流行，荒芜田地五千四百余顷。命户部蠲其逋赋，仍敕巡抚速行招垦。①

甚至到康熙十八年（1679年）十月，当时江西已经成为远离吴三桂叛军战火的"内地"，户部还议复："护理江西巡抚印务王新命疏言：'江西自叛之后，逃丁荒地虽于康熙十七、十八两年之间招补开垦，而见在荒缺者过半，暂请开除额赋。应如所请'。从之。"

也正是在这样一个大的政策背景下，以闽广等省为主的一大批外省移民进入江西的丘陵山地，垦荒供赋，赴役当差。天长日久，在一些山区州县逐渐形成一个人数众多、语言和生活习俗相通的移民群体，形成一种不同于河谷平原地区的新经济成分，为日后逐渐形成"客"、"土"之间的矛盾冲突埋下伏笔。

三、招徕民众城居与恢复城市社会生活

明末清初以来，长时间的大规模战乱使江西大多数州县的城池都遭受毁坏，城市成为各类武装力量的主要攻击和掠夺的目标，城市生活比乡村显示出更大的脆弱性和不稳定性，城中居民或死或逃，颠沛流离，生活艰难。康熙二年修《南昌郡乘》记载了南昌府各属县户口损失情况，详如表1—1：

---

① 以上三条分别见《清圣祖仁皇帝实录》卷九、卷十六、卷四十。

表 1—1　康熙二年记载南昌府及其属县（州）遭战乱损害后户口存留情况

府/县	原额人丁妇女（口）	除豁杀掳逃亡人丁（口）	损失（%）	见在男妇（口）	存留（%）
南昌府（总计）	406881	103067	25.33	303814	74.67
南昌县	134722	57590	42.75	77132	57.25
新建县	52218	16419	31.44	35799	68.56
丰城县	75358	18325	24.32	57033	75.68
进贤县	61554	7849	12.75	53705	87.25
奉新县	27603	365	1.32	27238	98.68
靖安县	14774	326	2.21	14448	97.79
武宁县	22198	541	2.44	21657	97.56
宁州	118454	"见存旧数"		"见存旧数"	

资料来源：康熙二年《南昌郡乘》卷十二《赋役志·户口》。

不难看出，越是靠近统治中心的县份，其"杀掳逃亡人丁"的比例越高，特别是作为省、府"附廓"的南昌县及其相邻的新建县，户口损失的比例都明显高出平均数，其中必然包括住在南昌市内的一大批居民的死伤与外逃。南昌和赣州这两座重要的大城市，都曾在长期围困后再遭屠城之祸，损失特别惨重。九江市区也曾被左良玉兵纵火焚烧，市民在兵乱中遭受劫掠。晚明官员熊文举是南昌地方大族的代表人物，曾描述南昌遭受屠城后，东湖一带如何从风景名胜之区变成蒿草一片，并以其亲身经历说明兵乱之时，原来居住在城里的士绅如何纷纷逃往乡下老家以避杀戮：

> 曩家东湖之上，老屋一区，为余德甫先生草堂……雷堂前后，皆王孙别墅。春之日，秋之夜，弦管笙歌，凄清四起。东西湖光，开轩朗照，画船柳岸，箫鼓相催。曾几何时，一旦荡为冷烟，鞠为茂草。(顺治)乙酉归自长安，掩泪过之，无异黍楼瞽眼。丙戌、丁亥，复购数椽于郡署之后，屋甚宏敞。后有一亭巍立，四面皆古树苍藤，绣球月桂，蔚茂扶疏，有合抱者。此中大可读书讲业，然是时江省屯兵，羽书狎至，会城士绅寓家者寥寥。余亦乡居，

第一章
清军对江西复明活动的镇压及清政权统治的确立

往来托迹于此,亦犹冲途之有邮亭驿馆也。亡何戊子大乱,此屋复毁于降兵。残生再世,戢影荒村,牛舍蜗庐……①

康熙二年修《南昌郡乘》还明确记载:因为在"戊子之变"时南昌府"阖郡公署尽为煨烬",知府罗长胤暨其僚属只好借住在民居办公,到康熙二年才动工修建新公署。巡抚蔡士英上任之初,也因巡抚都察院衙门遭受破坏而无钱修理,只有借用东湖边民居办公,两年后才捐俸兴工,修建官署。兵乱中被烧毁的还有江西按察使司衙门和江西布政使司衙门中的"揽秀楼"等。到顺治十一年(1654年),巡抚蔡士英描述当时南昌城内的状况还是"街衢巷陌鞠为茂草","颓垣断壁,冷落荒烟"。②

当江西农业经济有了一定的恢复之后,江西官府从顺治十一年开始广贴告示,招徕民众进城居住,兴建房屋,以图恢复市容和城市生活。实际上,此举在两年以前已经开始,当时只是作为"招徕流亡"的组成部分而已。然而居民唯恐入城后即被登记造册,摊派各种徭役差事,不堪烦扰,所以响应者寥寥。顺治十一年四月后,江西官府的牌示对于进入南昌居住的规定更加具体,条件也更加优惠,例如:原来在城市居住并有房产的,限定两个月内回城认准原址,钉桩标志,加以营建。为此,官府还特别号召那些一直城居而后来跑回乡村或流寓他省的"巨室之家"作出表率,因为他们是"士民所望,当先为倡导,维桑与梓"。其他的人,"不拘土著客籍,俱许入城。但查有无主空基,具状投县,给以印照,永为己业,听其建造居住"。官府还对入城居住者承诺:传令南昌、新建两县官衙,严禁差役摊派;官军设置城守水师,确保城市安全;绿营军队专有营房,不得骚扰民宅;居民发给腰牌,照牌出入,不许城门稽查阻挠市民正常出入;等等。

同年六月,江西官府又发布了《巡临饶抚建广诸属招徕士民入城居住示》,进一步推动赣江以东的饶州、抚州、建昌、广信等府的民众入城居住,其劝谕的理由和开列的条件不仅一如南昌城,还提到"倘有防守官丁居住此中者,本部院军政森严,自当各守纪律,不敢生事扰民"。同样透露了清初普遍出现的满、汉军队占用民房的问题,也说明此刻已经到了可以解决这个问题的时候了。告示中提及当时这些城市中的实际景貌还是"但见城郭之内,街衢巷路,瓦砾尚

---

① 《南昌郡乘》卷四十八《集蓼堂记》,康熙二年版。
② 蔡士英《抚江集》卷十三《招集士民入城示》。

盈,荆棘犹满,萧条零落,大非太平景象",官府不得不着手恢复城市经济与社会生活秩序了。

不无巧合的是,顺治十三年四月中旬,由荷兰东印度公司派往清廷的使团经广东抵达赣州。使臣们记载了他们在赣州看见的情景:"该城是中国最有名的城市之一,距南康一百五十里。城区四方,傍赣江而建。该城有四个大城门,依东、南、西、北方向命名,式样古朴。""该城的城墙高大坚固,用砖头砌成,所有的炮眼都有盖子,盖子上画着凶恶的兽头,绕墙走约需二个小时。站在城墙上向北望去,可看见来自数省的数不清的船只。这些船只都要经过此地,并在此缴纳通行税。""该城街道整洁,有几条街是用石板铺成。城东有一座九层宝塔,站在塔上可俯瞰全城。该城有几处漂亮的房舍和美丽的宝塔,其中最有名的是慈云寺……"[1]由此可以想见,在经历了顺治三年的清军屠城和顺治五年的金声桓部围攻之后,赣州城已经修复并更加巩固。

到顺治末康熙初,江西省、府、县三级的城市都做了一批营建。据江西总督张朝璘记载,先后修了城墙的城市有省会南昌,南昌府属的宁州、丰城、靖安、进贤等县城,瑞州府属的高安、新昌两县,临江府属的新喻县,吉安府属的永新县,建昌府属的广昌县,还有饶州、袁州二府的城墙,"俱已焕然改观,屹立巩固矣"[2]。修葺城墙的同时,各级官署的衙门和城区代表性景观也纷纷重加修建,并载入此时新修的一批地方志中。可以看出,这些建筑的修建除了实用和丰富城市生活,"以壮观瞻"之外,其实还蕴涵更为积极的政治意义:就是通过这些比较高大的建筑物的修复或重建,显示了新朝统治者的权威性,也表现出对自己的统治具有更强的自信。不久以后的三藩叛乱期间,江西境内赣江一线的城市多未失守,南昌城始终是清军调兵遣将和维护局势平稳的政治中心,赣州城一直成为清军控扼楚粤交通的前敌重镇等等,都与顺康之际江西城池的修建和城市生活的逐渐恢复有直接关系。

---

[1] [荷]包乐史、[中]庄国土:《〈荷使初访中国记〉研究》,厦门大学出版社1989年版,第59—60页。《荷使初访中国记》原作者为约翰·尼霍夫,荷兰人,1618-1672年在世。《荷使初访中国记》原著系拉丁文写成,1668年于阿姆斯特丹出版。

[2] 张朝璘《捐修城垣以资捍御疏》,《南昌郡乘》卷四十四《艺文志》,康熙二年版。

第一章
清军对江西复明活动的镇压及清政权统治的确立

第三节
三藩叛军对江西的争夺及其败退

一、吴三桂兵进江西和清军的交战

顺治八年至十八年(亦即永历五年至十五年,1651—1661年),永历小王朝依赖的只有最后两支军事力量:一支是以福建沿海为基地的郑成功部,其水师为最强。1655年三月开始,郑成功军开始北伐,到1659年一度兵进宁波,破瓜州,直抵南京城下。但在清军的反攻下郑军兵败,退回厦门。1660年六月,清廷将南方三藩王之一的耿继茂派往福建,加强对郑成功的进攻。1661年五月郑军逐步占领台湾岛后,遂将其战略基地迁离大陆。另一支是孙可望、李定国部,他们都是张献忠被清军袭杀后的残部,先占领了清军兵力薄弱的四川与贵州,后来又进军云南。1650年十二月,孙可望被永历帝授予"秦王"爵位,并逐渐将永历小王朝控制在自己手中,日益骄横跋扈。到1655年春,孙、李的军队连续进攻,不仅迫使清军几乎完全退出西南各省,而且兵进湖南及广西大部。1656年李定国进军云南,将永历帝从孙可望的控制下转移出来,与孙的矛盾也日渐明朗。后来孙可望在与李的决战中失败,在湖南宝庆向清军投降。从1658年开始,清军在吴三桂等指挥下,分三路向贵州进军并取得胜利。继而攻入云南,迫使永历帝进入缅王控制的疆域。1662年一月,这个流亡了两年的小朝廷被缅人交给清军,南明小王朝最后一位有皇帝称号者及其"皇子"在押回昆明后被杀。三个月后,李定国也在云南与老挝交界处病故。原明朝疆域内以朱姓君王为旗帜并有"正统"国号的抵抗最终失败,史称"南明"的时期从此结束。

正是在追剿永历小王朝的战事中,平西王吴三桂、平南王尚可喜、靖南王耿精忠屡立战功,并分别镇守云南、贵州,广东与福建,史称"三藩",深为建立全国统治的清朝贵族所倚重。顺治帝临终前,曾允许这些封疆大吏在南方封藩。三藩手握重兵,逐渐对清中央集权构成潜在威胁,其中又以吴三桂向清廷的要价为最高,包括每年一千余万两饷银及对湘、川、陕、甘等邻省官吏的任命权。康熙帝亲政后,为加强对全国的有效控制,有意开始削藩。康熙十二年(1673年)四月,当平南王尚可喜试探性地提出致仕并欲将广东封国交给儿子尚之信继承时,清廷接受其致仕却拒绝由尚之信承袭封国的请求。八月份,吴三桂与耿精忠也先后提出辞呈,康熙帝予以接受,表明了削藩态度,也含有激使三藩早叛的用意。十二月二十八日,兵力最强的吴三桂首先发难,在昆明杀死云南巡抚朱国治,并逮捕了康熙帝的两位特使,下令恢复明朝旧制并自称天下都招讨兵马大元帅,改明年为周王"始武元年",公开起兵反清,并向其他两藩求援。贵州巡抚曹吉申及提督李本深等望风而降。次年三月,驻军广西的孙延龄反清,自称"安远王",并逮捕广西巡抚马雄镇。四月福建耿精忠亦反,逮捕福建总督范承谟。云、贵、川、湘、闽五省尽为吴三桂所有。五月,吴三桂开始向两翼扩展:一路由湖南进攻江西,一路由四川进攻陕西,开辟东、西新战场,企图分散清军兵力,扩大势力范围及影响,迫使清廷同意与其划长江而分治天下。从此时开始,三藩军队与清军在江西接战。前后过程,大致可分为三个阶段。

第一阶段为清军主力进入江西阶段。康熙十三年六月始,清军出兵五路,有三支增援东线战场,以确保东南财富之区不为叛军占领。其中一支以安亲王岳乐为定远平寇大将军,率部进入江西迎击吴三桂叛军。此时叛军已经占领了赣江以西的袁州、萍乡、安福、新昌(今宜丰县),以及鄱阳湖畔的南康府(治星子县)、都昌县等地。七月间,耿精忠派出白显忠、郭衷孝两部翻越武夷山,先后占领广信、饶州、抚州、建昌等四府及其属县,广信副将柯昇、参将程凤、把总陈虎等易帜响应,攻打浮梁县。康熙帝对江西战事甚为关注,要求尽快肃清江西地方,扼守赣江至袁水一线,以便集中兵力打击以湖南为基地的叛军。康熙十三年八月,康熙帝给清军护军统领桑额的手书敕谕中,指出江西战场的重要性和当时清军可以相机采取的行动:

> 江右为粤东咽喉、江浙唇齿,所关甚重。今兵民之心,尚持两端,若不先灭地方小丑,大兵难以前进。至袁州、吉安、赣州尤属要地,若有失陷,则广东声息必至梗阻;广东梗阻,则情势危急。令满兵驻袁州,相机进取长沙。否则固守地方,庶三府可保无虞。将军当亲统重兵以行,毋使兵力单弱,至有疏失。①

---

① 《清圣祖仁皇帝实录》卷四十九,"康熙十三年八月辛亥"条。该上谕也被光绪《江西通志》卷首"训典"所收录,但有所删节,尤其是论及江西战场与广东的密切关系一段不见,无法反映康熙帝当时的通盘战略思路,故兹取《清实录》原文。

第一章
清军对江西复明活动的镇压及清政权统治的确立

至该年底,清军收复江西多数失地,康熙即命岳乐"将江西要地进行整理,稍有就绪进取湖南","由袁州直取长沙",同时令喇布从长江下游进入江西支援岳乐。当时康熙帝的战略布局有两个:以出兵攻克湖南岳州(今岳阳)、长沙等重镇为上策;倘若军事上不可速胜,至少还可以破坏叛军的后方补给线,甚至取得敌方的粮草接济自己。康熙十四年初,岳乐部曾一度进攻长沙;勒尔锦部亦曾渡江南下,进入湖南,但在叛军的有力反击下,均未成功。长沙、岳州等处战略要地,仍在叛军手中。

第二阶段为相持阶段。岳乐进攻湖南未能建功,遂向清廷提出先扫平江西,肃清后方的请求,因为当时江西的形势实在不容乐观:

> 江西形势为广东咽喉,江南、湖广要冲。见今三十余城为贼盘踞,且醴陵逆贼造设木城,增伪总兵十余人,兵七万,猓猓三千坚守长沙、萍乡诸处。臣若撤抚、饶、都昌防兵往长沙,则诸处复为贼有;不撤则兵势单弱,不能长驱,且广东诸路恐亦多阻。臣欲先平江西贼寇,无后顾之忧,然后分防险要,帅师前往。①

尽管这与康熙坚持进军湖南,以消灭吴三桂主力为首要的战略设想不合拍,但康熙帝还是批准了这个作战方案,只是给的期限很紧,催促"王宜将江西要地速行整理,稍有就绪,即进取湖南,勿得坐视,致误机会"。此后,在江西的清军分别进剿,对东北境的饶州、广信二府多有收复。康熙的谕旨还明确要求清军占领武夷山和怀玉山西麓的战略通道,切断闽浙方向的耿精忠部与江西叛军之间的联系。然而此时已经进入江西地区的梅雨季节,天气开始转热,清军兵马不适。所以在岳乐收复建昌府(治南城县)后,康熙指示他除了留下部分军队固守外,"率大军暂回南昌养马,俟秋凉或取湖南、或攻福建,候旨以行"。但康熙须臾未忘屯重兵于江西之西的吴三桂部,到十四年九月,在接到江西方面的一系列捷报之后,他依然不断告诫岳乐等率军将领:"贼渠吴三桂也,今不早灭,虽江西、福建之贼尽除,于事奚益?安亲王岳乐,其量拨官兵固守江西,乘冬月速取长沙。"

到十一月,康熙帝再次下旨催促岳乐进军湖南,为此,康熙对岳乐提出的

---

① 《清圣祖仁皇帝实录》卷五十二,"康熙十四年正月戊子"条。

要求尽量给以满足,甚至不远数千里将南怀仁研制的新式大炮送到岳乐军前。但由于江西各地的"逆贼"起事此起彼伏等等原因,直到康熙十五年二月,岳乐才向入湘必由之路的萍乡发动进攻。但吴三桂军高大杰部则乘虚迂回,集兵数万围攻赣江中游的重镇吉安城,迫使清军回援。不久吉安城陷落,江西战场再次向不利于清军的方面变化。至此,清军东线主力被迟滞于江西战场已逾一年,大出康熙预料之外,不仅使之焦急不堪,同时也使他对江西境内的各种反抗和给清军造成的麻烦留下极坏印象。①

第三阶段为攻占吉安等重镇,并最终收复江西全境阶段。这些战果与广东形势发生的变化有直接关系:康熙十五年二月,尚可喜之子尚之信在吴三桂诱使下,将其父囚禁,与金光祖起兵反清,清军东部战场又出现新的变数。而江西清军既阻隔了尚之信军与吴三桂军联手,也扼守着清军日后南下入粤的孔道。所以赣州城控扼赣江与大庾岭通道的战略地位就凸显出来,而作为防守赣州的前沿重镇吉安就显得分外重要,但此时已被吴三桂叛军再次攻占。对此康熙深感忧虑,五月以后连续发布几道上谕,在南昌和赣州之间调兵遣将,指示清军南北夹击,尽早拿下吉安。但进攻始终不见成效,因此引发康熙帝对指挥江西战事的简亲王喇布十分不满,严词指责他贪图安逸,一直坐守南昌,迟滞不前。

该年十二月,吴三桂派兵援救吉安,同时令已经占领萍乡的马宝部进军永新、安福一带,加强救援吉安的兵力。康熙则命令湖北战场的清军加强攻势以图牵制,"相机前进,以分长沙、吉安贼势"。到康熙十六年正月,救援吉安的吴军"宵遁",建昌府诸处的清军奉调攻打吉安。同月,广东尚之信部向从江西方向进入广东的岳乐部投降,江西南部的军事威胁基本解除。清军得以集中兵力围攻吉安城,到三月二十一日终于将其攻克。至此,江西境内清军抵抗三藩叛军的战事基本结束,清军随之向湖南衡阳、长沙继续进攻。

---

① 最可反映康熙这种印象的证据之一,见于康熙十八年二月他给兵部的谕旨:"江西旧欠钱粮,屡经督抚及科道等官奏请蠲免,朕已洞悉。但当逆贼煽乱之时,各省地方与贼接壤者,被其侵犯,迫而从逆,情非得已。故于平定之后,其旧欠钱粮悉行蠲免。江西于贼未到之先,地方奸徒辄行倡乱,广信、南康、饶州、奉新、宁州、宜黄、安仁、永新、永丰、彭泽、湖口、泸溪、玉山、铅山等处所在背叛,忠义全无,缙绅兵民人等,或附和啸聚,抗拒官军;或运送粮米,助张贼势;或布散伪札,煽诱良民;或窝藏奸细,潜通消息。轻负国恩,相率从逆。以致贼氛益炽,兵力多分,迟延平定之期,劳师费饷。揆厥所由,良可痛恨。即今田庐荡析,家室仳离,皆其自作之孽。逋赋未蠲,职此之故。"(《清圣祖仁皇帝实录》卷七十九,"康熙十八年二月己巳"条)

第一章
清军对江西复明活动的镇压及清政权统治的确立

此后,战事集中到湖南正面战场,至康熙十七年初,清军已攻占攸县、茶陵、永兴、郴州、宜章等12城。吴三桂危急之中,于三月在湖南衡州称帝,改元"绍武"。但于同年八月十七日病死,其孙吴世璠继位,改年号为"洪化",尔后扶吴三桂灵柩返回云南。康熙十八年正月,清军攻占岳州,三月攻下常德、衡州,湖南全境基本平定。此后两年的战事转入云贵川地区,清军最后于康熙二十年二月下旬包围昆明,围城达八个月之久。十月二十八日,吴世璠于昆明自杀身亡,二十九日叛军出城投降,历时八年之久的三藩叛乱最终平定。

二、湖西再次沦为战乱重灾区与清军驱逐棚民

康熙十三年(1674年)初,吴三桂叛军攻陷长沙,打开东进江西的通道。三月,江西巡抚董卫国向清廷报警,请求拨兵防御。五月,叛军占领萍乡,安营扎寨,使之成为进攻江西腹地最重要的前沿阵地。这样,作为湖西地区政治中心的袁州府城虽然不大,却成为阻挡叛军深入江西的前敌重镇,江西总督董卫国请设袁临镇,以原任袁州副将赵应奎为总兵官。此后叛军多次进犯袁州,赵应奎力守而且屡屡反击,多有斩获。康熙十三年十月,吴三桂致信诱降之,赵应奎则予以举报,得到清廷嘉奖,并加左都督衔,予世职,给拜他喇布勒哈番,又一拖沙喇哈番。此后,袁州城一直坚如磐石,即使康熙十五年叛军迂回攻陷赣江中游的重镇吉安,袁州军民还是孤城力守,在康熙帝的高度重视和竭尽全力的支持下,城池从未失守,一直坚持到清军大部队全面反攻。

在此大规模的军事对抗背后,则是湖西地区再次成为战乱重灾区,刚刚有所恢复的民众生活又遭受兵火破坏,生灵涂炭,惨状重现。所以如此的重要原因之一,是在萍乡等县长期被叛军占领的情况下,湖西地方社会原有的族群矛盾被大规模地激化,从康熙十三年开始,以闽籍移民为主体的袁州棚民就响应并参加了吴三桂叛军。袁州地方"绵亘数百里,焚杀淫掳,所过为墟。萍、万二邑再陷,袁(州)城危如累卵"[①]。此后棚民作为叛乱军队的组成部分,三次攻陷万载县城和瑞州府的新昌县城,占领萍乡两年之久,并将其打造为叛军的坚固桥头堡。其影响和破坏程度,更超出一般的两军交战之外。康熙二十二年《萍乡县志》详细记载了这个过程及其给当地造成的巨大损失[②]:

---

① 《宜春县志》卷二十《咨呈·驱逐棚寇功德碑》,康熙二十二年版。
② 参见《萍乡县志》卷六《祥异》,康熙二十二年版。

康熙十三年,吴逆反,陷楚长沙。五月内,棚逆朱益吾等乘机乌合讧起,恣行焚戮,沿乡掳劫。勾引伪将韩大任、陈攻陷萍城,扎营高岗铺,与棚逆图攻郡城。败归,焚杀掳掠人民逃窜。

康熙十四年正月,伪将军夏国相、高得捷等统贼十余万踞萍城,焚掳搜捉,深山无可躲避。棚逆与之谋,筑土城于县治后,千年骸骨掘弃暴露。通城内外,屋宇、墙垣、街道麻石拆毁殆尽。更于环城山巅立炮台十余所,坟茔莫保,一如县治后焉。盘踞二载,荼毒生灵,稻谷牛种一空。□地焚弃,且设桩竖签,竹木伐尽,转徙流离,无计存活。

康熙十五年,逆横暴施虐,益深益热。二月内,幸安亲王躬率六军临萍,与贼战于城东流江桥,大破炮台,杀贼不计其数,尸横遍野,贼众奔溃,萍城始复。王师直捣长沙,于萍无扰。邑令孟宗舜招抚流移,效力挽输。六月内又遭棚寇陷城,更恣焚杀,把总陈死焉。援守官兵,驱贼旋复。

康熙十六年,大兵踞城。有安福土贼杨桀友等啸聚,昼夜焚掳,东、西、南三乡更惨。

以往的研究认为:所谓袁州地区的"棚民",是指明末从福建及湖南(所谓"闽楚")以及临近的抚州、瑞州等地迁入袁州府属宜春、萍乡、分宜、万载等四县的流民。①崇祯时人对此的描写为:"袁州郡县,界连楚粤,崎岖险峻,延袤皆山。内有三关九图,环溪峭壁,昔为闽广之交,诛茅而处,凿山种麻。"②因为他们是外来人,很难进入当地有数百年之久定居历史的土著社会和聚落中,所以往往要在山上搭棚居住,或散居于山间大小不一的盆地中,形成自我认同并有较强凝聚力的独特人群。到明末时,这一带的流民人数大约已有几十万之众。从所见史料看,入清以后较早关注这个人群的江西巡抚是蔡士英。顺治九年(1652年)底,他就发布了《谕宜春山关棚客示》,其中先提到:

查得宜春石荇、里外、三关等处,向有福建、抚州等处人民,流寓四乡,

---

① 参见曹树基《中国移民史》第六卷,福建人民出版社1997年版,第223—225页。
② 见曹树基《中国移民史》第六卷,第225页页下注①。

第一章
清军对江西复明活动的镇压及清政权统治的确立

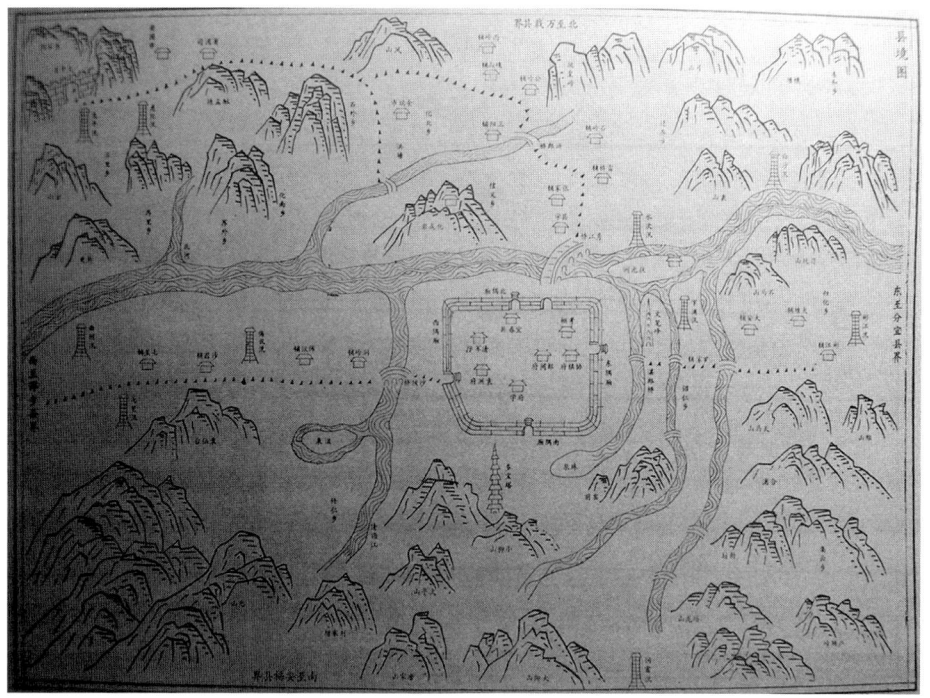

清代宜春县境及"三关九图"图(载于康熙
二十一年修《宜春县志》)

> 寄居种苎。日聚益众,已有年矣。后值变乱叠更,乃遂占据山场,逋逃亡命,自立客长,号招异类,恣行劫掠。屡经剿洗,悉就招抚。前抚不忍加诛,行令编入册甲,设立甲长棚长,稽察匪类。

此中提到的棚客占据山场,"逋逃亡命,自立客长,号招异类,恣行劫掠",即直指明末清初这一带棚客的反清历史;在崇祯末年,闽地移民以天井埚为中心,在邱仰环的带领下攻入袁州府城,起兵抗清;顺治五年金声桓举兵反清时,袁州朱益吾又率闽人起兵响应,最后在官府的追剿下受抚。从这位巡抚的叙述中还不难看出,在其前任期间,对这片多事之地就已经剿抚并用,并且着手在棚客中编制保甲,设立"甲长"、"棚长"以加强管理。

既然有此前科,蔡士英遂以强硬的口气继续提出警告,而且已经明确提到可能采取驱逐其回乡的手段:

本部院莅任以来,访知前情,念尔等久聚此土,不忍遽为驱逐,合行申谕。为此示仰宜春棚客人等知悉:尔等既以寄命于兹,当以身家为念,务宜互相劝诫,共作良民,恪遵宪令,毋蹈前非。倘有不轨之徒及逋赋之人,潜住彼地,即行送出,毋得附和隐藏,酿成祸患,自干国法。敢再故犯,不惟驱逐,失尔本业,定行捣巢扫穴,即性命亦不保矣。特示。

到顺治十八年,施闰章开始任担分守湖西道的道员,也曾写过多首关于麻棚及其"客子"的诗文,其中即反映了他们和当地土著居民之间的矛盾冲突:

山陬郁郁多白苎,问谁种者闽与楚。伐木作棚御风雨,缘岗蔽谷成俦伍。
剥麻如山召估客,一金坐致十石黍。此隰尔隰原尔原,主人不种甘宴处。
客子聚族恣凭陵,主人胆落不敢语。嗟彼远人来乐土,此邦之人为谁苦?①

康熙《袁州府志》还收录当时宜春知县的详文,说明从明后期到康熙年间棚民的人数和身份变化问题:"宜春麻棚从前赋役未载,只因闽省留民流寓袁阳与楚接壤之界。深山穷谷,素为不毛之地。流民居久,垦开种麻,日渐日繁,稍有麻利。因以流民改为棚民,起编棚户二千六百八丁户。"由此可见对棚民的管理有一个前后变化,即明末时棚民并没有进入当地的征税系统,被编入赋役册籍是清康熙朝以后的事。

然而,从前引康熙《萍乡县志》的记载可知,当吴三桂叛军占领长沙后不久,"棚逆朱益吾"等再次起事呼应,"恣行焚戮,沿乡掳劫",并且配合叛军攻陷了萍乡县城。作为反击,时任袁州副将的赵应奎很快就捕杀了"棚逆"首领朱益吾。此后棚民已和叛军混合在一起,清军与之反复拉锯,直到康熙十七年初。当时,清军虽已基本收复江西地面,但仍有吴三桂军韩大任部残军据守万安县梁口,控扼赣江十八滩上端。后又转移到兴国县宝石寨,再流窜于庐陵、永丰等县山区。而清军主力刚刚攻占湖南攸县、茶陵,并加紧进攻永兴、郴州、宜章等城,

① 施闰章:《麻棚谣》,《学余堂诗集》卷十九,《四库全书》集部,上海古籍出版社1989年影印版,第1313册,第538页。

第一章
清军对江西复明活动的镇压及清政权统治的确立

急望调动袁州等地的守军赴援。从康熙十七年正月到七月的半年多时间里,从康熙帝到清军将帅皆认定"江西通省所系,惟在茶陵","茶陵、攸县,关系江西全省";康熙下的谕旨一再指示:"盖以江西地方,所关甚巨……务令江西不生事变","穆占等其同心详酌,力御贼寇,保固江西,使万无一虞,以副朕怀"等等。①因此,紧靠攸县、茶陵,控扼入湘要道的袁州地区的安危问题,就必然成为重中之重。而从赵应奎向清廷呈送的《为呈报驱逐棚民以靖地方以固邦本事》中,看出袁州地方并不安宁,官府尤以棚民为心腹大患,三关地区随时可能爆发不测之事,十分堪忧:

> 昨本部院进剿铜鼓,贼众望风披靡,其溃败逃窜者或三五十,或百十成群,潜伏三关之内,而棚民且为之容隐,以致百姓不敢进内耕种,田土悉属抛荒。且包藏祸心,日则剃发是民,遇晚纠党行劫,且通各处贼寇,暗行不轨。其叵测情形,屡经报明在案。万一将来别境稍有蠢动,又复乘机窃发。且三关地连芦溪、宣风、长沙孔道,若不亟行屏逐,实万分可虑,诚为袁隐忧。

这样,此时动用军队立即驱逐当地山区的附叛棚民,就完全顺理成章了。于是在袁州总兵赵应奎的直接指挥下,断然采取了驱逐行动。康熙二十二年修《宜春县志》收录的《总镇赵咨呈稿为呈报驱逐棚民以靖地方以固邦本事》中,对此项行动的过程和地点记述得甚为详细:

> (康熙)戊午年(按:即十七年,1678年)正月初六日,遣健丁营守备许君用、中营赵光正,会同袁军厅孟前往三关九图等处,驱逐棚民。又檄防守楮树潭都司汪国樑驱逐慈化余家坊、桐木、上栗市荆坪、黄塘、马岭、桃塘、马坑、施家坊等处,驱逐棚民数千余户,悉令回籍,永绝根株。

《宜春县志》还附录了《文武公祖父母驱逐棚寇功德碑文》一通,简述了"附

---

① 这些谕旨分别见于《清圣祖仁皇帝实录》卷七十二(康熙十七年)"三月乙亥"条、"闰三月丁巳"条、"七月庚子"条,"七月甲辰"条。直到该年九月,康熙给兵部的谕旨才有稍松一口气的感觉:"向以江西可虞,因调总帅颜保前往。今南昌已为内地,其令帅颜保赴吉安镇守。"可见即使如此,康熙还是没有放松对赣江中游的防守部署。见同卷(康熙十七年)"九月乙亥朔"条。

逆"棚寇投诚在前,尽被驱逐于后的过程:

> 寻复招楚界负嵎穷寇,尽数投诚,且搜剔三关九图遗类,勒令回籍,是一时倒悬之厄可解,而百年难拔之患获除。但棚党奸狡百出,阳托旋里,阴匿近境者实繁有徒。幸逢府主于、厅主杨、县主王会同总镇梁,深虑各属乡隅不戒从前之失,复贻滋蔓,与袁民约束再三,严行保甲之法,逐户逐营查驱,毋俾遗种于兹土。

康熙二十二年(1683年)修《萍乡县志》对此也有简要记述:"康熙十七年,大兵捣洗棚穴,驱除贼党,难民稍得安业。"说明"驱棚"事涉袁州府属数县,影响之大不言而喻。

由于军队直接参与驱逐棚民,收效也极其迅速和明显,赢得当地土著居民的一片赞颂之声。为了表示对赵应奎等人的感激之情,袁州土著居民在碑文抬头中将其抬升到"文武公祖父母"的地位,已经高于常见的"青天父母官"之谓,由此也反映出当地土著深感此举一劳永逸地解决了多年存在的麻烦,清除了动乱之源。当时驱逐棚民获得的客观效果,是河谷平原及低丘地区的社会秩序逐渐恢复,土著民众的生活趋于正常,有了安全感。这对身临其境的土著民众来说,无疑是一个期盼已久的正面结果和福音。

若加比较还可看出,康熙十七年正月发生在袁州的"驱棚"事件,与清顺治朝起即开始实施的江南地区安插流民,速行招垦的基本政策不相吻合。它是一个特例,是战时状态下江西地方为了落实康熙的战略意图而采取的措施之一,以扫除三藩残余力量,保证清军后方安全为主要目的。它是一次军事作战而不是民事冲突,所以它不是也不可能在州县官府的管理体系下实施。它以武力为后盾,具有强大的威慑力,所以几乎在一日之内奏效。如果历史对康熙朝平定三藩叛乱的战事加以正面肯定和称颂的话,同样就没有理由去谴责袁州地区的这次必要的军事措施。而且只有这样认识,才能具体而客观地分析和评估三

第一章
清军对江西复明活动的镇压及清政权统治的确立

藩叛乱对江西地方社会生活的直接破坏和深远影响。①

康熙二十年七月癸酉,清廷吏部题:"广东廉州府知府佟国勤招民,应加议叙。得旨:前因用兵之际,故招徕流移,准令议叙。今湖广、江西、福建、广东、广西既已荡平,俱属内地,其招民议叙不准行。惟四川、云、贵招徕流移者,仍准照例议叙。"②说明因为明末清初长期战乱造成人口大量逃亡,田地荒芜,曾迫使清朝政府鼓励地方官员跨省招徕流民垦荒。而至此时,包括江西在内的内地诸省如果还有官员继续执行这一政策,不再成为论功嘉奖的政绩。这也从一个侧面反映出,清前期政府大规模组织移民垦荒的政策,此时在内地诸省停止实施。

第四节
江西督、抚建制的调整及地方精英对清政权的逐渐认同

一、"南赣巡抚"与"江西总督"建制的调整

"南赣巡抚"始设于明代弘治八年(1495年),既是在江西、福建、广东、湖南四省交界地域正式设立的一个新政区,也是一个准省级官职。南赣巡抚的职责与一般的巡抚不同之处在于:它以军事征讨盗贼为主要任务,不预民事,以解

---

① 因为这场战乱对江西地方社会生活的影响很大,以往史著都无法回避,对其叙述和评论也不一致。许怀林著述站在农民战争的角度,对其加以称颂(见《江西史稿》,江西高校出版社1993年版,第557页"棚民的武装反抗"一节)。前引曹树基著《中国移民史》第六卷中,对江西西部地区棚民叙述颇多,该书第225页"驱逐与招垦"一节提到:"在明末以来的三十多年时间里,闽籍流民四次举义,四次被压……直到康熙十六年,吴三桂军主力被困于湖南衡山,无力援手义军,闽籍义军在万载县楮树潭投诚。"其用词所表现的倾向性,不言自明。似乎只有前引陈文华、陈荣华主编的《江西通史》,对此时棚民的举动否定成分居多,虽然有些表述尚显含混:"在与湖南交界的袁州等地发生了棚民援助、响应耿精忠叛军事件,棚民会同耿军曾一度攻打新昌……从总的来看,江西地方响应和参与三藩叛乱的大都是边界地带的山民或棚民,其具体的动机已不清楚。据现有史籍,并未发现其有明确的政治目的。边界山民一直是地方不安定因素,暴动事件时有发生,在三藩叛乱中趁势而动,这也不足为奇。"详见该书第561页。

② 《清圣祖仁皇帝实录》卷九十六,"康熙二十年七月癸酉"条。

决诸省交界"三不管"地区"盗贼"层出不穷的治安与政治问题。①

南赣巡抚治所长期设在赣州城,其得名本意,指核心辖区为南安(治今大余县)、赣州二府。因为赣州在唐代曾称"虔州",加上明代巡抚多以都察院都御史身份派任,故时人往往又称"南赣巡抚"为"虔院"、"虔台"、"虔镇"。为平息地方动乱的需要,明朝政府在不同时期赋予南赣巡抚管辖的范围也有盈缩变化,故有"七府一州"、"八府一州"、"九府一州"、"八府二州"、"四省八郡"、"三省六郡"等不同的表述。大致可以分为三个阶段:一是弘治八年至弘治十六年(1495—1503年),可称为"巡抚江西等处地方"时期;二是正德六年至嘉靖四十五年(1511—1566年),可称为"巡抚南赣汀漳等处地方"时期;三是隆庆元年至崇祯十七年(1567—1644年),可称为"巡抚南赣汀韶等处地方"时期。就江西境内的变化概况是:在弘治时期南赣巡抚包括建昌府在内,其事权甚至一度覆盖江西全省;而在后两个阶段最值得注意的变化,是属于抚州府的乐安县和属于吉安府的泰和、永宁(今宁冈县,现并入井冈山市)、万安、龙泉(今遂川县)等四县也纳入南赣巡抚辖区。这种变化说明:明政府逐渐意识到除了南岭山脉和武夷山脉对江西具有省界意义外,还要加强江西境内的管理并控扼大庾岭通道,还必须强化对赣江的万安十八滩和赣中山脉一带的治安管理。而湖南境内的

---

① 详见唐立宗著《在"盗区"与"政区"之间——明代闽粤赣湘交界的秩序变动与地方行政演变》(台湾大学出版委员会2002年版)。该书近600页,并附有图、表50余幅,可称皇皇巨制,是至今所见对于南赣巡抚最为深入和厚重的研究专著。唐著引《明孝宗实录》"弘治八年四月辛巳"条,说明设置南赣巡抚的基本原因和辖区范围:"先是,镇守江西太监邓原奏:'南、赣二府界福建、广东、湖广之交,流贼出没,事无统一,难于追捕。以致盗贼猖獗,地方不宁。宜增设巡抚都御史一员,专以赣州为治所,兼理南安、赣州、建昌三府,及广东之潮、惠、南雄,福建之汀州,湖广之郴州等处捕盗事,其南赣兵备副使暂予裁革。'兵部覆奏,诏从其议。巡抚官命吏部会推,故有是命"(第252页)。唐著将南赣巡抚的主要任务归纳为"安抚军民","修理城池","禁革奸弊","一应地方贼情军马钱粮事宜","小则径自区画,大则奏请定夺,其余民情事务不须干预"等五项(第259页)。作者对南赣巡抚的基本评价是:"虽为统合'三不管'地域与事务而设,但在维持着明初遏止地方分权过大的政策下,始自设置起就未曾被充分授予绝对的职权。实际上,巡行事仍然遇到无数阻碍,在职责未专的情况下,即使是力尽筋疲,辖下各级官员也未必俯然从命;若处理不慎,事关相邻督抚,动辄还会被视作侵权之举。政治社会的难题不断涌现,这在各省拖欠协济银两的财政收入,以及军事征剿的责任归属问题上至为明显,亦即'三不管'问题依旧存在,特别是在事权的矛盾上,一直无法有效解决,南赣巡抚终究落至裁撤的命运"(第502页)。所以,"若以明朝南赣毗邻地区社会与政治互动关系的发展来看,我们可以发现即使明政府有心加强对地方的统治,其结果却证明这个目的是失败的"(第493页)。唐著多次引用的还有另外两部相关著作:张哲郎著《明代巡抚研究》(台北:文史哲出版社1995年版);靳润成著《明朝总督巡抚辖区研究》(天津古籍出版社1996年版)。

第一章
清军对江西复明活动的镇压及清政权统治的确立

郴州府和桂阳州,也属南赣巡抚辖区,因而对其官职最详全的名称曾是"巡抚南赣惠潮汀韶郴桂都察院右副都御史"①。而从总体变化趋势看,尽管每当临海的潮、惠两州发生寇乱时,南赣巡抚必定不会袖手旁观。但到嘉靖、隆庆之际,南赣巡抚的辖区不再包括这两个府。就此意义考察,说明到明代后期,南赣巡抚已经逐渐退出征剿海盗和倭寇的战场,而把主要精力集中到治理崇山峻岭中的"山贼"、"土寇"②。也正因此,有明一代南赣巡抚因其权重而名满天下。

清军入主之初,并无任何管理江南地区的经验,直接继承了明朝政府南赣巡抚的管理体制。顺治元年(1644年)十月,以故明郧阳抚治苗胙土为都察院右佥都御史,巡抚南赣、汀、韶等处地方,提督军务。这是现见清廷最早对南赣巡抚一职的任官。顺治三年八月,清廷"定江西官兵经制",其中在江西巡抚和南赣巡抚标下,直接管辖的士兵人数和军官配置是完全相同的,即:标兵1500名;中军兼管左营游击1员,旗鼓守备1员,守备1员,千总1员,把总2员;右营游击1员,守备1员,千总1员,把总2员。

顺治三年十二月,"(升)天津兵备道、右参政刘武元为都察院右副都御史巡抚南赣、汀、韶等处,提督军务"。顺治六年四月,升南赣巡抚刘武元为都察院右都御史兼兵部侍郎,以此奖励他击败南明李成栋部的进攻。到顺治十年七月,又因为攻占广东论功行赏,再加巡抚南赣兵部左侍郎兼都察院右都御史刘武元太子太保、兵部尚书衔。同月,又"以总督仓场户部侍郎宜永贵为兵部右侍郎兼都察院右佥都御史,巡抚南赣、汀、韶、惠、潮、郴、桂,提督军务"。顺治十二年三月,宜永贵与福建巡抚佟国器职务对调,佟国器任南赣巡抚。从此后两年佟国器的奏章看,除了报告平息粤北兴宁县"峒猺"等消息外,还申报"保昌县

---

① 明万历后期刊印的江西人章潢撰《虔镇事宜》中,明确描写南赣巡抚的辖区范围:"南安(府)在西,赣州(府)在东。赣州东南为汀州,汀州东南为漳州。赣州南为惠(州)界,龙南县山峒接惠州三浰寨,安远县东过登头岭即汀州府武平县。安远县南过达鼓岭皆惠州山峒。南安县南二十五里过梅岭为南雄,南安西过横水、桶岗、聂都山为桂阳州。輋人溪峒连接郴州、桂阳州,以都御史总辖有以也。"(章潢《图书编》卷四十九,转自唐立宗《在"盗区"与"政区"之间——明代闽粤赣湘交界的程序变动与地方行政演变》第290页页下注137)

② 明人王士性在万历二十五年撰成的《广志绎》卷四中,对南赣巡抚的辖区、职掌与功用等记述甚详:"南赣称虔镇,在四省万山之中,辖府九:汀、漳、惠、潮、南、韶、南、赣、吉;州一:郴;县六十五,即诸郡之邑也。卫七:赣州、潮州、碣石、惠州、汀州、漳州、镇江。卫所官一百六十四员,军二万八千七百余名;寨隘二百五十六处,专防山洞之寇也。正嘉之间,时作不靖,近称安谧,要在处置得宜尔。"参见吕景琳点校本,中华书局1981年版,第85页。

知县白可久因冲邑艰烦,屡受使差凌辱,又为派征西船只粮料等项,支吾无术,忧激自刎……"①甚至兵燹之后各地申报的节妇烈女旌表事宜,也在其职权之内,②可见此时军事纷繁,地方并未安宁,南赣巡抚在理民方面还负有相当权责。

顺治十五年六月,佟国器调浙江巡抚并提督军务,"升都察院右佥都御史苏弘祖为右副都御史巡抚南赣、汀、韶、惠、潮、郴、桂地方,提督军务"③。康熙元年(1662年)二月,升广西左布政使胡文华为南赣巡抚④。八个月以后,以原任延绥巡抚林天擎为南赣巡抚。这是入清以后最后一任南赣巡抚,而其历史使命的最终结束,既与康熙初年康熙帝着意进行的削藩举措捆绑在一起,也与清廷在入主近二十年后,逐渐进行地方军制改革,在各地重新部署绿营军力的战略布局相配套,并在此后数年之久的平息三藩叛乱的战争中,进一步考验这种地方军事力量的配置和指挥系统是否合理灵便。

在顺治三年(1646年)八月清廷"定江西官兵经制"时,在江西的绿营军队系统中,南昌提督总兵的级别最高,下辖"标兵五千名。旗鼓都司一员,中营中军参将一员"。而南赣总兵和九江总兵所辖标兵也各为5000名,但配置军官为"旗鼓守备一员,中营中军游击一员",总兵官皆不带"提督"衔,其受驻守省城的南昌提督总兵辖制显而易见。⑤三位总兵标下的中、下级军官的配置则完全一样,即:

> 守备一员,千总两员,把总四员;左营游击一员,守备一员,千总两员,把总四员。右营游击一员,守备一员,千总两员,把总四员。前营游击一员,

---

① 《清世祖章皇帝实录》卷一百十一,"顺治十四年九月辛酉谕兵部"条。

② 《清世祖章皇帝实录》卷一百七"顺治十四年二月甲午南赣巡抚佟国器疏报"条:"节妇江西长宁县民罗大美妻谢氏,年二十五夫亡,止妾生一子,教育成立,奉姑生事死葬,克敦妇道;继遭兵燹,仳离苦节,至老弥坚。福建上杭县民詹鸣华妻赖氏……俱请照例旌表。疏下礼部。"

③ 顺治十七年二月,左都御史魏裔介"参奏南赣巡抚苏弘祖玩寇殃民,贻误封疆,江西巡按李之粹畏懦溺职。俱下所司察议。见《清世祖章皇帝实录》卷一百三十二,"顺治十七年二月己酉"条。

④ 唐立宗《在"盗区"与"政区"之间——明代闽粤赣湘交界的程序变动与地方行政演变》第255—258页《明清南赣巡抚年表》中,漏缺此人。

⑤ 在行政权力方面,南赣巡抚也比江西巡抚低一个档次。如《清世祖章皇帝实录》"顺治十八年六月癸巳吏部题"条:"巡按已经停差,其地方事务俱交巡抚管理。今议定巡抚荐举额数:……江西巡抚应荐方面官三员,有司佐贰官共五员,教官五员;南赣巡抚应荐方面官二员,有司佐贰官共三员,教官二员……着为例。从之。"

第一章
清军对江西复明活动的镇压及清政权统治的确立

守备一员,千总两员,把总四员。后营游击一员,守备一员,千总两员,把总四员。

在各府衙所驻城池中,袁州驻军级别最高,主将为"袁州副将",下辖"标兵二千名。左营中军都司一员,守备一员,千总两员,把总四员;右营都司一员,守备一员,千总两员,把总四员"。广信、建昌、饶州、吉安四府驻军皆由参将统领,下辖完全相同,为"标兵六百名。中军守备一员,千总一员,把总两员"。另有标兵5400名分别驻守在抚州、瑞州等十八个要地,还有标兵2200名各属"分巡道"、"分守道"统辖。①

此后到顺治十六年的十余年间,除了顺治四年九月增设"湖口县南湖营守备、把总各一员,兵三百"外,清廷采取的基本措施是不断裁减江西绿营的兵额,同时加强县衙文官的职数,②反映出顺治朝后期不断复员收降的前明军队,以改变满、汉军人的比例并减轻军费压力,"与民休息"的这一基本趋势。

在此过程中,以赣州城为中心镇守"南赣"地方的重要性不仅没有降低,而且越来越得到清廷重视。凡是剿灭由南明王朝指挥的江西南部军事抵抗,都是南赣总兵官的首要任务。顺治三年十月,清江西提督金声桓刚刚攻占坚守近半年的赣州城,清廷即命江宁总兵官柯永盛移镇南赣,透出其军事指挥权直辖于两江总督的消息。因而如有战况和捷报,也常常由江南总督直接上闻。如顺治十二年五月,江南总督马鸣佩疏报:

---

① 抚州、瑞州营、南湖嘴、宁州铜鼓石、鄱阳湖、樟树镇、广昌营、铅山、万安、长沙营、羊角水营、南康营、武宁营、永新、龙泉、永镇营、横岗营、永丰营等十八处官兵配置相同,为"守备一员,兵三百名,把总一员"。江西各分守、分巡道所辖官兵数量相同,皆为"中军守备一员,兵两百名"(详见本书第二章第一节)。

② 《清世祖章皇帝实录》卷四十九、九十五、九十六、一百二、一百二十七、一百二十八、一百二十九分别记录了这一过程。"顺治七年五月丁丑,裁江西游击一员,守备一员,千总二员,把总四员,兵三千名;福建兵五千名"。"顺治十二年十一月戊申,裁江西袁州府永丰仓、广信府广济仓、南康府丰积仓、南安府大备仓、会昌县昌聚仓、信丰县丰济仓大使各一员,都司司狱一员;袁州卫知事一员;抚州、饶州、吉安、永新、安福、广信、铅山、信丰守御所吏目各一员"。同年"十二月丁巳,裁福建操捕、屯田二都司;江西龙泉、信丰、会昌、南安四所"。"顺治十三年七月戊申,裁江西袁州府副协都司一员,守备一员,千总二员,把总四员,兵六百名"。"顺治十六年八月丙午,裁江西清江县萧滩驿、新喻县罗溪驿、南城县旴江驿、铅山县车盘驿、安仁县紫云驿、南康府匡庐驿驿丞;饶州府仓大使"。同年"九月癸酉,裁江西袁州、建昌、宁州、奉新各儒学训导;宜春县县丞;秀江驿驿丞;萍乡县草市、抚州府望仙、南城县蓝田各巡检司巡检。吉安府递运所、建昌府丰盈仓大使"。同年"十月丙辰,增设江西奉新、靖安、永丰、龙泉、万安、永新、崇仁、东乡、新城、南丰、泸溪、上饶、弋阳、贵溪、铅山、兴安、乐平、安义县县丞"。

> 伪伯陈其伦负固瑞金,后又依附郑逆,啸聚大柏山内。南赣总兵官胡有升遣参将孔国治等率兵进剿,其伦败遁,窜入宁都界内天心寨,为土人斩首以献。捷闻,下所司察叙。①

顺治十八年九月,清廷升江西巡抚张朝璘为江西总督,这是入清以来首次设"江西总督"一职,意味着在江西一省独立设置一个军事指挥区,这无疑是清廷在地方军事部署及其指挥系统方面的一个新举措。同月,清廷又任命内国史院学士董卫国为江西巡抚,开始了董卫国主持江西政务、军务长达18年的历史阶段。同年十二月,清廷命江西提督(即总督的副职)移驻赣州府。此外还把原来"分隶浙督兼辖",防备福建沿海郑成功部的广信府划归江西总督管理。这些举措都有重要的开创意义,也为日后逐渐取代南赣巡抚的职掌创造了条件。此后江西总督虽然屡有废置变化,但从此形成了江西总督坐镇省城南昌,江西提督驻扎赣州城的惯例,也在江西省内实际形成北、南两个防区和军事指挥系统,各司其事,又彼此呼应。

康熙四年(1665年)五月,议政王贝勒大臣、九卿科道会议吏部请裁并督抚一疏。康熙帝颁布的谕旨决定:

> 湖广、四川、福建、浙江四省,仍各留总督一员。贵州总督裁并云南,广西总督裁并广东,江西总督裁并江南,山西总督裁并陕西。直隶、山东、河南设一总督,总管三省事。其凤阳巡抚、宁夏巡抚、南赣巡抚俱裁去。伊等应驻何地,着确议具奏。②

由此,江西总督裁撤,保留下来的江南江西总督(亦即时人通称的"两江总督")驻扎江宁府城(今南京市)。清兵部又考虑到江西总督已经裁撤,但"省城要地不可无重兵弹压",遂令江西提督衙门改驻南昌府,得到康熙批准。在这个康熙帝蓄意"裁藩"的一揽子计划里,③从明代弘治朝创建,先后存在170年左右的南

---

① 《清世祖章皇帝实录》卷九十一,"顺治十二年五月甲午"条。
② 《清圣祖仁皇帝实录》卷十五,"康熙四年五月丁未"条。
③ 如"贵州总督裁并云南"以后,贵州提督应驻扎于何处,清廷"令平西王确议"。兵部又议:裁并后的"江西、山西、山东、河南、广西、贵州六省督标下副参游守等员缺,俱应裁去。所裁官弁,令该督遇相当之缺题补。所裁兵丁,亦令该督于紧要地方选用"。并见《清圣祖仁皇帝实录》卷十五,"康熙四年五月丁未、议政王贝勒大臣、九卿科道会议吏部请裁并督抚一疏"条。

第一章
清军对江西复明活动的镇压及清政权统治的确立

赣巡抚作为裁撤对象之一,最终结束了它的历史使命。①

康熙十二年底,吴三桂起兵叛乱。次年正月,两江总督阿席熙请求调集所属官兵备战,一旦湖南告警,立即发兵驰援。康熙谕旨则告知清军兵马"不日抵楚,两省官兵不必遣发……江西水陆皆与楚闽接壤,尤宜固守"。随即清廷"改江西巡抚董卫国、湖广巡抚张朝珍工部尚书衔为兵部尚书(衔)"。继而又"添设江西、河南提督各一员,命原任浙江总督赵国祚为江西提督"。这些举措,显然都是在加强江西的军事指挥力量。该年五月,江西巡抚董卫国丁父忧,因为前线形势吃紧,康熙只允许其在任守制。到七月,清廷决定"另设江西总督员缺,升江西巡抚董卫国为之"。由此可见,半年之内江西的战略地位和军事指挥系统发生了几个明显的变化:一是一旦战乱起于湘、黔,原驻黄淮流域的清军主力必须假道长江、赣江一线出兵平叛,江西的战略地位随即明显提高;二是因为进入江西境内的清军大量增加,清廷即令江西巡抚一职带上"兵部尚书"衔,使之可以参与军机大事,便于指挥部队;三是又在江西增添了一名提督,且由原来的浙江总督兼任,提升了权威性;四是终于又在江西恢复总督建制,并就近将江西巡抚提拔起来担任,形成独立的军事指挥区。

康熙十四年十一月,江西巡抚白色纯病故,由定远平寇大将军和硕安亲王岳乐举荐,原江西布政使佟国桢升授江西巡抚。两个月以后,扬威大将军和硕简亲王喇布向康熙帝建议:"赣州为江西门户,投诚将士杂处,弹压需人。请留总督董卫国于省会,令巡抚佟国桢速赴赣州经理。"得到康熙批准。从此时开始直到康熙十七年,江西巡抚佟国桢一直在赣州督战,与坐镇南昌的江西总督董卫国二人一南一北,遥相呼应,成为江西抵抗吴三桂叛军进攻至为重要的两名汉人高级指挥官。而南赣总兵官,则实际成为江西南部军区的前敌指挥。在此

---

① 前引唐立宗《在"盗区"与"政区"之间——明代闽粤赣湘交界的程序变动与地方行政演变》即以康熙四年(1665年)为南赣巡抚结束管理之时,当有其依据。但《清圣祖仁皇帝实录》卷二十一"康熙六年三月壬辰兵部议覆"条记载:"南赣巡抚林天擎疏参河南河北总兵官蔡禄自闽上任,携带官兵眷属四千一百余名,经长汀、上杭二县,沿途索夫抬送,骚扰地方,请将蔡禄处分……"说明此时的"南赣巡抚"一官还未最后裁去,遇事至少可以用原任职身份参奏。至康熙七年正月壬戌,"以原任南赣巡抚林天擎为湖广巡抚"(《清圣祖仁皇帝实录》卷二十五),此后在《清实录》中再也没有看到关于"南赣巡抚"的记载。清廷当是采取了当时屡见的出缺不加递补的办法,使之逐渐淡出并最后结束历史使命。故此,似应以康熙七年正月作为"南赣巡抚"存在时间的最下限。另外从常情推断,作为一个存在近200年而权重一时的省级衙门,在其被撤销之后,必定还有一个裁撤官佐,安置家属,处理各种遗留问题的过程。林天擎被任为湖广巡抚,即当为此类举措的实例之一。

后四年江西南部抗击三藩叛军的作战中,形成由三个系统组成的军队力量,即由定远平寇大将军和硕安亲王岳乐等率领的清军作战大部队,由南赣总兵官率领的地方驻军,以及由江西巡抚派驻赣州实施的前敌督战。在来往的清军战报与文牍中,将此三个来源的军队官兵关系简称为"满洲大兵与抚、镇两标将士"①。

康熙十五年八月,因为主动举报吴三桂部将高得杰发来的劝降信,清廷"加江西赣州总兵官哲尔肯署都督同知"衔,以示奖赏。年底,投降吴三桂的广东原都督严自明、原总兵张星耀等率军逼近南康县,觉罗舒恕、总兵官哲尔肯等发兵进剿获胜,严自明退守南安府(今大余县)。但由此严自明部也像一个楔子,嵌入江西清军与广东清军之间。此后,叛军先后围攻或占领信丰、上犹、赣县、会昌、瑞金等地,在江西南部的腹心地区与清军形成犬齿交错之势,你中有我,我中有你,清军必须与叛军一城一地、一人一吏地加以争夺,颇感吃力。为此,康熙帝一再督催江西总督确保江西南部军队的弓箭、马匹与给养。直到九月以后,战局才向利于清军的方面转变,迫使原先已经起兵反清的尚之信再次向清朝投降。到康熙十六年四月以后,康熙帝虽然开始抽调部分江西绿营部队进入湘、粤,但始终视赣州、吉安两城为军事要地,明确谕令"侍郎舒恕、总督董卫国、总兵官哲尔肯等分布防御,侦贼情形,不时奏闻";并且转授驻赣州的侍郎觉罗舒恕"安南将军"印,以便其"统辖满汉兵,防守地方"。由此可以看出以满人军事长官带"侍郎"衔,统领驻扎赣南清军的意义——明代中期以来,南赣巡抚在承平年代统管四省相邻地区治安的功能,到了康熙前期大规模平叛作战的非常时期,已被清朝的军队系统所取代。

康熙十六年十二月,吴三桂部副将韩大任从吉安城突围后,遁入兴国县宝石寨,这一围而不歼的结果使康熙帝大为恼怒,严厉训斥了简亲王等清军将领,并警告"若纵贼入楚,从重治罪",另外还要求江西总督董卫国"统兵协力进剿"。很快,董卫国亲率标兵赶赴吉安,"与大将军简亲王共图剿灭逆贼"。这是开始平定叛乱以来,江西总督董卫国第一次离开南昌去西部前线指挥,落实康熙帝向江西西部集中兵力并相机支援湘贵战场的战略意图。次年三月至七月,江西巡抚佟国桢与安南将军舒恕、南赣总兵官哲尔肯等先后收降踞守江西南部诸县的吴军残部,韩大任部也在逃入福建后向清军投诚,江西总督董卫国手下的绿营部队也不断西调入湘助战。尽管康熙本人急于兵进湖南与吴军决战,

---

① 《清圣祖仁皇帝实录》卷六十五,"康熙十六年正月戊子江西巡抚佟国桢疏报"条。

第一章
清军对江西复明活动的镇压及清政权统治的确立

但他始终强调南赣一带的重要性,不肯移动此地的基本兵力配备,以确保这个沟通湘、粤、闽三省的重要孔道万无一失。

此后,随着清军兵进湖南、浙、皖及江西中部以北地区逐渐成为安全的内地,清廷随即着手裁撤因为平叛而临时增设的提督、总督等军职。如康熙十七年五月,"议政王大臣等会议：……今江西底定,安庆、徽州已属内地,江南提督杨捷员缺,停其推补。应将安庆提督王永誉调为江南提督,统辖全省,移驻松江"。得到康熙批准。康熙十八年三月,兵部题："湖广原设提督一名,康熙十七年因江西提督赵国祚调赴攸县剿贼,授为湖南都督。今长沙诸府已经恢复,湖南提督员缺,应行裁去,湖广仍设提督一员。"十一月,康熙谕兵部："江西提督赵国祚老病不能效力,准以原品解任。提督员缺,停其补授,全省地方俱令(江西)提督许贞统辖。"①这样,起初因为平叛战事吃紧而增设一名的江南、江西、湖南等省提督相继被裁撤,具体的做法就是原任提督或调任或解职,职位出现空缺后"停其补授",使之不复存在。

与此同时,在江西也可以明显看到一个清廷处分其军政大员的过程。康熙十八年五月,直隶各省督抚遵例自陈。"得旨：'江西巡抚佟国桢着降二级调用,甘肃巡抚鄂善著解任,广东巡抚佟养钜着革职'。"六月,升湖南布政使安世鼎为江西巡抚。七月,九卿议复："吏部掌印给事中李宗孔条奏：江西总督董卫国不能料理政务,致失民心；浙江巡抚陈秉直察吏无能,贤否混淆,俱应解任……"得旨："董卫国着留任,军前带罪图功；陈秉直着解任,余依议。"到十二月,"江西巡抚安世鼎疏报永丰、兴国县交界鹅公山伪总兵陈维贵等率众就抚"。由此可见巡抚安世鼎已经不带任何军事职衔。康熙十九年七月,"革舒恕左都御史、佐领及世职务"。②康熙二十年十二月,(升)直隶巡抚于成龙为江南江西总督。这是《清实录》在平定三藩叛乱后首次提到"江南江西总督"一职,至于何时正式取消"江西总督",《清实录》中无载。而按前述诸提督空职后"停其补授"的做法推测,应该是在康熙十八年处分了江西总督董卫国以后,或许也是采取"停其补授"的相同手法。

---

① 这是在《清圣祖仁皇帝实录》中第一次见到"提督许贞"的头衔,此举即为其替代赵国祚并同时取消平叛之初增设的分管江西北部防务的第二个"江西提督"做好了准备。

② 处分舒恕是七月初,七月底即谕兵部："总漕帅颜保见在江西吉安,令率所部速赴广东,视南雄、韶州何地紧要,酌量驻镇,以安辑人心。"可见到七月时,康熙对江西形势已经完全放心,才把从外省调入江西并先后坐镇南昌、吉安的清军最后调往广东前线,这也使得他可以放手处分江西地方军事大员。见《清圣祖仁皇帝实录》卷九十一,"康熙十九年七月戊辰谕兵部"条。

康熙二十二年十二月,康熙帝在景山前殿谕浙江温州总兵官陈世凯、江西南赣总兵官许盛:"自吴逆叛乱以来,尔等提兵征剿,戮力用命,扫荡逆氛,建立功绩,朕甚嘉之。但为将之道,务在戢兵爱民,使兵民相安,则地方受福,汝等亦可永保勋名。朕每见功大者易生骄傲,以致文武不和,地方多事,尔等当以此为戒。"这道奖诫参半的谕旨蕴涵深意,很可体现康熙帝驾驭汉人地方军事长官的良苦用心与老到手法。由此也可看出,平定三藩叛乱后,南赣总兵官一职依然很受重视,但其职掌与原来的南赣巡抚之所司已经明显不同——主要在江西南部的防区内管军,而不再具有牧民之责。在随后有百年之久的承平年代里,清廷把江西、福建、广东、湖南四省交界府县的治安管理权重新打散,复归各省巡抚及总兵官加以掌控。

二、清代首批方志编修及地方精英对江山易姓的逐渐认同

据现存方志实物及有关工具书目统计,①从清朝定鼎到康熙二十三年(1644—1684年)的前41年间,江西省及各府、县至少编修方志86种。而清廷首次颁发全国范围的修志通令,是在清康熙十一年。由保和殿大学士周祚奏请清廷:"各省通志宜修。如天下山川、形势、户口、丁徭、地亩、田粮、风俗、人物、疆域、险要,宜汇集成帙。"周祚的建议已提出了一些具体的修志内容,后经康熙帝批复,转发各省施行。同年七月,礼部又奏请修纂"直隶各省通志,请敕下该督抚详查山川、形势、户口、丁徭、地亩、钱粮、风俗、人物、疆域、险要,照河南、陕西通志款式,纂辑成书"。礼部的题本不仅规定了各省通志的内容,而且进一步规定了通志的款式。河南巡抚贾汉复纂修的《河南通志》是清代最早修成的省志,于顺治十七年(1660年)成书,共50卷,分图考、建置沿革、星野、疆域、山川、风俗、城地、河防、封建、户口、田赋、物产、职官、公署、学校、选举、祠祀、陵墓、古迹、帝王、名宦、人物、孝义、列女、流寓、隐逸、仙释、方技、艺文、杂辨30门。其内容及分类较符合要求,故清廷命令各省一律按此发凡起例、定下程式。各省督抚奉命后,悉以此为例修纂志书。以此为界限计,江西在康熙十一年

---

① 主要根据庄威凤等主编《中国地方志联合目录》(中华书局 1985 年版)、《中国方志丛书目录》(台北:成文出版社 1996 年版)、中国社会科学院图书馆选编《中国稀见地方志汇刊》(中国书店 1992 年影印版)、《北京图书馆古籍珍本丛刊·史部地理类》(书目文献出版社 1998 年影印版)、《日本藏中国罕见地方志丛刊》(书目文献出版社 1992 年影印版)等所著录和收录的现存方志实物统计。而《日本藏中国罕见地方志丛刊续编》(殷梦霞等辑,北京图书馆出版社 2003 年版)中未收江西方志,兹不计入。

第一章
清军对江西复明活动的镇压及清政权统治的确立

(1672年)以前共修纂新方志26种。其中,顺治朝仅编修5种,最早的是顺治九年(1652年)修《安远县志》10卷、《定南县志略》6卷。其次是十一年修《乐平县志》14卷;十七年修《吉安府志》36卷、《赣石城县志》10卷。康熙元年(1662年)至十一年,共修21种①,涉及地域为南昌府(治南昌县)、丰城、奉新、武宁、新昌(今宜丰县)、高安、临江府(治今樟树市)、峡江、袁州府、饶州府(治今鄱阳县)、余干、贵溪、广(永)丰、抚州府、金溪、东乡、宜黄、万安、永丰、雩都(今于都县)、信丰等县。平均每年只修两部,可谓不绝如缕,勉为其难。

然而此时的修志之举非同寻常,不可与承平时代的方志编修同样看待。从修志活动本身看,可以将其视为宋明以来江南地区修志传统的一种延续,但是历经明末清初那场天崩地裂的大变局后,对自己曾经生活甚至取得功名的那个"皇明"应当如何记载和评价?是否应该和可以为那些本乡本土的抗清烈士立传?如何解释易代之后自己会参与新朝官府主持下的修志活动?等等,对于当时参与其事的各地文化精英来说,这绝不是一件轻松易为的事情。以顺治朝编修的5种为例,有4种出自明清易代战争比较持久且激烈的吉泰盆地及江西南部地区,耐人寻味。而就卷帙最繁、文化渊源最为深厚的方志而言,无疑当以顺治十七年(1660年)修成的《吉安府志》为代表,修志者的心态也最为复杂。在其编修之时,距南明隆武朝臣坚守的赣州城沦陷13年,距金声桓反清兵败南昌11年,距南明永历王朝的最后覆亡仅有10年。此时兵乱稍定,民生初步恢复。作为宋元以来特别是明代中期以来处于中国文化中心地带的吉安府文化人,此时着笔编写地方志书,面临的最大任务同时也是最大的困境,是在改朝换代之后如何面对前朝的历史以及当地所取得的辉煌文化成就,如何去撰写那些历来引以为骄傲的前朝官宦的传记,如何去记录那些给地方民众带来巨大痛苦和刻骨铭心的战乱经历。具体到个人,又直接与修志者自己的过去和现实紧密相关。该志书中,作为表达编纂宗旨的《重修府志附言》竟由四人集体署名,即含大家共同负责之意,已经不同寻常。而细加对比则会发现:其居首位者欧阳主生(庐陵人)为崇祯三年(1630年)举人,崇祯七年进士;罗光复(吉水人)是崇

---

① 详情为:康熙元年3种:奉新(14卷)、(吉)永丰(6卷)、雩都(今于都,14卷);康熙二年1种:南昌府(55卷);康熙三年2种:丰城(12卷)、信丰(12卷);康熙四年3种:新昌(今宜丰县,6卷)、抚州府(35卷,首1卷)、东乡(8卷);康熙五年2种:武宁(10卷,首1卷)、宜黄(8卷);康熙七年1种:临江府(16卷);康熙八年2种:余干(10卷,首1卷)、峡江(9卷);康熙九年1种:袁州府(20卷,首1卷);康熙十年3种:广(永)丰(24卷)、高安(10卷)、万安(12卷);康熙十一年3种:贵溪(8卷)、饶州府(40卷,首1卷)、金溪(35卷)。

祯十五年举人;而王辰（吉水人）与康若生（安福人），则同于清顺治十四年（1657年）中举。就其"出身"来说，有"当朝"和"前朝"的不同，真可谓"两世为人"，如何对待"胜国"和"新朝"，的确有不同的经历和心态。

从顺治十七年《吉安府志》体例看，作者基本上采用了断代史的写法，并且尽量收集和保留明代史料，且随处可见"春秋笔法"。其中如在《贤侯传》"永丰县"条下，即为后来属隆武朝宰辅并在兵败后自杀成仁的瞿式耜作传，称颂瞿"由万历丙辰进士任永丰，练达通敏，修学校以育人材，著为士约，风俗一变，行取擢给事中。士民建亭，留像祀之"。在《列传》中，照样记载龙泉籍晚明官宦郭维经，只是不写其后来坚守赣州直至城破殉难之史事，但其传末的一段评价极高，堪称盖棺之论：

(维)经为人旷达，无城府，至事关天下利害，辄义形于色。居乡恂恂，延接后学。如修城池，创复形胜，正官斛，均驿传，邑人至今赖之。

而在"安福县"和"龙泉县"条下，记载清初的两位县令，则直接透露出清军压境后烧杀抢掠导致生灵涂炭的消息：

赵世猷，顺天人，登(明天启)丁卯贤书。任安福时方鼎革，邑罹兵燹。公主抚残黎，损去一切文法，与民休息。岁丁亥大歉，石米至金七两。侯多方拯救，为糜以膳，所活甚众。众兵往来境上，逍遥骄倨，掠财物不可谁何。公力戢之，邑遂少安。士民感其德，临行，拥车舆哭泣遮道，亦仅见云。

薛世瑞，字执躬，山东范县人。由明经顺治三年授龙泉令。是时，吉安初破，百姓死丧相望，不执之往，多窜身营伍，肆焚劫。邑南北环城十余里，烧毁几尽。瑞至日，往来营伍中，得一民，辄抚而哭曰："是吾子也！"民被掳在兵者，见瑞辄呼号求救。甫定，即进庠序考校之，以作士气。力请缓催科，革火耗，民籍全活者无算。五年，金声桓判(叛)，瑞遂遇害。戊子邑大饥，瑞亦食不饱，常市牟麦不能得，至夜乃一食。其清□爱民如此。①

---

① 赵、薛二传均见该志卷十七《贤侯传》，郭维经传见卷二十《列传三》("明朝，起嘉靖，至万历甲申")。

第一章
清军对江西复明活动的镇压及清政权统治的确立

同样的修志举措,也出现在江西南部的雩都县(今于都县)。入清后,雩都县于康熙元年(1662年)首次修志,主纂易学实是明崇祯十二年(1639年)举人。而参与修志的另一位年轻人为梅贲英,字子鹤,东一坊人,"顺治丁酉科(按:即顺治十四年,1657年)以诗中式六十二名",则是入清以来雩都县第一位考取功名的后生。共同参与修志,实为两代人的一场对话和磨合。在卷九《列传》所附的《列女传》中,专记明代女性31人,其中死于明末"寇乱"者2人。主修者在传末有"论曰"一段,抒发其复杂的感慨:

> 史传列女,凡女德之可传者列焉,不止节烈也。雩俗闺门俭谨,虽缙绅素封家妇女,衣布茹蔬,不事华侈,而勤于补刺。男子衣履所自出,酒浆炊臼必躬亲也。故女德可称者,比屋有焉。易曰:地道无成,而代有终。抑又何以称耶?惟节烈之表表有司上之朝廷见于褒嘉者书之。其有苦节可钦,幽芳未著者,尤不敢因其不能自暴也而略焉。嗟乎!女子守贞,自称未亡,当其形影相吊时,尝自伤其不幸矣,何以名为?然维持风教者,固不得不以名予之也。

如果细细咀嚼,可以体察作者的不言之意与难言之隐。在南方地区的民间社会,"女德"作为一种汉民族的伦理观念和女性做人准则,主要是在明代中后期实施乡土教化后逐渐传播。其中堪为表率者,大多出自一些地方大族和士人之家。为"列女"作传,某种意义上说就是在怀念明代培养的文化传统和社会生活秩序。清初一批无法避世且又有济世责任感的缙绅与地方文化精英以"未亡人"自喻的心态,可谓欲言又止,感慨不已,最终跃然纸上。①

自康熙十二年(1673年)开始,以三藩叛乱为分界,战前和战后江西各有一个修志高潮。前一个高潮出现在康熙十二年,一年内即修成23种,即:九江府(18卷)、德安(10卷)、瑞昌(8卷)、湖口(10卷,首1卷)、南康府(治今星子县,12卷)、弋阳(10卷)、德兴(10卷,首1卷)、浮梁(8卷,首1卷)、万年(10卷)、上高(6卷)、新喻(今新余市,14卷)、安义(10卷)、进贤(20卷)、崇仁(4卷)、建昌府(治

---

① 如易学实即显例之一。他除了主修家乡的志书外,还于康熙二十三年(1684年)参与了《赣州府志》(20卷)的纂修,距其崇祯朝中举时已有45个年头。以此推算,他参修《赣州府志》时至少有70岁上下。史载清朝官府曾授其分宜县教谕之职,为其所拒,有杜门三十年著书之举。《四库全书总目》卷一百八十一《集部·别集类存目》收录易学实著《犀崖文集》25卷、《云湖诗集》6卷。

康熙四十五年文天祥像赞(吉安市博物馆提供)

今南城县,26卷)、南城(12卷)、新城(今黎川县,10卷)、泸溪(今资溪县,11卷,首、尾各1卷)、吉水(16卷)、新淦(今新干县,15卷)、长宁(今寻乌县,6卷)、龙南(12卷)、南安府(治今大余县,15卷)。战后的修志高潮出现在康熙二十二年(1683年),一年内修成25种,即:德化(今九江县,不分卷)、彭泽(14卷,首1卷)、广信府(治今上饶市,20卷)、弋阳(8卷)、兴安(今横峰县,8卷)、饶州府(治今鄱阳县,40卷)、鄱阳(16卷)、贵溪(8卷)、安仁(今余江县,8卷)、宜春(今宜春市,20卷,首末各1卷)、分宜(10卷)、萍乡(8卷)、万载(16卷)、新昌(今宜丰县,6卷)、广昌(6卷)、南丰(16卷)、龙泉(今遂川县,10卷)、永宁(后改称宁冈县,现并入井冈山市,2卷)、永新(10卷)、兴国(12卷)、瑞金(10卷)、安远(10卷,首1卷)、定南(10卷)、上犹(不分卷)、崇义(不分卷)。至康熙二十三年,又有上饶(12卷)、余干(13卷)、德兴(10卷,首1卷)、乐安(10卷)、(吉)永丰(8卷)、赣州府(治今赣州市,20卷)、赣县(16卷,首1卷)等7个府、县修成方志,实为此前已在修志的扫尾工程。特别值得强调的是,在上述55种方志中,有29种是当地存世最早的一部志书,[1]比重几近53%。由此折射出明末清初前后四十余年的天灾

---

[1] 即德安、湖口、弋阳、德兴、浮梁、万年、新喻(今新余市)、安义、崇仁、南城、泸溪(今资溪县)、吉水、新淦(今新干县)、龙南、德化(今九江县)、兴安(今横峰县)、鄱阳、安仁(今余江县)、宜春、分宜、万载、萍乡、广昌、龙泉(今遂川县)、永宁(后改宁冈县,现并入井冈山市)、兴国、上犹、上饶、赣县。在康熙十四年至二十一年(1675-1682年)间,江西编修志书的还有9个府县,即:十四年:建昌(今永修县,11卷)、会昌(14卷);十八年:安福(6卷);十九年:新建(32卷,首、末各1卷)、宁州(今修水县,8卷)、临川(30卷);二十年:乐平(16卷,首1卷);二十一年:浮梁(9卷,首1卷)、金溪(13卷)。其中会昌、安福、新建、临川四县此修志书也是其现存最早的志书。另外,《中国地方志联合目录》还在康熙二十三年刻本《乐安县志》前,著录康熙朝还有《乐安县志》(8卷)抄本,郭肇基纂修,说明其至少在康熙前期已传世。但因未能经眼查实其具体年份,未计入,有待后考。再有《婺源县志》(12卷)为康熙八年刻本,刘光宿修,詹养沉纂,不计入。

第一章
清军对江西复明活动的镇压及清政权统治的确立

战乱,对江西社会生活和文化遗产的破坏之烈,同时也更凸显出这批地方志在记录入清以来地方史事方面的重要价值。

正是在这些方志编修的基础上,江西于康熙二十二年修成入清后第一部《江西通志》,54卷,由两年前任两江总督的于成龙等主修。在序言中,于成龙记述了修志的缘起与过程:

> 辛酉冬,臣成龙蒙皇上简命,总督两江,以明年壬戌夏抵任。又明年癸亥,礼部奉旨督催各省通志。臣成龙驻劄江宁,既与江苏巡抚臣余国柱、安徽巡抚臣徐国相同辑《江南通志》,见在付梓,另呈宸览。惟江西去江宁千有余里,控辖辽阔,不得身至其地。于是发凡起例,定为程式,移檄江西布政司兼摄抚臣事臣张所志诹日设局,罗致文献,捃摭裒辑,鳞次栉比,务期典核。

于成龙在序言的下半部分,除了对康熙帝的歌功颂德外,还特意提及刚刚结束不久的平息三藩叛乱之役及江西士民的态度:

> 昨者长鲸肆逆,锋镝疮痍,羽织燧燔,耄倪震惊。而豫章一境,士辑民安,砥滇、楚四接之狂澜而障之,转输供亿,罔敢爱将事之劳,又孰非皇上文德之诞敷,其泽之入人者深而教之沦浃者至乎?

作为当时掌控江西军政大权的最高长官,于成龙的话说得文雅而概括。而细读时任江西学政的高璜所作之序,则会看到清朝国家此时对江西之地和人的一种认识和评价。首先,高璜对江西所具有的重要战略地位作了明确阐述:

> 西江边于吴楚,介于闽粤,接壤两浙,固四分五达之衢也。然吴不得之,无以为吴;楚不得之,亦无以为楚。故左为吴则吴重,右为楚则楚重。能使吾所左右之国重,不得不归重于江国,何者?权藉存焉耳!乃其首在五岭,其尾在湖。岭之深阻,湖之浩渺,锥埋鼓铸之奸,出没帆樯之盗,视天下为多。御得其道,则向之患苦长吏者,亦化为干城。故宸濠之叛,在先蓄湖贼闵念四等,而文成以全粤制其后,未尝不藉浰头、桶冈化盗为兵之力。譬诸家:九江,门户也,用以警暴客;又譬诸身,虔,爪牙也,用以犯患难。此其

近于武事者也。

以之与明人的相关论述相比,①可以看出经过明清之际数十年之久的残酷战争,特别是刚刚结束与三藩叛军在江西的长期拉锯战,清廷在江西大规模用兵,甚至不惜千里迢迢从北京和山西向江西调兵运马,使之更加具有进行一场国内战争而不仅仅是剿平某地"盗贼"、"山寇"的宏大眼光,并因此掂量出江西之向背具有"使吾所左右之国重"的分量。这是中国历史上使用冷兵器作战的条件下,京师位于北方的王朝中央对江西战略地位认识所达到的一个新高度。

其次,是对江西文化概貌的评价:

> 乃其武在首尾,其文则在腹与腰,何者?山川清淑之气,不屑为五岳四渎;渟郁而不泄,名材物怪交相激荡,必时有伟人生其间,挽洪钧而扶皇极。若志牒所著,其大较者也。故大不如吴,强不如楚。然有吴之文而去其靡,有楚之质而去其犷,吾必以江国为巨擘焉!

高氏形象地指出江西的文化中心"在腹与腰",其本意是由此引出话头后加以发挥和申论,以达到赞扬江西士风的目的,但这番话对时任一省学政之职的高璜而言,事关重大,绝非空穴来风,无的放矢。在一代新朝建立之后,尤其在清朝贵族及其军队作为一个来自遥远北地的"异族",并在全体臣民中只占少数的情况下,从中央政府到各级官员,都有一个对不同地方的民性重新认识的过程。这种认识,可以从宋明以来甚至更早的历代论述中找到一些至理名言和基本印象,但在经过一场天崩地裂的世变之后,清朝入主"中土"的新人们必定有自己的新认识和切身感受,甚至不免恶感。最为典型的例证,莫过于前引康熙

---

① 如王士性《广志绎》中对明代江西的记述,主要在于"寇"、"盗"之乱及南赣巡抚的防范功能等。除了前文所引"南赣称虔镇……专防山洞之寇也"一段论述外,还写到:"江右素称治安之区。正德六年,诸郡县盗贼蜂起,赣州、南安有华林寨、玛瑙寨贼,其后抚州有东乡贼,饶州有桃源洞贼。其始,行劫村落,官府捕之急,遂窜匿山谷,据险立寨。其魁首姓名不甚著,公移止称某地贼,官兵讨之不定,抚之不从。赣贼执参政赵世贤,华林贼攻破瑞州,江右大震。事闻,命都御史陈金总戎务,檄宪副周宪讨华林贼,兵败死之。乃檄田州等府狼兵协诸路官兵进剿。其土酋岑猛等多骄横无节制,金姑息之。又檄按察使王秩、知府李承勋同剿。励招降贼黄奇镶下,以计破华林贼,遂移兵击玛瑙、东乡,皆平之。惟桃源尚猖獗,然见诸寨平,又畏狼兵悍,遂乞降。后复叛,入徽、衢等处。金复督兵追击,浙东兵夹击之,乃平。大都江西之盗,始终以招抚为害云。"(见卷之四"江南诸省",第81页)

第一章
清军对江西复明活动的镇压及清政权统治的确立

十八年二月康熙帝给兵部的谕旨,其中就充满对江西士民的极坏印象。① 这位国君信手点出江西十几个府县,斥责其"地方奸徒"和"缙绅兵民"等"所在背叛,忠义全无","轻负国恩,相率从逆"。由此可以想见在当时胜负尚不明朗的那场战事中,江西民众曾经怎样的让他伤透脑筋。然而,无论康熙帝的印象如何,他毕竟领导着一个刚刚稳定的王朝赢得了一场平息大规模军事叛乱的战争,使他拥有了一个国君的气度和自信。接着他又谕令各省府州县编修地方志书,既是为了抓紧记载平叛功绩和三藩之乱造成的祸害,同时也是通过抓紧保留各地殉难的忠臣节烈事件,借以证明此时清王朝已经有了一批忠于清廷而不仅仅是忠于前明的汉族臣民,证明一个"正统"的王朝形象和权威,已经逐渐地被越来越多的人所认同和接受,由此而可以增强其统治的自信心。所以,也正是在此修《江西通志》中,详细记载了从顺治三年到康熙二十年(1646—1681年)共11科江西举人的取中资料,共940人,涉及77个县、州(府),详如表1-2:

表1-2 入清至康熙二十年江西77县、州(府)乡试中举人数统计

县名\科次	顺治丙戌	顺治辛卯	顺治甲午	顺治丁酉	顺治庚子	康熙癸卯	康熙丙午	康熙己酉	康熙壬子	康熙戊午	康熙辛酉	总计
南昌	28	24	15	14	7	9	5	6	8	6	6	128
丰城	19	10	7	3	1	2	3	4	2	1	2	54
金溪	2	16	9	5	5	4	4	4	2	2		53
临川	13	11	10	6	1	3	4	2	2			52
南城	9	9	6	1	1		7	4		2	2	45
新建	6	5	2	2		1	2		3	4	4	38
安福		6	7	3	2		2	2	4	4	4	37
庐陵	1	3	6	5	2	3	1	2	4	3	2	32
进贤	7	5	2	2	1	4	2	2	2	2	2	31
高安	3	2	3	6	2	3	1	3	1	1	2	27

---

① 见前引《清圣祖仁皇帝实录》卷七十九,"康熙十八年二月己巳"条。

县名\科次	顺治丙戌	顺治辛卯	顺治甲午	顺治丁酉	顺治庚子	康熙癸卯	康熙丙午	康熙己酉	康熙壬子	康熙戊午	康熙辛酉	总计
新昌	1	7	1	3	2	2	1	2	2	3	1	25
清江	1	4	5	3	2			2	2	4	1	24
鄱阳	3	4	1	3	1	3	1	3	2	1		22
建昌	3	1	1		1	3	1	2	1	3	1	17
吉水		2	3	3	1	1	2	1	3		1	17
新城			3	2		2	2	2	2	1	3	17
广昌	1	1	1	3	2		2	2	2		2	16
崇仁	1	2	1	3	2	1	2		2	1		15
奉新	1	3	3	3	1			2			1	14
宜黄		1	3		2	3	1	3			1	14
新淦	1	1	1	3	3	2		1			1	13
泰和			1		2	2	2	1	1	2	2	13
德化	1		3		1	1	2	3			1	12
浮梁		1		2	2	1	2	2	2			12
永丰			3	4	1	1	3					12
南丰		2	2	1		2	1	1	1		1	11
永新		1	1	2		1	1	1	1	2	1	11
靖安			3	2	1		1			2		9
安义	2	2	2					1	1			8
彭泽	2		2	1				1	1	1		8
分宜	2	1		2	1			1				7
武宁	1	1	3							2		7
乐平		2	1	2		1			1			7

第一章
清军对江西复明活动的镇压及清政权统治的确立

县名\科次	顺治丙戌	顺治辛卯	顺治甲午	顺治丁酉	顺治庚子	康熙癸卯	康熙丙午	康熙己酉	康熙壬子	康熙戊午	康熙辛酉	总计
上高	1		2	1		1				1		6
宜春	1		1		1	2				1		6
新喻	2			2	2							6
乐安		1	2			1		1		1		6
宁都			1	2		2			1			6
贵溪			2	1				1	2			6
东乡			2			2			2			6
万安				2					1	2	1	6
赣县						1	1			1	3	6
湖口	1		1					2		1		5
上饶			1	3					1			5
瑞金				2	1				1		1	5
安仁		1	1	1	1							4
泸溪				1		1				1	1	4
星子	1	1		1								3
永宁		1	1								1	3
铅山		1		2								3
峡江						1			1	1		3
瑞昌							1		1		1	3
玉山								2	1			3
抚州府										1	2	3
万载		1		1								2
都昌		1									1	2

科次\县名	顺治丙戌	顺治辛卯	顺治甲午	顺治丁酉	顺治庚子	康熙癸卯	康熙丙午	康熙己酉	康熙壬子	康熙戊午	康熙辛酉	总计
德兴				1	1							2
上犹			1			1						2
龙南			1							1		2
兴安					1		1					2
余干									1	1		2
德安										1	1	2
瑞州府										1	1	2
临江府										2		2
广信府										2		2
会昌		1										1
石城			1									1
龙泉			1									1
雩都			1									1
崇义						1						1
宁州								1				1
安远										1		1
兴国										1		1
袁州府										1		1
九江府										1		1
南安府											1	1
信丰											1	1
总计	114	134	126	114	59	76	59	71	63	67	57	940

资料来源：根据康熙二十二年修《江西通志》卷二十二《选举志》(明清两朝)整理。

第一章
清军对江西复明活动的镇压及清政权统治的确立

乾隆年间新建县籍显宦曹秀先书法刻石

比较可知:从清顺治三年(1646年)起就有举人取中的县份共27个,总计其11科取中者为674名,已占举人总数的71.7%;如果再加上从顺治八年第二科开始有举人取中的安福、吉水、宜黄、浮梁、南丰、永新、乐平、乐安等县,则其人数增至789名,比重更高达83.9%。这些县份,主要处于江西主要河流两边的平原地区,是典型的鱼米之乡,宋明以来已有众多科举人士,"耕读传家"的价值观深入人心,形成一方风气和传统,虽然新朝入主,战乱未已,却依然绵绵不绝。举人既是取士的前提和后备人才,其中大多数人则又不可能离开乡土,他们是一方之民望,是各地社会和文化事务的领袖人物和实际操作者,也是顺康朝编修方志的主要捉笔人。这些事例也说明,到平息三藩叛乱之时,清王朝已经完成对明朝科举制度的承接,不仅在培养一批新人进入官僚机构,更重要的是在造就更多认同新朝的忠君之士。武略文韬,均于其中得到集中反映。一个逐渐远离战乱的承平时代,就此款款到来。

第二章
清前期管理江西的重要举措与制度建设

清前期江西的行政区划,在继承明代的基础上小有变革。康熙三年(1663年)裁撤南赣巡抚后,江西巡抚才完全管辖江西13府。乾隆年间又增设"莲花厅",并将宁都县升格为直隶州,以加强对湖西和赣州以东地区的管理。清初江西继续设置南瑞、湖东、湖西、九南、岭北等五道,但从康熙朝开始,各道守、巡并设的制度逐渐改变,先裁撤分守道,保存部分的分巡道,后来分巡道的职事也逐渐由督粮道、驿盐道、兵备道等驻省城的专司衙门官员兼领。江西境内的战乱自康熙十七年基本平息后,官府即考虑安置主要是进入周边山区垦种的外省移民,准其按粮额重新编排里甲,与土著一样纳粮当差。但直到康熙中后期,江西西部的棚民仍被视为"异类",从各级官员到当地土著都坚持把棚民和"贼人"、"匪类"联系在一起。雍正初年开始,在雍正帝的支持下,清廷开始采取更为积极安置棚民的措施,即准予移民在迁入地落籍,成为合法的编户齐民,并给其子弟读书和科考的前途。这种主张的基础和前提,是改变了以前对棚民的定性,首先认定棚民是"闽广寄籍之民"而不是"贼人",因而要将其安置好。这个深谙统治之道的一揽子解决方案,成为江西、浙江等省安置移民的基本政策。而宁州土著对此进行了强烈抵制,地方骚动持续三个月之久,最后在官府的强硬表态和具有弹性的具体处置下才结束。宁州专门设置"怀远"户籍,成为江西西部地区率先落实移民安置政策的一个成功范例,其影响远大于其他一些地方仍将移民附籍于土著的做法。从这个事关移民人群身份的制度性变化中,更可看到江西一些"有棚(篷)"州县的社会冲突及其映照出来的时代变迁。

第二章
清前期管理江西的重要举措与制度建设

与此同时，随着移民入籍及其力量的不断壮大，江西科举"冒籍"问题也主要表现在棚民集中的府县。雍乾两朝一些地方的土著和移民两造为此争讼不断，特别表现在袁州府万载县的地方冲突之中，直到嘉庆十三年（1808年）礼部采取分别划定录取名额的办法，才基本平息土、棚的考试争端。清前期，江西形成了一套较为完备的运漕管理机构，并分别于南昌府、吉安府、临江府分片负责漕粮监兑。卫所的功能也主要体现在运漕方面，卫所官员的职责范围逐渐与行政系统的州县官吏趋同。各卫所漕帮靠屯漕生存，即实行屯田，以屯济运，各军丁"领屯起运"，常年担负"南粮北调"的任务。康熙三十五年（1695年）改制后，军丁常年出运逐渐演变为运丁轮流领运，每年由一名运丁领运，其余运丁出银帮贴济运。领运之丁从以前常年附着于漕船的"军奴"，转变为负责"征租办运"的漕船经营管理者，身份发生了重大变化。其雇募舵工、水手应募代运的行为也得到政府认可，运漕队伍呈现民运化趋势。江西官府除了归并调整兑粮水次外，还对漕运中普遍存在的各种陋规进行整顿，并且采取多种方式抚恤运丁。

第一节
清前期江西政区沿革与道员职权的调整

一、清前期江西政区沿革概况

明朝改元朝的"行中书省"为"布政使司"，改元朝的"路"为"府"，改"州"为"县"。清代改"江西布政使司"为"江西省"，巡抚成为全省最高行政长官，其官职全称为"巡抚江西等处地方提督军务、节制各镇、兼理粮饷"。顺治元年（1644年）置，署衙驻南昌，当时只辖11府，江西南部的赣州、南安二府则归南赣巡抚管辖。康熙三年（1664年）南赣巡抚裁省，赣州、南安二府统归江西巡抚管辖。乾隆十四年（1749年），江西巡抚加"提督"衔。清前期江西巡抚任职情况详如表2—1：

表 2–1　清前期江西巡抚任职年表

序号	姓名	籍贯	出身	上任时间	离任时间	月数	上任前官职	离任后官职	备注
1	李翔凤	汉军镶红旗人		顺治二年 1645/十	三年 1646/十	12	湖广参政	卒于任上	1645年耿焞为署巡抚，李翔凤于1646年上任。
2	章于天	辽东人	举人	三年 1646/十	五年 1648/五	18	山东兖西道参政		刘武元护巡抚①。
3	朱延庆	汉军镶蓝旗人		五年 1648/五	七年 1650/九	28	浙江嘉湖道参政	卒于任上	
4	夏一鹗	汉军正白旗人	贡生	八年 1651/一	九年 1652/二	13	江南按察使	卒于任上	
5	蔡士英	汉军正白旗人	官学生	九年 1652/四	十二年 1655/二	34	都察院左副都御史	擢漕运总督	
6	郎廷佐	汉军镶黄旗人		十二年 1655/二	十三年 1656/五	15	秘书院学士	两江总督	
7	张朝璘	汉军正蓝旗人		十三年 1656/五	十八年 1661/九	76	户部侍郎	江西总督	
8	董卫国	汉军正白旗人		十八年 1661/九	康熙十三年 1674/七	94	内国史院学士	江西总督	
9	白色纯	汉军镶黄旗人		十三年 1674/七	十四年 1675/十一	15	总督仓场工部尚书	卒于任上	

第二章
清前期管理江西的重要举措与制度建设

序号	姓名	籍贯	出身	上任时间	离任时间	月数	上任前官职	离任后官职	备注
10	佟国桢	汉军正黄旗人（佟佳氏）	拔贡生	十四年 1675/十一	十八年 1679/五	42	江西布政使	降二级调用	署巡抚。
11	安世鼎			十八年 1679/六	二十年 1681/四	22	湖南布政使	兵部尚书	
12	刘如汉			二十年 1681/四	二十年 1681/五	1	左副都御史	丁忧	
13	李士桢			二十年 1681/五	二十年 1681/十二	8	浙江布政使	广东巡抚	
13	佟康年	汉军正蓝旗人		二十年 1681/十二	二十二年 1683/六	18	福建布政使	卒于任上	
14	安世鼎			二十二年 1683/六	二十六年 1687/十一	53	原任补	革职	主修《江西通志》。
15	王骘，字人岳，号相居	山东福山人	进士	二十六年 1687/十二	二十七年 1688/三	4	太常寺卿	闽浙总督	
16	宋荦，字牧仲，号漫堂	河南商丘人	宿卫	二十七年 1688/四	三十一年 1692/六	50	江苏布政使	江苏巡抚	

59

序号	姓名	籍贯	出身	上任时间	离任时间	月数	上任前官职	离任后官职	备注
17	马如龙,字见五	陕西绥德州	举人	三十一年/六 1692年	四十一年/一 1702年	114	浙江布政使	卒于任上	
18	张志栋	山东昌邑人	进士	四十一年/一 1702年	四十三年/二 1704年	25	浙江巡抚	革职	
19	李基和	汉军镶红旗人	进士	四十三年/二 1704年	四十四年/四 1705年	14	湖北布政使	革职办罪	
20	郎廷极,字紫衡	汉军镶黄旗人	荫生	四十四年/四 1705年	五十一年/十 1712年	90	浙江布政使	漕运总督	初署巡抚,后实授。
21	佟国勤		笔帖式	五十一年/十 1712年	五十六年/七 1717年	58	湖南布政使	革职	
22	白潢,字近微	汉军镶白旗人		五十六年/七 1717年	五十九年/一 1720年	36	江西布政使	文华殿大学士	主修《西江志》、《圣祖实录》。
23	王企靖	直隶雄县人	进士	五十九年/一 1720年	雍正元年/一 1723年	30	户部右侍卫郎	回籍	
24	裴㑏度,字晋武	山西曲沃人	附贡生	元年 1723年	四年 1726年/五	40	贵州布政使	迁户部侍郎	
25	汪漋	湖广江夏籍江南休宁人	进士	四年 1726年/五	四年 1726年/十	6	广西巡抚	免	

第二章
清前期管理江西的重要举措与制度建设

序号	姓名	籍贯	出身	上任时间	离任时间	月数	上任前官职	离任后官职	备注
26	伊都立	满洲正黄旗人	举人	四年 1726/十一	五年 1727/五	7	山西总督	进京	1726年五月裴𠇍度迁，汪漋上任；十月汪漋免，迈柱署；十一月伊都立代。
27	布兰泰	满洲正白旗人拜都氏	云骑尉世职	五年 1727/五	六年 1728/八	15	户部右侍郎署湖南巡抚	署江苏巡抚	
28	张坦麟	湖广汉阳人	举人	六年 1728/八	七年 1729/七	11	内阁学士	进京	以内阁学士署巡抚，李兰为护巡抚。
29	谢旻	江南武进人	监生	七年 1729/七	十一年 1733/十二	53	太常寺卿署河南布政使	工部右侍郎	以太常寺卿实授巡抚，1730年实授巡抚；主修《江西通志》。
30	常安，字履坦	满洲镶红旗人（纳喇氏）	生员	十一年 1733/十二	十三年 1735/十一	23	贵州布政使	盛京兵部尚书	
31	俞兆岳	浙江海宁人	廪贡生	十三年 1735/十一	乾隆元年 1736/十	11	太仆寺卿	吏部左侍郎	刁承祖为护巡抚。
32	岳濬	四川成都人	荫生	元年 1736/十	五年 1740/十一	49	山东巡抚	革职	
33	包括	浙江钱塘人	进士	五年 1740/十一	六年 1741/九	10	安徽布政使	回原任	初署巡抚，后实授。

61

序号	姓名	籍贯	出身	上任时间	离任时间	月数	上任前官职	离任后官职	备注
34	陈宏谋,字汝咨	广西临桂人	进士	六年 1741/九	八年 1743/十	25	江西布政使	陕西巡抚	彭家屏为护巡抚。
35	塞楞额	满洲正白旗人瓜尔佳氏	进士	八年 1743/十	十一年 1746/九	35	陕西巡抚	擢湖广总督	
36	开泰	满洲正黄旗人乌雅氏	进士	十一年 1746/十	十三年 1748/十	24	湖北巡抚	湖南巡抚	
37	唐绥祖	江苏江都人	举人	十三年 1748/十	十四年 1749/四	6	山东布政使	湖北巡抚	
38	阿思哈	满洲正黄旗人萨克达氏	官学生	十四年 1749/四	十五年 1750/十二	20	甘肃布政使	山西巡抚	彭家屏为署巡抚。
39	舒辂	满洲正白旗人		十六年 1751/二	十六年 1751/八	6	河南按察使	山东巡抚	
40	鄂昌	满洲镶蓝旗人西林觉罗氏	举人	十六年 1751/八	十七年 1752/十	14	署陕甘总督	甘肃巡抚	徐以升、定长为护巡。
41	鄂容安,字休如	满洲镶蓝旗人西林觉罗氏	进士	十七年 1752/十	十九年 1754/九	23	山东巡抚	署两江总督	
42	范时绶	汉军镶黄旗人	笔帖式	十九年 1754/九	二十年 1755/二	5	署湖南巡抚	署都统	王兴吾为护巡抚。

第二章
清前期管理江西的重要举措与制度建设

序号	姓名	籍贯	出身	上任时间	离任时间	月数	上任前官职	离任后官职	备注
43	胡宝瑔,字泰舒,号恰斋	江苏青浦县人	举人	二十年 1755/二	二十三年 1758/六	40	湖南巡抚	河南巡抚	
44	阿思哈	满洲正黄旗人	官学生	二十三年 1758/六	二十五年 1760/十一	28	内阁学士	革职	初为署巡抚,1760年实授。
45	胡宝瑔,字泰舒,号恰斋	江苏青浦县人	举人	二十五年 1760/十二	二十六年 1761/八	8	河南巡抚	河南巡抚	1760年十一至十二月常均暂署巡抚。
46	常钧	满洲镶红旗人	翻译举人	二十六年 1761/八	二十七年 1762/五	8	署安徽巡抚	甘肃巡抚	汤聘暂署巡抚。
47	汤聘			二十七年 1762/八	二十八年 1763/五	8	湖北巡抚	湖北巡抚	明山为署巡抚。
48	明德	满洲正红旗人		二十八年 1763/五	二十八年 1763/十一	6	山西巡抚	江苏巡抚	富明安为护巡抚。
49	辅德	满洲镶红旗人	监生	二十八年 1763/十一	三十年 1765/二	15	河南布政使	卒于任上	
50	明山	满洲正蓝旗人		三十年 1765/二	三十一年 1766/二	12	广东巡抚	陕西巡抚	

序号	姓名	籍贯	出身	上任时间	离任时间	月数	上任前官职	离任后官职	备 注
51	吴绍诗，字二南，号啖园	山东海丰人	生员	三十一年 1766/二	三十四年 1769/七	41	甘肃布政使	刑部尚书	
52	海明	满洲正蓝旗人	翻译生员	三十四年 1769/七	三十七年 1772/五	34	四川布政使	湖广总督	
53	海成	满洲正黄旗人		三十七年 1772/五	四十二年 1777/十一	66	山东布政使	革职	李瀚为护巡抚。
54	郝硕	汉军镶黄旗人	骑都尉世职	四十二年 1777/十一	四十九年 1784/四	77	浙江布政使	夺职	1777年高晋曾暂管巡抚，冯应榴为护巡抚。
55	伊星阿	满洲镶黄旗人		四十九年 1784/四	五十年 1785/五	13	四川巡抚	病休	李绶、萨载为护巡抚。
56	永保	满洲镶红旗人	官学生	五十年 1785/五	五十年 1785/九	4	贵州巡抚	陕西巡抚	李承业为护巡抚，舒常为署巡抚。
57	何裕城，字福天	浙江山阴人	贡生	五十年 1785/九	五十五年 1790/四	55	陕西巡抚	安徽巡抚	
58	姚棻			五十五年 1790/四	五十七年 1792/六	26	江西布政使	丁母忧	初为署巡抚，后实授。托伦为护巡抚。
59	陈淮	河南商邱人	拔贡生	五十七年 1792/六	嘉庆元年 1796/十一	53	贵州巡抚	革逮	万宁为护巡抚。

第二章
清前期管理江西的重要举措与制度建设

序号	姓名	籍贯	出身	上任时间	离任时间	月数	上任前官职	离任后官职	备注
60	张诚基	山东金乡人	进士	二年 1797/四	七年 1802/十一	67	安徽巡抚	革职问罪	1796年十一月至1797年十一月苏凌阿兼管巡抚，期间台布为署巡抚。
61	秦承恩，字芝轩	江苏江宁人	进士	七年 1802/十一	十年 1805/六	31	直隶通永道	左都御史	1805年六月至十月安泰、秦承恩先后代巡抚职。
62	温承惠	山西太谷人	拔贡生	十年 1805/十	十一年 1806/二	4	河南布政使	福建巡抚兼署总督	1806年二月至十月李殿图、景安、张师诚先后代巡抚职，先福为护巡抚。
63	金光悌，字兰畦	安徽英山人	进士	十一年 1806/十	十三年 1808/十二	26	刑部左侍郎	刑部尚书	
64	先福			十四年 1809/一	十九年 1814/三	62	光禄寺卿	陕甘总督	1808年十二月至先福上任，吉纶代巡抚，1812年陈预为护巡抚。
65	阮元，字伯元，号芸台	江苏仪征人	进士	十九年 1814/三	二十一年 1816/六	27	漕运总督	河南巡抚	
66	钱臻，字润高	浙江嘉兴人	监生	二十一年 1816/六	二十五年 1820/三	45	直隶布政使	山东巡抚	

65

序号	姓名	籍贯	出身	上任时间	离任时间	月数	上任前官职	离任后官职	备注
67	瑚㻞	满洲镶白旗人	贡生	二十五年 1820/三	道光元年 1821/七	16	江西布政使	卒于任上	
68	毓岱	汉军镶黄旗人	监生	元年 1821/七	二年 1822/五	10	湖北巡抚	病免	邱树棠为护巡抚。
69	阿霖	满洲正红旗人	翻译生员	二年 1822/五	三年 1823/三	10	浙江布政使	进京	邓廷桢为护巡抚。
70	程含章	云南景安人	举人	三年 1823/三	四年 1824/二	11	山西巡抚	署工部侍郎治直隶水利	
71	毓岱	汉军镶黄旗人	监生	四年 1824/三	四年 1824/八	5	广西巡抚	病休	嵩溥为护巡抚。
72	韩文绮			五年 1825/九	九年 1829/十	49	云南布政使	都察院左副都御史	1824年八月至1825年九月成格、武隆阿代巡抚职。
73	吴光悦	江苏阳湖人	进士	九年 1829/九	十一年 1831/十二	27	都察院左副都御史	河北道	富呢扬阿为护巡抚。
74	吴邦庆，字霁峰	顺天霸州人	进士	十一年 1831/十二	十二年 1832/二	2	漕运总督	河东河道总督	
75	周之琦，字稚圭	河南祥符人	进士	十二年 1832/二	十六年 1836/二	48	广西布政使	湖北巡抚	桂良为护巡抚。

66

第二章
清前期管理江西的重要举措与制度建设

序号	姓 名	籍 贯	出身	上任时间	离任时间	月数	上任前官职	离任后官职	备 注
76	陈銮，字芝楣	湖北江夏人	进士	十六年 1836/二	十七年 1837/一	11	江苏布政使	江苏巡抚	
77	裕泰	满洲正红旗人	官学生	十七年 1837/一	十八年 1838/九	20	湖南巡抚	湖南巡抚	
78	钱宝琛，字楚玉，号颐寿老人	江苏太仓州人	进士	十八年 1838/九	二十一年 1841/五	32	湖南巡抚	湖北巡抚	赵丙吉为护巡抚。

资料来源：本表主要依据《清实录》制成，其他参考资料有：《清史稿》（赵尔巽等撰，中华书局 1976 年版）、《江西通志》（刘坤一主修，光绪六年刊本）、《江西通志》（谢旻主修，雍正年刊本）、《清代碑传全集》（上海古籍出版社 1997 年版）、《四库全书》、《近三百年人物年谱知见录》（来新夏著，上海人民出版社 1983 年出版）、《郑天挺等主编，上海辞书出版社 2000 年版）。

① 按清制，当巡抚遇有人觐、丁忧、升迁、革职等情形，而朝廷又未及时派出正式官员时，就有署巡抚或护巡抚暂时代行其职。"署理"指代理，分为正式授职前的代理和临时代理两种；"护理"指下级临时代理，一般由布政使代理，即简称"护巡抚"。

67

按照雍正九年(1731年)修《江西通志》卷二至卷三《沿革》的记载,江西省下辖13府,77县。13府的排列顺序及其辖县分别为:

南昌府,辖7县1州:南昌、新建、丰城、进贤、奉新、靖安、武宁、宁州(今修水县)。

瑞州府,辖3县:高安、上高、新昌(今宜丰县)。

袁州府,辖4县:宜春、分宜、萍乡、万载。

临江府,辖4县:清江(今樟树市)、新淦(今新干县)、新喻(今新余市)、峡江。

吉安府,辖9县:庐陵(今吉安县)、泰和、吉水、永丰、安福、龙泉(今遂川县)、万安、永新、永宁(后改宁冈县,今并入井冈山市)。

抚州府,辖6县:临川、崇仁、金谿(今金溪县)、宜黄、乐安、东乡。

建昌府,辖5县:南城、南丰、新城(今黎川县)、广昌、泸溪(今资溪县)。

广信府,辖7县:上饶、玉山、弋阳、贵溪、铅山、广丰、兴安(今横峰县)。

饶州府,辖7县:鄱阳、余干、乐平、浮梁、德兴、安仁(今余江县)、万年。

南康府,辖4县:星子、都昌、建昌(今永修县)、安义。

九江府,辖5县:德化(今九江县)、德安、瑞昌、湖口、彭泽。

南安府,辖4县:大庾(今大余县)、南康、上犹、崇义。

赣州府,辖12县:赣县、雩都(今于都县)、信丰、兴国、宁都、会昌、安远、瑞金、龙南、石城、定南、长宁(今寻乌县)。

其中,广信府的广丰县在雍正九年以前也称"永丰县"。雍正九年,江西巡抚谢旻认为县名与吉安府的永丰县相同,颇多不便,遂题请清廷批准,下旨改为广丰县,带有浓缩"广信府永丰县"的含意。

至乾隆八年(1743年),清廷还批准新建莲花厅,归吉安府管辖。"厅"是清朝特有的地方行政建置之一,分为两个级别:府一级是直隶厅,由省直辖;县一级的称"散厅",由府管辖,新建立的莲花厅即属散厅。它所在的地区,正处江西、湖南两省交界的罗霄山脉东麓,北接武功山脉,跨安福、永新两县的边远地区,历来被视为"山僻民蛮,离县窎远,难于控制"。所以自明朝嘉靖年间开始,吉安府就往当地派驻官员,加强镇守。雍正五年(1727年)时,清廷也仿此措施,派吉安府同知驻守莲花桥,以资弹压。按清朝官制,同知为正五品官员,比知县的官品明显要高。同知都是派出驻守在重要之处,行"分防"之事,具体的负有如征粮、缉盗、水利以及海防、江防等职责。莲花桥一带派驻同知,足见其地势

第二章
清前期管理江西的重要举措与制度建设

险要而必须加强管理。吉安府增设莲花厅的奏章由江西巡抚陈宏谋呈送,乾隆七年(1742年)先呈送一次无结果,次年再送才得允准,于乾隆八年十月正式设莲花厅,厅治即在莲花桥。莲花厅下辖2乡:奢西乡,辖20都,是将原来永新县西部的安仁、西亭、登丰3个乡的地面划过来;上西乡,辖12都,是将原来安福县的昆弟乡的2个都及清德乡全境划过来。2乡合计,一共32都。在清代江西县一级政区里,新建的莲花厅政区范围是比较小的,但正是在这片边远而险要的"三不管"山区,三藩叛乱期间曾出现地方"从逆"及与清军的反复拉锯,官府对此始终存有戒心。新置莲花厅即在其中心地区建立正规的官府机构,形成一片独立的新政区,使其实施已久的弹压功能制度化,借以维护稳定的统治秩序。国计民生,均能得益。从战略的高度看,此举也是清江西官府继续加强对湖西地区管理的得力措施之一。

乾隆十九年,原属赣州府管辖的宁都县升格为宁都直隶州,由江西省直辖,这是清前期江西政区最大的一次调整。此议由时任江西巡抚的范时绶向清廷提出,基本的考虑是赣州府管辖的政区太大,又以山区为主,民风强悍,"易藏奸匪"。其东部的宁都、瑞金、石城三县,距离府城赣州的路程都在三四百里以上,遇事往往鞭长莫及。若将宁都县改为直隶州,就是在赣州府东部地区建立一个准府级的统治中心,瑞金、石城得以就近管理,不仅利于官府,其实也在许多方面利于当地百姓的生活。同时赣州府管辖的政区缩小一些,对赣州知府的政务压力也可相对减轻。清廷批准了范时绶的奏议,于同年闰四月正式将宁都升直隶州,下辖瑞金、石城二县。

因此,到乾隆十九年时,江西全省政区建置增为13府,1直隶州,77县。

二、江西"道"的划分归并及道员职权的调整

清前期江西在"省"和"府"之间,还设有"道"。"道"的设置,直接承袭明制,清初,最常见的是"分守道"和"分巡道",分别隶属于承宣布政使司和提刑按察使司,属于江西省府职能部门的派出机构。同时,又兼有监察府、州、县的职责。故而连同布、按二司,在当时通称为"监司"。分守道员由江西布政司的参政、参议分司,分巡道员由按察司的按察副使、佥事分司。明末江西的13府被划为5道,分守道和分巡道的辖区基本一致,分别为:

南瑞道:辖南昌府、瑞州府,道员驻南昌。

湖东道:辖抚州府、建昌府、广信府,道员驻上饶。

湖西道:辖吉安府、临江府、袁州府,道员驻清江。
九南道:辖饶州府、九江府、南康府,道员驻九江。
岭北道:辖赣州府、南安府,道员驻大庾。

从顺治二年(1645年)十一月到顺治三年六月,清廷在江西先后任命了一批道员,但职掌不一,名目也与明制有所不同,明显带有战时应需而行的痕迹。其中守、巡分司的有:杨毓楫为江西布政使司参政,分守南昌道;王继祖为江西按察使司佥事,分巡南昌道。贺九韶为江西布政使司参议,分守湖西道;杨春育为江西按察使司佥事,分巡湖西道。巡、守未分的有饶南道童达行,为江西省布政使司参政;湖东道成大业,为江西布政使司右参议;南瑞道齐之宸,为江西布政使司参议。只有分守道的是岭北道,道员金震为江西按察使司副使兼参议。先后担任分巡九江道的有黄澍、唐廷彦,两人同为江西布政使司参议兼佥事。还有督粮道田时震,为江西布政使司参政。另有督领军事的清军驿传道康万民,为江西布政使司参政兼佥事;抚州兵备道李蔚起,赣州兵备道金灿,同为江西按察使司佥事。

另外,在顺治三年八月确定江西兵制时,清廷还同时确定了各道配备的官兵数量及军官级别。当时确认的道共有分巡南瑞道、分守南瑞道;分巡饶南九道、分守饶南九道;分巡岭北道、分守岭北道;分巡湖西道、分守湖西道;分守湖东道;广抚建道;瑞南道。各道都是配置中军守备1员,士兵200名。另有督粮道1人,只配置中军守备1员,无士兵。由此也可见湖东道、广抚建道、瑞南道只设1名道员,不分守、巡,或说是守、巡合一。

到康熙初,各道守、巡并设的制度逐渐改变,先是在一些地方裁巡留守。如江西,在康熙元年(1662年)七月裁江西驿传道一缺,湖西、湖东兵巡道二缺。十二月裁江西巡西、巡东二道缺,其事归分守湖西、分守湖东二道兼理。到康熙六年,全国守、巡道员一共裁并108人,出现了短暂的全国没有分守、分巡道的局面。到康熙八年时又渐渐复置,故江西驿盐道、分巡赣南道、分巡饶九南道三缺于康熙九年七月复设。正因为分守、分巡道员属于派出,加上明清之际战乱不已,道员废置不常,所以各地文献资料中往往对其缺载。康熙六年秋以江西参议之职分守湖西道的施闰章在任期间,曾撰写《分守湖西道题名记》,提到:明代后期南昌城内曾有湖西道分司官衙,后来则荡然无存。他到南昌公干时,只有把自己坐的船当做办公场所。而"间览郡志,自郡邑丞尉百执皆备书,守、巡两使则阙焉。自明设此官,迄今且三百年,其间濯磨奉职,戮力旬宣兹土者,当

第二章
清前期管理江西的重要举措与制度建设

可指数,今不载其政迹,且姓名湮灭,不得比丞尉百执事,无所劝戒,岂不可叹哉"!于是他着意收集相关资料,一共找到曾分守、分巡湖西道的43人姓名刻成碑石,以存掌故。①

到康熙二十一年十月,清廷废除分守、分巡并设的制度,江西即裁去分守湖西、湖东二道缺。但分巡饶南九道、赣南道的职掌不变,管辖州县如故。

分守道既然裁撤,先还保存部分的分巡道,后来分巡道的职事也逐渐由督粮道、驿盐道、兵备道等员来兼领。而"兼领"之意,还带有原来的监察职能在内。督粮道、驿盐道都是全省只设1员,长驻南昌,其实已经形成专司衙门,而不再是临时派出机构。江西驿盐道始设于康熙五年,管理全省盐法。这个变化过程的完成,迁延康雍两朝数十年时间。雍正《江西通志》记载:

> 雍正九年,以督粮道领辖南昌、抚州、建昌三府,为督粮兼巡南抚建道。驿盐道领辖瑞州、袁州、临江三府,为驿盐兼巡瑞袁临道。饶南九道增辖广信一府,为分巡广饶南九道。赣南道增辖吉安一府,为分巡吉南赣道。

到乾隆十九年(1754年),因为赣州府中分出宁都直隶州,所以分巡吉南赣兵备道改为分巡吉南赣宁兵备道,但辖区并无盈缩。

因为驿盐道、督粮道、兵备道等员已逐渐变成实职,成为官阶中的一级,所以只要有政绩,一般都把他们提拔为某省的按察使,特别是任驿盐道(有时称"盐法道")一职者,最为常见。在江西,如乾隆元年四月阎尧熙升为湖北按察使,乾隆三年九月沈起元升为河南按察使,乾隆五年十月陈高翔升为山西按察使,乾隆六年八月石去浮升为湖北按察使,乾隆二十九年二月何逢僖升为湖南按察使,乾隆四十五年六月李封升为浙江按察使,等等。其他一些兵备道员也时见同样的升迁途径,如乾隆元年四月"以江西广饶九南道"升贵州按察使的陈德荣,乾隆五十年八月升河南按察使的穆克登;"以江西吉南赣(宁)道"升安徽按察使的,有乾隆二十年九月徐垣;升湖南按察使的,有乾隆四十三年正月塔琦等。而就任江西按察使一职的,也多为先在外省任道员者,原因相同。

---

① 参见施闰章《学余堂文集》卷十一,《四库全书》集部,上海古籍出版社1989年影印版,第1313册,第138—139页。

第二节
处理移民入籍引发的冲突和学额分配的定制

一、雍正朝宁州设置"怀远都"引发的土著抵制及其示范意义

康熙十七年(1678年)江西境内的战乱基本平息后,官府即考虑安置主要是进入周边山区垦种的外省移民;而更具体的政策背景,是受到康熙十九年江苏布政使慕天杰均田均役疏奏影响,江西布政使亦要求各县均田均役,实际就是按粮额重新编排里甲。①江西一些州县重新编制当地图甲时,开始准予移民落籍,"与土著一体",纳粮当差。典型之例如康熙四十三年兴国知县张尚瑗对太平乡崇祯里"山民户"的"编册审丁,广为劝谕,按名核其诡寄重惩之。三阅月始就厘正,削去山民之名,与土著一体,有名之丁,悉造庭听唱,鱼贯忭踊"。由此可知,主要是进入一些山区的移民经过"编审",成为国家官府认可的编户齐民。②康熙中期以后江西各地移民安置的概况及其演变,可详见本书第三章第一节,兹不赘述。

雍正元年(1723年),清廷再度关注江西的移民安置问题,集中表现在对江西西部棚民问题上。③起因之一,是这年三月在江西万载县发生了温上贵谋乱。温上贵原籍福建上杭,与台湾朱一贵有联系,并计划在家乡鼓动乡人呼应朱一贵起义。朱一贵失败后,温逃到江西万载,暗中勾结"棚匪"数百人,还计划攻掠

---

① 参见刘志伟《在国家与社会之间——明清广东里甲赋役制度研究》,中山大学出版社1997年版,第214-215页。
② 参见张尚瑗主修康熙五十年《瀲水志林》卷十七《近录·志事》。
③ 国内外学者研究江西棚民入籍及其对地方社会经济影响的文章中,比较重要的有[日]寺田隆信《关于雍正帝的除豁贱民令》,《日本学者研究中国史论著选译》第六卷(中华书局1993年版,第487-507页);刘敏《论清代棚民的户籍问题》,《中国社会经济史研究》1983年第1期;万芳珍《清前期江西棚民的入籍及土客籍的融合和矛盾》,《江西大学学报》1985年第2期;曹树基《明清时期的流民与赣北山区的开发》,《中国农史》1986年第2期;郑锐达《移民·户籍与宗族:清代至民国期间江西袁州地区研究》,香港科技大学人文学部1997年硕士论文;梁洪生《从"异民"到"怀远"——以"怀远文献"为重心考察雍正二年宁州移民要求入籍和土著罢考事件》,《历史人类学学刊》第一卷第一期,中山大学历史人类学研究中心、香港科技大学华南研究中心2003年版。

第二章
清前期管理江西的重要举措与制度建设

万载县城。此事很快被万载知县施昭庭平息，但由此引起地方官府的警觉。四月中旬，上任不久的江西巡抚裴㦛度在接到布、按两司详报的犯供后，要求"严加搜捕，务尽根株"。裴在给雍正帝的奏折中，表示"诚恐根株未尽，贻害地方"，"批司严饬文武官弁，再加巡查，严谨防范，务期宁谧"①。这说明此时江西地方长官仍然是把温上贵起事当做与棚民相关的地方治安案件来看待的。

从该年十月十三日开始，江西巡抚裴㦛度又多次向朝廷奏报发生在宁州境内的铜鼓"贼人"抢劫杀人案②：

> 雍正元年十月六日据宁州知州刘世豪禀称：准铜鼓守备王凯移会内称，九月二十七日谣言浏阳县界内石姑山有贼人从血树凹入州境排埠，欲于铜鼓地方抢掠，未知虚实等语。该州随谕总客长即棚长李上正督率各都练长前往防守，忽于三十日一更时分，浏邑界上竖旗，杀死排埠塘兵二名。及至二更时分，李上正领伊子共二人俱遇贼人被杀等情……

裴还于雍正二年三月二十八日的奏折中，就如何管理棚民提出见解，③据此可以清晰看出在雍正二年三月以前裴㦛度对棚民问题的基本定位和处理措施是两点：

一、棚、匪混杂难辨，来去不定，所谓"名为棚民，良莠杂处"；"此等匪类藏匿深山，棚民杂处，倏聚倏散"；"江省无知流匪倏聚倏散，闽广之人棚居杂处，奸良莫辨。向亦时有窃发，随犯随处，皆未奏报"。从温上贵和黄本习两案的供词看，西及浏阳，南至兴国、上犹等地，都是"匪"的流窜之所，南北跨度已在300公里以

---

① 雍正元年四月二十一日"江西巡抚裴㦛度奏拿获万载县纠众抢首犯折"，《朱批奏折》第一册。

② "宁州"的建置沿革为：嘉庆五年以前称"宁州"，嘉庆六年因嘉庆帝奖谕地方扑灭贼寇而钦赐"义"字，改称"义宁州"。无论是宁州还是义宁州，当时版图都包括了现在的铜鼓县(是宁州所辖8乡中的"武乡")。因山高林密，盗贼出没，明万历时设"铜鼓营"，以靖地方。至宣统二年(1900年)"营"改"厅"，皆隶属于义宁州。直到民国2年(1913年)，"铜鼓厅"才改称"铜鼓县"，同年义宁州原辖其他地面改为"修水县"。故雍正时期的"宁州"实际上大于现在的修水县，还包括今铜鼓县全境。修水县至今仍是江西省政区面积最大的县份，有4504平方公里。铜鼓县现今政区面积为1548平方公里。参见江西省测绘局编制、中华地图学社1993年出版《江西省地图册》第26、20页。

③ 参见雍正二年三月二十八日"江西巡抚裴㦛度奏报查编地方宁靖折"，《朱批奏折》第二册。

山间盆地:"怀远人"的生活环境
(修水县竹塅村,著名史学家陈寅恪的祖籍地,梁洪生摄)

上,牵动了南昌和南赣两大治安防区,又因多是山区,缉捕难度很大。①

二、除了追剿巡查外,稽查保甲几乎是裴𢜫度在此问题上的唯一作为。在雍正二年三月二十八日的奏折中他说得明白:"查江西棚民由来已久,臣上年到任,值温上贵一案,即严饬阖属文武各官稽查保甲,整饬营伍,并檄司道通行查议。"②而且从行文看,裴𢜫度严饬稽查的是地方社会原有的保甲系统,要求其在控制棚民方面发挥作用。而所以如此,是因为作为江西巡抚的裴𢜫度,始终把棚民和"贼人"、"匪类"、"奸"联系在一起,也一直把棚民问题当做地方治安问题来看待和处理,编制保甲的目的是把棚民管住,不生祸乱。所以如此,一个非常明显的原因就是自从顺治以来,湖西袁州府诸县都发生了棚民举兵反

---

① 江西地方长官在奏折中多次提到的这些情况,显然已给雍正帝留下很深印象,并加意安排处置。雍正二年十月,新任南赣总兵黄起宪抵达南昌时,署南昌镇总兵陈王章向他传达了雍正的如下口谕:"你若见了黄起宪,可对他说:江西省地方就是我们两人,我地方有了事情,你不得你;你地方有了事情,也见不得我。"黄起宪深悟雍正的用心,表示要"益加黾勉,与署南昌镇臣陈王章同心协力,共竭驽骀,绥靖疆圉"。见雍正二年十一月初四日"南赣总兵黄起宪奏遵谕与镇臣同心效力折",《朱批奏折》第三册。

② 雍正二年三月十八日"江西巡抚裴𢜫度奏报查编地方宁靖折",《朱批奏折》第二册。

第二章
清前期管理江西的重要举措与制度建设

清的事件,而且直接导致了康熙十七年(1678年)清军大规模驱逐棚民回归原籍。无论是地方官府还是清朝中央,对这些历史都是记忆犹新,此时又有风吹草动,自然十分警觉。

然而在雍正朝臣中,还有一些人主张对棚民采取更为积极安置的政策,代表人物就是雍正元年(1723年)三、四月间正好担任江西乡试主考官的何世璂。他在主试完毕后,"适接部文,奉旨刊刻试录进呈",所以他和副主考官任兰枝又在江西留住数日,时间约在四月底或五月份。在工作之余,"密询江西地方事宜或有关系紧要,亟当入告皇上早为筹画安置"之事,实际上是以科道官的身份,在私下作些地方调查。七月何向雍正帝进言,他也认为万载县发生的盗案是大事,但还说到江西山区的匪乱"往往数年辄一发动,官吏特未尝报耳"。而地方官员所以不报的原因是:"原其所以不报之意,非故有所隐匿也,以为此闽广流寓之民初不同于豫章土著之民,杀之而已可矣,报之则扰累滋多,何以报?"

何世璂接下来提出自己的见解,并特别提到事关地方治安的棚民保甲如何编制:

> 臣以为是则然矣,然欲使之革面洗心,安土乐业,亦必有道以处此,奈何官吏置之不讲;置之不讲而酝酿日久,党类渐繁。一旦萌不肖之心,则又非州县之官率数十捕役之所能擒获而歼戮之也,其滋扰不更多乎?臣之所谓亟宜筹画而安置之者,此也。
>
> ……
>
> 至其安置之法,旧说有二:或云闽广寄籍之民与江西土著之民,应令一体编列保甲,使之互相稽察,庶几奸宄不生。然土著之民聚族而居,多在平陆;寄籍之民,结茆深山穷谷之中。彼此互相遥隔,互相猜忌。将令土著之民日日探幽绝险,稽察匪类,其势甚难,此一说之不可行者也。……臣窃惟为今之计,莫如安其久来种地之人,绝其倏往倏来之辈。每一县麻棚之中,另编保甲,择其身家殷实者立为保长、甲长,日日查验花户。设有情踪诡秘、倏往倏来之徒,立刻报官,严拿递解。月终各令递有无匪类甘结一纸,存案考校。苟至三年无事,保长、甲长自当悬格旌赏。如有容隐通同者,保长、甲长一体究治。彼自爱其身家,庶或奸宄可杜。督抚亦当委贤能官员不时巡查,务使州县宽严并济,赏罚分明,不得姑息隐忍,亦不得生事扰民。

可见何世璂主张棚民单独编成保甲,不与土著的保甲混在一起,棚民的保、甲长也由棚民中身家殷实者担任。以此和裴𢉖度主张的保甲之法比较,则可看出何的建议中最重要的是大前提改变了,即首先认定棚民是"闽广寄籍(江西)之民",其中虽然不乏"倏往倏来之徒",但占主体的是"久来种地之人",他们不是"奸"民,安置好他们是首要的问题,所以应当让他们单独编制保甲,自我管理。而将这个自我管理的保甲置于地方官府控制之下的一个手段(也是一种联系方式),即"月终各令递有无匪类甘结一纸",存档备查,以供日后赏罚之用。但一个十分重要的变化在于:这张"甘结"是由棚民自己而不是土著来出具,或说是棚民中产生的保、甲长替其他棚民作担保。

何世璂筹划的第二个安置之法走得更远,即给一部分棚民子弟读书和科考的前途:

> 再令州县中各为寄籍之民另设义学一区,择其子弟之秀良者,为之延师训读,许其与考。果能自成文理,计其童生之多寡,酌取一二名以附各府儒学之额外。

在何的筹划中,虽无一字提到棚民的户籍问题,但一旦认可了棚民是移民,其主体是良民,那么无论是编制保甲,还是读书科举,无一不与户籍问题相关,实际上已是题内之义了。何世璂提出的,不仅是一个真正懂得统治之道的一揽子解决方案,而且还有一个重要的意义在内,就是将以王朝政令的形式,明确地为湖西地区的棚民"正名",使他们可以从康熙年间曾因反对清廷而被"集体驱逐"的"恶名"中解脱出来。采取这一措施的推动力,主要来自王朝中央。

到雍正二年正月,户部尚书张廷玉提出安辑棚民的奏请,已经是一个可以在江浙等省普遍实施的基本政策文本。其中,除了要挑选"才守兼优之员"任有棚民州县的长官外,具体的安辑之法,则完全采纳了何世璂的上述两条,然后再进一步,主张棚民落户,"编入本县册籍"[①]。虽然日后各地的具体做法不无差异,但安置棚民的政策走向和基本做法,无出何、张二人之右。它不仅标志清王朝的棚民政策有了重大的改变,或说终于在尽力制定一个长远的政策,而且也为棚民公开诉求自己的利益开辟了空前宽松的政治空间。

[①] 雍正二年正月二十一日"户部尚书张廷玉奏请安辑棚民折",《朱批奏折》第二册。

第二章
清前期管理江西的重要举措与制度建设

于是,江西宁州的棚民率先提出了入籍要求。现存江西修水民间的一批由《华国堂志》收录、总名为"开籍全案"的档案中,有一份《州主刘妥议异民详文》,大约成文于雍正元年四月下旬到八月,特别重要,全文引录如下:

> 宁邑界连浏阳、高、新三界,闽广异类一款。查州自(康熙)甲寅兵燹以后,土著寥寥,田土荒芜,州民莫赋,奉檄招徕。随有闽、广、南赣等处人民挈妻负子,接踵而至,为宁辟草披榛。田渐成熟,赋渐有着,异民互相争竞。今查额征,自累年异民之串立客户完粮者二百二十六户,所置科粮民米一千三百三十六石。住居三四十年者有之,阖州之民,约计异民十居其二。夫一树之果,有酸有甘;一母之子,有贤有不肖,岂土著皆贤而异民皆为匪乎?如谓久居此地种蔗种蓝之辈,必令土著出结,查卑职于去年十二月初三日莅任起,彼土主图得别佃承批银两,勒令佃户退田,争论者实繁有徒。彼土主方利速退另批,岂肯出结?即出结者,保无勒挟要求?即现在各都图,卑职各遴选一有才力端正者为团练长,挨顺村庄,将土著、客民之耕田、开店生理,一体编成保甲。

从这份"详文"可以看出:"客户"们在八月份已向宁州知州及各级官府提出类似请求,而且宁州知州刘世豪准许其"开都立户"。

另一篇文书署名为《递抚院呈》,显然是直接呈送巡抚衙门的,全文如下:

> 具呈人黄克章、刘正思、谢际云、张鸣冈等为遵例陈情按粮入籍,以广皇恩以全大典事:窃思天下四海莫非皇王土地,中国万姓尽属圣朝人民。是以兵籍、客籍原同一体,苗生、猺生总无二视。故凡各郡子弟置有田粮庐墓经住二十年者,俱准入籍考试;况沐圣天子德政维新,定例作养,博施济众,一道同风之雅化也哉?!慨自宁邑兵燹以后,田荒粮缺,土广人稀。业蒙前任州主奉檄招徕开垦,以致蚁等祖父弃闽粤而来修水,抛南赣而适乐郊。由兹替州中辟草而披榛,为土著养生而供赋。及后置产买业,钱粮不下二千;串名设户,立名已上三百。生于斯,长于斯,桑梓之邦,既绝往来;庐于斯,墓于斯,婚冠之联,无分土客。历年久,生齿繁,略计壮幼,万有余丁;受皇产,报洪恩,约训子弟,悉皆朴厚。但入户以籍为定,而籍贯以粮为据。按粮编都立图,入籍承丁当差,庶不负圣天子惠养元元之意也。蚁等遵例

> 禀州蒙批,详明在府。伏乞宪天恩同日月,德并乾坤;普同仁于一体,视中国如一家;施父母之慈心,广皇恩之浩荡。准示按粮入籍,庶俾枯朽齐荣,永颂甘棠,德垂不朽。

该呈文辞雅驯,完全是正面陈述,简明扼要地表述了棚民入籍的要求和理论依据。呈文者除了还说明此事已得到知州的批准外,还可以看出他们只以"客"、"客籍"自称,而拒绝使用"棚民"一词。

该文之后,附有省、府官员的批示共三份,第一份是"布政司石(成峨)批",时间是"雍正元年十月十六日进(呈),二十九日批",曰:

> 客户开垦久居,自宜按粮入籍,与齐民等。既据该州准详郡守,候府文到,酌夺可耳,速归安业!

该文转到南昌知府汪宏钰处,汪也作出如下批示:

> 据:闽广之人入籍多年,置有田地庐墓,安分守法,即与土著无异,自应一律当差。仰州遵照出示晓谕,具报。

可以看出在处理如宁州这样具体的问题时,江西地方长官无论在理论上还是事实上,终于认可了还有"入籍多年"的"闽广之人",棚民并非全是"贼寇",这是一种不可小看的松动。而在宁州地方上,知州刘世豪起了积极的推动作用,明确地主张"按粮编都立图"。他还明确提到:"今查额征,自累年异民之串立客户完粮者二百二十六户。"说明当时从闽广和南赣到宁州的外来人,统统可称为"异民",亦即"非土著"之类;但"异民"们组织在一起缴赋纳粮,即成"客户"或"客民",其实就是指迁入时间早,来宁州定居最长久的那批老移民。正是因为他们定居时间长,逐渐成为较稳定的有产者,才有能力并极力主张按粮入籍。

然而,宁州土著对新的棚民政策进行了强烈抵制,经历了一个从拒造清册到罢考,前后持续三个月之久的地方性骚动。

约在雍正二年三月间,一批宁州土著赴省城南昌,递呈署名为《土著呈里递流状》的诉状,并把矛头直接指向知州刘世豪:

第二章
清前期管理江西的重要举措与制度建设

旧自刘主到任,护庇客民,疏视赤子。以致异党得意,歃血敛金,于旧八月纷然呈请入籍。州批汇详宪夺,随详府主,请许入籍承丁,取名新都,编图立甲,子弟一体考试。率意徇详,分图分甲,紊乱版图,为州烈祸!当经里递刘隐兴等具呈屏绝,讵料州主不惟不赐屏绝,反徇批"王民一视在地二十年者皆听入籍"之定例;又引"洞蛮来归亦听入籍考试"之例,斥为混渎不准。蚁等虽属山愚,窃闻定例所载,并未有在地二十年者皆听入籍之条。各省之客民,岂居是邑之地而即许入籍耶?实州主之左袒庇护匪类,不特变乱民籍,甚且变乱章程矣!

土著强调移民不得在宁州参与科考和入籍的理由是:

至若洞蛮来归,是举其地来归,设立郡县,分别考试。此是我朝柔远之政,并未附入腹心内地。况闽广又非蛮洞可比,家有籍贯,路遥不上半月,自应回籍考试。今州主反其说而比其例,任意变乱,是国家之章程不妨颠倒逆施矣!……且宁邑八乡,按土分都图,编八十七里,泰市、高市为四坊,共计八百七十里递。递递有户有丁,户户有粮,何处可容逆党窃占?

雍正元年下半年以来,宁州地方社会已经被搅动得沸沸扬扬。"客民"跃跃欲试,知州推波助澜,而土著则是人心惶惶,他们的上告申诉在省城各个衙门都碰了钉子,官府明显地做出了遵旨"安辑棚民"的姿态。宁州八乡二市的土著首事们不得不聚会合议,为保护自己的利益而奔走呼号,并采取了土著学童拒考,生员"具结退顶",甚至还请求让土著全部"给牌转徙"以作最后的摊牌,都说明宁州土著整体上站到了刘世豪的对立面,整个社会基层的运作都处于瘫痪状态。①

在此期间,知州刘世豪也加紧向省城汇报事态的发展,并得到巡抚要求查议的批示。但他怕激起更大的争端,所以同时做了一系列晓谕劝说的工作,甚至率领宁州的文武官员前往文庙明伦堂,当面向土著贡监生员征询意见,然而

---

① 在该《土著呈里递流状》的后半部分提到:"是以八乡会议,无策可施,情甘献产让籍,转徙他方,各自保全性命,不敢抗违州主。但前蒙州示考,而异民即呈颁试。州批近奉恩纶,均许编查入籍考试等语,以致诸童见批,俱各拂袖而归。其不与考生员,又见异试如此,各自具结退顶,此皆异民入籍立都之所致也!"

最终未能奏效。刘世豪看到了地方势力的巨大，意识到"终难排解"，所以再一次申详巡抚，并将土著匿名帖一并附上。因为事关遵旨行事和考试重典，省、府两级长官很明确地表示支持刘的做法，各级官员都维护了"安辑棚民"这个大前提。但同时也表明不许棚民马上参与考试，以此劝说土著生童放弃罢考。

另外，刘世豪还不断向省府呈送公文，对土著的指责逐条加以反驳，并明确地将当地带头罢考和上告的土著领袖人物称为"劣衿"，将其归为"无父无君"之流，且挟持长官，包揽地方事务，动辄围攻官府衙门，实在等同于目无王法、"教化不行"的"刁民"。而言外之意，"客民"缴粮纳赋，积极要求入籍，而且听从官府调度，抵御贼寇，安分守法，实为化内的顺民。刘世豪言辞激烈，甚至不免情绪化的成分。到五月十九日，两江总督衙门对刘世豪的详文做了批示，甚为明确严厉：

> 编辑篷民，系奉旨允行。何物生童，乃敢抗违阻考！除批行按察司会同布政司密拿倡首恶棍，从重严加究拟通报，并令劄饬该府开诚晓谕诸童生集与考试，毋得观望滋事外，相应移会，为此合咨贵抚，烦为查照，希即转饬密拿倡首恶棍，严行究治，庶地方宁谧，良善得安，荷恩无既。仍仰藩、臬施行。

藩、臬二司又作批示转到南昌知府，同时要求知府亲自去宁州做劝解工作，另外，明确指示客籍子弟不参与该年的考试，也给土著吃了一颗定心丸。到六月中旬，宁州生童结束罢考，考试得以举行。至此，雍正二年波及宁州城乡，震动省、府上下的土著生童罢考事件基本平息。

最终，宁州棚民还是入了籍。在乾隆二年（1737年）新修的《义宁州志》"田赋·户口"中，对"怀远都"有详细记载，由此可见在罢考事件平息十一年后，由土著文化人主修的地方志对这个新户籍体系的产生历史及其影响，给予了正式的记述：

> 怀远都（四都八图共八十甲）：已成滋生壮幼丁共一千八百七十六丁。
> 按：宁州从前流寓俱归客户，是以创置田产，有粮无丁。迄自康熙三十年后，国家生齿日繁，闽广诸省之人散处各方。分宁地广人稀，因而诸省之人扶老挈幼负耒而至，缘旷土之租甚轻，久荒之产极沃，而无产之人得土

第二章
清前期管理江西的重要举措与制度建设

耕种,其力倍勤。故不数年家给人足,买田置产,歌适乐郊矣!至雍正元年,有匪类蠢动,彼此响应,于是万载县有温上贵之扰,宁州有黄本习之警。虽旋就诛戮,而根荄滋蔓。当事者患之,复为善后之图。荷蒙皇上廑如天之仁,特允臣工安辑棚民之请,耕山者概编保甲,有产者另立都图,以"怀远"为名,隐寓招携之义。其秀者令于义学课习五年,俱得一体考试,卷面令注"棚童"字样,每童生五十名限进一名,百名以上取进二名,二百名以上取进三名,其最多者以四名为率。其居宁最久之老客户,原有庐墓田产姻娅亲族之可征,迥与客民不同,又各援例改客为土,不在此例。夫人贵自立,土客何常之有?目今附籍之人,苟能安居乐业,渐摩奋兴,则今日之棚客即异日之土著也。惟是附籍者众,良楛难别。雍正三年八月内钦奉上谕:"棚民留住之地方,责成本处地主、山主出具保结,并非来历不明之辈,始许容留。而牧令官员于每年年底亲往查点一次,倘有作奸犯科而地主、山主不行举首者,一体治罪,此向例也。今闻法久废弛,大非朕除暴安良、教民成俗之本意。着督抚转饬有司实力奉行之,旨。"凡有守土之责者,可不仰体宸衷,绸缪未雨而为乂安绥辑之计哉?为志本末,以备考证云。

从此记载中看得出,在宁州土著居民中,已经开始有人表达"土客无常"、"客"可转"土"这种比较宽容的思想。而宁州棚民入籍事件的深远影响和示范意义,从雍正九年(1731年)江西巡抚谢旻等主修的《江西通志》记载就可见一斑。这是距宁州建立"怀远都"时间最近的一次新修省志。在其"田赋志·户口"中,记录外来移民编入户籍的,总共有三个地方①:

一是南昌府的宁州:"及雍正四年三届编审,滋生增益人丁二千六百七十丁,食盐课八百三口。外雍正四年附载宁州编入籍客民人丁一千三十二丁。钦奉恩诏,永不加赋。"

二是袁州府宜春、分宜二县:"又宜春、分宜二县棚民人丁一百八十七丁。"②

三是吉安府:"及雍正肆年三届编审,滋生增益人丁一千八百二十一丁,食盐课五百八十口。又雍正六年奉文永顺土司彭肇槐改土为流,归籍吉水县人丁十丁。钦奉恩诏,永不加赋。"

可知在雍正四年的那一届户口编审中,宁州的"怀远"籍人丁被视为"客

---

① 参见谢旻等主修雍正九年《江西通志》卷二十三至卷二十四。
② 在"宜春县"后附载"棚民人丁一百三丁";"分宜县"后附载"棚民人丁八十四丁"。

民",而袁州府宜春、分宜两县的附籍者仍被称为"棚民"。这种名称上的不同绝非偶然,而是反映了地方官府对江西西部地区闽广移民定居生活史的不同记忆和评判,而且不难看出对客民的认可程度要比棚民高。换一个角度看,这正反映了雍正朝对江浙诸省外来移民安置政策的多样性,是雍正帝力促上下分别对待,力求有所作为的表现,不乏创新之意。

雍正十三年三至四月间,在与宁州相邻的奉新县,又设立了一个专门安置当地棚民的"归德(图甲)"。县令的呈文中就直接说明是"援照邻邑宁、武等州县棚民另立图甲之例,准其另立图甲",也就是直接受到宁州设置"怀远都"的影响:

> 该奉新县知县赵知希查看棚民王、刘、徐等,皆闽广南赣人也,耕凿奉邑地方盖有年矣。缘卑县陋例,尚有土著客异之殊视,是以各棚民等虽置有奉邑田产在,粮多者犹得以寄户于图甲册尾,而粮少者并不得自立的户。少有更置,即起物议,相沿至今,实为弊窦。前据王、刘、徐等以恳立图甲等事具呈前来,卑职正在查详间。王、刘等复上控,院宪批饬查议转行到县,仰见各宪遐迩同仁柔远辑来之至意。卑职遵查棚民王、刘、徐等,散居卑县山乡,图甲不能画一,不特催科纷扰,抑且稽查艰难。现今伊等户丁众多,买置田产,计条银三百余两,计漕米三百余石。援照邻邑宁、武等州县棚民另立图甲之例,准其另立图甲,名曰"归德"。佥点粮多大户为滚首,自行滚催,依限输纳,既免土著之纷争,尤省差催之滋扰。并可令各棚民自查户口,稽查匪类,急公靖地,均属有益。似应邀请俯顺舆情,赏准另立图册输粮。再查该棚民王、刘、徐等开报有应试习读子弟百有余名,但从前未经呈请入籍,既未应试。兹虽查其庐墓田粮现有印契可凭二十年以上者,似应照雍正九年奉部覆准"棚民入籍二十年以上者,在各州县一体应试,按照生童名数取准入学"之例。第查考校大典,仍恐棚民等不无冒滥情弊,容候奉宪赏准另立图甲之后,该棚民子弟应试之时,卑职先期查对该童年貌,取具互结,造册申报,再行应试。庶冒滥之弊可杜,而人户以籍为定矣。①

从这样一个有关移民人群身份的制度性变化中,更可看到江西西部一些"有棚

---

① 余潮修、甘志道等纂乾隆十五年《奉新县志》卷十一《公移》。文中所谓"邻邑宁、武等州县"之"武",即指当时隶属于宁州的武德乡,就是铜鼓营一带,大致为后来的铜鼓县境。

第二章
清前期管理江西的重要举措与制度建设

(篷)"州县的社会冲突及其映照出来的时代变迁。从康熙朝平定三藩叛乱到雍正登基,清朝社会又经历了数十年的安定生活,闽广移民(棚民)不仅基本站住脚跟,而且人口增加,有了更强的经济实力,并逐渐产生出可以代表自己利益的精英人物。实际上,他们已经开始了在迁入地土著化的进程,而且越来越逼近土著的原有生存空间。在王朝方面,对移民的态度也有了很大改变,尤其是未再出现以反抗清朝统治为宗旨的大规模动乱,不会促使清政府把移民与之联系起来,加以驱赶。到雍正初年,诸如袁州、宁州等地一旦出现"异民"、"匪类"之乱后,"客民"已会主动配合官府加以"清剿",从一个侧面说明,这个实际上是清初以来由于王朝更替、战乱、民众流徙以及基层社会组织已经发生相应变动等多重原因造成的历史遗留问题,此时加以解决的客观条件已经成熟,也要求清王朝制定一个长治久安的基本政策,何世璂、张廷玉等朝臣所设计的新棚民政策遂应运而生。而其酝酿和制定过程中的"密询"和奏议等,基层社会的意愿表达和吁请,甚至以激烈方式表现出来的地方不同人群的利益诉求,都有可能形成一种合力,自下而上地影响清王朝的决策。

二、各府县土著及入籍移民子弟学额分配的定制

清朝建立之初,为巩固其异族统治,笼络与加强对汉族读书人的感情联系,迅速沿用和继承了明代的科举制度,以表示对明王朝文化传统的认同。明代"科举必由学校",任何人想要取得进一步参加更高级别科举考试的资格,就必须参加童试,经过县试、府试、院试三级考试,录取为各自所在地方学校的生员,俗称秀才。在这一制度背景下,每个地方学校的入学名额显得至关重要。这一制度,也被清初统治者原封不动地继承下来。

明清时期广义的学校主要有官办与私办两种,其中官办学校又主要有儒学与书院两类。"科举必由学校"是指儒学,更具体的则是落实在儒学的学额上。书院的招生学额一般依其财力自主决定,而儒学则各省府、直隶州、直隶厅、州、厅、县等各级行政建制均有设立,其学额由国家明文规定。具体而言,儒学学额也有两种含义,一种是每个儒学中"廪膳生"、"增广生"和"附生"的名额,由在学生员依其岁试、科试成绩依次补充;一种即通常所说的招生名额,是每次童试中根据国家规定可以录取的童生数量。童生的童试也分岁试、科试两类,由各省学政主持,与生员岁试、科试同时举行。

清顺治四年(1647年)确定,各省府、州、县儒学的廪膳生、增广生名额仍延

续明代旧制,即府儒学各40人,州儒学各30人,县儒学各20人;而岁试、科试录取附学生的人数,则"各视所在人文之多寡,分大学、中学、小学。大学取入附学四十名,中学取三十名,小学二十名"①。顺治十五年,改为府学取20名,大州县儒学15名,小学仅取四五名。同年规定,直、省儒学招生只许岁试时录取,科试时停止录取童生入学。康熙九年(1670年)第三次全面调整学额,改为府学及大州县儒学均为20名,其余州县为大学15名,中学12名,小学7至8名,从此遂为定制。康熙十二年,恢复岁试、科试都可取入童生的定制。②

清前期江西的行政区划只有一些较小的调整和增置,其中除了宁都升直隶州,莲花新设厅,其他的调整对江西学额均无大的影响。据光绪《江西通志》"经政略·学制"及各府州县地方志记载,清前期江西13个府儒学学额均为20名,宁都直隶州儒学学额则为22名。其他学额为20名的大县共14个,分别为南昌、新建、丰城、高安、宜春、清江、庐陵、吉水、临川、金溪、新城、上饶、鄱阳、赣县;学额为15名的"大学"共20个,分别为:进贤、奉新、新昌、分宜、泰和、安福、宜黄、东乡、南城、南丰、广昌、贵溪、余干、乐平、都昌、星子、建昌、德化、湖口、大庾;学额为12名的"中学"共31个,分别为:义宁州、上高、萍乡、万载、新淦、新喻、峡江、永丰、万安、永新、崇仁、乐安、玉山、弋阳、铅山、广丰、浮梁、德兴、安仁、安义、德安、瑞昌、彭泽、南康、雩都、信丰、兴国、会昌、安远、龙南、长宁;学额仅有8名的儒学共11个,分别为:靖安、武宁、龙泉、永宁、莲花厅、泸溪、兴安、万年、上犹、崇义、定南厅。另外,瑞金、石城两县的学额都是14名。

明清儒学文、武同校,但各儒学的文科学额与武科学额往往不同,大多是武科学额比文科学额少。清前、中期江西全部92处府州县儒学中,文、武科学额相同的仅有45处,其余47处儒学的武科学额均按大、中、小学的次序较文科学额降低一等。其中,武科学额为20名者共有9个府、县,分别为:瑞州、袁州、临江、吉安、抚州、广信、南安、赣州府学以及上饶县学;武科学额为15名者共有23个府、县,分别为:南昌府、建昌府、饶州府、南康府、九江府、宁都州、南昌、新建、丰城、高安、新昌、宜春、分宜、清江、庐陵、泰和、吉水、临川、金溪、新城、贵溪、鄱阳、赣县;武科学额为12名者共38个县,分别为:进贤、奉新、义宁州、上

---

① 潘懿、胡湛、朱孙诒:《同治清江县志》卷三《建置志·学校·学额》,台北:成文出版社1975年据清同治九年(1870年)刊本影印本,第509页。

② 参见陈梦雷、蒋廷锡《古今图书集成》,经济汇编"选举典·学校部汇考十一",第79887、79889页。

第二章
清前期管理江西的重要举措与制度建设

高、万载、新淦、新喻、永丰、安福、万安、崇仁、宜黄、乐安、东乡、南城、南丰、弋阳、铅山、广丰、余干、乐平、浮梁、德兴、星子、都昌、建昌、德化、德安、湖口、彭泽、大庚、雩都、信丰、兴国、会昌、安远、龙南、长宁；武科学额为8名者共19个县，分别为：靖安、武宁、萍乡、峡江、龙泉、永新、永宁、广昌、泸溪、玉山、兴安、安仁、万年、安义、瑞昌、南康、上犹、崇义、定南厅。另外，瑞金县学武科学额14名，石城县学10名，莲花厅学仅5名。

在科举制度中，要求考生必须在户籍所在地参加考试，假冒他地籍贯参加考试，则被视为一种严重的舞弊行为，称为"冒籍"。各省"冒籍"发生的原因各不相同，①但处理原则大致一致。依顺治二年（1645年）圣旨，如查出考生有假冒籍贯者，尽行斥革，即使已经中举亦须革去功名，并逐回原籍。对入籍报考者，只有祖、父辈入籍达20年以上，并且坟墓、田宅都有契据者方许应试。乾隆末年，此项规定有所放松，五十九年（1794年）规定，只要房屋税契、田亩纳粮达到20年即许应试，而不必拘定真正入籍年限。②与浙江、安徽等省相似，江西科举冒籍主要表现为棚民问题。雍正二年（1724年），经户部尚书张廷玉奏准，谕令江西、浙江等地地方官将棚民查明造册，在土籍外另设客都、客图、客保、客练等相应名色，并准许棚民习武能文之子弟报名参加科举考试。次年，两江总督查弼纳准江西棚民中入籍20年以上并有庐墓者，如果确系读书向学，即可在县考试。为避免土、棚争夺入学名额而发生矛盾，准许在县学录取名额之外，另外额取进棚籍若干名。江西各县棚民子弟遂争相报名应试，雍正八年仅万载一县棚童报考者就达七百余名，江西巡抚谢旻乃上奏朝廷，请求为棚童规定录取名额。雍正九年清廷规定："江南棚民入籍二十年以上有田粮庐墓者，准在居住地考试。童生满五十人以上，额外取进一名，百人以上二名，二百人以上三名，以四名为率。"③如棚童不足50人，则仍与本籍童生一起考试。凡未满入籍年限者，不许报考。考取之后，则岁科两试、考补廪生、增生及选拔贡生等待遇，都与本籍生员相同。④

至乾隆二十八年（1763年），江西学政周煌奏请，将棚童归入土籍，一体考

---

① 参见王日根、张学立《清代科场冒籍与土客冲突》，《西北大学学报》（社会科学版）2005年第1期。
② 参见（清）礼部《光绪钦定科场条例》卷三十五《冒籍·冒占民籍例案》，第2447页。
③ 刘绎：《江西通志》卷九〇《经政略·学制》，清光绪七年（1881年）刊本。
④ 参见席裕福、沈师徐《皇朝政典类纂》卷二百二十四《学校十二·直省学·学额》。

"怀远人"自办书院培养子弟:清代宁州《梯云书院志》(刘经富摄)

试,不必另立名额。经部复查,证明江西的南昌府义宁州、武宁等五县及瑞州府、吉安府、袁州府、饶州府之相关县分自雍正九年(1731年)另额取进以来,起初尚有数百或百余名棚民童生应试,至此则仅有50名,甚至二三十名,数量不多,完全可以即将归入土籍中一体考试。唯有万载一县,尚有240名左右的棚童考生,为免政令相悖,亦令与土著合考。只需在县试时,"土著童生取具邻里、廪保、本童甘结,谓之三单,棚童于三单之外,加用五童互结",并于卷面注明"土"、"棚"字样。

科举制度为传统社会中士绅分享政治权利提供了最为体面的途径,儒学学额则为这一途径提供了基本保障。对于其他棚民考生较少的州县,取消棚籍另额并未给学额带来大的变化,因而也没有引起更多的冲突;而对于万载县,取消棚籍另额的实质便是使得全县学额从可能超过大学的15名减少到中学的12名,大多数情况下将减少4名学额,这是土、棚士绅都不愿意接受的事实。要想继续享有大学的学额权利,万载的土、棚士绅必须向朝廷证明本县有足够兴盛的文风以及足够富裕的赋税实力,这也是其他州县在要求加广本地学额时必经的正常制度渠道,但是在当时的万载县,通过土、棚士绅合力争取的局面并未出现。

因此,万载县棚民童生为得到更多的入学机会,发展出很多的作弊手法:"其原籍兄弟叔侄以及外姻亲属,并别县棚民,私相顶冒。在土著俱无从识别,故凡遇试期,或以举监生员顶名枪替,或以此县棚童赴彼县歧考,即有临场获破……亦未肯改其故习。"[1]棚童争相请本籍高手代考,以求得中,其取中机会自然大增。乾隆二十九年(1764年)、三十一年、四十八年、五十五年及嘉庆元年

---

[1] 清金第《同治万载县志》卷七"学校志·学额",同治十一年刊本,第2册,第40页。

第二章
清前期管理江西的重要举措与制度建设

(1796年)、二年,万载县一再发生棚民童生冒名顶替的考案。嘉庆六、七等年,棚童考取生员达五六名之多,而万载县儒学的入学名额总数不过12名。棚民的这种行为,自然激起了土著的极大愤怒,甚至视棚童为仇敌。嘉庆十年、十二年,土著童生曾多次递呈,请求重新分额考试,但均未获批准,最终演化为土著童生的集体罢考。嘉庆十三年,鉴于事态过于扩大,礼部议准自此裁去万载县土著"三单",棚籍另加五童互结一体考试之法,改为棚童只需将卷面之"棚"字改为"客"字,在土著学额12名外,另外给棚籍4名文生入学名额、武生1名。土著、棚民考生同日同门应试,各考各额,这样才算平息了土、棚的考试争讼。

根据各府州县儒学学额,可以统计出清中期以来江西全省平均每年考取生员的数量。文童岁试、科试各三年一届,每届各录取文生员1354名,年均约录取903名;武童仅有岁试无科试,三年一岁试,取入武生1163名,年均约录取388名,合计每年约录取文武生1291名。相比而言,当时儒学名额合计,尚不及当代一个普通专科学校的年招生数。

第三节
江西漕运体系的完善及其陋规的革除

明清两代,漕运制度的发展达到了鼎盛时期,每年从江苏、浙江、江西、山东、河南、安徽、湖北、湖南等八省运输漕粮正米400万石至京师,以满足其官俸、军饷和宫廷靡费的需要。江西素称"东南财赋之地",漕运地位尤受朝廷重视。明代成化八年(1472年)以来,江西每年运至京师的漕粮形成了定额,共计正米57万石,其中"正兑米"(运贮至京师仓)40万石、"改兑米"(运贮至通州仓)17万石,占全国总额的14.25%,仅次于江苏、浙江,位居第三。[①]后因"军代民劳",另按比例增收耗米(又称副米)作为运输过程中的耗损和支付给运军的运输报酬,约38万石。清前期,江西共9府49县为交兑漕粮州县,[②]大多地处水运相对便利之处,占当时全省80州县(厅)的61.25%。顺治十四年(1657年),江西巡抚佟国桢又因赣州府"催征既艰,水次又远"问题,奏请将赣、宁二县"北运米"

---

① 参见康熙《大清会典》卷二十六。
② 参见张光华《漕运摘要》卷三,清嘉庆八年本。

改为"赣镇兵米"①。

一、南昌、九江等漕帮建制和承运内容

早在顺治二年(1645年),兵部侍郎金之俊上奏朝廷,称自古西北粮食依靠东南供给,"闯乱"后南方的粮食未能及时运赶京师,以至北方米价大涨,必须抓紧办理漕运。②于是,"转漕东南之粟"成为当务之急,清廷也因此急切派兵"南下入赣"。由于局部战事不断,江西漕粮难以按前明旧制征收,顺治三年勒令各地派征原额漕粮的一半运抵京师。随着统治秩序的日益稳固,漕运定额逐渐恢复。

清前期,在全国漕运总督管辖下,江西形成了一套较为完备的运漕管理机构。设粮道一人,为本省最高漕运长官,驻省城南昌,统管下属官军,会同各府县佥选运丁、修造漕船、清查屯田、开征漕粮和追索欠额,并押运漕粮至淮安或通州盘验,全面负责本省漕运的监督巡查工作。后因任务繁重,粮道以下设监兑官3名,其中南昌府、吉安府各押运通判一人,负责监兑南昌、瑞州、临江、吉安、广信、建昌、抚州、南康等八府漕粮;临江府押运通判一人,负责监兑饶州府漕粮。监兑官在漕粮交兑入船时,必须坐守水次,将正米、耗米、行、月粮以及搭运等米按数按船查验兑足,同时负责监兑米色美恶、兑运迟速、运丁勒索、吏胥舞弊、仓棍包揽及掺和等弊,并于适中之帮船坐押,同粮道解押至淮安验收。③粮道与押运通判分工协作,粮道负责运粮北上交卸,通判负责将漕船押回本地。④此外,巡抚也有责任督催所属完纳漕粮交兑,催攒漕船如期开行,并负责查禁水次折银、盗卖、棍蠹把持、官役勒索等徇私舞弊行为。

漕粮从征收到运抵京师,实行"以卫领军,以屯养军,以军挽运",即由卫所军丁承担挽运任务,以漕船为运载工具,通过运河实施"南粮北调"。⑤漕粮挽运由各地运粮卫所承担,清初建立起中央与地方对卫所官员的双重监管模式。卫所官员身属武职,由兵部铨选,也隶属各省,主要通过漕运总督、各省巡抚与粮道来进行管理。江西计有南昌、九江、袁州、赣州4卫,吉安、安福、广信、抚州、永

---

① 参见同治《赣县志》卷十七《食货志·漕运》。
② 参见《清世祖实录》卷六,顺治二年五月。
③ 参见光绪《漕运全书》卷二十三《押运各官》。
④ 参见光绪《漕运全书》卷二十一《监兑粮官》。
⑤ 参见冯桂芬《裁卫屯议》,盛康《皇朝经世文续编》卷四十七。

第二章
清前期管理江西的重要举措与制度建设

新、建昌、铅山、饶州等8所。①卫所以下设漕帮,漕船以帮计,共14帮。每帮设守备或千总专职领运,负责督率运丁造船运粮。通常每帮设领运官2名,一名领运当年漕粮赴通州交兑,另一名预备领运次年新粮。另每帮设随帮百总一名,专司押空。江西卫所与漕帮大体一致,一卫两帮或一所一帮,其中规模较大的南昌卫、九江卫,各设前后两帮,雍正年间每帮漕船60只、50只不等。江西各帮船数虽多寡不等,但大体相当,否则将会有所拆并,如南昌、九江卫漕帮在清初漕船多达222只和165只,于雍正四年(1726年)分拨部分漕船至袁州、广信、安福等帮。

承担运漕任务的卫所漕帮,实际上担负着修造漕船及运输漕粮的双重负担。清初江西额定漕船1003艘,后因历年改折、分载、带运、蠲荒、裁减等原因,于雍正四年清查,计有漕船708艘,②以后由于"并造"、"裁减"、"贫疲"、"逃亡"等原因,逐渐减少,乾隆中期实有漕船638艘,此后大体相沿不变。③在各卫所漕帮,屯漕关系密不可分。以九江卫为例,本以防御为职,隶属前军都督府管辖,并无运漕任务摊派,入清以后隶属江西,被委命运输漕粮,屯漕关系开始发展起来。顺治十四年(1657年),清廷按照各卫所额定船只派给相应屯田,由各卫所实行屯政,以屯济运,各军丁则"领屯起运"。④作为津贴卫所运丁造船、出运的土地,卫所屯田大多数同卫所连在一起。清初原额为670222亩,⑤乾隆三十年(1765年)清查,这类屯田地基塘山堰共604353亩,此后基本上保持这个规模。⑥各卫所漕帮按船发给料价,在本地选高敞近河之处设厂打造,⑦不足部分由运丁自行筹划。漕船修造以10年为满,为使造船费用逐年平均,每年由各卫所漕帮抽造额定漕船的十分之一,10年全帮轮造完毕。

卫所"运军"名为"旗丁",系"军代民劳,著令挽漕",其职责是修造、管理漕船及挽运漕粮,所以又被称为"运丁",常年担负着"南粮北调"任务。⑧清廷以明

---

① 参见乾隆三十年,永、建二所并为永建所。见光绪《大清会典事例》卷五百五十六《卫所》。
② 参见光绪《江西通志》卷八十五《经政略二·漕运》,清光绪七年本。
③ 参见黄登贤《漕运则例纂》卷二,清乾隆三十四年本。
④ 参见同治《广信府志》卷三《屯政》。
⑤ 参见雍正《江西通志》卷二十八《兵卫》。
⑥ 参见光绪《漕运全书》卷三十五《屯田坐落》。
⑦ 参见咸丰《户部则例》卷二十二。
⑧ 卫所军原是一种正规军,明成化以后,漕粮由卫、所官军运送,"运军"之名始于此时。挽运漕粮变成卫所军的苦役,"军兵"的意义逐渐消失,其性质也逐渐发生变化,实际上演化成专事运漕的军户。

代万历年间每艘运漕配备军卒的规格为参照,重新审定军籍,佥选运丁出运。据明人王在晋载,万历年间江西运军总计9714人,①以清初额定1003艘漕船计,江西运丁当在万人以上。康熙朝以来,运丁不再由世职卫所运弁佥选,改由各州县查佥,知府验看加结,再由粮道定佥;与此同时,"佥责在粮道,举报责卫守备,用舍责运弁,保结责通帮各丁"②。这缘于入清后江西卫所功能主要在于运漕,卫所官员的职责范围逐渐与行政系统的州县官吏趋同。三藩之乱后,佥选运军的范围已不再限于原有运漕军户,除在"正军"外另定"散军"名目,更千方百计搜括株连。③如九江卫"家余丁"、"同伍丁"均受株连。④吉安卫屯丁明末散亡众多,清初不足十分之二三,后将散军、操军、牙军、设官舍余等纳入领运范畴。⑤由此卫所对军役的认定更加宽松,军役的范围也有所扩大。康熙三十五年(1696年),每船佥选领运军丁改定为一名,另外9名以谙练驾驭的水手补充,⑥军丁常年出运逐渐演变为运丁轮流领运。漕船每年由一名运丁领运,其余运丁出银帮贴济运。同时,在领运之丁的兄弟子侄中佥派一人随运,如运船抵淮米石短少,一丁驾船北上,留一丁买米赶补;若抵通米石缺欠,则留一丁追比,一丁驾船回空,交下届运丁。另外,又于每10船中选择家道殷实者一人立为什长,自州县兑运到通州交粮皆责令监管,一旦发生亏损,各漕船尚可承担风险,不致累官扰民。领运之丁的身份由此发生重大变化,从以前常年附着于漕船的"军奴"转变为负责"征租办运"的漕船经营管理者,其雇募舵工、水手代运的行为得到政府认可,正所谓"旗丁督率,水手起运";漕船也不再全由运丁驾驶,其技术性操作转由部分民间船工充任,应募水手遂成为运漕的主力,运漕队伍呈现民运化趋势。

二、康雍朝以来江西兑粮水次的归并调整

明朝时期,漕粮原则上由各卫所运军驾船分赴各有漕州县承兑。入清之后,尤其是康熙、雍正朝以来,江西漕船逐渐增大,吃水渐深,实际上很难深入中小河流受兑漕粮。康熙二十九年,巡抚宋荦谈到,各有漕州县距省城数百里

---

① 参见王在晋《通漕类编》卷二《漕军数目》。
② 《清史稿》卷一百二十二《志九七·漕运》,中华书局1977年版。
③ 所谓"散军",即入清后江西各卫所承耕绝户屯者,官府勒令其津贴造运。
④ 参见文德翼《太守江公蠲免两卫粮碑记》,见康熙《九江府志》卷十五《艺文》。
⑤ 参见光绪《吉安府志》卷十六《赋役志·屯政》。
⑥ 参见《清史稿》卷一百二十二《志九七·漕运》

第二章
清前期管理江西的重要举措与制度建设

以至千里不等,仅少数州县靠近赣江,只有遇到涨水才便于交兑,其他州县都只有溪河相通,又多砂石险滩,冬天运漕之时正值枯水季节,漕船重大,随处搁浅。①有漕州县仅南昌、新建靠近省府,因此向来由民户交纳"脚耗",州县官雇船运至省城南昌河下的兑粮水次(即省仓)交兑,②各卫所漕帮则于南昌港各兑粮水次集中受兑。③

从江西各州县兑漕的省仓所在地看,大多数州县集中在南昌进贤门、惠民门、章江门、德胜门、广润门及塘子里等各港岸交兑漕粮。南昌府丰城县,饶州府德兴、乐平、万年、浮梁、鄱阳等五县及南康府都昌县的省仓均不设在省城南昌,而就近置于本府或本县,这与全省漕粮集中、兑粮水次归并及漕船开行路线密切相关。省城南昌位于中北部,赣江径流而过,其优越的地理位置、发达的水运交通促使其成为各地漕粮集中的必然之地;作为全省政治、经济中心,南昌又成为全省漕帮开行的始发站。因此,每年漕粮集兑之际,各有漕州县的漕粮,沿着省内各大河流纷至沓来,漕帮在南昌港完成大部分漕粮的集并任务。而丰城县与省城南昌邻近,赣江穿城而过,水运极为便利;加之该县派定漕粮正耗米为2.5万石,数额颇大,在全省有漕县厅中仅次于南昌县(56517.85石)④,所以丰城县将省仓就近于本县城内设置,一则便利漕粮催征兑运,二则并未耽搁全省漕粮集并。至于饶州府各县,自明末给练霖臣詹请以"饶舟独兑本郡"后,德兴、乐平、万年三县漕粮经由饶河进入鄱阳县水次,浮梁县漕粮顺昌江而下鄱阳,鄱阳县漕粮亦就于本县水次兑运。因此,该五县漕粮均在鄱阳县境内集中交兑承验。正因为如此,江西省设置的三名漕运监兑官中专有一名负责监兑饶州府一府漕粮。鄱阳县是饶河、昌江进入鄱阳湖的交汇处,位于鄱阳湖的东面,该五县漕粮若运至南昌集并,须由北而南远涉鄱阳湖,而鄱阳湖是赣北"长三百里,阔四十里"⑤的大湖,一遇风浪,即有翻船的危险。故饶州府五县就近在鄱阳县集并便兑,方可省去横跨鄱阳湖南下、纵涉鄱阳湖北上的劳苦,正所谓"米免湖心之阻,舟有便兑之安"⑥。位于鄱阳湖北端的都昌县是出湖入江的必经之

---

① 参见宋荦《西陂类稿》卷三十三《请给漕粮脚耗疏》。
② 参见光绪《漕运全书》卷十二《交兑军粮》,清光绪七年本。
③ 参见光绪《江西通志》卷首之一《训典》,清光绪七年本。
④ 参见张光华《运漕摘要》卷三。
⑤ 光绪《江西通志》卷五十七《川》,清光绪七年本。
⑥ 同治《鄱阳县志》卷六《漕运》。

地,于康熙二十二年"将漕改为诣县便兑"①,待漕帮过境时随帮开行。

至于江西卫所漕帮运输漕粮的分派,大抵以本卫所军挽运本府州县漕粮为准,大体与漕帮收兑各州县在省兑粮水次一致。原则上要先兑运本漕区的漕粮,各帮之间若出现运力不足或运力有余的情况,则互相调剂。各卫所漕帮兑运固定州县漕粮,利于漕船调动,提高兑运效率。同时,一县漕粮往往由多帮漕船兑运,一帮漕船亦分兑数县漕粮,这种分工兑运的方式,一定程度上出于预防运丁与州县书吏勾结考虑。另外,鉴于都昌县地理位置的特殊性,其米石"每年轮派截留沧州之尾帮受兑,即以尾帮原拈别县之米抵换"②。

运军兑粮以冬季为限,"冬兑冬开"。乾隆四十年(1775年)规定最迟在次年农历正月内开船,在南昌装卸集兑完毕之后,随即开行,连尾以进,直达京通交卸。雍正时期江西督粮道台高锐记述南昌港每年漕船出运情况时说:"每当起运之时,通省漕船七百余艘,先后至于章门(今南昌港章江门码头),征书告集,刻日起行,笳吹既发,钲号无停,棹夫奏功,帆力齐举,联樯接舻,按部列次,以整以暇,晨夕应时。盖自章门以入于湖,由湖口出大江,顺流东下,以达于淮。"③江西漕船从南昌港始发,由赣江入鄱阳湖,"连樯接舰,取道出屹"④,而后转道长江顺流而下,经淮扬运河,逾黄河,入临清运河转北运河、白河,沿途经过安庆、仪征、扬州、淮安、台庄、临清、天津等港口,直至到达目的地通州港,全程2200多公里。

《运漕摘要》载有如下一首《水程站头歌》:

南浦盼樵舍,昌邑望吴城。南康湖口远,彭泽是山城。东流安庆府,宗阳第九程。大通赶荻港,芜湖阻行人。采石当江下,扬帆送南京。仪征傍江走,扬州关一盘。邵伯高邮近,宝应适两程。八十淮安府,双金水不清。仲兴宿迁县,猫儿窝上蟠。丁家庙一站,夏镇又一程。南阳奔上水,迎溜到济宁。开河下水急,安山不久停。张秋东昌府,魏湾下临清。渡口头一站,绕过马家营。故城德州卫,桑园盐关厅。连儿窝不远,泊头生意兴。砖河兴济

---

① 佚名:《改修省会漕仓为宾兴会馆记》,同治《都昌县志》卷十二《文录》。
② 光绪《漕运全书》卷十一《水次派运》。
③ 傅泽洪:《行水金鉴》卷一百七十五,清雍正三年本,第16页。
④ 陈煕:《加封显应元将军庙记》,见同治《都昌县志》卷十二《文录》,第71页。

第二章
清前期管理江西的重要举措与制度建设

驸,流河驸北临。静海天津府,转嘴上杨村。河西务有税,马头马不行。通州水程止,过坝达帝京。①

这不仅详细记载了从南昌港到京师运漕路线的所有水程,还在一定程度上描绘了运河沿线的地理特点及较为丰富的地方社会生活。

江西漕帮限"二月过淮,六月到通,十日回空"②,即农历六月初一前必须抵达通州候卸,限10日内回空;空船由通州回淮安的时限为65天,在农历十一月底返回南昌,再候装新粮。在整个漕粮北上运输过程中,运漕人员长途挽运,其家居也在漕船上进行。为防止漕粮漏失,食米与漕米仓口明确分开,漕米仓有封条,非检查时不得启封。另外,漕船行至运河北部,水浅不易通行,往往设有小型浅水船,即拨船,将部分漕粮改装,以助漕船顺利运行。抵通之后,由运军将本帮所载漕粮全数搬运至京仓。如有剩余,则准许在通州自行变卖;若有挂欠,则记录在案,待来年抵补。

三、南漕旧规中陋例的革除和漕丁抚恤

由于明后期漕弊的沿袭,入清后漕运体系中的腐败现象屡见不鲜。江西漕运陋规也较为普遍。一是州县吏胥开征漕粮时徇私舞弊,对民户敲诈贪索。漕粮征收加派名目繁多,工科给事中于可托奏称,江西每年征米时,"开仓有派,修仓有派,余米有派,耗米有派",有漕州县的老百姓须交所谓"漕费",且从县佐到仆役层层加索,杂费比额定漕粮数目多了几倍。如"加耗"一项,江西每石漕粮加收耗米高达4斗。另外,因漕粮运至省仓交兑,还要加收漕粮"脚耗"等费,以供各县雇佣民船和招募船夫,仅"半脚耗米"一项就高达12万多石,这在全国都是罕见的。③二是各处办漕官吏视漕运为"利薮",对运丁横加勒索。入清后江西漕船日益增大,运丁造船费用骤增,如九江卫造成一艘漕船,"非千金不克举"④,但运丁应得的造船费经常横遭官吏的克扣。康熙初年,翰林院编修郑日奎(广信府贵溪县人)谈到江西的这种情形时说,朝廷规定按数拨付造船料价,但实际上江西卫所拨给料价时,往往自上而下层层削减,到运丁手中"十不

---

① 张光华:《运漕摘要》卷一。
② 光绪《江西通志》卷八十五《漕运》,清光绪七年本。
③ 参见张光华《运漕摘要》卷三。
④ 乾隆《德化县志》卷四《军卫》。

得三",甚至分文不获。①运丁在运途中所受的勒索更加深重。清初建昌府推官陆键在《运旗说》中指出,虽然朝廷清查漕运之弊日趋严厉,但南漕陋规却越来越严重,江西的漕运已经十分败坏。4000多里的运道,有82衙门管辖,这里肃清,那里就范;各"河泊闸官"共计73处查办,而沿途大小办漕之吏不计其数,"吮则为蚊,聚则为山",运丁"无不破家"。而建昌的情况更加严重,船多田少,屯田收入无法满足造船、领运之需,运丁像逃命一般躲避运漕。②运丁在承运时还有"水次之苦",管运官吏敲诈勒索,包括"买帮陋习"、"卫官帮官常例"等③,每船费银一二两至十余两不等,船帮尚未开行,每艘"已费五六十金";船帮到达淮安时,有"过淮之苦",所谓添关之费、启板之费等④,每帮漕船被迫交纳贿银多达五六百两;抵达通州后又有"抵通之苦",有如"仓官常例"、"上斛下荡"之费等,每项每船也须交纳白银数两至十余两不等。乾隆十七年(1752年),巡漕给事中范廷楷查获江西铅山、赣州、吉安等帮使用的新旧陋规账簿及沿途需索账簿,发现从领运起至通州交粮,每帮花费银两、土仪"四五百金",纳贿之地、受贿之人"有册可据,有款可稽",并提请从严治罪。但时任漕运总督瑚宝认为,各办漕规例章程中"即有不可尽革之处",治罪之事也因此不了了之。⑤三是漕帮运丁及舵工、水手的勒索。随着运丁受运漕官吏的盘剥加剧,他们往往转而取偿于兑粮州县,称为索要"帮费"。运官为从中渔利,往往纵容丁舵人等的勒索行为。因此,各漕帮经常以米质不符为由,拒绝受兑漕粮,动辄向州县增索帮费。如收兑漕粮之前先要"铺仓银",兑粮上船时要"米色银",开船离境时有"通关银"等,随后扩大到"淋尖、踢斛、抛剩、漫筹、脚米"等各种名目。⑥如饶州府每年冬春交粮之际,运丁勒索的帮兑之费即源源而来。⑦舵工、水手长年驾船挽粮,南来北往,终日辞劳,且收入甚微,因而在运丁索取帮费之时也鼓噪勒索,分利其中。康熙初年任安福知县的张召南曾痛陈该县头舵、水手的肆虐行为,称由于运丁短缺,往往难以节制其雇请的头舵水手,反受驱遣,只能任其索增

---

① 参见郑日奎《漕议》,贺长龄《皇朝经世文编》卷四十七《漕运中》。
② 参见同治《建昌府志》卷三《屯运》。
③ 参见钱宝琛《论漕》,盛康《皇朝经世文续编》卷四十七《漕运上》。
④ 参见王命岳《漕弊疏》,贺长龄《皇朝经世文编》卷四十六《漕运上》。
⑤ 参见《清史编年》第五卷,乾隆朝上,乾隆十八年六月十一日庚子。
⑥ 参见任源祥《漕议》,贺长龄《皇朝经世文编》卷四十六《漕运上》。
⑦ 参见沈衍庆《答夏嗛甫论处置旗丁书》,盛康《皇朝经世文续编》卷四十八《漕运中》。

第二章
清前期管理江西的重要举措与制度建设

工钱,为其挟制。①运丁的勒索,作为清代漕弊之一,常遭官吏的鞭挞,但运丁勒索帮费的问题绝不是孤立存在的,就连雍正帝发布的一道上谕中都谈到,运丁的不法行为,都是由官弁"剥削所致"②。这些陋规,致使粮户漕额负担远远超过额定数目,运丁也遭多方勒索,处境艰难。

  为保证漕运的顺利进行,清廷针对漕运弊政进行了整顿。首先是严格立法,津贴运丁。一是分派屯田耕种。屯田收入在津贴运漕的同时,将其中的一部分留作造船开支,称"济运银"、"济造银"。九江、赣州、广信等卫出租的屯田,均由运丁自行收租。乾隆二年,这类租银改为随正赋带征,交粮道库用以津贴漕运,各卫所平均每船派给屯田六顷二十九亩。③二是官府给行、月粮及各种运费银。月粮是按月发给的粮饷,行粮相当于运丁的出差津贴,在出运时另支。江西每丁每月给月粮0.8石,行粮则每官丁3石,行、月粮每丁每年合计12.6石。除行、月粮外,运丁另外支领各种运费银,如随漕粮加征的银米补贴,称为"贴运";另外还有润耗米、水脚、修舱等银。三是准令商货优免关税。康熙皇帝曾说:"每船土宜载在议单,应仍许带,以恤运丁劳苦。"④清初运丁每船准带土宜60石,雍正七年(1729年)增为100石,后屡有所加,漕船回空又允许带商货南下。清前期江西漕帮每船的正项收入,以广信所为例,"凡丁船出运,该年于粮道库内支领余租、协济、岁修、行月二粮,并增加月粮、剥浅、赠军、耗米、斛面、分升等款",各种运资约折银400余两,又过淮领月粮银65两⑤;加上漕船并浅裁汰,将所载漕粮分加于现运各船,拨给运丁的各种运费按各船分载米石数量平均分配,另增收"负重"银两,每多载漕粮一石,能多收耗米2.32斗。江西漕帮每船以明末额定的400石为基数,入清后大多"造船以十丈为率,载米千石有余"⑥,乾隆年间受载量更高达1208.88石⑦,为明末的2.56倍,若以此计算,每船所得的耗米比较可观。如此看来,在朝廷的制度设计上,对运丁运漕费用的保障不可谓不厚,难怪铅山所"丁、舵、水手例给行月二粮,造船有料价,修舱有官钱,循

---

① 参见张召南《请逐积船并减身钱》,同治《安福县志》卷末《详文》。
② 参见光绪《漕运全书》卷八十五。
③ 参见光绪《漕运全书》卷三十八《屯田津租》。
④ 《清圣祖实录》卷九、卷二百八十五。
⑤ 参见同治《广信府志》卷三《食货志·漕运》。
⑥ 阮葵生《茶余客话》上册。
⑦ 参见张光华《运漕摘要》卷三。

行百有余年,虽历湖江之险,而岁岁抵通交兑足额"①。乾隆帝也因此说:"立法之始,一切应给正项及军田运费俱有一定章程,本为充裕,旗丁等足资用度,挽运不致拮据,行之日久,从未闻有疲累难行之事。"②

其次是规范屯田济运。清廷为此采取了鼓励开垦屯田、清查豪吏侵占屯田、严厉禁止屯田典卖、要求被典卖屯田限时回赎等措施。乾隆十二年(1747年),清帝曾颁布一道清理屯田的上谕:"各省卫所屯田,如有人民霸占揽不许赎,州县官不为审断者议处","各卫所衙门书职人等隐占屯田,该管官治罪"③,严禁官民隐占屯田。乾隆二十四年,江西帮贴漕船的屯田因屯丁典卖隐占,以至于领运艰难,于是时任巡抚阿思哈奏请各地清丈此类屯田,并限令赎回。④赣州卫则通令超过额定屯田者"照亩加赋",不足额定屯田者"不减其征","活户"自垦之田均拨充各帮为漕运公费。⑤清廷还利用典买屯田者收不回地价的办法来预防民户的典买行为,如乾隆二十六年,江西省规定按典卖年限长短分别出价,年限近者减原价20%,年限远者减原价50%,也可谓用心良苦。⑥清初江西部分卫所还以民田协济运漕的方式减轻运丁负担,在议定每船所需经费之后,扣除卫所屯田、屯丁所能提供的金额,将不足之数分派各有漕府县随粮征派,建昌、广信、铅山、吉安、永新、安福、抚州城军等七帮于津贴之外,另有民议协济造运银共9392两,而南昌前后帮、九江前后帮、赣州、饶州、袁州、抚州屯军等帮起初并无民间协济费用,所以频频效仿。此外,还制定加征津银的办法,加重屯田的地租率,以津贴运丁。乾隆二十五年,江西加征津银,称"余租",全省各卫帮原征余租银12887两,该年加征117731两,增加了近10倍。⑦

再次是严格佥选运丁,管束舵工、水手。由于运漕负担沉重,江西运丁逃避军役的现象比较普遍。顺治十六年(1659年),建昌知府高天爵及推官狄宗哲查出屯丁"将民作军,扳诬诈害",赶紧奏请"厘定军册,以除民患"。⑧自康熙朝"甲

---

① 同治《铅山县志》卷八《漕运》。
② 光绪《江西通志》卷首之二《训典》,清光绪七年本。
③ 光绪《漕运全书》卷三十九。
④ 参见《清高宗实录》卷七百九十五。
⑤ 参见同治《赣县志》卷十七《屯田·屯田考》。
⑥ 参见冯桂芬《裁卫屯议》,盛康《皇朝经世文续编》卷四十七。
⑦ 参见李文治、江太新《清代漕运》,中华书局1995年版,第233页。
⑧ 同治《建昌府志》卷三《屯运》。

第二章
清前期管理江西的重要举措与制度建设

寅兵燹"后,江西运丁严重缺损,"虽年年报佥,岁岁催造,而终不能足额"①。浮梁县不少军户在承造运船之时,动辄牵扯一般民户,控告帮运,最后总督部院勒令粮道严查,并作出批示,此类"军丁害民"现象,一律"勒石通禁"。②运丁承担造船、领运之责,关乎漕运之根本,因此朝廷对运丁佥选尤为重视,并颁布谕旨,"若佥派后实系卖富差贫,或弃船脱逃,或重佥已革之丁,以及徇情出结、将军丁改入民籍者,承佥之员降二级调用,不准抵销"③。这种对官员的考核问责,禁止了部分舞弊行为,目的是为朝廷稳定一支运漕队伍。江西舵工、水手由领运之丁花钱雇募,雍正年间,舵工每运仅得身工银三四两,水手不过一二两,因此往往聚众生事,索要工钱。针对这种情况,清廷采取"严加约束"的办法,对舵工、水手"开姓名、籍贯,请给腰牌,力行保甲,前后十船,互相稽查",并令押运官弁时刻稽查,稍有舵手滋事,立拘惩治,如果一船生事,将领运之丁治罪,其余九船连坐。④

由于漕运对维护统治至关重要,加之江西漕帮运途遥远,运船重大,不但牵挽维艰,撑驾难行,且易招风失事,因此在整顿漕弊之外,清廷采取了多种方式对运丁进行抚恤。清初赣州卫的屯田中设有"优恤屯田",以备各漕船"优恤军户孤寡之用"⑤。为预防运丁因突发事件而生计艰难,乾隆三十九年(1774年)制定了强制贮蓄制度,将卫所运丁每年应得屯田津贴酌扣10%,称为"勤运",以备歉收之年发还运丁,或作为运丁因遭遇风火事故的补偿和造船费用。江西省在征收屯田余租银两派给各漕帮作为造、运之费外,将多余的费用存贮于道库,以备帮船发生事故之用。⑥另外,朝廷还对运漕途中遭遇不测的运丁加以抚恤。如乾隆五十七年九江前帮漕船渡黄河时遭遇暴风,运丁徐子信等四船所载漕米全部沉失,六人遇难;次年九江后帮运丁项受七等六只漕船在鄱阳湖及湖口江面突遭暴风,船米漂没,淹毙人口。针对这种情形,朝廷将沉没的漕米等一律豁免,沉溺船只则补给料价打造,对遇难运丁及舵工水手则依照惯例分别恤赏。⑦

---

① 董卫国:《运船缺额陈请官造疏》,康熙《新建县志》卷十七《艺文志·奏疏》。
② 康熙《浮梁县志》卷九《续志·赋役》。
③ 《清史稿》卷一百二十二《志九七·漕运》,中华书局1977年版。
④ 参见李兰《详请停清查什军运漕议》,雍正《江西通志》卷一百一十九《艺文志》。
⑤ 同治《赣县志》卷十七《屯田》。
⑥ 参见光绪《漕运全书》卷三十八《屯田津租》。
⑦ 参见光绪《江西通志》卷首之二;光绪《江西通志》卷首之三,清光绪十七年。

第三章
闽广移民的进入与清前期江西农业经济的发展

　　元末明初以后江西人口向湖南、湖北的大规模迁移，构成中国移民史上"江西填湖广"的移民大浪潮。与此同时江西南部山区则几乎没有人口外迁，原因之一在于明初这一地区的人口数量比南宋时减少了2/3，本身就有待填充人口，这就为明代中期以后闽广流民进入该地区创造了一个客观条件。明中期以后闽广移民进入江西及清前期江西人口在本省境内迁徙的主要流向，是进入江西南部、中部、西部及东北部的山区垦殖、定居乃至入籍，从而掀起江西山区开发的一个高潮。闽广移民进入山区以后，带来新的农业耕作技术与农作物物种，主要从事各种经济作物的栽培与种植，极大地改变了清前期江西山区的土地利用方式与农业生产面貌，使许多地方的自然生态环境大为改观，促进了江西土地与人口数字的增长。清前期江西农业经济的发展，与这一时期闽广两省移民大规模进入江西山区有直接而重要的关系。清前期江西水利建设的主要成就，则突出表现在重修许多被大水冲坏的圩堤，以及疏浚因战乱等原因而淤塞的陂塘。

　　江西作为重要的粮食传统产区，在清前期国家的漕粮供应，战争与灾害时期区域间的粮食协济，乃至平常年份的粮食长距离省际贩运中，均发挥了极为重要的作用。清前期江西的渔业生产分布，依然集中在九江、南康、南昌、饶州四府的河湖地区。此外，九江、湖口一带为鄱阳湖水系汇注长江之所，是天然的鱼类繁殖产卵场地，鱼苗捕捞规模巨大，因而在明代即成为长江中下游地区最大的鱼苗生产基地和贩运集散地，入清后继续发展。

第三章
闽广移民的进入与清前期江西农业经济的发展

第一节
清前期闽广移民的进入与"摊丁入地"的实施

一、清前期闽广移民进入江西及其分布概况[①]

已有的研究表明,从元末明初至明末,中国境内的人口迁移一直没有停止过。但从人口迁移的规模来看,则首推洪武时期的大移民。洪武大移民结束以后,较大规模的移民运动还有永乐年间的移民及明代中期发生在荆襄地区的流民运动。[②]在明代,江西人口的大规模输出是一个极为引人注目的现象,特别是江西人口向湖南、湖北两省的大规模迁移,构成了中国移民史上"江西填湖广"的移民大浪潮。明初洪武时期,直接从江西迁出的人口约为200万人。[③]其中以吉安、南昌二府外迁人口为主,然而此时江西南部山区不仅几乎没有人口外迁,人口反而还比南宋减少了2/3,其本身就有待填充人口,这也成为明中期以后闽广流民进入这一地区的一个客观条件。

从总体上讲,明代中期以后闽广移民的进入及清前期江西省境内人口迁徙的主要趋势,是向南部、中部、西北及东北的山区进发。移民的垦殖、定居乃至入籍,掀起了清代江西山区开发的高潮。以下,分别就明中期以后至清前期闽广移民进入最为显著的宁都直隶州、赣州府、建昌府之广昌县、吉安府、袁州府、南昌府及江西东北的贵溪、铅山、玉山、上饶诸县的移民情形,撮要叙述。

1. 宁都直隶州

清代江西的宁都直隶州,是在乾隆十九年(1754年)升宁都县所置,辖有石城、瑞金二县。

从地理位置来看,宁都、石城、瑞金三县紧靠武夷山脉,与闽西毗邻,故自明代前期以至清代,不断有福建移民迁入,佃种田地。康熙年间宁都学者魏礼在论及宁都人口中土著与移民的构成情况时,曾经说到:

---

① 关于明代江西人口大量向湖广地区的迁出及清闽广地区人口向江西迁入的历史过程的研究,以曹树基先生的工作最为系统。本节所述史实与相关观点基本参照曹著,参见曹树基《中国移民史》第五卷《明时期》(福建人民出版社1997年版)、第六卷《清·民国时期》(福建人民出版社1997年版)。

② 参见曹树基《中国移民史》第五卷《明时期》,第470—471页。

③ 参见曹树基《中国移民史》第五卷《明时期》,第478页。

阳都属乡六,上三乡皆土著,故永无变动,下三乡佃耕者悉属闽人,大都福建汀州之人十七八,上杭、连城居二三,皆近在百余里山僻之产……夫下乡闽佃,先代相仍,久者耕一主之田至子孙十余世,近者五六世、三四世……久历数百年。①

宁都地势由东、西、北三面向中南部倾斜。魏礼所谓"上三乡",实为宁都之北部。此地从明中期以后,亦间有与之相邻的抚州、吉安二府各县之移民。嘉靖初年巡抚南赣的右副都御史周用就曾说:"南赣地方,田地山场坐落开旷,禾稻竹木生殖颇蕃,利之所共趋,吉安等府各县人民年常前来谋求生理,结党成群,日新月盛。"②说明江西中部盆地的过剩人口在向湖广大量迁移的同时,也在向江西南部流动。而"下三乡"则是宁都南部山区,从当代编写的《宁都县地名志》资料来看,从明代前期甚至更早直至明代后期,来自福建的移民一直在不断地建村定居。到清代中期以前,还有福建移民村在陆陆续续地兴建。此外,在宁都县西北部山区,也有大量福建籍的移民建村,迁入时间也是从明代一直延续至清中期。

石城县地势由县境四周向中部和西南部倾斜,地貌以山地、丘陵为主。在康熙初年甚至更早,一批闽人就在石城"赁土耕锄"。③从自然村的分布中可以看出,福建移民主要分布在该县的东南部山区。在今天石城县殊坑、罗家两乡中的125个村庄中,直接自闽省迁入的就有60个村庄。而在该县中部的丘陵与琴江河谷地带及其北部地区,则没有发现闽籍移民的分布。但这并不意味着这一区域没有闽籍移民的活动,相反,闽籍佃民的活动还相当活跃。早在顺治二年(1645年),石城的闽籍佃农就开展过轰轰烈烈的争取永佃权的斗争,他们"倡永佃,起田兵","纠宁都、瑞金、宁化等处客户一岁围城六次。城外及上水乡乡村毁几尽,巡检置俱毁"。④这次风潮之后,闽籍佃农可能受到土著的驱逐或限制,在石城东南山区以外的地区不再活跃。

瑞金居宁都、石城二县之南,境内多低山、丘陵,除西北部梅江之外,又有

---

① 魏礼:《与李邑侯书》,《魏季子文集》卷八,《宁都三魏全集》,道光二十五年刊本。
② 周用:《乞专官分守地方疏》,《西江志》卷一百四十六《艺文》,康熙五十九年刊本。
③ 参见《石城县志》卷一《舆地志·物产》,乾隆四十六年刊本。
④ 参见《石城县志》卷七《纪事志·兵寇》,乾隆四十六年刊本。

第三章
闽广移民的进入与清前期江西农业经济的发展

绵水一支与南面赣州府会昌县北来之湘水相会,合而为贡水流经于都、赣县,复与西面之贡水相汇,成为赣江之上流。而会昌县湘水之上游,已是紧邻广东嘉庆州平远县界。是故明清两代瑞金县之外省移民,除去闽籍,尚有粤籍。明代中期的罗璟就曾说瑞金"万山连亘,人迹稀阔,其深阻处,奸民蔽为盗区,出没为患"①,于是"闽广及各府之人,视为乐土,绳绳相引,侨居此地。土著之人,为士为民,而农者、商者、牙侩者、衙胥者,皆客籍也"②。康熙年间的记载也说:"本邑事简民淳,公赋易完,近多异县侨居之民,颇不便于地方。"③从当代所编的《江西省瑞金县地名志》的移民建村资料来看,清代迁入的闽广籍移民定居人口计,约占乾隆时期瑞金县人口的5%,当在万人左右,多定居于瑞金县的北部与南部山区。

此外在康熙年间,有大批来自福建漳州、泉州二府的"锉烟者"(制烟工人)流入瑞金。他们在瑞金所开的锉烟厂不下数百处,每厂五六十人,总人数可能有数万之多,主要分布在瑞金中部的丘陵河谷地带,即瑞金县闽籍移民分布最少的地区。可见这些为数众多的锉烟者并没有在当地定居。他们主要来自闽南的漳州、泉州,与定居于瑞金南北二部山区的福建汀州移民并不属于同一个民系。

2.赣州府

清代的赣州府治赣县,领有赣县、雩都、信丰、兴国、会昌、安远、龙南、长宁等八县。其中兴国县东、西、北三面环山,地势由边缘向中部和南部倾斜,境内有潋江水(即今日之平江)自西北而西南注入贡水。从明代后期海瑞写的《兴国县八议》来看,当时兴国土著大量外逃,但同时又有本省吉安、抚州、南昌、广信各府人民迁入,只不过后者的迁入并没有从根本上改变清初兴国县人口稀少的状况,因而兴国县也成为清初政府组织移民进入的地区之一。康熙九年(1670年),清廷在兴国安插了投降的郑成功旧部蔡璋、张治、朱明等目兵千有余人。以后这批降兵取得了兴国的户籍与田地。后来,又大批招徕闽广移民进行佃种,所以在康熙期间,兴国人口大增。从移民原籍看,福建省主要来自宁化、武平、上杭等县;广东省主要来自兴宁、平远、长乐等县;此外,还有移民来自兴国以南的瑞金、长宁(今寻乌)、安远、龙南、定南诸县。

---

① 罗璟:《增修城垣记》,《瑞金县志》卷七《文章》,嘉靖二十二年刊本。
② 杨兆年:《上督府田贼始末书》,《宁都直隶州志》卷三十一《艺文》,道光四年刊本。
③ 《瑞金县志》卷二《地舆》,康熙二十二年刊本。

清初,南明政府曾在赣州府城组织过长达五多个月的抗清保卫战,战争和随后的屠城导致了当地人口的大量死亡,其中尤以赣州府附近地区与赣县中部丘陵河谷地带为甚。因而战后从闽广及赣州府东南部的信丰、龙南、长宁等县迁入的移民也最多、最为密集。而在赣县北部与南部的丘陵山地,则几乎没有或很少上述诸区移民的迁入。

雩都县位于赣县之东,中部有贡水穿过,两侧则为丘陵与低山。其人口在明清之际的战争中似未遭受大的损失,因而清代外来移民迁入节奏较缓,规模亦不大。这一点与赣州府信丰、龙南、定南、安远、会昌、长宁等其他诸县移民情况较为相似。

3. 南安府

南安府位于赣州府的西南部,包括南康、大庾(今大余县)、上犹和崇义四县。其中南康县和大庾县的大部分属于赣州盆地;上犹和崇义则地处山地,属于罗霄山脉的东侧。

南康县由于顺治三年(1646年)赣州保卫战的影响,人口损失较大。尤其是在章水及上犹江两岸的河谷丘陵地带更是如此。因而从顺治到乾隆朝长达一个多世纪的时间里,来自广东兴宁(或称"嘉应州")的移民源源不断流入。而在南康县的北部与南部山区,外来移民的数量较少。与南康、赣县等地不同,大庾县地处章水上游,与广东西北的韶州府接界,因而其移民多来自韶州府的南雄和始兴二县。只是在最东端的新城乡,才有少部分的粤东兴宁籍的移民迁入。

自明代中后期不断迁入崇义、龙泉(今遂川)等县的闽广移民,曾参与了赣州保卫战,之后被清廷安置在上犹屯垦。后来又频繁参与清初的反清与叛清活动,故当地的方志中有所谓"三招三叛"之说。这些移民还曾遭到官方的驱逐。但从对当代自然村的统计资料来看,清初官府驱逐移民的效果并不明显;不仅如此,官府在驱逐闽广移民的同时,又在大量招募外来移民。这些新来的移民,集中分布在西部山区。

崇义县位于南安府的最西面,地势为西南高,东北低,曾是明代中期流民活动的中心地区之一。其设县时的人口,除了安置的闽广移民外,还有从南康、上犹和大庾等县划割过来的居民。从移民的分布区域看,江西中部迁入的移民大多在崇义的丘陵地带,而闽广移民则主要进入了山地。

4. 建昌府

建昌府的移民主要集中在广昌县。武夷山盘踞该县境东、南两方,雩山绵

第三章
闽广移民的进入与清前期江西农业经济的发展

延境西,中北部丘陵岗地起伏,盱江纵贯中部。广昌县原来的土著大多生活在境内的河谷丘陵地带,而其东部的武夷山区则人口稀少,因而来自闽西汀州府的移民几乎全部居住在东南部山区。

从地名档案记录的内容来看,汀州移民建村时的开基祖大多是来广昌佃种土地的长工。如在赤水乡,就有12个闽籍移民村说是打长工立村的,世代分别从28代至8代不等。还有5个来自南丰及石城的"长工村"。从迁入时间看,汀州地区的移民在明代前期就已迁入广昌,至明代末年仍在持续不断地进行,这一过程与宁都一带的情况类似。但到清前期,宁都一带未见有大规模的闽人迁入,而闽人进入广昌的时间则主要集中在顺治和康熙朝前期。

5.吉安府

清代的吉安府治庐陵县,领有庐陵、泰和、吉水、永新、安福、龙泉、万安、永丰、永宁等8县及莲花厅。其西为罗霄山,其东为雩山,两山夹峙,西面泸水、王江、禾水、蜀水、遂江,东面恩江、永丰乡水、明德水、云亭江,分由两面注入赣江,是为一般意义上的"吉泰盆地"。这是江西中部地区最大的平原,也是这一地区主要的人口居住区与粮产区。

清代吉安府的龙泉县(今遂川县与井冈山市)地处罗霄山脉,以井冈山分支为主。县内西、南、北三面高,渐次向东部倾斜,形成西部高山峻岭、中部丘陵起伏、东部低平的地貌特征。据相关史料记载,在明代中后期甚至更早时期,就不断有闽粤籍流民进入龙泉境内,并在明末清初的各个时期屡屡起事。比如"崇祯五年(1632年),粤贼丫婆总流劫万安、龙泉、泰和,受祸甚惨。……十七年甲申春三月,闯贼陷京师,龙泉闽广流寓啸聚山林,裹红头,自号十三营,掳掠各乡,村民走逐无宁宇,土田荒芜,拆毁人坟墓,掳妇女幼小,邀民间取赎"①。

明末清初的动乱时期,龙泉境内的外来流民活动更加频繁。上引资料又有记载这样说:"(顺治)九年壬辰,红巾贼刘京、盖遇时、王打铁等陷龙泉。康熙十三年甲寅春,闽海投诚将弁陈升、柯隆、李良等在泉垦荒,密受滇逆檄,率闽粤流寓数千人叛。王自功率众为前锋,克复泉城,陈氏与其党走滇南。"又云:"甲寅秋七月,闽广人反出攻城,陈升应之。守备胡元亨引兵突围出,护民南徙虔州。贼焚杀数载,掠男女入楚,易盐米者无数。自二十都盘回二百余里,土著居民十户九绝,流寓于虔者十年不得归里,田多荒芜。十七年戊午闰三月,寇掠七都,驱男女入水者无算。"

---

① 《龙泉县志》卷二十《杂纪》,乾隆三十六年刊本。

由于龙泉山区在明清以来的动乱中人口损失较大,也为外来移民的迁入创造了条件,乾隆三十六年(1771年)修成的《龙泉县志》的《重修县志序》中称:"龙泉为吉郡西南边邑,界楚通粤,幅员广袤,准古侯大国,而崇山密箐,棚寮杂布,号称岩险。"该志的《风物》中还称,自康熙年间起,"粤闽穷民知吾邑有山可种,渐舆只身入境,求主佃山",之后"粤闽之人比户可封,生齿益繁,而相继流至者益多"。

从遂川县地名档案所反映的自然村建村过程来看,明代闽粤人即已迁入遂川,明代中前期有较大规模的迁入。这一时期来自闽省的移民略多于来自粤省。明代后期这一趋势继续得到发展,但闽省移民迁入的数量要明显少于粤省。至清代,龙泉的移民则绝大多数是粤省移民,闽省移民的势力远不敌粤省。闽粤移民之外,明代以前的村庄中,来自吉安、泰和者占有相当大的比例。整个明代,来自江西中部地区的移民继续迁入,其半数以上在东部狭小的河谷地带聚集。之外又有邻近的南安府属县如上犹、崇义等县的移民迁入,只是这类村庄数量不多,且多建立在山区,很可能是早先迁入南安府的闽粤移民的再迁徙。

龙泉县北禾水流域最南的支流所在,为永宁县(即今日之井冈山市,由井冈山市与宁冈县组成),地处罗霄山脉中段。境内山脉绵延,地势崎岖,起伏较大。境内主要山峰多在千米以上,唯中部有丘陵夹杂少量山间盆地。这一区域在清代也不断有闽广籍的移民迁入,此外还有龙泉县及湖南省的移民迁入。

地处吉泰盆地中心的泰和、庐陵二县,历史悠久,区域开发的程度很高。在明代初年的大移民中,庐陵、泰和二县均有大量人口外迁湖广,相对而言,外来移民迁入的可能性较小。但吉泰盆地两边分别为雩山山脉和罗霄山脉的分支,其间有面积不等的山地,而庐陵、泰和二县平原的居民很少迁入山地从事垦殖,所以还是为闽广二省移民,特别是相邻的赣州府兴国县的移民迁入,留下了不小的空间。

泰和之南的万安县,地处赣江上游,其东南部的顺峰、涧田、宝山、武术等乡,与赣州府兴国、赣县二县毗邻,乾隆六十年万安县有人口约20万人,其中的外来移民约为8万人。而在吉泰盆地东北面恩江流域的永丰县,是吉安府内最靠近雩山的一个县份,距离闽西最近。所以到清代乾隆后期,永丰县境内的南部山区,也大约吸纳了一万两千余名闽籍移民。

第三章
闽广移民的进入与清前期江西农业经济的发展

6.江西西部地区

江西西北山区,主要由与湖北交界的幕阜山脉、与湖南交界的连云山脉及其南与幕阜山脉平行的九岭山脉组成。山地面积广大,山体雄伟,蜿蜒绵亘。高山之中,有众多的山溪流出,汇流而成修水,由西南而东北,曲折蜿蜒,分别流经义宁州(今铜鼓、修水二县)、武宁、建昌(今永修)三地,政区上分属南昌、南康二府,但大致可以称为修水流域。

在九岭山脉以南,罗霄山脉以东,武功山脉以北地区,又有一大片凹陷地带,大致组成江西西部丘陵。其间分布着连绵不断的丘陵与河谷平原,既是江西连接湖南及西部省份的主要通道,也是江西西部主要的农耕区。在这一片区域,又有锦江与袁水两条重要河流穿过北、南两部。其中锦江流经万载、新昌、上高、高安四县,袁水流经宜春、分宜、新喻三县。

上述山地与丘陵地带,都是明清时期闽、广移民及其他移民的重要聚居地。外来移民首先进入的是丘陵地区,崇祯年间(1628—1644年)万载县令韦明杰就曾这样描述当地的外来移民状况:

> 本县佃民,多系抚(州)、瑞(州)等府,宁州、上高、新昌等州县,杂以闽楚,易来易去,牛租两无所恃,与他邑土著自耕者异。佃民孤处穷谷,形影相吊,贼至无援,水旱饥荒,牛种尽于剽掠,致多弃佃远徙。

由此可见,明末崇祯年间万载县的外来移民,以本省抚州人和瑞州人为主,少数为闽人和湖南人。由于"孤处穷谷,形影相吊",人数不多,故在流贼与水旱饥荒面前,难以应付,往往"多弃佃远徙"。

在万载县西南的宜春县,明末闽省流民已大量聚集,他们"初寥寥散处,冬归春集,迄崇祯实繁有徒,群萃篷处,形连势贯,接数他治,依倚为奸"。康熙二十二年(1683年)修撰的《宜春县志》所载《驱逐棚寇功德碑》也说:"袁州接壤于南,为吴楚咽喉重地,百年以前居民因土旷人稀,招入闽省诸不逞之徒,赁山种麻,蔓延至数十余万。"[①]由康熙二十二年前溯百年,则闽人进入宜春县垦山种麻,应该在明万历(1573—1620年)前期便已出现。

为数众多的种麻闽人,大致活动于萍乡、宜春、分宜三县北部与万载西部。而江西西北山区的义宁州、新昌、武宁一带,虽不见地方文献中有明代流民活

---

① 《宜春县志》卷二十《咨呈·驱逐棚寇功德碑》,康熙二十二年刊本。

动的记载,但据对当代自然村的统计,也有相当数量明代移民的迁入。只是在宁州和武宁,明代的迁入者以湖北邻县为多,其次才是来自闽粤者。

如同崇义县、龙泉县等地的闽广籍移民一样,活跃于江西西部的闽籍流民也频繁参与清初的反清叛清活动,尤其是在三藩之乱中,闽籍流民与吴三桂军联合,以萍乡、浏阳、万载、宜春北部为中心,以新昌、上高为前哨,以醴陵为联络,盘踞萍乡两年,三陷万载、新昌二县,破浏阳、醴陵、万安、上高等地。直到康熙十六年吴三桂军主力被困于湖南衡山,无力援手,闽籍流民才在万载县楮树潭投诚。次年,清军大规模驱逐萍乡、宜春北部、万载西南部丘陵山区的闽籍流民,后者一部分遣返原籍,一部分被收为绿营。之后袁州府各地又严行保甲之法,逐户驱逐闽籍流民。但流民被驱之后,劳力奇缺,田地荒芜,赋税无人承担,于是在不久之后,当地政府便又开始招徕移民包括闽粤籍移民进行垦荒。雍正《万载县志》卷六《财赋》在谈及万载县闽粤籍移民众多时便提到"庚午以后,始招徕闽粤之人,渐次垦辟"。"庚午"实指康熙二十九年,上距萍、宜、万诸县大规模驱逐闽粤流民之事,不过短短十二年光景。这也说明经过此次招垦,闽粤籍移民重新进入了这些地方。

7.江西东北部地区

江西东北部山区由黄山支脉、怀玉山脉和武夷山脉组成。各大山体均作东北—西南走向,东部高,西部低,平均海拔约500米左右,部分山峰在1000米以上。山脉之间分布着宽阔的向斜谷地,是这一地区主要的农耕区。

从行政区划上看,赣东北山区在清代主要归属于广信府(治今上饶市),也有部分属于饶州府(治今鄱阳县)。从整体上看,江西东北地区东部高、西部低。清代的移民运动主要发生于东部县份,其中尤以上饶县与玉山县最为重要。

江西东北地区是中国最大的铜矿基地,也是历史时期中国最重要的铜、银、铅等有色金属产地。明代前期,曾有相当数量的破产农民流入此地,私开银矿。宣德七年(1432年),"浙江豪民项三等聚众潜入铜塘,又于色公尖、横山头、洪山坑等处起立炉场,聚众万余"①。正统五年(1440年),浙江处州叶宗留带领一批农民再次进入铜塘山采挖银矿。在遭到禁止后,叶宗留率民揭竿,后被镇压。此后,武夷山与怀玉山两大山脉的东段几乎全被封禁起来,不许私人进行开采。

尽管如此,清代初年,广信府山区已有外来移民的活动。吴湘皋在《上署江

① 《广信府志》卷八《武备》,乾隆四十八年刊本。

第三章
闽广移民的进入与清前期江西农业经济的发展

西巡抚包公书》中说:"本朝三藩之变,闽逆仅趋仙霞岭,欲直捣杭州。是时武定李文襄巡抚两浙,案署标兵争先扼于界上,逆始不能越岭,而北斜突广信,继乃收复广信,深山大谷,棚民所在都有。"①三藩之乱对江西东北地区人口的影响很大。康熙时人指出"信属自变乱以来,杀掠逃亡,于兹六年。故丁缺田荒,为江右十三府之最"。为恢复农业生产,地方官提出了招民垦荒的建议,认为"今日广信之大利,莫过于招垦"②。清代前期江西东北山区的移民活动从而大规模展开。

广信府西部贵溪、铅山二县南靠武夷山脉,山岭高大,清代以前人迹稀少,一直是闽北人的迁居地。对于这种陆陆续续、延绵不断的移民活动,历史文献没有给予任何记载,只有从自然村建村年代的统计上,可以发现移民的规模和分布。截至乾隆年间,在贵溪南部山区塘湾、文坊、冷水、双圳、耳口5个乡镇的370个自然村中,有117村迁自福建,其中有69村于清代前期迁入,约占当地村庄总数的20%。在该县的中北部丘陵河谷地区,福建移民建村的情况则很少见。在贵溪以东铅山县的南部山区的武夷山、天柱山两个乡镇中,建于乾隆及之前的自然村共有102个,其中清代直接迁于福建的村庄就有43个,约占当地村庄总数的42.2%。在铅山中北部的丘陵地带,这一比例则与贵溪的南部山区相近,也约占20%。这似乎说明随着越往东,地势越高,福建移民的比例也越高。

在铅山县东北面信河上游,又有玉山、上饶二县。其中玉山县的招民垦荒始于顺治年间,当时曾"将召垦闽人另立一图",但是由于赋役繁重,"以致力穷,仍复逃去者有之"③。和江西西北部一样,康熙中期以后,大规模的招民垦荒才得以展开。玉山县招民开垦的重点是其北部的怀玉山区。雍正年间,怀玉山中仅有"佃人数十户"④,整个山区"树木丛杂,竹箐蒙密,时有麋鹿成群,游卧道旁;雉兔遍山,取之应手"。至乾隆初年,地方政府开山招垦,外来移民闻风而上,不久就"竹树扩清,人烟稠密"⑤,风貌为之一变。

上饶及广丰县南部的铜塘山曾是江西东北地区封禁的重点。该山与浙江、

---

① 《赣州府志》卷七十《艺文》,同治十二年刊本。
② 曹鼎望:《咨询地方利弊条陈》,《广信府志》卷二《建置》,同治十二年刊本。
③ 《玉山县志》卷四《赋役志》,康熙二十年刊本。
④ 《广信府志》卷一《地理》,同治十二年刊本。
⑤ 朱承煦辑:《怀玉山志·土产》,乾隆四十年刊本。

福建二省毗连,方圆三百余里。其中江西境内的山体约占7/10,闽浙二省居3/10。在乾隆年间怀玉山全面开禁后,要求铜塘山开禁的呼声日益高涨。主张开禁一派认为开山可尽地利,主禁一派则认为开山必致祸乱。就在官方为此争论不休的同时,移民已开始进入山中采樵私垦,并逐渐向禁山中心逼近,使得禁山有禁之名,无禁之实。外来移民的垦殖一再突破禁令,促使主张开禁的官员默认了这一事实,禁山便一步一步缩小。乾隆以后,开垦禁山的过程仍在继续,嘉庆与道光年间不断有民人入山;咸丰年间,又有许多百姓进入山中,躲避战乱。二百年间蚕食禁山的过程,就是人口逐渐移入的过程。这从自然村的建立年代也可以看得较为明白。

据1985年所编的《江西省上饶县地名志》,在上饶县南北山区的六个乡镇397个建于乾隆及乾隆以前的自然村中,清代迁入的移民村有87个,约占山区自然村总数的22%。在上饶县中部的河谷丘陵地带,清代移民村庄的比例约占当地自然村总数的51%。与贵溪县相比,上饶、玉山二县中部河谷地带的移民数量显然是相当多的。移民人口的这一分布状况与三藩之乱密切相关。康熙二十一年(1682年)《上饶县志》卷一称:"康熙十三年甲寅,广信府城守副将柯升……于四月二十四者挟标兵目反叛,夺城而出……信郡七邑俱为贼踞,百里之内,杀戮无数,断绝人踪,鸡犬无闻,遭祸独惨。"该书序言又称:"甲寅之变,上饶罹祸最惨,庐舍民人,十亡八九,田业鞠为茂草。"

在上饶县的各籍移民当中,以来自福建的移民最多,安徽次之,本省南丰县又次之,浙江再次之。在上饶县东北的玉山县,闽南人所建村庄占全部闽籍村庄的78.5%,其余21.5%为闽北人所建。而在上饶县西部的弋阳县,上述比例则恰好相反。处于玉山、弋阳之间的上饶县,二者的比例则相当。

兹将清代前期江西地区的移民迁入与分布图示如图3-1。

二、土地开垦、"摊丁入地"与人口增长

顺治与康熙前期,江西各地先有各种激烈的抗清活动,不久又有金声桓起兵反清复明,之后还有三藩之乱中的反复争战,因而社会生产秩序的恢复极为缓慢。康熙中后期直至雍正一朝,社会政治、经济、生活秩序渐趋稳定,江西的土地与人口数字也渐趋上升,社会生产生活最终走上正轨。清前期江西的土地开垦、"摊丁入地"的实行与人口增长这几个方面,则可具体反映出这样一个恢复、稳定、上升的基本过程。

第三章
闽广移民的进入与清前期江西农业经济的发展

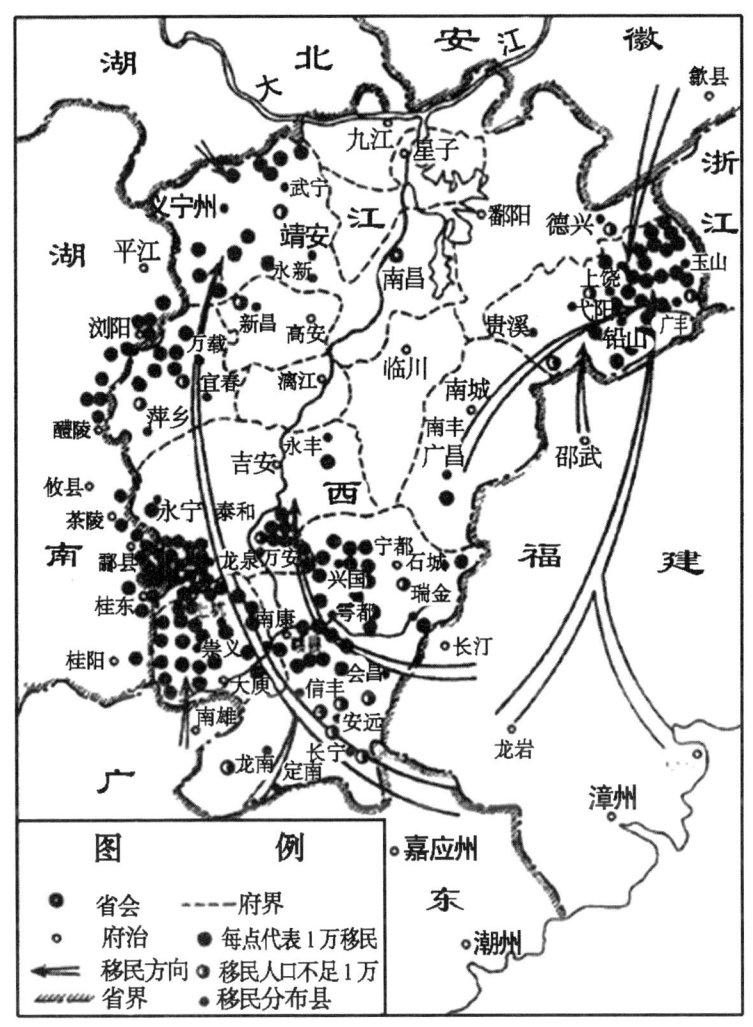

清代前期江西地区的移民迁入与分布示意图

1. 土地开垦

清代顺治一朝及康熙前期,江西境内战争频仍,官府尚无暇大力发展社会生产,许多田地更是垦而复荒。表3-1列举了康熙四年(1665年)至乾隆四十二年(1777年)江西省历年土地开垦的数字,反映了清前期江西土地开垦的一个基本态势。

表 3-1 清前期江西各地田地开垦面积

年 份	州 县	垦荒面积	
		顷	亩
康熙四年	江西各属	2835	
五年	南昌等府属33州县卫所	2835	45
六十一年	进贤等7县	66	
雍正元年	南昌等12县	52	
四年	南昌等19县	170	
四年	进贤、南昌、吉安等38州县卫所	498	
六年	宁州、新建等34州县	119	
十年	南昌、新建等17县	62	
十年	南昌、新建等19县	55	
十一年	南昌等13县	1500	
十一年	丰城等22县	303	
十三年	南昌、新建等30州县	199	63
	贵溪县铅山所老荒屯田	3	9
	宁州、分宜、万载等17州县	34	35
乾隆元年	南昌、新建、上高等21县	60	64
	铅山所并九江、赣州2卫田、地	33	17
二年	丰城、上高、泰和等10县	28	
三年	丰城、进贤等18县	22	13
四年	新建、丰城、吉水等11州县	6	79
五年	新建、丰城、上高等13县	6	14
六年	宁州、萍乡、星子等14州县	10	68

第三章
闽广移民的进入与清前期江西农业经济的发展

年 份	州 县	垦荒面积	
		顷	亩
	广昌县开垦建昌所老荒田		26
七年	宁州、高安、上高等11州县	10	164
	分宜县、袁州卫开垦老荒屯田	2	21
八年	靖安、上高等15州县	13	36
九年	南昌、进贤、新建等10县	21	60
	赣县开垦赣州卫老荒田		61
十年	萍乡、万载、泰和等10县	6	86
十二年	莲花、吉水、万安等8厅县	10	75
十四年	南昌、新建、南丰等4县	4	
十五年	宁州、分宜、万安等10州县	23	22
十六年	德安县深思湖、姚家洲等处草地	12	17
十七年	乐安、安义、德安等12县	63	55
十八年	上高、萍乡、新喻等13县	20	20
十九年	玉山、贵溪、鄱阳等10县	5	75
二十一年	10县劝垦	47	48
二十五年	南昌等13县	15	
二十五年	奉新、萍乡、莲花等10厅县	3	56
二十六年	清江、莲花、庐陵等10厅县	11	24
二十六年	宁州、万载、吉水等14州县	20	64
二十九年	新喻、万安、临川等10县	12	27
三十一年	清江、吉水、万安等5县	1	11
三十二年	临川、崇仁、广丰等12县	17	36

111

年份	州县	垦荒面积	
		顷	亩
三十三年	鄱阳、余干、星子等13县	2	27
三十六年	新建、万载、新淦等11县	15	1
三十七年	宜春、泰和、玉山等6县	5	63
三十八年	新建、丰城、进贤等29州县	36	96
四十二年	新建、奉新、分宜等11县	17	29
四十五年	8州县	2	37
四十五年	靖安、庐陵、永丰等9县	6	17
四十六年	南昌、新建、上高等8县	5	20
四十六年	丰城、分宜、萍乡等11县	7	76
总计		10296	1757

资料来源：《清实录》第4—23册各页。

说　明：《清实录》中江西省一年中间或有田地的多次报垦，如上表中雍正四年、十年、十一年，乾隆二十五年、二十六年、四十五年、四十六年。乾隆四十六年以后的垦荒面积情况，大致与乾隆前中期相同，基本维持在每年数顷或十数顷的规模，故不一一列出。

表3-1说明，清代顺治、康熙时期江西全省的土地报垦似乎还未形成一定的制度，加上战乱较多，此一时期的田地垦荒面积数量的情况还不是很清楚。雍正以后，江西全省几乎每年都要向清廷上报垦荒面积。从具体数量来看，雍正一朝江西的垦田数量为2995余顷，乾隆一朝46年中的垦田数仅为585顷，亦可见清代江西田地的大规模恢复与开垦，主要集中在康熙中后期至雍正朝，乾隆以后则是零星地展开。

明清两代江西全省的赋税田地面积，据嘉靖《江西通志》的记载，洪武、弘治、嘉靖三朝维持在39.8万顷的水平，万历三十九年(1611年)的《赋役全书》则记有477918顷。清代顺治末为44万余顷，最高值为乾隆十八年(1753年)的48.5万顷。以后嘉庆十七年(1812年)为47.2万余顷，咸丰元年(1851年)减为46万余顷，光绪十三年(1887年)则再增为47.3万余顷。从官方掌握的田地数量来看，

第三章
闽广移民的进入与清前期江西农业经济的发展

清代江西的田地数量约比明代增加了六七万顷的规模。①

2."摊丁入地"在江西的实施

明代赋役改中"一条鞭法"的实行,把历来作为王朝征调贡赋对象的人丁从同财产结合的形态中分离了出来,并由此产生了单纯向人丁课征的税项。与此同时,经过"一条鞭法"的改革,丁额逐渐按田亩数或田赋税额来折算,从而根本上改变了丁银作为"对人税"的性质,并逐渐衍变成为一种与人口脱钩的计税单位。②又由于丁银作为一项单独的税项来征收,一旦编定并载入册内,便成为一个相对独立的项目,常常不能随着土地的增减而改变丁额,从而产生了丁银征收在对人税的形式与对地税的内容之间的矛盾,并进一步引发了丁税同田赋合并征收的改革要求。③

康熙五十一年(1712年)和五十二年,康熙帝一再申诏"续生人丁永不加赋",将丁银征收额同反映官员政绩的主要指标之一的丁额相脱节,从而使得丁银征收额能够最终固定下来,最终为"摊丁入地"(丁银真正同田赋合并征收)的实施创造了决定性的条件。④

雍正五年(1727年),江西的钱粮征收,开始按照直隶、山东等省的模式,实行"摊丁入地"的改革,"将丁银摊入地银,其各卫所屯丁银摊入屯粮"⑤。"凡地赋一两,合摊丁银一钱五厘六毫"。当时江西全省田地山塘461763顷余,实征银1697106两余,带征丁银181819两余。⑥

雍正时期"摊丁入地"的实施,使得全国绝大多数地区丁口编审开始废止。乾隆以后,人口数量的统计逐渐交由保甲制度来完成。至乾隆三十七年(1772年),五年一度的丁口编审最终废止。乾隆四十一年,包括江西在内的全国各省的人口统计,开始按照"男妇大小"(全体人口)的标准进行。

对于明代的匠籍制,清代宣布"除匠籍为民",予以废除。工匠交纳的代役银("匠班银"),也于康熙三十六年(1697年)开始陆续并入田赋内征收。江西全

---

① 此处关于明清两代江西全省田地面积的对比,参见许怀林《江西史稿》,江西高校出版社1998年版,第541页。
② 关于明代"一条鞭法"改革使一个独立的税项"丁银"得以出现的论述,请参见刘志伟《在国家与社会之间——明清广东里甲赋役制度研究》,中山大学出版社1997年版,第221—224页。
③ 参见刘志伟《在国家与社会之间——明清广东里甲赋役制度研究》,第224页。
④ 参见刘志伟《在国家与社会之间——明清广东里甲赋役制度研究》,第228页。
⑤ 《清世宗宪皇帝实录》卷五十四,《清实录》第7册,第827页。
⑥ 参见《江西通志》卷八十三《田赋一》,光绪七年刊本。

省带征的匠班银为20763两余。①

3.清前期江西人口的增长

在明白了明代"一条鞭法"改革以后至清代雍正年间"摊丁入亩"以前丁税的性质,以及乾隆三十七年(1772年)以后人口编审由丁口向统计全体人口的逐渐转变以后,我们就可以对清代前期江西全省的各种人口数据进行基本的评判与分析。

梁方仲《中国历代户口、田地、田赋统计》一书中曾援引相关史料,记载江西全省在顺治十八年(1661年)、康熙二十四年(1685年)、雍正二年(1724年)三个年份的人丁数分别为1945586、2126407、2172587。显然,这三个数据不是指江西全省的人口数,也不是指成年男丁数,而只是江西全省的丁银征收中"丁"的统计数。同书又记载乾隆十四年(1749年)、乾隆三十二年两个年份江西全省的人丁数分别为8428205、11540369,说明经过雍正年间的"摊丁入亩",江西全省的丁口编审依然没有全面废止。而从雍正二年(1724年)至乾隆十八年(1753年)间的短短25年间,江西全省的人丁数量几乎增长了4倍,也反映了"摊丁入亩"以后,江西全省的人丁统计标准发生了巨大的变化。由此亦可知,这种所谓的"增长",并不是江西实际人口数量的真实增长,更不能反映此一时期江西人口的实际增长速度。

乾隆四十一年,清代人口数量的统计已经转向了对全体人口的计算。《清朝文献通考》卷十九《户口》记载乾隆四十一年江西省人口总数为1684.9万,光绪《江西通志》卷四十七《舆地略三·户口》记载道光元年(1821年)江西省人口总数为2298.4万。经过曹树基的分析校订,乾隆四十一年与道光元年(1821年)江西省的人口总数分别为1878.3万与2234.6万。从乾隆四十一年到道光元年的45年间,江西人口的年平均增长率为4‰。②

---

① 参见许怀林《江西史稿》,第533页。
② 请参见曹树基《中国人口史》第五卷《清时期》,第134—135页。

第三章
闽广移民的进入与清前期江西农业经济的发展

第二节
水利工程修建与粮食产品输出

一、清前期小型水利工程的广泛修建

关于历代水利志书对江西水利建设的记载及官方水利建设的兴起，光绪《江西通志》卷六十四《山川略》文末曾这样概括道：

> 井田坏自嬴秦，沟洫不修，旱潦无备，郑渠、白渠之利，由是兴焉。马迁志河渠，班固志沟洫，往往详于西北，略于东南。《新唐书·地理志》间附韦堤、马塘、李渠之属，盖当时贤刺史急民兴利，非必尽由廊庙责成也。宋熙宁间，务修水土之政，府界及诸路有资灌溉者，多至一万七百九十三处，为田三十六万一千一百七十八顷有奇。而考《宋史·河渠志》，由黄河、汴河遍及东南诸水，江南西路阙焉不载。明洪武二十七年，谕天下有司皆兴水利，嗣后堤垱陂塘以次修复，郡志邑乘犁然具备。

上引文中为《新唐书·地理志》所"间附"的"韦堤"、"马塘"、"李渠"，是唐代江西境内水利建设的代表性工程。其中韦堤指的是唐宪宗元和三年(808年)洪州刺史韦丹于洪州城内"设南塘斗门，筑堤十二里"。马塘在饶州府城东北四里，为唐刺史马植所筑。李渠为唐宪宗元和四年李将顺守袁州时所建，是袁州最著名的水利工程。除此之外，唐代江西的著名水利工程还有抚州临川县的千金陂，南丰的九陂(凡九修而成，故名"九陂")，饶州的邵父堤与祝君垱，南康府、九江府的陈令堤[①]、何公堤[②]、孙公堤[③]、甘棠湖[④]、秋水堤[⑤]与断洪堤[⑥]。唐代江西这些

[①] 在都昌县南一里，咸通元年(860年)县令陈杲筑以捍水患。
[②] 在建昌县南一里，会昌六年(846年)摄令何易于筑。
[③] 在建昌县西二里，咸通三年(862年)县令孙永筑。
[④] 在德化县，唐长庆二年(822年)江州刺史李渤筑，长三千五百丈。
[⑤] 在德化县，唐太和三年(829年)刺史韦珩筑。
[⑥] 在德化县，唐会昌三年(843年)刺史张又新筑。

水利工程的建设,更多的是由于地方官员个人的"急民兴利"而起,而不并全与各级政府的大力提倡与督责有关。总起来看,上述唐代江西的水利工程当中,只有千金陂与南丰诸陂与农田灌溉直接相关;韦堤、马塘及饶州、南康、九江三府各堤,则更多地是为了城市内部的水利规划及城市自身的水患防范。袁州李渠虽然在引水入城之前起到了灌溉农田的作用,在宋代以后,李渠沿途所经更设立了渠长、陂户、甲户,但最初引水入城的一个初衷却是因"州多火灾"的缘故。后来李渠淤塞,袁州又"频困于火"。宋代至道三年(997年)王懿守袁州时,重新疏浚李渠,袁州州民甚至歌曰:"李渠塞,王君开,四城惠利绝火灾",亦可见李渠对袁州城的防火功用。

北宋熙宁变法期间,官方大兴水利,各路所建农田灌溉水利工程,数量多至10793处。虽然《宋史》的编撰者对江西的水利建设情况多有缺漏,但宋代以后私家著述增多,流传亦广,加之后人追忆性文字的描述,使得我们对宋代江西水利建设情况依然能够有一个大致的印象。明代建立以后,明太祖大力奖劝农桑,兴修水利,江西传统的水利建设在明代也达到了最高峰。明代江西的水利建设的重大成就,不仅体现在对原先存在的水利工程的修复,更体现在众多圩堤陂塘的创建。以下即就光绪《江西通志》卷六十二至卷六十四《水利》部分的记载,择取江西各府县历代较为著名的水利工程74项,列表3-2,以见传统时期江西水利建设之大势。

表3-2　江西各府县著名水利工程创建时代及各代修建次数

水利工程	所在府县	创建时代及各代修建次数						
		不明	唐以前	唐	五代	宋	元	明	清前期
东湖	南昌府		1	1		2		2	2
豫章沟	南昌府					4			4
章江堤	南昌府					1		2	
周公堤	南昌府							1	1
谯堤	南昌府							1	
万公堤	南昌府								
少宰堤	南昌府	1							1
舒家垱	南昌县	1							1
丰城官垱	丰城县			1		8	2	23	30

第三章
闽广移民的进入与清前期江西农业经济的发展

水利工程	所在府县	创建时代及各代修建次数						
		不明	唐以前	唐	五代	宋	元	明	清前期
长乐港堤	丰城县							1	
穆湖等圩	丰城县							1	
绳湾坝	丰城县							1	
滕坊坝	丰城县							1	
曲尺湾坝	丰城县								1
罗溪堤	进贤县							1	2
丰乐圩	进贤县							1	1
喻方堤	高安县							1	2
万硕坝	高安县								1
里陂	上高县							2	2
监水沟	上高县								
李渠	袁州府			1		6		5	3
罗屯陂	分宜县		1						1
郑公陂	萍乡县					1			
敛陂	萍乡县							1	
破坑桐二堰	清江县					1			
梅家畬堤	临江府							10	2
蛇溪脑堤	临江府							1	2
赵家园堤	清江县							1	
白公堤	清江县	1							2
中洲堤	新喻县								1
白鹭洲	吉安府							1	
六闸	泰和县					1			
槎滩陂	泰和县				1				
破塘口矶	泰和县							1	
王公堤	泰和县							1	
云亭阜济渠	泰和县							1	
刘家塘	吉水县							1	

水利工程	所在府县	创建时代及各代修建次数						
		不明	唐以前	唐	五代	宋	元	明	清前期
徐公堤	吉水县							2	
寅陂	安福县					2		3	
大丰陂	龙泉县					2			
梅陂	万安县					1			
千金陂	临川县			1		5		3	1
长沙、山家陂	临川县							1	1
蛇丝陂	新城县							2	1
株林陂	新城县							2	
九陂	南丰县			1				1	
新安堤	玉山县							2	
徐州堤	玉山县							1	
汪屯陂	玉山县							1	
东王坂石坝	玉山县							1	
松石港堤	弋阳县							2	2
石塘陈公堤	铅山县							1	
火田陂	铅山县							1	1
张公堤	兴安、弋阳	1							1
东湖堤	鄱阳县			1				1	
马塘	饶州府			1					
祝君垱	鄱阳县			1					
永济陂	余干县							1	
官陂、里涧堰	安仁县							1	
萧侯富川陂	安仁县							1	
东良陂	万年县							1	
紫阳堤	南康府					3		5	6
田公堤	南康府							1	6
蓼花池	星子县								5
陈令堤	都昌县			1					

118

第三章
闽广移民的进入与清前期江西农业经济的发展

水利工程	所在府县	创建时代及各代修建次数						
		不明	唐以前	唐	五代	宋	元	明	清前期
何公堤	建昌县			1					
孙公堤	建昌县			1					
蜜陂	安义县							1	1
甘棠湖	九江府			1				5	
秋水堤	九江府			2					
封郭洲堤	九江府							2	多次
桑落洲堤	九江府							1	3
赤松闸	德化县							1	1
丰登堰	瑞昌县							1	

资料来源：光绪《江西通志》卷六十二至六十四。

据表3-2，江西各府县74项较为著名的水利工程当中，首建年代不明的有4项，唐以前2项，唐代12项，五代1项，宋代9项，元代1项，明代41项，清代为4项。其中明代首建的水利工程约占55%，其中更不乏一些大型的农田灌溉与保障工程。比如南昌府西南的茅园、枫树两圩，当章、贡、旴、汝四水之冲，明嘉靖年间(1522—1566年)知府谯孟龙筑堤保障民居五千余家，田数万亩，名曰"谯堤"。又如临江府的清江县，明万历年间(1573—1620年)知县李征仪修筑赵家园堤，保护农田万余顷。吉安府泰和县的云亭阜济渠，为明万历二十八年(1600年)邑人郭元鸿募工开凿，历时三月，渠长六里，灌溉田地万亩。

需要说明的是，表3-2所列明代首建的41项水利工程，尚不足以完全说明明代江西水利建设在整个历史时期江西水利建设中的地位。在明代江西，还有为数更多的关乎一般民生的小型农田水利灌溉工程被不断建立。有关此一部分的内容，本书明代卷已有相当的介绍，故在此不拟展开，只列举一段反映明代南昌、新建二县圩岸修建状况的史料为例，以说明明代江西各地水利建设活动的频繁与广泛：

> 明永乐四年修新建石头冈圩。弘治十二年，知府祝瀚修筑南昌圩岸六十有四，新建圩岸四十有一。嘉靖元年洪水决余家塘、双坑二圩，修治三年乃底绩。三十八年知府韩弼增修南昌乌土溪闸。万历十四年，知府范涞、南

泰和县罗溪乡槎滩陂(泰和县博物馆提供)

昌知县何选、新建知县佘梦鲤请发赎锾筑南昌圩一百三十有八,新建圩一百七十有四,并修石堤、石枧、石闸。三十五年新建知县吴家谟修圩一百六十处。三十六年布政使陆长庚丁继嗣尽蠲五所(港口所、赵围所、樵舍、昌邑所、邬子所)长河渔禁,普惠灾民,不许豪占,凡官渡及浮办官湖高塘浅水一切罢之。南昌知县樊王家动仓谷修圩一百八十有五,石枧七十有六,石闸十。

明代江西农田水利建设的高峰,奠定了清代江西水利发展的基础。但明后期至清初,由于战乱等原因,许多水利工程年久失修。因而总体来看,清代前期江西水利建设的主要成就是重修许多被大水冲坏的圩堤,以及疏浚被淤塞的陂塘。比如瑞州府在顺治十一年(1654年)重修的万硕垱,"荫田数百余顷"。临江府在康熙二十年(1681年)重修的白公堤,保护农田数万亩。袁州府在清代曾四次疏浚著名的水利工程李渠,"农田藉以荫灌者不可胜计"。以下依然征引一段有关南昌、新建二县清代圩岸重修状况的史料以作补充说明:

> 康熙十六年新建知县杨周宪修复润泽圩,又修吴城石堤,长五十八丈,高二十五丈。二十年南昌知府诸保宥、知县王养濂重修大有堤闸。乾隆

第三章
闽广移民的进入与清前期江西农业经济的发展

七年巡抚陈宏谋筑南昌螺蛳港坼,八年又题请发帑修新建茅泗土合闸。道光二十三年,南昌诸生徐炳元倡修大积甘谷、乐成等十三圩,跨南新两县南北长三十里,东西长十里,后又益以新建大有、磐石二圩,名集益圩。二十八年新建知县崔登鳌、彭宗岱先后请发帑银修补圩堤四十九所。

除了对原有水利工程的维修之外,清代江西各地也新修了一些圩堤,并开凿了一些陂塘渠堰。如南昌府奉新县的大型水利工程乌石陂和蒲陂,灌田均在万余亩。兴安县与弋阳县交界处的白石坝,共保护农田3万亩。至于护田或灌田千亩、百亩的水利工程则更多。[①]

清代赣江两岸比较有代表性的水利工程建设,可以以丰城县沿江堤岸的维修为代表。丰城县沿江堤岸共计一百二十余里,原系土堤。雍正十一年(1733年),江堤被江水冲决多处,官方乃"令民捐'岁修银'一千五百余两,交官随时修筑"。之后官方又议修石堤,因民捐"岁修银"不敷使用,巡抚谢旻又动用"盐规银"六千两。但此次修筑,功效不显,之后堤岸"年年仍有续坍"[②]。乾隆二年(1737年)、四年,丰城沿江各堤又各被水冲决数百丈,两次维修共计耗银八千余两。同时全县绅民的"岁修银"也被免除,官方议定均以"盐规银"代替。[③]乾隆十年,丰城沿江土、石二堤复又被水冲决多处,丰城县绅民乃"请将土堤仍照往例,悉听里民分段认修","每段设立圩长董理,水落督夫修理,水长督夫巡防"。石堤维修,因"工大费繁",依然"恳请归官料理"。[④]

由于土堤极为脆弱,几致年年需要维修,维修夫役的佥派方式也随之发生了改变。乾隆十九年以前,"民修土堤,向系按甲出夫"。乾隆十九年,巡抚范时绶定下"按田均堤"的夫役佥派方式。"近圩低乡,令均分承管,其余高乡有田之户,概行免除"。乾隆二十二年,又以"有居高乡而田坐低乡,居低乡而田坐高乡者,难以区别"的原因,采取"夫从粮征"的方式,将维修土堤的费用摊入"漕粮脚耗项下完缴",由官方"按堤拨分,募夫修筑"。[⑤]

丰城以北的南昌、南康、饶州、九江四府所属各县,其水利工程的维修,又

---

① 参见陈文华、陈荣华主编《江西通史》,江西人民出版社1999年版,第563页。
② 《清高宗纯皇帝实录》卷四十九,《清实录》第9册,第839—840页。
③ 《清高宗纯皇帝实录》卷五十、卷九十七,《清实录》第9册第860页、第10册第466页。
④ 《清高宗纯皇帝实录》卷二百三十九,《清实录》第12册,第75—76页。
⑤ 《清高宗纯皇帝实录》卷五百四十,《清实录》第15册,第822页。

有所不同。其中九江府沿江瑞昌、德化、湖口、彭泽四县最主要的水利工程,是对长江堤岸的经常性维修。其他星子、德安、鄱阳、余干等县,由于濒临鄱阳湖,地势低洼,境内常常形成与鄱阳湖相对应的各种小的水体(常以"某某池"命名)。这些小的水体平时有天然的沟渠与鄱阳湖相连,每到雨季,池、湖同时涨水,水位一高,池、湖即连成一片,即形成鄱阳湖区的洪水期。而到秋冬枯水季节,池、湖便形分离,池、湖之间相隔几百米到几千米甚至更远不等,中间则是大片草洲、湖地甚至低丘。池中之水有两个来源:一是上游来的溪水和降雨,二是每年(或隔若干年)鄱阳湖区一场洪水之后留在池里的水。这样,如何保证这些小型水体的排水畅通,以保护旁边的圩堤和大量农田的安全,便成为濒临鄱阳湖诸县水利建设中的头等重要工程。在这方面,清代星子县蓼花池的历次疏浚就是一个典型。

从地理上看,蓼花池的东面是鄱阳湖,其最早的外泄孔道是"北岸之西故道",即在蓼花池的东北方向,"为天成消泄尾闾"。而鄱阳湖边的河沙随着北风向西南方向落下,形成纵横数公里的沙山。在同治县志《蓼花池图》中,池边即有地名为"泡沙墩"。事实上,清代地方官员治理蓼花池的关键,就在于如何克服越来越严重的飞沙淤塞池道问题。

康熙五十八年(1719年),星子知县毛德琦"舍故道而避高冈",首次在蓼花池岸东边另开新渠,然而"工长费短,池口浅狭,春夏水涨,仍若淹没"①。雍正八年(1730年)八月初,江西巡抚谢旻接南康府知府董文伟奏报称:康熙五十八年的工程是"于北岸东边土壤无沙之地另开新口,只缘居民无力,是以新开水面不宽,水底不深,水发时仍不能畅流入湖,至今被淹田地尚有三千余亩,请加开濬"。谢旻马上指令鄱阳湖东岸的饶州府知府青阿前去勘察,并很快得到回复:"总计蓼花池地方周围约五十里,内有村庄八十七处,烟户二千一百余家,田一万二千余亩。一遇水发,即被淹浸。急宜开宽东口,以资畅泄。"青阿认为:(康熙末)"新开水口与旧口相去虽止一里有余,而新口两旁俱系土山高冈,土性坚实,并无浮沙,可无壅塞。又其地高于湖面,疏通之后,水发可以畅流,亦不致湖流倒入"。而且,"该地居民各愿出力输工,无庸发给工价。所需饭食物件,约费八百余金即可竣事"。结果谢旻"请帑千余,加意开广",冬天动工,次年春季竣工,取名"永利渠"。另外一个重要举措是"购蔓荆百担,遍种近地沟旁诸沙山,

---

① 以下关于蓼花池疏濬治理的材料,分别见《星子县志》卷二《山川·蓼花池》,同治十年刊本;《南康府志》卷六《水利·蓼花池》,同治十一年刊本。

第三章
闽广移民的进入与清前期江西农业经济的发展

蓼花池边被飞沙覆盖的红土田地(梁洪生摄)

禁民采取。数年后荆藤滋蔓,葛累联络,鲜飞沙填于沟道之患"。这是现存蓼花池周围种植蔓荆子以综合治沙的最早记载,"故数十年食其惠"。

此后"迄乾隆三十年间,(永利渠)两岸飞沙渐积,池口仍就堙塞。乡民设法疏濬,不久即淤。每遇淫潦,辄有水患"。而所以飞沙加剧的原因是"奸民贪小利,窃(蔓)荆子以卖,伐蔓根为薪。蔓稀沙扬,以致东口两岸飞沙遇风即起,不待冬令水落池口,日逐淤塞,内水无从消泄"。"嘉庆二十一年泛涨逾冬,迁徙倍赋,民颇告病"。次年初,南康知府狄尚絧"倡捐廉银,劝谕池边业户每亩捐钱二百文,大加疏濬。并置买田亩,发县收租,每年得谷八十二石,变价交首事疏濬"①。在狄尚絧自己写的《记》中,提到地方官"督同生员邹叶麟等估工集费"。"始用土方挑挖,继用滚江爬疏。水口深通,全池畅流,岁获曾至万余石……绅衿所捐田亩,另勒于石"。由此可知两点:一是周边民众是按"每亩捐钱二百文"来分摊开挖费用的,被提到的地方主事人姓邹;另外还有绅衿捐田,但已不知其详。二是这次疏濬之后,由知府捐银提倡,建立了一个"以为善后之计"的基金。

此后十余年间,蓼花池又出现了"沙淤日积"的现象。江西巡抚吴光悦乃奏请"于池口东北挑去淤沙,疏通沟道",又于池水出口两旁"起筑避沙堑坝,添建闸板",以抵挡两旁飞沙,经署南康府事南昌府同知霍树表勘测,统计约需工费

---
① 在"蓼花池"条叙述中,有一处提到狄尚絧"又捐廉置田七十亩,发县收租,交池中殷富董事以为岁修之资"。

银四千两。道光十二年(1832年)正月，清廷谕令星子县于原有"解存救生田租一项"内动用银四千两，"以为挑疏工费"。又"动支银一千四百两，发交典商，按年一分生息，同前任南康知府狄尚纲原捐租谷，以为每年挑除新淤之用"。

清代前期江西官方对水利事业的重视，还表现在相关的制度建设与各级水利官员的先后设置方面。乾隆二十三年(1758年)，江西巡抚阿思哈在一份奏折中较为扼要地叙述了江西水利建设的特点，并奏请在道、府、直隶州一级设立相关的水利官员：

> (江西)南(昌)、临(江)、饶(州)、九(江)等府，滨临江湖，全赖圩堤捍卫。其余虽系山乡，而溪河小港，灌溉攸资。除南昌府原兼水利衔外，其饶九、赣南、粮、驿四道，请概兼衔水利。至袁州、建昌、广信、南康、九江、南安、赣州等府同知，瑞州、临江、吉安、抚州、广信、饶州、南康等府通判，直隶宁都州州判十五厅员，亦概兼水利衔，管理所属河渠堤堰。每岁秋冬，令地方查勘淤塞汕缺处，报经管道厅修筑。

乾隆四十四年，江西巡抚郝硕又援引江浙一带各县普遍设立主簿专司水利的成例，奏请在南昌、新建二县各设主簿一员，管理二县的圩堤水利。经吏部议复后也得到批准：

> 江西南昌等府，襟江带湖，近水田庐全赖圩堤捍卫，而南昌、新建二县为尤要。该处附省冲繁，地方官无暇亲身督察。查江浙等省，俱设主簿一官，专司水利，而江省独无。请将滨临江湖，地当适中之南昌县三江巡检，新建县吴城巡检二缺，均改为主簿。换给钤记，仍驻原地，管理各属圩堤并一切水利。官俸役食，悉仍其旧。

二、粮食生产与米谷输出

江西历来是粮食生产大省，其中又以稻谷的生产与输出最为突出。清代江西水稻生产水平的提高，主要体现在双季稻的栽种与推广、水稻耕作技术的进步两个方面。

1.双季稻的栽种与推广

清代前期，江西各地的双季稻种植还不普遍。《清实录》曾记载：雍正五年

第三章
闽广移民的进入与清前期江西农业经济的发展

(1727年),雍正帝始闻听"江南、江西、湖广、粤东数省,有一岁再熟之稻"①,可见在清代前期的雍正时期,包括江西在内的南方各地双季稻的种植历史还相当有限,更谈不上普遍栽种。就江西而言,南部地区由于气温较高,首先得以推广双季稻。长宁(今寻乌)、会昌、瑞金、石城、上犹、南康、大庾、零都等县,以及吉安府的龙泉县(今遂川县)都有种植。乾隆《会昌县志·土物》记载:"会邑三十年以前田种翻稻者十之二,种麦者十之一,今则早稻之入不足以供,于是有水之田至秋尽种翻稻。"此处"翻稻"即指二季稻,在宁都、瑞金、石城一带又被称为"翻粳"。道光《宁都直隶州志》卷十二《土产志》则曰:"一岁可再熟,腴田方可种。"②

在西部山区,清代前期的水稻品种也基本上是一季稻。以后随着闽广移民的大量迁入,少数原种于闽广而又适合江西山区栽种的水稻品种(比如"秱禾")得以传入,许多地方才改一季稻为双季稻种植。乾隆《萍乡县志》曰:"午建之月……秱禾始莳。"嘉庆以后,秱禾又传入万载县,"秱禾……嘉庆初来自闽广,早禾耘毕就行间莳之,刈去早禾乃粪而锄理焉,性耐旱,近时艺者特多"。清代中期,秱禾已经传入了抚州府辖县。道光《宜黄县志》记载:"秱子禾,四月间于早禾行内插,俟早稻收割耘之,九月始获。"

2.水稻耕作技术的进步

明代江西以一季稻为主。至清代,江西已经因地制宜地推选多种形式的多熟制,比如水稻双季连作,稻麦、稻油、稻豆、稻荞复种制,水稻双季间作以及稻豆间作制。乾隆年间,江西各地已普遍栽种双季连作稻。《南城县志》记载说:"早稻收后再种。"《瑞金县志》载:"六月早稻登场,晚禾布种。"在清代中后期,赣南与赣东北还盛行双季三熟制,"稻有早、中、晚三种。早稻,春种夏收;中稻,春种秋收;晚稻,于刈早稻后下种,十月始收。种虽有三,实二收而已"③。在一些山区或者光照、水源不足的地方,则普遍实行稻麦、稻油、稻豆、稻荞两熟制。"黄豆,黑豆于早稻刈后不宜两番者种之","或于获稻后种荞麦、苦麦,不欲虚地力也"。④

清代江西农业施肥技术也有所进步,已经开始用烟梗肥田与防治水稻虫害。这项技术主要施行于种烟业极为繁盛的赣南安远、瑞金等地。《安远县志》

---

① 《清世宗宪皇帝实录》卷五十四,《清实录》第7册,第813—814页。
② 以上参见许怀林《江西史稿》,第543页。
③ 《赣州府志》卷二十一《物产》,同治十二年刊本。
④ 《广信府志》卷一《物产》,同治十二年刊本。

曾说:"每秋间番稻插田,值秋阳蒸郁,多生虫贼,食根食节。农人以烟骨捶碎,或以烟梗断寸许,撮以根旁,虫杀而槁者立苏,兼能肥禾。"烟与薯芋同种,也能起到肥田和防治虫害的作用。光绪《瑞金县志》就说:"(芋)二三月与烟同种,烟六月收,芋必八九月乃收,亦先后不妨,且烟田肥,故芋繁衍而味尤佳,松脆香滑。"①

3.米谷输出

明中叶以后,随着江南三角洲经济结构的转型,中国南方水稻生产的基本格局已经由"苏湖熟,天下足"转变为"湖广熟,天下足"。事实上,湖广地区以外,江西省(当然还有四川、安徽)也是一个著名的"产米素饶之区"。在有清一代国家的漕粮供应,战争与灾害时期的区域粮食协济,乃至平常年份区域之间的粮食贩运贸易当中,江西省的粮食生产与输出都发挥了极为重要的作用。

江西外运粮食当中,数额最大的毫无疑问是被视为"天庾正供"的漕粮。关于清代前期江西省的漕粮额征数量,康熙《大清会典》卷二十六记载为945400石。但由于荒歉短缺及坍废豁免等原因,漕粮的实际征收量多有变动。比如乾隆十八年(1753年),江西征收的漕粮数额为"七十六万余石"②,约占漕粮额征总数的80%。嘉庆年间,江西每年漕粮副米按正米的53%另征,即所谓的"五三副米",每年运正、副漕米共77万余石。至道光九年(1829年),江西额征正耗总计769004.93石。③

从相关史料来看,江西的漕粮除运送京师之外,也经常被沿途各省奏请截留,用作赈灾、平粜等各种用途。比如康熙四十六年(1707年),江苏南北各地旱灾,米价飞涨,清廷乃令漕运总督将湖广、江西起运本年漕米内截留40万石(其中江西漕粮截留30万石),分拨江宁、苏州、松江、常州、镇江、扬州六府,减价平粜。④雍正元年(1723年)五月,山东连年荒旱,百姓乏食,又令户部将江西省漕粮截留20万石,交与山东巡抚,分贮府州县地方,以作赈济之用。⑤雍正八年山东济南、兖州、东昌三府地方遭遇水灾,复又截留湖广、江西漕米30万石,转运

---

① 以上参见陈文华、陈荣华主编《江西通史》,第565—566页。
② 清高宗纯皇帝实录》卷四百一十二,《清实录》第14册,第393—394页。
③ 参见光绪《户部漕运全书》卷一《兑运额数》,第4页,转引自陈华《清代江西运漕及其负担研究》,第9页,江西师范大学硕士论文,2005年5月,未刊稿。
④ 参见《清圣祖仁皇帝实录》卷二百三十二、卷二百三十三,《清实录》第6册,第319、333页。
⑤ 参见《清世宗宪皇帝实录》卷七,《清实录》第7册,第147页。

第三章
闽广移民的进入与清前期江西农业经济的发展

存贮。①

当然，江西及南方其他有漕各省的漕粮有时也会截留本省，特别是本省粮食歉收或遭遇水旱灾害。雍正六年，江西省就有几个县份遭遇旱灾，清廷担心次年春天江西米价昂贵，乃令江西于该年起运漕粮内截留10万石，以备来年平粜应急之用。②又如乾隆八年（1743年）八月，清廷因京师粮仓充裕，而各省常平仓空虚，乃令江苏、安徽、浙江、江西、湖北、湖南六省将次年应运京漕粮，各留10万石于本省。③

漕粮之外，江西省常平仓储粮的划拨协济与民间商人的粮食自由贸易，对于一些缺粮情况比较严重区域的粮食供给，发挥着极为重要的作用。比如对粮食需求量最大的江南地区（即苏南的苏州、松江、太仓一带，以及浙北的杭、嘉、湖三府），"地窄人稠，即丰收之年，亦皆仰食于湖广、江西等处"④。又如与赣东北毗邻的安徽省徽州府，"山多田少，所出米谷，即丰年亦仅供数月民食，全赖江西、浙江等处贩运接济"⑤。于是徽州人"负祁水入鄱（昌江），以茗、漆、纸、木行江西，仰其米自给"⑥。再如清代赣南赣州、南安、宁都二府一州，则是闽西汀州与广东嘉应州、潮州三地粮食的供应地。福建汀州府地方，"山多田少，产谷不敷民食，江右人肩挑背负，以米易盐，汀民赖以接济"⑦。《长汀县志》记载："岁只一熟，无两收也，米谷豆麦出产无多，不敷需求，须籍宁（都）、瑞（金）挑运源源接济。"同书又记载"惟粮仰给于江右之赣（州）、宁（都），而（上）杭、永（定）及潮（州）又往往资贩于郡"⑧。《上杭县志》也记载：瑞金"米虽曰至（长）汀，而实籍（上）杭为之委，不则粟死于汀矣。故杭岁稔则商贩以（瑞）金、（会）昌之粟下程乡、大埔，江、广流通，实为利薮"⑨。可见宁都、瑞金一带的米粮运至福建长汀县后，便由鄞江顺流而下，过上杭、永定二县，至广东大埔县，再进入韩江，转

---

① 参见《清世宗宪皇帝实录》卷一百三，《清实录》第8册，第358—359页。
② 参见《清世宗宪皇帝实录》卷七十五，《清实录》第7册，第1117页。
③ 参见《清高宗纯皇帝实录》卷一百九十六，《清实录》第11册，第524页。
④ 《清高宗纯皇帝实录》卷八十二，《清实录》第10册，第295—296页。
⑤ 《清高宗纯皇帝实录》卷四百五十九，《清实录》第14册，第970页。
⑥ 《祁门县志》卷五《风俗》，康熙二十二年刊本。
⑦ 卞宝弟：《闽峤輶轩录》卷二，转引自许怀林《江西史稿》，第544页。
⑧ 《长汀县志》卷十八《实业志》、卷三十《风俗》，道光十年刊本。
⑨ 陈于阶：《郡司马大竹沈公疏余赈荒碑》，《上杭县志》卷十《艺文》，道光九年刊本。

销潮州各地。赣州府会昌县也是赣南粮食运销闽粤的一个重要中转站,"缘邑之东南与闽粤界联,彼地稍稍不熟,即千百为群,背负肩挑,络绎于湘乡军门岭之间,所恃邻村之有余以补邑中之不足,故载米舟楫衔尾而至"①。此外,大庾岭商道、长宁—梅县、石城—宁化等传统商道,也都是赣南粮食外销闽粤的重要通道。②

如果碰上战争与灾害时期,江西米粮的区域协济与采买外运,就显得尤为重要。早在康熙十七年(1678年)四月三藩之乱尚未平息之时,清廷就曾"令拨江西银十万两,安徽银十五万两,由江西采买米谷,运送广东",充作军粮。后以江西地方甫经战乱,米谷生产有限,乃令所拨安徽银15万两于江南附近购买,陆续运至江西,再转运广东。③又如康熙三十八年,江苏扬州、淮安大水,清廷令江西巡抚马如龙"速运米十万石至扬州、淮安……或煮粥,或赈济"④。雍正四年(1726年)六月,以福建春夏雨水较多,米价昂贵,令"将江西存仓之谷,碾米十五万石",运至福建赈济。⑤

江西米粮的重要性在乾隆三、四两年的区域协济当中显露无遗。乾隆三年(1738年),闽浙总督专管福建事务郝玉麟提到福建"环山濒海,田少人多,所产米粮,不敷民食",加之头一年收成欠佳,希望援引雍正四年成例,令江西动拨常平仓谷20万石。⑥不料同年安徽、江苏两地均遭旱灾,浙江省也有歉收之处;加之苏南、浙北五府一州,"每岁产米不敷数月口粮,全赖商贩接济",所以四省各委派干员,携款前往江西购买米粮,乾隆三年"自夏至秋,两江、闽、浙委员采办赈济谷石,会集来江",以致江西"一时未能应付,米价因之日昂"⑦。该年安徽、江苏在动用藩库官银50万两进行官方采买之外,两江总督那苏图又奏请咨明江西巡抚,希望直接于江西常平仓内碾米10万石,运赴江南。⑧十二月,兵部侍郎吴应棻又奏请将江西、湖南拨运福建的30万石稻谷当中,改拨20万石,

---

① 《会昌县志》卷十六《土物》,乾隆十六年刊本。
② 关于赣南粮食外销闽粤的论述,参见李晓方《清代赣南烟草生产略论》,第33—34页,江西师范大学硕士论文,2004年5月,未刊稿。
③ 参见《清圣祖仁皇帝实录》卷七十三,《清实录》第4册,第936页。
④ 《清圣祖仁皇帝实录》卷一百九十四,《清实录》第5册,第1051页。
⑤ 《清世宗宪皇帝实录》卷四十五,《清实录》第7册,第683页。
⑥ 《清高宗纯皇帝实录》卷六十九,《清实录》第10册,第109页。
⑦ 《清高宗纯皇帝实录》卷七十七,《清实录》第10册,第219页。
⑧ 参见《清高宗纯皇帝实录》卷七十九,《清实录》第10册,第249—250页。

第三章
闽广移民的进入与清前期江西农业经济的发展

截留两江。① 同时,大学士嵇曾筠也上言,江南遭旱,大量截买运往浙江的米粮,以致浙江米价居高不下,奏请动支浙江地丁银3万两,再委员赴江西采买。② 与此同时,闽浙总督郝玉麟也奏请将福建省委员前往江西、湖北已经购买的四万余石粮食,移济浙江。③

据乾隆六年七月署江西巡抚包括奏称,"江西常平仓于乾隆三、四两年,先后拨运闽省,并碾米协济江南,共五十一万八千八百一十八石"④。说明乾隆三、四两年江西米粮的外运数额,约占当时江西全省常平仓"额谷"的32.3%。⑤ 这其中还不包括民间粮食的贩运输出数量。乾隆七年江西巡抚陈宏谋在一份奏折中提到,经过乾隆三、四两年的大规模粮食外运,以及乾隆六年的平粜增拨及借给赈济,乾隆七年江西全省常平仓所存的稻谷,曾一度仅剩下62万余石,还不到定额的一半。⑥

以后,江西境内不断有米粮的大规模外运的事例。比如乾隆八年三月,江西就曾拨仓谷40万石,碾米20万石,运往扬州赈灾。乾隆十三年六月,又碾米10万石运送江苏,作平粜之用。乾隆二十七年,浙江粮食歉收,又拨谷20万石,碾米10万石协济。乾隆五十年,湖北、安徽等省遭灾,江西的常平仓米粮协济及湖北、安徽两省米商从江西贩运的粮食,总共达到一百余万石。其中湖北省商贩运粮的船员就有一千三百余只,贩运的米谷约有数十万石。⑦

第三节
江西山区的垦殖与利用

清前期闽广移民进入江西及江西省内人口迁徙的最主要趋势,是向上述各府州县的山区进发、垦殖和定居,从而掀起清代江西山区垦殖的高潮。以下

---

① 参见《清高宗纯皇帝实录》卷八十二,《清实录》,第295—296页。
② 参见《清高宗纯皇帝实录》卷八十二,《清实录》,第295—296页。
③ 参见《清高宗纯皇帝实录》卷八十二,《清实录》,第295—296页。
④ 《清高宗纯皇帝实录》卷一百四十六,《清实录》第10册,第1104页。
⑤ 江西全省常平仓的"额谷"总量,据乾隆十年九月江西巡抚塞楞额所奏,为"一百六十万六千石"。见《清高宗纯皇帝实录》卷二百五十,《清实录》第12册,第216—220页。
⑥ 参见《清高宗纯皇帝实录》卷一百七十五,《清实录》第11册,第257—258页。
⑦ 参见《清高宗纯皇帝实录》卷一百八十六、卷三百一十六、卷六百七十三、卷一千二百三十八,《清实录》第11册第401—402页、第13册第195页、第17册第528—529页、第24册第655—659页。

即以清代地方文献史料和已有研究为基础,就各种经济作物的栽培与番薯、玉米的种植等,分别论述之。

一、各种经济作物的栽培

1.蓝靛

江西南部山区蓝靛业的兴起和发展,可以追溯到明代。嘉靖初年周用曾指出,来自江西中部地区的流民"搬运谷石,砍伐竹木及种靛栽杉、烧炭锯板等项,所在有之"①。据史料查考,吉泰盆地种植蓝靛,可溯至明代中期,"成化末年,有自福汀贩卖蓝子至者,于是洲居之民,皆得而种之,不数年,蓝靛之出与汀州无异,商贩亦皆集焉"②。又有记载说:"江西万羊山,跨连湖广、福建、广东之地,旧称盗薮,而各省商民亦常流聚其间,皆以种蓝为业。"③文献中所称的"各省商民",实以闽省商民为主。由此可知,汀州籍人在将蓝靛种植传入江西中部的前后,也将这一新作物的种植传入赣州府辖区。至明代后期,这一地区已经成为重要的蓝靛产区。赣州"城南人种蓝作靛,西北大贾岁一至泛舟而下,州人颇食其利"④。至清代康熙年间,"虔惟耕山者种此,而赣县山谷间尤多"⑤。康熙时兴国县"土满人稀,□北□□□□闽流寓耕之,种蓝种苎亦多"⑥。至道光或稍前,"邑产除(茶)油、烟(草)外,蓝利颇饶"⑦,可见蓝靛业已成为兴国客家移民的一大产业。

明末至清代,汀州移民还将蓝靛的种植区扩大到江西西北和东北部山区。乾隆《宁州志》卷二称:"金鸡洞,洞在州治西南七十里,武乡二十七都之大幽山,源深谷邃……迩年以来,有闽广棚民在内种靛及烧炭、舂香,盖棚十余所。"此地以当今政区划分,已属铜鼓县地。与之相邻的新昌县,"天启间,福建流离种山者,自愿立棚开垦,插蓝认租"⑧。因未见有新昌县的闽籍流人被驱逐的记载,所以估计明代后期闽人发展起来的植蓝业在清代仍在继续,只是

---

① 《西江志》卷一百四十六《艺文》,康熙五十九年刊本。
② 《泰和县志》卷二《土产》,光绪五年刊本,引弘治志。
③ 《明穆宗实录》卷二十六。
④ 《赣州府志》卷三《舆地志三·土产》,天启元年刊本。
⑤ 《赣州府志》卷三《物产》,康熙五十二年刊本。
⑥ 《兴国县志》卷二《土产》,康熙二十二年刊本。
⑦ 《兴国县志》卷十二《物产》,道光四年刊本。
⑧ 《新昌县志》卷八《戎政志》,同治十一年刊本。

第三章
闽广移民的进入与清前期江西农业经济的发展

规模不大。

怀玉山开禁后,蓝靛也得到广泛的种植。"地成片段者栽蓝,其零星畸衺者各植杂豆烟草、萝卜等物"①。与之相邻的浙江南部诸县,移民种植蓝靛的规模更大,使之成为当地山上主要的经济作物。

2.甘蔗

福建沿海是甘蔗的传统产地,以漳、泉二府最为著名。明代中叶,漳、泉一带的甘蔗(当时又称"糖蔗")种植业相当发达,至万历间,漳州乃至闽南一带甘蔗种植满山遍野。大约与此同时,随着闽籍移民进入江西南部及其活动的加强,这一地区的甘蔗种植业也迅速发展起来。

在赣州府属的几个大盆地中,雩都县是明代福建汀州人迁入最多的地区,可能在明代后期,雩都的甘蔗种植就有一定的规模。康熙元年(1662年)《雩都县志》卷一《物产》里描写道:"濒江数处,一望深青,种之者皆闽人;乘载而去者,皆西北、江南巨商大贾。计其交易,每乡裹镪不下万金。"从时间上分析,这一甘蔗产区可能形成于明代后期或明代末年。至清代初年,已有相当大的规模。

清代随着闽广移民的大规模迁入,江西南部的甘蔗产区有进一步扩大的趋势。其中南康县的甘蔗产区是康熙年间发展起来的,康熙四十九年《南康县志》卷三《舆地志》称:"南康近产糖蔗,岁煎糖可若干万石……糖蔗悉系闽人赁土耕种……且客商贸易,往往受闽人骗害,讦讼不已,皆由里人利其重租不肯易业。"闽人的身份是佃耕者。到乾隆时,南康县的糖蔗生产进一步扩大,糖蔗及红糖在县志《物产》中的地位上升,所谓"豆麦之收微,不如二物(按:指糖蔗与花生)之出广也",可见经济作物已经取代了传统的旱粮作物。以后情况进一步发生变化,"嘉道以来,种植繁多,垮于禾稼,核其岁入,几与闽广争利矣"。在利润的驱使下,南康县的甘蔗种植面积不断扩大,种植地方,最初"总在高阜,水不常得,或沙土不受水之地",而发展到"终及膏腴"②,开始与水稻争地了。乾隆《赣州府志》卷二《物产》记载:"甘蔗,赣州各邑皆产,而赣县、雩都、信丰最多……西北巨商,舟载交易,其利数倍。"

在章水上游的大庾县,甘蔗的种植也颇具规模。乾隆时,大庾"上下十五

---

① 朱承煦辑:《怀玉山志·土产》。
② 《南康县志》卷一《土产》,同治十一年刊本。

隘,最大双坑里,东西隔一溪,经亘数十里……种蔗不种麦,效尤处处是"①。加上南康和大庾,乾隆年间的江西南部,已形成一个面积达数百平方公里的甘蔗种植区。清代中期以后,甘蔗的生产向北沿贡江支流的梅江延伸至宁都县,"州治下乡多种以熬糖,农家出糖多者可卖数百金"②。

广信府也有福建移民种植甘蔗,康熙年间的上饶县,"砂糖,以蔗浆煎成,多闽人种"③。但由于甘蔗是一种亚热带作物,需要充足的光照与积温,所以这里的甘蔗产糖率低。比如康熙年间的铅山县,"闽人来铅植蔗,冬月取汁煎成,亦不甚佳"④。所以广信府的甘蔗种植始终未能大规模地推广。

3. 烟草

烟草是哥伦布发现新大陆后传入中国的物种,万历年间先传至福建的漳州和泉州,崇祯初年传到龙岩一带。传入江西的时间,据康熙十三年《石城县志》记载,"三十年来始得其种并制作法",应当在崇祯末年。

就石城和瑞金两县比较而言,瑞金的烟叶生产发展得特别迅速。大批来自福建漳州、泉州两地的闽人在瑞金以植烟为生。有记载说:"自闽人流寓于瑞,以莳烟为生,往往徒手起家,骤拥雄赀。土著之人,贪目前之近利,忘久远之大害,于是赁田于人,或效尤而又甚",以至于该县"连阡累陌,烟占其半","或称膏腴之亩,半为烟土,半为稻场","缘乡比户往往以种烟为务";烟熟季节,"四方收烟之商及锉烟者,动盈万人,聚食于弹丸之邑,坐耗粟米。生之者寡,食之者众,以至米价腾沸"。仅以烟厂工人计,"至城郭乡村开锉烟厂不下数百处,每厂五六十人,皆自闽粤来"⑤,合计可达数万人之多。仅此即可见瑞金烟草业的规模。

自康熙年间起,烟草种植业从东向西推进至整个江西南部。康熙《赣州府志》卷六十三记载为:"近多闽广侨户,栽烟牟利,颇夺南亩之膏。"雍正《江西通志》则记赣州府"各县皆种,而瑞金尤甚"。具体说来,如安远,"小民弃本业鹜之"⑥;龙南的烟叶十分普遍,"栽为之户,取叶中柔者为烟"⑦;宁都县,"州治及

---

① 余光壁《勘灾道中诗》,《大庾县志》卷十三《艺文志五》,民国8年刊本。
② 《宁都直隶州志》卷十二《土产》,道光四年刊本。
③ 《上饶县志》卷二《地理·物产》,乾隆四十九年刊本。
④ 《铅山县志》卷三《食货·物产》,康熙二十二年刊本。
⑤ 《瑞金县志》卷四《物产》,康熙四十九年刊本。
⑥ 《安远县志》卷一《舆地志·土产》,乾隆十六年刊本。
⑦ 《龙南县志》卷二《物产》,道光六年刊本。

第三章
闽广移民的进入与清前期江西农业经济的发展

石城所出尚不能瑞金之多……然州治多种山烟"①;兴国县"种烟甚广,以县北五里亭所产为最"②,五里亭恰恰是闽粤移民居住最集中的区域。又如雩都县,"惟北乡银坑、桥头者佳,近县惟赤砂、盘郭、屋寮三处颇能及之"③;再如大庾县,"种谷之田半为种烟之地"④,种植面积相当之大。由此可见,由于闽广移民的活动,这一烟叶产区与毗邻的闽粤烟产地连成一片,成为南方重要的烟草产区的一个组成部分。

相对而言,虽然闽广移民也曾试图将烟草的种植传入江西西北地区,但并未获得很大的发展。在修水县的桃坪乡,有一命名为"烟篷下"的自然村,因为何姓祖先在康熙年间从广东迁入时植烟为生而得名。此外则不见有其他的记载。

广信府的情况则颇为不同。广丰县的烟叶最负盛名,"浦(城)出名烟而叶实藉于(广)丰"⑤,广丰实际上成了福建浦城名烟的一个原料产地。上饶县植烟稍迟于广丰,有记载说:"烟,向惟盛于广丰,今山农亦有种者。"⑥烟草加工业也随之发展起来。清代中期,玉山县烟厂已有相当大的规模,"夫淡巴菰之名,著于永丰,其制之精巧,则色香臭味莫与玉比,日佣数千人以治其事,而声价驰大江南北"⑦,形成很大规模的手工工场。厂主也多来自福建,"闽人之来玉者,率业此起家"⑧。

4.苎麻

明清时期,是江西夏布业的兴盛阶段,苎麻种植与织造夏布相互为用,普遍发展起来。其中江西南部诸县,多种植苎麻。宁都州"风俗不论贫富,无不绩麻之妇女。乃山居虽亦种苎,而出产无多"。所谓"绩麻",即用手指撕碎麻皮,使成较细之长条,再逐条接起来,即为"绩"。"绩绩"就是手工剖析麻纤维使成麻丝,绕扎成束腰圆球,供织夏布,或拿到市场上出售。"敏者一日可得绩三四两,钝者亦可得一两以上"⑨。

---

① 《宁都直隶州志》卷十二《土产》,道光四年刊本。
② 《兴国县志》卷十二《物产》,道光四年刊本。
③ 《雩都县志》卷十二《土产志》,道光六年刊本。
④ 《大庾县志》卷四《物产》,乾隆十三年刊本。
⑤ 《广信府志》卷二《地理·物产》,乾隆四十八年刊本。
⑥ 《上饶县志》卷十二《土产》,道光六年刊本。
⑦ 《玉山县志》卷十二《土产志》,道光三年刊本。
⑧ 《玉山县志》卷一《地理志·物产》,同治十二年刊本。
⑨ 《宁都州志》卷二十《土产》,道光四年刊本。以上引自许怀林《江西史稿》,第549页。

苎麻在江西西北山区也多有种植。顺治初年,袁州郡守施闰章在其诗中说:"闽海多流人,江甸多荒田……种蔗复种苎,地利余金钱。"①又说:"山陬郁郁多白苎,问谁种者闽与楚……剥麻如山召估客,一金坐致十石黍。"②估客即麻商,亦可见苎麻是这一地区主要的商品性作物。万历末年随流民迁入而兴起的苎麻业,在清康熙十八年以后随着闽籍移民的被驱逐而衰落。时人指出,宜春"迄今种麻之棚,荆棘成林,种麻之丁,一足乌有。流民断不可以复招,土民不谙于耕山,此麻棚已废,万难复兴者也"③。

由于驱棚政策的影响,再次进入的移民很少重新进入宜春县北部,而是向万载及其北部诸县迁移。尽管如此,万载县的苎麻生产,也没有能够恢复到明代末年的水平。以上文所述万载县西北部的天井埚地方,明代是麻、靛产区,但在康熙二十二年的《万载县志·物产》中的"苎麻"条下,竟注有"今无"二字,可见在闽人被逐以后苎麻业衰落的程度。总体而言,虽然雍正、乾隆以后宜春、万载诸县的苎麻种植有所恢复,但数十万流民从事商品麻、靛生产的情况已不复重现了。与此同时,毗邻的湖南省浏阳一带的抗清棚民未遭驱逐,他们受招垦殖,苎麻业得以继续。嘉庆《醴陵县志》称:"苎麻,山民以种麻为本业",可见苎麻生产的中心已转移至浏阳、醴陵一带。

苎麻也是广信府移民的主要经济物。康熙年间,"铅山多流民艺麻,棋布山谷"④。他们应是"至铅开垦"的"闽人"⑤。玉山县的记载是,"闽建来玉多以种苎为生"⑥。"闽"指福建,"建"指本省建昌府,实指南丰移民。在广丰县东北部的大南乡,地名志的资料显示,清初来自南丰的移民以种麻为生,搭棚栖息,冬回原籍,春来广丰,以后逐渐定居。在上饶县北部山区的苏桥乡,居民大都是福建和江西南丰人,开始来种麻山,尔后逐渐迁入定居。至乾隆年间,广信府的苎麻生产已颇具规模。

5.其他经济作物

花生是江西南部重要的经济作物之一,是从粤北经南康县传入这一地区

---

① 施闰章:《施愚山先生全集·诗集》卷八《流人篇》。
② 施闰章:《施愚山先生全集·诗集》卷十九《麻棚谣》。
③ 《宜春县志》卷十《田赋》,道光三年刊本。
④ 《瑞金县志》卷二《物产》,乾隆十八年刊本。
⑤ 《宁都直隶州志》卷十二《土产》,道光四年刊本。
⑥ 《龙南县志》卷二《物产》,道光六年刊本。

第三章
闽广移民的进入与清前期江西农业经济的发展

的。康熙年间,南康县"落花生,种宜瘠土……二物(花生与蔗糖)行远而利薄"①。乾隆初年有记载说:"向皆南雄与南安产也,近来瑞之浮四人多种之,生殖繁茂,一亩可收二三石,田不烘而自肥,本少而利多。"②后又传入宁都,"州治近来种植者亦多"③。龙南县此时也开始种植,"邑境西沙所种,胜于他处,称西河花生,贩运亦广"④。

花业也是赣州府的重要经济作物。有记载说:"兰花出闽中者为最,其次莫如赣,种类不一,四季皆花,为江淮所重。舟载下流者甚多,赣人以与获利。"⑤在瑞金,"近有以种兰为业者,每盘约值一金",兰花多用以制烟,"闽人曝其花粉之入烟,名兰花烟"⑥。除兰花外,还有"茶花、茉莉皆产自粤,赣人与蕙兰并种以资生计","茉莉花赣产最盛,有专业者,圃中以千万计。舟载以达江淮,岁食其利"⑦,也应当是粤籍移民活动的结果。

二、番薯、玉米的种植

根据各种地方文献的查考,江西南部地区少有种玉米充当粮食作物的习惯,所种代粮者,仅为番薯一项。康熙《石城县志·物产》的记载,番薯是闽籍移民从福建引种的。在东南部的瑞金、安远、龙南等地都有较大面积的种植。在大庾县,乾隆年间因大量种植经济作物引起粮食紧张,始有人种植番薯,"但未得其法",县令余光璧遂"出示告以种法",但收效似乎不大。只有在吉安府的龙泉县,乾隆年间"山中种植更广,可充粮食"⑧。到清代中后期,番薯成为江西南部山区广泛种植的重要农作物。

江西其他地区番薯与玉米的种植情况略有不同。其中赣西地区的番薯也是由福建移民传入。在万载县,番薯"乾隆初来自闽广,土人种之以代饭"⑨。在江西东北的贵溪县,"先无此,近年得闽种,种者始多","有昔无而今盛者。番

---

① 《赣州府志》卷二《物产》,乾隆四十七年刊本。
② 《瑞金县志》卷二《物产》,乾隆十八年刊本。
③ 《赣州府志》卷二《物产》,乾隆四十七年刊本。
④ 《龙泉县志》卷十三《风物》,乾隆二十七年刊本。
⑤ 《万载县志》卷十二《土产》,同治十一年刊本。
⑥ 《瑞金县志》卷二《物产》,乾隆十八年刊本。
⑦ 《宁都直隶州志》卷十二《土产》,道光四年刊本。
⑧ 《龙南县志》卷二《物产》,道光六年刊本。
⑨ 《赣州府志》卷二《物产》,乾隆四十七年刊本。

薯,出西洋,闽粤人来此耕山者,携其泛海所得苗种之,日渐繁多,色黄味甘,食之疗饥,可以备荒,历今三十多年矣"①。据此推算,传入的时间当在乾隆初年。

江西西北地区的玉米大规模种植见于北部山区,即湖北移民区。乾隆年间的武宁县山区,"玉芦种自蜀来,近有楚人沿山种获,其实如豆,春熟治饭,亦可酿酒"②。楚籍移民耕山时,"火耕旱种,百锄并出","掘尽山头枯树根","打鼓高陵种玉芦",且种于山地之陡坡,"鸦锄掘尽崖根上,绝壑时闻坠石声",由此而造成北部山区大面积的水土流失。记载说:"自楚来垦山者万余户,嶙峋密崿,尽为所据,焚树掘根,山已童秃。"③"棚民垦山,深者至五六尺,土疏而种植十倍,然大雨时行,溪流湮淤,十余年后,沃土无存,地力亦竭,今太平山、大源洞、果子洞诸处山形骨立,非数十年休息不能下种"④,足见水土流失的严重。

玉米也传入了广信府。乾隆《广信府志》云:"近更有所谓苞粟者,又名珍珠果,蒸食可充饥,亦可为饼饵,土人于山上种之,获利甚丰。"在玉山县,"种于山者曰苞粟,山民半年粮也"⑤。与江西西北山区不同,玉山县北部山区的玉米种植,多采取林粮间作的方式:第一年在山坡上伐树,烧荒,下种,收获后垦山;次年在玉米地上植杉苗,仍种玉米于其间;三年间种油桐于杉林间,仍于其中种玉米;第四、五年,桐子树分权结子,不种玉米;两三年后,伐桐树,杉木也基本成林;若干年后,又周而复始。垦山的方式也很特殊,多采用"戴帽穿靴"法,即山头树木不伐,山脚植被保留,据称此法可以较好地保持水土。江西东北部山区的水土流失不似赣西北那样严重,原因可能即在于此。

第四节 林业与渔业的发展

一、经济林木的广泛种植

清代江西境内的经济林木,主要有油茶、桐、漆、杉、竹等。南安府境内,"利

---

① 《瑞金县志》卷二《物产》,乾隆十八年刊本。
② 《赣州府志》卷二《物产》,乾隆四十七年刊本。
③ 《龙泉县志》卷十三《风物》,乾隆二十七年刊本。
④ 《武宁县志》卷十《风俗》,乾隆五十一年刊本。
⑤ 《玉山县志》卷十一《地理志·物产》,同治十二年刊本。

第三章
闽广移民的进入与清前期江西农业经济的发展

之薄者,竹木外,有茶、桐、柏三木之脂"①。乾隆《赣州府志》卷二《物产》则这样记载:"茶、桐二油惟赣产佳,每岁贾人贩之他省,不可胜计。故两关之舟载运者络绎不绝,土人一大出产。"康熙《石城县志·物产》也记载:"赣田少山多,向皆荒榛丛樾,近年闽人赁土耕锄,石邑下水颇多。初开垦时,桐子、茶子二树并植,桐子一年即荣,三年茶树长茂,则伐桐树。"这一带油茶的种植与烟草加工业颇有关系。如瑞金,"又制熟烟,必得茶油为用,瑞故产油之地,故漳泉之人麇至骈集,开设烟厂"②。根据近人的调查,瑞金县的油茶老区有二,一分布于西部丘陵地区,一分布于东南山区。前者是清末发展起来的,后者则为上文提及的闽广移民集聚区。③

在兴国县,"兴之山阜向植杉木,安徽客贩多采焉,木去地存,闽粤流民侨居,赁土遍种茶子……吴中尤争购焉"④。至道光年间,"若茶不结实,则为歉岁"⑤,由此可见油茶生产在兴国山区经济中的地位。油茶业也是龙泉县(今遂川县)闽广移民的主要产业。有诗为证:"油寮水碓杉皮篷,篷下提油妇趋翁。今年木梓贱如土,六月六日天无风。赁土开荒客籍繁,年年棚下长儿孙。辛勤满叶仓箱咏,闽广湖湘共一村。"⑥在江西南部乃至中部各县的调查表明,直到今天,其油茶林的分布仍与闽广移民的分布大体吻合。

在袁州府属县份,油茶栽培的历史较长。正德《袁州府志·土产》已经指出:"茶子树,冬花,子可作油",只可惜无栽培方面的记载。江西西北的武宁县油茶种植时间较晚,到康熙方志中始见记载。道光以后,对各县油茶种植的记载丰富起来。如万载县,茶油"摘茶树核榨之,出二、三、四区,商贩皆聚楮树潭"⑦。在靖安县,道光初期的记载是:"邑人近争种茶子……榨其仁以取油,计一邑所产,岁取值逾十万缗。"⑧由此看来,上述诸县的油茶经济林似乎是在嘉庆、道光年间形成的。

广信府的油茶、油桐、漆树等经济林木,也是闽省及其他省籍移民垦殖的

---

① 《南安府志》卷二《物产》,同治七年刊本。
② 《瑞金县志》卷二《物产》,乾隆十八年刊本。
③ 佚名辑:宣统《江西农工商矿纪略·瑞金县》。
④ 《兴国县志》卷三《物产》,乾隆十六年刊本。
⑤ 《兴国县志》卷十二《物产》,道光四年刊本。
⑥ 杜一鸿:《龙泉竹枝词》,《龙泉县志》卷十三《风物》,乾隆二十七年刊本。
⑦ 《万载县土著志·物产》,道光二十九年刊本。
⑧ 《靖安县志》卷三《食货志·物产》,道光五年刊本。

项目。乾隆《广信府志·物产》称:"桐子、木子树皆可为油,上饶、兴安所出,较旺他邑。闽人种山者多资为生计。漆……种来自闽,七邑皆出,品视袁州稍劣。"清前期这一地区的经济林规模很大,其产品成交动辄以万斤计。如"玉山俞敬德……尝储皮油(即桐油)万斤,商某求售,议价六百金"①。又如记载"货无他奇,惟茶油、菜油与时低昂"②,已经是完全商品化的林产品。

油茶、桐、漆之外,江西各府县还有着极为丰富的木、竹资源。吉安府龙泉县就是一个著名的杉木产区。同治《龙泉县志》记载:"龙(泉)故多荒棘,康熙间,闽粤穷民知吾泉有山可种,渐以只身入境,求主佃山,约以栽插杉苗,俟成林时,得价而均之。"可知此时的人工栽杉,亦与闽广移民的山区开垦直接相关。

江西南部的造纸业发展极为普遍,南安府、赣州府及宁都州都有。崇义县土纸生产自乾隆发展至道光,进入兴旺时期,纸棚有700多个,产品以磨头纸为优,是外销的大宗商品。宁都的墈坊、西甲、树溪、小布等村,竹山遍野,农民"皆伐初生未成竹之苗作纸"。兴国县出产竹纸、连四纸、绵纸、草纸等,竹纸洁白细嫩,连四纸白而长大,都是文化用纸。③

在袁州府属山区,气候温和,雨量充沛,竹林资源极为丰富,从而为各种土纸的生产提供了条件。闽广移民迁入后,土纸生产得到了很快的发展。其中万载县的土纸生产,以西部山区为中心,是闽广移民赖以为生的主要生产项目。清代前期,时人描述道:"棚栅连络百十里,侨民资竹纸以生",其山场佃自土著,"岁赋主息十之一"④,租额甚低。乾隆《袁州府志》也记载万载所产的表芯纸,"视他土为良","通行南北,商贾皆骤"。

宁州的纸业中心在铜鼓,与万载县西北部的纸产区连成一片。道光《义宁州志》记载:"有火纸、花笺纸、表芯纸、疏纸、谷皮纸、土棉纸、硬壳纸,出武乡。火纸、花笺、表芯,各槽岁出万肩。"武乡即后来之铜鼓。铜鼓纸业又以排埠乡为最。而排埠乡又是铜鼓外来移民最集中的地方。奉新县的纸产区在其西部山区,也是移民聚集区。道光五年《奉新县志》称:"奉新火纸之利,远通江淮。"

在广信府的铅山县,纸业生产也是福建移民的主要产业。该县"四山之民,

---

① 《广信府志》卷九《人物》,同治十二年刊本。
② 《玉山县志》卷十二《土产志》,道光三年刊本。
③ 转引自许怀林《江西史稿》,第557页。
④ 李荣升:《邓公岭经行记》,《李厚冈集》卷十四,清嘉庆二十年刊本。

第三章
闽广移民的进入与清前期江西农业经济的发展

多煮竹焉"①,"食其力者十之三四焉"②,从事纸业生产的人口几已达到全县人口的三分之一,说明铅山的土著也卷入纸业的生产。又有记载说,康熙年间,铅山县仅南部石塘一地,"槽户不下三十余槽,各槽帮工不下一二千人"③。闽广移民之外,也有来自省的流动人口进入铅山从事造纸业。嘉庆《东乡县志·风土》中说东乡人"谋生之方不一,书肆遍天下,而造瓷器于饶州,造纸于铅山尤多。铅山,故岩邑,而纸厂为亡命渊薮,乌合者动以千计,主者患焉。然为役苦,非壮有力者不胜"。直到民国年间,东乡人仍是铅山纸业工人的主体之一,只不过他们春来夏归,秋至冬返,并未在铅山定居,这是他们与外省移民的不同之处。

二、渔政管理与渔业生产④

江西北部九江、南昌、南康、饶州四府地方,湖泊众多,历来是渔业经济较为发达的地区。其中鄱阳湖面积广大,延袤数百里,之外又有各种中小湖泊及深潭陂池等水体散布在广阔的鄱阳湖平原上,构成江西渔业经济的主要载体。而这些中小湖泊多为河流改道、裁弯取直等原因形成的"河成湖",水深一般较浅,营养度较高,故适宜鱼类生长,也使得这一地区的渔业经济较为发达。以下即从渔政管理与渔业生产两个方面进行论述。

1. 渔政管理

(1) 河泊所的创设与废置变迁

作为渔税征收机构——河泊所的设置,早在元代便已有之。但在全国范围内系统地设置,则自明初始。明朝建立后,曾诏令于全国各地水域包括沿海地区普遍设置河泊所,建立和完善了一整套严密的渔政制度。洪武十四年(1381年)至十六年间,中央差派有司下到各地方丈量水域、核定面积并编定渔课课额。据万历《大明会典》卷三十六所载,河泊所的设置遍及北直隶、南直隶、浙江、江西、湖广、福建、广东、广西、四川、云南共个10个省区62个府州。但明初设置河泊所时,对其水域面积、征课数额应达规模并没有一个确定的标准,故河泊所设置过多过滥。一些河泊所征课太少,或者渔利很少而所定课额过高,有

---

① 《铅山县志》卷八《杂志》,康熙二十二年刊本。
② 《广信府志》卷二《地理·风俗》,乾隆四十八年刊本。
③ 陈九韶:《封禁条议》,《广信府志》卷九《职官志·关隘·封禁附》,康熙二十二年刊本。
④ 学界对于中国内陆区域淡水渔业经济的专题实证研究,少有涉及。此处对于清代江西渔业状况的相关描述,系参考尹玲玲《明清长江中下游渔业经济研究》(齐鲁书社 2004 年版)一书中的相关部分的叙述。

司官吏申奏渔课难以完足。在此情形下，朝廷陆续诏令裁革课额过少之河泊所。征课太低的河泊所省并入他所收管，或由府州县税课局等有司带管。比如正统四年（1439年）五月，"革江西九江府德化县沙池、高头湖桑落州二河泊所，并其岁课于小池小江河泊所"①。又如正德十三年（1518年）十一月，地方官奏"江西彭泽县黄土港河泊所宜革，并其课程于仰天池河泊所"②。总体来讲，明代正统至天顺年间为裁革征课过少之河泊所的一个集中时期。其后直至正德前期河泊所设置较为稳定，正德末年情形则已发生改变。嘉靖、隆庆、万历三朝为一长时段的河泊所裁革时期，且裁革频率日益加快，裁革态势一直持续。时至万历十五年（1587年）《大明会典》纂修时，全国已只剩个103个河泊所。以后又陆续裁汰，至清康熙二十二年（1683年），全国仅剩下21个河泊所。③

（2）渔课的种类与名目

明清时期官方朝廷对内陆水域及沿海地区所征的渔税种类有人丁税、渔课钞、渔船税、渔盐税、鱼苗税、芦课等。以渔盐税为例，江西九江府湖口县明洪武年间曾设有逆沙夹河泊所征收渔课，其后虽河泊所已裁革，但课额仍存。据嘉庆《湖口县志》卷五《食货志》所载，其渔课、湖课均附于盐课条下，估计其中部分课额即为应缴纳之渔盐税。官府还在各鱼苗出产地设立的专门的鱼苗税。同治《九江府志》卷七《地理志古迹》记载，元代至大年间（1308—1311年）即在德安县南三进四十步设有鱼苗仓。明代则设有专门机构鱼苗厂，在嘉靖《九江府志》卷九《职官志·公署》中，鱼苗厂作为公署与各河泊所并列。清同治年九江府德化县有鱼苗税正课银76两、水脚银1.6两。④

各类渔课又细分成多种渔税名目，包括正课银、扛解银、水脚银、耗羡银等。有的细目是随着时间的发展而逐渐加增的。一般在前期税制之初，税目少、税制简单、税额低；后期则税目多、税制复杂、税额高。前期以正课银为主，扛解、水脚、耗羡等数额较小，占鱼税总数的比重较低；后期则后者亦增至较大比重。⑤

（3）渔业人户与户籍管理

明代前期，长江中下游地区包括江汉平原、洞庭湖平原、鄱阳湖平原、苏皖

---

① 《明英宗实录》卷五十五。
② 《明武宗实录》卷一百六十八。
③ 以上参见尹玲玲《明清长江中下游渔业经济研究》，第300—306页。
④ 参见《德化县志》卷十五《食货志·田赋》，同治十一年刊本。
⑤ 以上参见尹玲玲《明清长江中下游渔业经济研究》，第322—327页。

第三章
闽广移民的进入与清前期江西农业经济的发展

沿江平原以及长江三角洲上均有数量众多的大小湖泊,河湖水系密集。这些水域周围聚居着大量专门以打鱼为生的渔民。因而早在明初,政府便对各地水域专门从事渔业生产的渔民进行定籍,成立了专门的渔户户籍。渔户户籍与军户、匠户等户籍一样,属于世袭性质,且相对于其他户来说属于贱民。

明初所籍定的渔户遍及当时政区所辖各地有渔利之水域,包括内陆淡水水域及沿海海域。内陆淡水水域的渔户主要分布在长江中下游地区的江河湖泊,其中尤以湖广的两湖平原、江西的鄱阳湖平原、安徽的沿江平原及太湖流域为最多。比如江西省南康府府境内有钱家湖,"去县西南五里,以居者姓名";郭家湖"去县二十里,两岸多郭姓",显然是以湖两岸居民姓氏命名,这些居民亦极有可能是以打鱼为生的渔户。比如安义县,就有"九姓渔户"被宁王驱协参与谋反一事,以致朝廷下令对这些渔户进行编审,也从一个侧面反映了南康府各县的渔户人口绝不在少数。[①]明中后期,随着河湖的淤废、课税的增加,渔户逃绝流亡,渔民人口急剧减少,有清一代更是如此。

渔户的管理也有同民户里甲相似的一套制度,设有网首、小甲等。渔民以船为家,四时放棹于烟波风浪之中,在沉重的课税负担下最易于迁徙逃亡;据湖为盗、劫掠行旅的现象也时有发生,不利于官府税收及管理。因此,对渔户进行牌甲编审以便管理即成为较可行的办法。如江西南昌"府东境七里泷,有渔舟数百艇,时剽行旅",邑人万观"编十舟为一甲,令画地巡警,不匝月,盗屏迹"[②]。明代中叶,江西南康府安义县还发生过宁王驱协九姓渔户助其造反之案。有鉴于此,官府即对渔户进行严格而周密的牌甲编审,王守仁《行江西按察司编审九姓渔户牌》曾记载:

> 拘集(安义县)杨子桥等九姓渔户到官,从公查审,要见户记若干、丁计若干,已报在官若干、未报在官若干,各驾大小渔船若干,原在某处地方打鱼生理。著定年貌、籍贯,编成牌甲;每十名为一牌,内佥众年畏服一名为小甲;地方多寡,每五牌或六牌为一甲,内佥众年信服一名为总甲。责令不时管束戒谕,仍地原驾船梢粉饰方尺,官为开写姓名年甲籍贯住址及注定打鱼所在,用铁打字号火烙印记,开造印信手册在官……仍即通行南昌等一十三府及各州县一体查处编立牌甲,严加禁约施行、造册缴报查考。

---
① 转引自尹玲玲《明清长江中下游渔业经济研究》,第125页。
② 《明史》卷二百八十一《万观传》,中华书局1974年版。

由上可知,其编审内容极为详细。统计项目有渔户户数、渔丁人口、渔船大小及数量,从事渔业生产的水域。登记渔民人口的年龄、籍贯、相貌,然后将所登记的渔民编成牌甲。与里甲编审基本相同,每十名渔丁编为一牌,从中选出一名大家都信服的人为该牌的小甲。每五牌或六牌编为一甲,根据各个地方渔户数量的多少而定,从中选出一名众人都信任并服从其管理的为总甲。责令各小甲及总甲约束管理好辖下的渔户,在各自原驾驶的渔船船尾粉刷出一尺见方,其上注明户主的姓名、年龄、籍贯、属何牌甲、渔船住泊处及在何处水域打鱼,并用专门的铁铸模件在上面烙出特定的记号。另外再根据以上各项开具详细的印证凭信,编成手册,作为官府稽查的凭据。从调查统计到登记注册到编审管理的一系列程序都十分严密,可见其编审制度之严谨。基于此,通令江西全省包括南昌等13个府及其各个州县都按照这一编审制度编立牌甲,严令各级组织加以很好地施行,造成册籍级级上报,以便随时查考。虽然如此,渔户逃徙流亡的现象仍十分严重,江西南昌府五河泊所所辖渔户从明代初年到万历年间"虽渔户册籍如故,而岁久便逃绝影射,莫可胜言"。九江府湖口县逆沙夹河泊所洪武间有额户184家,后仅存50余家,消耗几达2/3,渔民岁苦于补绝。①

有清一代,对各地渔户仿照保甲法进行编审者多有记载。如江西鄱阳县居于湖滨,为盗贼所出没。清道光二十五年(1845年)安徽石埭人沈衍庆调任鄱阳知县,"编渔户,仿保甲法行之,屡获剧盗"②。渔户牌甲或保甲中选出的牌长、保长、甲长或称网首、催首、业甲、小甲等,其职任除协同官方管理渔民外,主要即负责征收各自所辖渔户应缴纳的渔业税贡。③

2.渔业生产

明代前期,鄱阳湖地区聚集有大量专门从事渔业的渔户,官府也在一些渔民集中的地区设有数量较多的河泊所进行渔业税的征收。由于各河泊所所辖湖池水域渔利甚丰,故所征的渔课税额也十分可观。河泊所的公署大多设在水滨的市场边,对渔船征收渔税,"公庭依水市,官税在渔船"④。所谓"水市",可能就是以鱼类贸易为主的鱼市。

九江府明初共设有9个河泊所,其中德化县5个,瑞昌县1个,湖口县1个,彭

---

① 参见《湖口县志》卷五《食货志·食盐》,嘉庆二十四年刊本。
② 《清史稿》卷四百九十一《沈衍庆传》,中华书局1977年版。
③ 以上参见尹玲玲《明清长江中下游渔业经济研究》,第360—367页。
④ 《南昌府志》卷六《地理志·市镇》,同治十二年刊本。

第三章
闽广移民的进入与清前期江西农业经济的发展

泽县2个。到正统年间,明廷以渔课征收数额规定河泊所的存留。成化以后,湖区水灾逐渐频繁与严重,沿江一带的彭泽县小孤山、湖口县上钟山、德化县封郭洲罗公池连续发生岸崩,九江府紧邻长江以南,湖泊接受泥沙淤积首当其冲,故最先淤浅、淤废。九江府的渔利也因之大为减少。所以九江府河泊所数量的裁革也最为剧烈,从明前期的9所降为明后期的3所。入清至乾隆以前,各河泊所虽已大多裁革,但其河泊所官仍然保留,管理额征渔课之事。到乾隆年间专管渔课的河泊所官也被裁撤,比如德化县,"乾隆四年(1739年)裁汰河泊所官,课归本府同知管理……",每年渔课的征收解发县库,入于地丁项下销算。①渔课课额大体照旧,只是均已折收银两。与明代前期相比,九江府地区的渔业经济虽然有所衰落,但仍具有相当规模。其渔业分布状况基本与明代相似,即以德化县最为发达,瑞昌、彭泽二县次之,湖口又次之。

德化县有鹤问湖、官湖、甘棠湖、小池湖、沙池湖、桑落湖等6个面积较大的湖泊,各湖均有渔利,清同治年间的渔课正银总数达800两以上。渔课原系河泊所经征,乾隆四年裁汰河泊所官后,渔课归九江府同知管理。六湖当中又以鹤问湖渔课数额最高,达255.58两,占全县比例的30%有余。②除以上六湖岁征渔课外,德化县还有鱼苗正课银75.9两、水脚银1.63两,系由九江府管理征收,其中正课银解送司库、水脚银发送县库。瑞昌县清代征收渔课的水体仍同于明代,包括赤湖裹湖、长江水尾、黄土塘、下巢湖四所水体。自清代前期至清代后期,瑞昌县的渔课额基本保持一致,如雍正年间和同治年间的数额均为无闰年征银293.62两,闰年加征27.02两,只是至后期采取归并划一总以地丁一条编征的方式。四所水体之中,以原设有河泊所的赤湖裹湖水体征课最高,每年达到240余两,占总课额的75%以上。③彭泽县清代征课的水体包括仰天池与黄土塘两处,岁征渔课共计276.26两。湖口县的渔户数量,明嘉靖年间已较洪武时期减少2/3以上,渔民苦于补绝,加上鲥鱼、螃蟹等各种名目的额外之征,更增其苦。崇祯六年(1633年),湖口知县刘延汉曾申请裁革逃绝课额并勒石刻碑于县治之前,但其实施状况如何,则不得而知。雍正九年(1731年),湖口县又有奉文带征南康府杨林河泊所之湖课。④

有清一代,九江地区湖心沙洲的淤涨一直不断,水体渐次萎缩,于是民人

---

① 参见《德化县志》卷十五《食货志·田赋》,同治十一年刊本。
② 参见《德化县志》卷十五《食货志·田赋》,同治十一年刊本。
③ 参见《瑞昌县志》卷二《田赋》,雍正四年刊本。
④ 参见《湖口县志》卷三《食货志·起运》,同治十三年刊本。

在新淤出的湖洲滩地上种植耕垦,时因利益分配问题造成争端而诉诸官府,前期未税之洲滩也转为后期按亩征租之熟地。同治十一年《德安县志》卷五《食货志·田赋》"湖课"条下就记载:乾隆五年左、胡、熊三姓构讼,奉断湖洲归官,共征租银629.4两。

南昌府的渔业主要集中在南昌、新建二县,明初共设港口、昌邑、邹子、赵家围、樵舍等5个河泊所。其中樵舍河泊所属于南昌本府管辖,昌邑河泊所属于新建县管辖,其他三所则归南昌县。明代前期,南昌府河泊所的渔课主要以课米的形式征收,后期则改为主要以钞银。万历年间,南昌府5个河泊所的渔课课额共计1881两(闰年),①而此一时期的商税不过501两,②前者约为后者的3.5倍,由此亦可见渔业经济的重要地位。清代乾隆后期,南昌府尚有额征渔课银共1662两,闰年加征141两,其征课水域"坐落南昌、新建、进贤三邑,名分五所,花户五千有奇。管业河湖地名,有数户共管一处,亦有一户兼管数处,所完渔课自一、二厘至四、五两、十两不等"③。其中港口所为南昌、新建二县共辖,邹子所辖属进贤县,其余三所均辖属于新建县。各河泊所岁征额数"从无升科,亦无荒缺。每年奏销时全数起解藩库。此项课银从前系同知经理,后设所书二十一人赴乡征收。雍正五年署府吴守查出所书侵蚀,详请革除所书,归于府署,设柜经理,其花户征册亦始于是年编造"④。从万历与乾隆两个时期南昌府渔课额数对比来看,从明至清,南昌府的渔业生产尚能基本维持原状,没有明显的下降趋势。

南康府辖星子、都昌、建昌、安义4县,明初共设两个河泊所,其中一个较早即予裁革;另一所即为杨林河泊所,属于南康府管辖。从正德《南康府志》卷五的相关记载来看,府属4县其他水体的渔课征收总和,也远远不及杨林河泊所一所的数额。至清雍正九年(1731年),杨林河泊所奉文予以裁革,其渔课由九江府湖口县带征。有闰月年份额征正银及水脚银75.245两,无闰月年份额征正脚银70.21两,同地丁银一体征解,其耗羡银两照数批解南康府,后奉文解交藩库。⑤至清同治年间,都昌县尚有数量颇为可观的渔课,其湖课额征正银219.11两,遇有闰月年份加征15.76两,每年随同地丁银奏销报解。①

---

① 参见《南昌府志》卷九《典制类·渔课》,万历十六年刊本。
② 参见《江西省大志》卷一《赋书》,万历二十五年刊本。
③ 《南昌府志》卷十三《民赋》,乾隆五十四年刊本。
④ 《南昌府志》卷十三《民赋》,乾隆五十四年刊本。
⑤ 参见《星子县志》卷三《建置志上·公廨》,同治十年刊本。

第三章
闽广移民的进入与清前期江西农业经济的发展

鄱阳湖边鸬鹚捕鱼船（梁洪生摄）

饶州府全境在明初只设有柴棚河泊所一所,隶属于本府。从洪武二十四年(1391年)饶州府各类课税记载来看,②饶州府征收的渔课钞全为柴棚河泊所办纳,其数量只略低于"商税门摊契税钞",而远高于其他房赁、窑冶等各类课钞总和,占总课税额的37%,可以大致反映渔业经济在其经济结构中的地位。明代中后期,柴棚河泊所管辖的水域部分淤废成田。有史料记载为:"嘉靖三十七年(1558年),议准饶州府属额收课,柴棚局河泊所长港田另召人户承佃纳课,仍于旧额银加征二倍,以三分之一征解送淮府,其二分并全额课银贮饶州府库听用。"由此可知,柴棚河泊所所辖水域或有部分淤积成长港田一类的洲地,召人户承佃耕垦,其课额为原来租额的3倍。③

此外,江西九江处于鄱阳湖与长江的交汇之地,是天然的鱼类繁殖产卵场地,因而自古以来便是长江中下游地区最大的鱼苗生产基地和贩运集散地。④南宋宁宗嘉泰年间(1201—1204年)编修的《绍兴府志》就曾说,绍兴、诸暨以南大片地区的大户人家,都从当时的江州(即今九江)鱼苗贩子中买苗种凿池养

---

① 参见《都昌县志》卷五《食货志·杂税》,同治十一年刊本。
② 参见《饶州府志》卷一《税课》,正德六年刊本。
③ 参见尹玲玲《明清长江中下游渔业经济研究》第128页。
④ 以下参见尹玲玲《明清长江中下游渔业经济研究》第129—130页,又见尹玲玲《明清长江中下游地区鱼苗生产与贩运》,《史学月刊》2002年第10期。

鱼。早在元代至大年间(1308—1311年),德安县南曾设有"鱼苗仓"。明代的九江府又设有专门机构——鱼苗厂以征收鱼苗税。在德化县溢浦门外龙开河渡口,鱼苗厂作为公署,与各河泊所并列。鱼苗厂西有大量居民聚居成"鱼苗厂巷",又称"鱼苗街",路通溢浦港,估计大多以鱼苗孵化及贸易为业。明人有诗为证:"闻君凿池种鱼子,远注浔阳一泓水。春风昨夜化灵苗,中有十万横波尾。"此处的"浔阳一泓水",是指长江流经九江府北部的一段,又称"浔阳江",由此亦可见当时鱼苗孵化的规模与数量。

九江一带鱼苗孵化规模很大,于是产生了专门以捕捞鱼苗为生的渔民群体——"涝户"。明代的陆深《俨山外集》就曾经说道:

> 今人家池塘所蓄鱼,其种皆出九江,谓之鱼苗,或曰鱼秧,南至闽广,北越淮泗,东至于海,无别种也。盖江湖交汇之间,所蕴所钟。每岁于三月初旬,挹取于水。其细如发,养之舟中,渐次长成。亦有盈缩,其利甚广。九江设厂以课之,洪武十四年,钦差总旗王道儿等至府编签渔人,谓之"涝户"。

据此可知,江西九江一带有一独特的渔民群体,他们专门以捕捞采集并培育鱼苗为生。明洪武十四年,朝廷官府专门派钦差总旗王道儿等人前往九江府编定签发这一渔民群体,并把他们称为"涝户",意为专门于江湖中以捞取鱼苗为生的人户。每年三月上旬,涝户们于江湖交汇之水流捕捞鱼苗。鱼秧刚上水时,细如发丝,涝户们即于舟中培育。"南至闽广,北越淮泗,东至于海",讲的正是这一时期九江鱼苗的长途贩运情况,及其在当时各地淡水养殖业中的重要地位。这一情况,入清以后依然不改,同治《湖州府志》卷三十三《舆地略·物产下》就有如下记载:"鱼苗出九江,曰'鱼秧',春间以舟由苏(州)、常(州)出长江往贩,谓之'鱼秧船'。"

第四章
清前期江西城镇与农村市场的发展及商贸格局

自康熙朝开始,随着国内形势的逐渐稳定,加之政府采取招垦等一系列措施,江西社会经济开始缓慢恢复,商品交换日趋活跃,促进了城镇和农村市场的繁荣。清前期江西城镇的发展,首先体现在以南昌、九江为代表的中心城市对战乱破坏的修复和建设,其城市发展进入一个新的历史阶段。除了继续拥有行政和军事等功能外,这些中心城市在一定程度上还具有商品中转码头的作用,经济、文化的功能也日益增强。其次是出现了一批专业化较强的市镇,其中以号称"四大镇"的樟树镇、河口镇、景德镇和吴城镇最具特色。它们不仅具有繁盛的商业贸易和较高程度的专业化生产能力,还对周边地区形成很强的经济辐射,并在全国市场流通体系中占据重要一席。与此同时,随着越来越多的农产品进入交易领域,江西农村市场出现了繁荣景象,墟镇数量日益增加,商业化程度不断提高,集期逐渐频繁,农村市场网络得以形成并逐步完善,不同层级和类型的市场在商品流通过程中相互联系,形成一个有机的市场体系,促进了江西经济与外部世界的交流与互通。至清中叶,江西农业种植更为专门化,农产品大量商品化,全国范围内的区域性生产分工和商品交换发展到一个新水平,江西形成以传统的粮食、苎麻及夏布、烟叶、木材等大宗农副产品与周边省份换取紧缺的棉花(棉布)和食盐的基本商贸格局。

随着农村市场商品流动频率的提高,市镇人口的流动加快,人口构成日益复杂,加之市镇多处要冲,因而成为地方官府加强管理的重点。清前期江西农村墟市的管理机构,主要由官方的进驻机构、牙行和牙人及乡族组织构成,市场管理体制呈现更为多元的趋势。这一特征,既是清前期江西商品经济发展的必然产物,又是地方政治结构变化的结果。在这个管理体系中,民间文化往往也具有重要功能。许多庙会与地方墟市互为一体,承担墟市管理职责的既不是宗族,也不是行会,而是围绕某个神灵而形成的会社组织。一些神庙活动被人们用来维护市场秩序。

第一节
中心城市的发展

一、南昌城的建设与经济的扩张

清前期的南昌城,不仅是全省的军事和政治中心,也是一省的文化和教育中心,同时还具有相当高的经济职能。因此,南昌城市的发展,主要表现在城垣的修建、人口的增长、城市贸易的繁荣以及教育的复兴等方面。

1.城垣的修建与城内建筑的增加

南昌城自筑建以来,历史上经历了多次修复。至明代,戍守南昌的朱文正再次改建南昌城,将西城墙内移三十步,废去五座城门,同时挖掘、疏通护城河,以利于城市防守。改建后的南昌城有广润、德胜、章江、顺化、惠民、进贤、永和等7座城门,城周14里,成为一座较为完备的古城。清前期南昌城在承袭上述格局的基础上,对城垣进行了多次修整。顺治十五年(1658年),江西巡抚张朝璘疏请捐修城垣。康熙四年(1665年),江西巡抚董卫国再次重修了南昌城城垣。康熙十八年,章江门外发生大火,三百余户居民的房屋被烧毁,为此新建知县杨周宪以"商贾辐辏、商铺逼近官街"为由,令各商铺退出两三尺,设置火巷以防火灾。康熙五十三年和康熙六十一年,又分别重建了德胜门和广润门。雍正七年(1729年),江西布政使李兰重建了章江门城楼。雍正十三年,新建知县邸兰标修理了该县所属的城垣。乾隆七年(1742年),广润门城楼又被毁,巡抚陈宏谋、布政使彭家屏清查城中各商铺所占街道,并扩修火巷以备火灾。乾隆十九年,南昌县所属城垣因广润门城楼被焚,对发生坍损的城墙进行了一次较大规模的修理。乾隆二十四年,又在此基础上做了小范围的粘补。新建县则先后在乾隆二十四和乾隆二十六两年对所属的城墙做了修理。至乾隆四十六年,江西巡抚郝硕动用公项银一万四千八百余两,令署南昌知县龚

第四章
清前期江西城镇与农村市场的发展及商贸格局

珠、新建知县邱堂分领，对所属城垣做再次修补。经过多次修整，南昌城城周达两千六百六十丈，约十四里余。①

南昌城作为江西全省的政治中心和南昌府治、县治所在地，集中了抚院、布政使、按察使、学政等各级官员的衙署。其中巡抚部院署"在南昌县地方，东西大街中，明宁府子城内前宫遗址也"；按察使司署在抚院东，即宋漕台院元廉访使故址；抚标中军署在南昌县地方按察司署后大街；提督学政署在南昌县地方按察司署东，即旧副使道署；南瑞总兵署在南昌县地方广润门内万寿宫西北；镇标中军署位于南昌县地方惠民门仓巷口等等。清顺治九年（1652年），江西巡抚蔡士英对抚院进行了重修。嘉庆九年（1804年），巡抚张城基奏准将南瑞总兵署移驻九江，原南瑞总兵署改称为南昌城守协副将署。②

除了衙署建筑外，南昌城内还建有数量众多、规模庞大的坛庙、寺观、园林等建筑群。其中坛庙主要有进贤门外的先农坛、神祇坛，德胜门外的社稷坛和厉坛，棉花市府学大成坊左的关帝庙，府治东南的省城隍庙，百花洲东湖书院之右的刘猛将军庙，以及天后宫、顺济庙、黄泽庙、澹台祠、章江庙、龙沙庙、刘城庙等数十所庙坛；寺庙、宫观这些建筑，进贤门附近有总持寺、九莲寺、应天寺、望仙寺，顺化门附近有延庆寺、菩提寺、观音寺、佛头塔寺等等。③

清前期，随着南昌城内的湖津得到进一步的整治，南昌城形成了一个较为完善的排水体系。东湖也成为南昌城内著名的风景区，其沿岸的亭榭楼阁日渐增多，其中较著名的有望江亭、涵虚阁、东湖亭、褒贤阁、东园等等。康熙二十五年（1686年），江西巡抚安世鼎重修东湖南洲的讲武亭，并在亭旁建了一座寺庙。康熙二十七年，又将此寺庙改修为亭榭，并新建了一座直通讲武亭的石桥——百花桥。康熙四十三年，又将讲武亭移建于南洲尾的假山上，后更名为"冠鳌亭"。乾隆十二年（1747年），巡抚岳浚重修该亭，并刻"百花洲"三字于大青石上，亭榭题名为"水木清华之馆"。此后，历任江西巡抚又多次组织民力修整，并在附近的空地上先后建筑起诸多楼阁和游廊，使百花洲便成为南昌城内居民游览的胜地。④

清前期南昌城还新建了养济堂、养济院、育婴堂等一系列公共设施。早在

---

① 参见《南昌府志》卷九《建置志之城池》，同治九年版。
② 参见《南昌府志》卷十《建置志之官署》，同治九年版。
③ 参见《南昌府志》卷十三《典祀之祠庙、寺观》，同治九年版。
④ 参见《江西通志》卷一百一十四《胜迹略之署宅》，光绪七年版。

康熙年间,在进贤门外修建了育婴堂。堂内有乳妇60名,额外8名。其每年的经费除省库发给的津贴银600两外,还在南昌县征收田租,发给乳妇银140两、米260石。雍正二年(1724年),又在进贤门外欧家井设立了养济堂。该堂有房屋142间,收容老人400余名。乾隆年间,该堂又于街西增建房屋50间,收容人数增加百名。另外,在南昌城进贤门外塔下寺后面,还建有养济院。该院收容孤贫219名。除以上所述之外,还有其他大大小小数所普济堂、育婴堂分布于南昌市内。①

2.人口的增长与经济的扩张

明清易代之际,南昌城一度成为清军与反清力量交锋的中心。战乱中,城内大量居民纷纷外迁,所谓"邑人避居他去者,不啻万计"。尤其是金声桓盘踞南昌城时所采取的"凡年十五以上及有病未与告反及诬宦闽者辄杀之"的政策,以及清军攻占南昌之后的屠城,使南昌城内的人口数量迅速下降。至清康熙时期,随着战乱的平定,南昌城内的居民方陆续增加。虽然因各种原因,我们无法得知南昌城内人口的具体数目,但无论是从全省范围来看,还是就南昌一府而言,人口的快速增长已是不争的事实。据统计,从顺治十年(1653年)到咸丰元年(1851年),江西全省人口增加了12.6倍,由194万余增至2451万余。从清康熙二十一年至咸丰元年,南昌府8(州)县人口从2350564人增至4743454人,净增2392890人。②而南昌城作为省、府、县三级行政中心和区域市场中心,更是吸引了为数众多不同阶层的人口。

随着人口的增加,南昌城市的经济也日渐繁盛。无论是手工业和商业,还是港口运输都呈现一派上升的势头。清前期南昌城的手工业主要有刻书业和土布的生产。顺治年间,官刻书业发展较快,刻印了《本草纲目》、《滕王阁集》及《重编滕王阁诗文汇集》等。康熙年间,民间刻书业也有了一定的发展。康熙二十六年,新建人陈玫刊刻了其祖陈弘绪的《陈士业先生全集》。至于土布的生产,是南昌城一项较为传统的手工业。有史料记载,在南昌地区"乡村百里无不纺织布之家,勤者男女更代而织,鸡鸣始止。旬日可得布十匹,赢利足两贯余。耕之所获不逮于织。耕以足食,织以致余"③。由此可见,南昌土布生产的兴盛。

---

① 参见《南昌府志》卷十二《建置志之坊表》,同治九年版。
② 参见许怀林《江西通史》,江西高校出版社1998年版,第537页;张敏《清代南昌城市经济发展与转型研究》,四川大学硕士学位论文,2007年,第8页。
③ 《南昌县志》卷五十六《风土志》,民国24年版。

第四章
清前期江西城镇与农村市场的发展及商贸格局

由于此种布具有坚韧强固、耐洗涤、硬挺平直、透风避暑、光深洁白、不黏体等特点,被人们视为夏季服装的至上之品,称为"夏布"。清前期南昌城的夏布生意十分兴旺,设布店经营者有二十余家,大都集中于翘街街。此外,南昌城内的手工生产,还是锡箔业和铁器制造等行业。城内的赵公庙前街,由于集中了诸多铁铺作坊,故又被称为"铁街"。

清前期的南昌城,还是全省土产、百货的集散和转运中心市场,形成了几大贸易区。城内的进贤门一带,为官商经陆路往来南昌的重要通道,是当时的闹市区。据称,当时政府为防止闹市区内人多物杂引起火灾,还在绳金塔下铸大铁鼎贮水备灭火之用;濒临章江的广润门和惠民门,则是土产和百货屯集、批发、转运之地,所谓"百货转运经省城者,皆于此屯发"。故而这一带常常是商船樯比,车如流水,人们摩肩接踵,贸易十分繁盛。城内的大商号多集中在蓼洲街、直冲巷、河街一带。城里最繁华的街道,则数洗马池和中西大街。塘塍上、带子巷、磨子巷、棉花市、合同巷是百货业汇集之地,经营各式各样从外地流入江西市场的商品。金银珠宝都集中在翠华街。文化用品如纸墨文具和书籍等则在书院街和戊子牌一带。永和门、顺化门附近,成为郊乡农民来城集市的地方。

随着南昌城市商业的发展,以行帮和牙行为代表的商业组织也相应发展起来。大量南来北往的客商,以各自地域组成不同行帮组织,如广东帮、河南帮、上海帮、宁波帮、浙江和杭州帮、扬州帮、福建帮、湖南帮、徽帮等。其中以徽帮在南昌城内的势力最大,各行各业都有大户。如绸布业的新盛、大隆,南货业的信茂、怡大兴,钱庄业的元升恒、盐业的朱家,等等。除了外省行帮外,江西省内也有靖安、吉安、建昌等各地行帮聚集于南昌。这些来自省内外的行帮,都在南昌城内设有联系乡谊、交流商情的会馆。城内的牙行主要分布在沿江路、水果街、米市街、棉花街、油行街、猪市街一带。有蔬菜、生猪、耕牛、禽蛋、水产、水果、米谷、棉花、纱布、食油、茅竹、木材、煤炭、柴炭等14个行业。

清前期的南昌城,也是江西全省粮食运销的集散中心。每年全省各地的漕粮都在南昌完成集并任务,由赣江入鄱阳湖,而后转道长江下游,经淮扬运河,逾黄河,入临清运河转北运河、白河,沿途经过安庆、扬州、淮安、临清、天津等港口,最后到达目的地通州港,共2200多公里。漕粮起运之前,列队布阵,吹号鸣锣,盛况空前。清雍正时任江西督粮道道台的高锐,记载了当时南昌港出运漕粮的盛况:"每当起运之时,通省漕船七百余艘,后至于章门(今南昌港章江门码头),征书告集,刻日起行,笳吹既发,钲号无停,棹夫奏功,帆力齐举,联樯接舻。按部列次,以整以暇,晨夕应时。盖自章门以入于湖。由湖口出大江,顺流东下,以达于淮,逶迤二千余里。"①除漕粮之外,江西省内大量的生猪、木材以及其他农副产品,也通过南昌港口运销上海、杭州、广州、汉口、南京等地;外来的纱布、食盐与各类杂货,亦经南昌转运到全省各地。不过,由于此时江西贸易的繁荣,主要得益于过境贸易。而这一贸易的南北两点又为吴城和赣州所占据,樟树则居于两点之中,因此,直至九江开埠之前,南昌在全省市场体系的地位,并未与其在政治上相对称,其对江西广大城乡经济的辐射力尚未充分展现出来。

此外,清前期南昌城的教育也经历了一个逐渐复兴的过程。明代以来,南昌城的教育有府学、县学、社学等各级组织。明末清初,这些教育组织因战乱一度趋于衰败。但是,从顺治朝(1644—1661年)后期开始,在官绅的共同努力下,这些教育机构大多得到恢复。同时,为了培养科举人才,南昌城内的官绅还对书院进行了大规模的整修,并对考棚进行了重建,从而使南昌府的科举事业达到了一个新的高度,取代吉安府成为江西十三府中科举考试最为成功的府郡。

二、九江关的设置与城市的繁荣

九江城自隋朝开始就一直是江西地方行政中心之一。尤其是明清两代,九江城不仅是府治之地,且地位比其他府治更为重要。明洪武九年(1376年),江西全省十三府又分为南瑞、九江、湖东、湖西、岭北等五道,其中九江道辖饶州、南康、九江三府,道治在德化县(即九江)。清代,广饶南九道(即广信府、饶州府、南康府、九江府)之治所亦驻在九江。这不仅使九江地方行政中心的地位更加巩固,而且也使九江行政中心的调控功能几乎扩展到了整个赣北地区。

九江不仅是行政中心,也是军事中心。它扼长江中下游交接之处,控江西赣江、鄱阳湖水系入长江之交,具有重要的战略地位。由魏晋至宋元,历代政府就分别设有都督、节度使、招讨使、镇守使等类军事长官,总揽本地区之军民事务。明代,鉴于"九江据省上流,牵制沿江州郡且与南康密迩,巨湖吞浸,实保境要害重关"的特殊位势,中央政府在九江设立直隶九江卫,作为当时全国政治中心——南京的重要藩辅之一,进一步强化了九江的军事角色。清代,九江城内设置了察院都府、兵备按察司、九江道、巡按署、推官署、通判署、检校厅、直

---

① 《江西通志》卷一《训典略》,光绪七年版。

第四章
清前期江西城镇与农村市场的发展及商贸格局

隶九江卫署、道标中军厅、九卫南署司、九卫北司、操江厅、九江递运所、司狱司、指挥署、千户署、卫经历、卫知事、卫镇署、所署、百户署、总旗署、仓大使等军事机构。①

　　征收关税也是九江城在清前期所扮演的角色之一。九江关始设于明代景泰元年(1450年)，由户部委官监收，关署建在府城西门外溢浦坊，成为全国八大钞关中唯一设在长江上的钞关。其征收船税的范围包括自长江中上游经九江至安庆以下各地的船只、自长江中上游经九江转入江西内河的船只、自长江下游上溯九江前往湖广川蜀的船只，以及自江西内河出江经九江前往长江中上游各地的船只。清雍正年间，政府为最大限度征收关税，又在距湖口40里处的大姑塘设立九江关分关，与九江关口共辖口岸10处。清代康熙、雍正年间，九江关关税定额为15.3万余两，乾隆初年增至32万余两，嘉庆年间再增至53.9万两。其实征税额，乾隆初年多在30万—40万两；乾隆末年为最高"每年征收税银约六十余万两"，最多达70余万两；嘉道年间则多在50万—60万两之间，成为清代长江各关中税收最高的权关。②在由九江经销的各项产品中，又以茶叶、瓷器、粮食、食盐几项最为大宗。此外，浙江的丝绸、两广的杂货，进入到南北市场，都要经过九江，九江成为长江沿岸最为重要的商品流通枢纽之一。

　　九江关的设立，对九江城市的社会经济发展产生较大影响。一是形成了商埠。早在明嘉靖时期，九江城周边就出现了小江市、杨家穴市、女儿港市等商业市镇。至清前期，这些商业市镇与九江城的关系日益密切，形成了以九江城为中心的市场网络。二是人口的增加。九江商埠形成后，吸引了大量的人口。明天启三年(1623年)，县治同在九江城内的德化县登记的人口数为20995。至清乾隆三年(1738年)，这一数字增至205999。道光元年(1821年)，再增至311242。三是城市规模的扩大。明嘉靖年间，九江府城内有5条大街、8条巷子，而府城外已有了3条大街和20条巷子。这3条大街与大部分巷子均在钞关附近的城西。到万历年间，葛寅亮开东作门，"商舟南北经渡"此地，东作门"亦开三街"，于是"城东列肆不减城西"。至清前期，九江城市规模进一步扩大，街道由明代的8条，扩展到19条。四是港口的码头得到一定程度的发展。清前期，九江港的木帆船停靠码头已经有数处：龙开河口，在九江府城西一里余。该港口两岸有石砌护岸，能避风浪，是九江港木帆船停靠的主要码头；溢浦港，在城西半里，西通

---

① 参见陈晓鸣《中心与边缘：九江近代转型的双重变奏》，上海师范大学博士学位论文，2004年。
② 参见许檀《清代前期的九江关及其商品流通》，《历史档案》1999年第1期。

龙开河,北通长江;濂溪港,在城南十五里,与龙开河相通,亦是木帆船停靠的一个重要停泊点;小江港,一名官牌夹,位于九江府城西五里许,有河汇于长江,水涨龙坑、赤湖等处,舟楫上下,皆泊于此;女儿港,在城东,临鄱阳湖,与大孤山相对,一港委曲,可泊舟楫。又陆通府城,四时贸易无异。嘉庆时期,官方又对龙开码头进行了加固修整,进一步方便了来往的商旅,也为九江城市经济的发展奠定了坚实的基础。①

总之,清前期南昌、九江等中心城市都有较大的发展,其功能也更为多元化,既是行政、军事要地,又是省内众多物品集散的码头。但是,必须指出的是,在一口通商时代,这两座中心城市的发展仍然有限,其军事与行政功能大于经济的功能。只是到九江开埠后,它们的发展才步入到一个快速时期。九江成为江西第一处直面西方列强的通商口岸,租界、洋行和西方文化等开始缓慢地揳入城市生活,并通过九江传至江西内地。九江城不仅成为江西的贸易中心,同时也是以上海、汉口为中心的长江流域市场网络组合的中介口岸。而南昌城除了行政地位不变外,还成为江西区域市场的中心和中西各种事物汇聚的焦点,并在各种因素作用下,开始了向近代城市转型。

第二节
四大商镇的专业化导向及其市场辐射

一、樟树镇的药材加工和集市贸易

樟树镇,隶属临江府清江县,介于丰城、新淦两县之间,隋朝开皇年间建镇,又名清江镇。明代,地方政府曾在镇上设立巡检署,清乾隆间裁撤,改驻临江府通判。明清时期樟树镇行政等级的提高,得益于其规制的不断扩大与经济的日益繁荣。

樟树镇经济的发展,与药材的加工贸易密不可分。早在唐宋时期,樟树就成为以药材贸易为主的墟市,在中国的东南地区渐有影响。明代以后,樟树的药业得到进一步发展,市镇经济日趋繁荣。明正德年间,樟树镇成为全国三十三个重要税课城镇之一。至成化年间,随着赣江与袁水交汇于樟树镇,当地的

---

① 参见陈晓鸣《中心与边缘:九江近代转型的双重变奏》,上海师范大学博士学位论文,2004年。

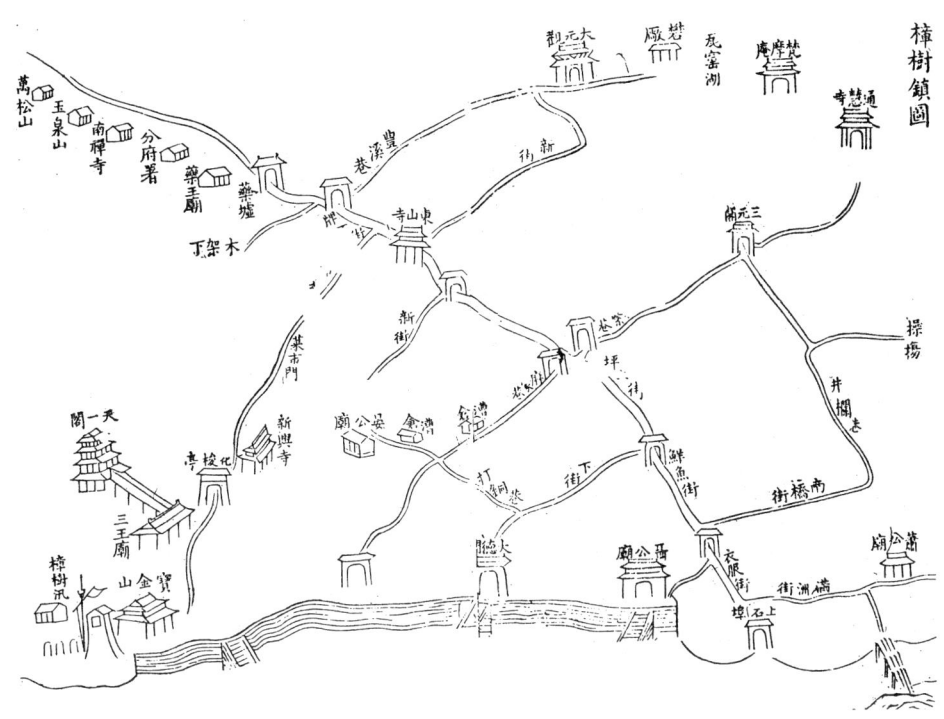

樟树镇图(载于乾隆四十五年修《清江县志》)

药业加工贸易更趋活跃,许多外地商人纷至沓来,"集于樟镇,遂有'药码头'之号",樟树成为全国性的药材贸易集散地。明万历时期,樟树镇已是"烟火数万家,江广百货往来与南北药材所聚,足称雄镇"。[①]

明末清初,樟树的药材贸易一度消退。至清康乾时期,樟树镇再度步入繁盛发展阶段,"商民乐业,货物充盈","山水环绕,舟车辐辏,为川广南北药物所总汇,与吴城、景德称江西三大镇","虽通都大邑,无以复过"。时人在一首诗中,这样描述樟树镇药市的繁盛景象:"水市章江岸,由来药物赊。丛珍来百粤,异产集三巴。鲍靓应频过,韩康或此家。何须乞勾漏,即此问丹砂。"[②]清道光年间,四川的附片、河南的地黄、湖北的茯苓、安徽的枣皮、浙江的白术、福建的泽泻、广东的陈皮、湖南的雄黄,纷纷总汇樟树炮制转运,樟树码头出现终年千帆林立,茶楼酒馆座无虚席之景象,许多外地的药业商人时常在镇上逗留三五月之久。

---

① 王士性著、周振鹤点校:《广志绎》卷四《江南诸省》,中华书局2006年版,第279页。
② 《清江县志》卷二十二《艺文》,乾隆四十五年版。

樟树不仅是全国各地药材汇集之地,还是药材加工制作的中心。樟树药材制作有一套完整的加工炮炙技术体系,分为分选、洁净、切制和炮炙等过程。切制,指的是根据药材形态和质地,加工成片、段、块、丝等各种式样的咀片。樟树的咀片类型不一,有圆片、斜片、肚片等13种之多。切制药材后,接下来就是进行干燥处理,而润、燥则又是干燥处理的关键步骤,它直接影响到咀片的质量。一直以来,樟树药界都有"七分润工,三分切工"、"润药是师傅,切药是徒弟"的说法。炮炙又分水制、火制和水火共制三种。火制之法分炒、煨、炮、煅、烘、燎,主要用以使质地坚硬的药材松脆;水制法包括洗、淘、泡、润、漂、飞等,目的是消除药材毒性,或降低药材刺激性。直到今天,仍有"药不到樟树不齐,药不过樟树不灵"的俗语。①

随着樟树成为南国药材集散加工中心,当地及其周边数县从事药材贸易的人数迅速增加。在樟树镇,众多药行林立,所谓"四十八家药材行,还有三家卖硫黄"。药行,是樟树药商早期经营方式之一,其特点是所需资金不多,主要

---

① 参见江西省清江县志编纂委员会编《清江县志》第十一编《药都药业》,上海古籍出版社1989版,第190—191页。

樟树镇三皇宫(药王殿)(李平亮提供)

第四章
清前期江西城镇与农村市场的发展及商贸格局

靠为四方药商代购、代销、代运、代存,从中抽取佣金作为维持费用。起初,许多药行都是以供贩运药材的客商寄存货物之所——货栈的形式出现,后来随着药业贸易的发展,货栈逐渐演变成具有牙行性质的药行。在众多著名的药行中,现今可考的有康熙年间创建的大源行,乾隆年间兴起的福太行、鄢仁德的草药行、正兴茯苓行、庆隆行、德春行、金义生行等。这些药行大多不仅为贩运药材的客商提供中介服务,而且自己也经营批发业务,有的甚至在外地设立专庄或寄庄收购药材。如庆隆药行包揽了南昌、广丰、黎川三县的全部药材购销,金义生行则同抚州府各县建立起长期的承销关系。①

在长期从事药材贸易的过程中,樟树药商逐渐形成了自己的帮系——"药帮"。明后期是樟树药商外出经营的第一个高潮,清康乾时期樟树药商外出形成第二个高潮。樟树镇及其附近乡村的大批药商进入到两湖、四川以及省内各地,"民勉贸迁,恒徒步数千里,吴、粤、滇、黔、楚、蜀无不至焉"②。大约到道光年间,樟树药商正式形成药帮,与京帮、川帮并列为全国三大药帮。由于此时樟树药帮除樟树人外,还包括临江府清江、新淦、新喻、峡江和南昌府丰城县的药商,因此樟树药帮在外又被称为"江西帮"或"临江帮",省内则统称"樟树帮"或"南临帮"。省外的樟树帮以湖南湘潭、湖北汉口、四川重庆为中心据点,分别向全国各地辐射伸展,构成了全国规模的樟树药业网。湖南是樟树药帮最早涉足的地区之一,当地传有"无湖南不成粮子(兵),无樟树不成口岸"的俗语。许多有影响的药店,都是樟树药商创办的。如长沙的陈厚裕、鄢福兴,常德的聂振茂、吉春堂,津市的聂隆盛,湖乡的聂顺兴,等等。尤其是湘潭的十二总药行,在乾隆二年(1737年)取得牙纪行帖,成为湘潭第一所正式药材行,专为客商代理买卖,逐渐成为"樟帮"之总汇;在湖北的汉口,樟树药商在道光朝以前就已经包揽了药栈和药行,成为当地最有影响的帮口之一;在通城县,樟树药商早在康熙、乾隆年间就陆续创办了关全顺、彭士成、钟兴发等药店;四川也是樟树药商较为集中地区之一,在川陕药材集中之地的重庆,樟树药商进出此地,重庆遂成为樟树药业的又一基地。著名的德记、茂记、同茂长、德茂康等药号,就曾分别在四川的中坝镇、板桥行、大宁厂、群坊等地包山种植党参、川芎、当归、附

---

① 参见江西省清江县志编纂委员会编《清江县志》第十一编《药都药业》,第 193—194 页。
② 《清江县志》卷二《风俗》,同治九年版。

片等药材。①

省内樟树帮以南昌、吉安、赣州为中心,几乎占领了全省的药材市场。清初,樟树店下乡一甘姓药商已在新淦、吉安、泰和、遂川、赣州等地开设了多家药铺;另一张姓药商则顺赣江而下,在乐平、鄱阳一带经营,其在乐平的张致和药店至今已有三百多年的历史。乾隆时期,樟树东乡人聂荣在南昌开设了全福堂。道光时期,店下乡人黄金怀先是在省城南昌中大街开设了黄庆昌饮片店,后又于道光十五年(1835年)在府学前街开设黄庆仁栈。时至今日,黄庆仁药栈在全国的药品交易市场中,仍然占有相当的份额。

樟树镇既是药业加工贸易专业市镇,也是其他商货流通中心。自明中后期始,樟树镇就是"江广百货往来与南北药材所聚",成为外省商货进入江西的枢纽。进入清代后,外省输入江西的货物先是汇集于此,然后再通过赣江、袁江、鄱阳湖等水道分销省内各府。五口通商后,樟树镇又成为外洋进入中国内陆市场的重要一环。清末江西官员傅春官在一篇概述江西商务历史的文章中,曾这样追述了清咸丰朝以前樟树镇商业盛况,及其在全国市场体系中的中枢位置:

> (江西)市镇除景德镇外,以临江府之樟树镇、南昌府之吴城镇为最盛。樟树居吉安、南昌之中,东连抚州、建昌,西通瑞州、临江、袁州……故货之由广东来者,至樟树而会集,由吴城而出口;货之由湘、鄂、皖、吴入江者,至吴城而屯存,至樟树而分销。四省通衢,两埠为之枢纽。迨道光二十五年,五口通商,洋货输入,彼时江轮未兴,江西之贩买洋货者固仰给广东,若河南襄阳,湖北汉口、荆州,凡江汉之需用洋货海味者,均无不仰给广东,其输出输入之道,多取径江西。故内销之货以樟树为中心点,外销之货以吴城为极点。……樟树吴城帆樯蔽江,人货辐辏,几于日夜不绝。故咸丰以前,江西商务可谓极盛时代。惟彼时省会,转视两埠弗若焉。②

樟树镇不仅是外省货物输入江西的重要通道,还承担着将周边以及当地农村各种农副产品向外运销的功能。如赣州、南安、抚州、吉安等府所产的木材,大多顺赣江而下经樟树运往江南;袁州府地区的漆、苎麻、夏布等农副产品则多经袁江东下经樟树外销。此外,樟树当地出产的青矾、红矾也通过樟树销

---

① 参见江西省清江县志编纂委员会编《清江县志》第十一编《药都药业》,第202—205页。
② 傅春官:《江西商务说略》,《江西官报》光绪三十二年第27期。

往江浙和闽皖地区。①

二、陶瓷业与景德镇的繁盛

景德镇古称新平,隶属饶州府浮梁县,是一所以生产陶瓷为主的专业市镇。早在宋代,景德镇的瓷器就已闻名于世。宋真宗景德年间,朝廷遣官在镇上建立御窑,监造进贡瓷器,新平因而改称景德镇。在经历了元代的发展后,明代的景德镇将商业和手工业合为一体,成为一个发达的工商业城市。至明中期,景德镇的城市范围逐渐扩大,陶瓷生产规模也进一步扩大,出现了"列市受尘,延袤十三里,烟火逾十万家,陶户与市肆当十之七八""天下窑器所聚,其民繁富,甲于一省"的盛况。明万历时期,景德镇俨然成为一个繁忙的瓷业生产的专业市镇。时人王世懋在《二酉委谭》中记载:"万杵之声殷地,火光烛天,夜令人不能寝。"进入清代后,景德镇的瓷业经济在经历短暂的停滞后,再度得到迅速发展,其城市繁荣程度从当时一位法国传教士的信中可窥一斑。他写道:"按一般的说法,此镇有一百万人,每日消耗一万多担米和一千多头猪……到了夜晚,它好像是火焰包围着的一座巨城,也像一座有许多烟囱的大火炉。"②至道光年间,景德镇瓷业生产已是"民窑二三百区,终岁烟火相望"③。

景德镇的制陶有官窑和民窑之分。宋、元、明三代,中央政府都在景德镇设立御窑厂,派员监督,烧造送京。清初,政府承袭了前朝的御窑管理体制,但至乾隆年间,官窑厂的管理在制度上有了重大变化。中央政府不再置官监督,而是由地方官员监造督运。有关清代景德镇官窑管理体制的这一沿革,《景德镇陶录》有较为详细的记载:

> 明洪武二年,就镇之珠山设御窑厂,置官监督,烧造解京。国朝因之沿旧名。……国朝建厂造陶,始于顺治十一年。……(康熙)十九年九月始奉烧造御器,差广储司郎中徐廷弼、主事李延禧来镇,驻厂监督。……陶成之器,每岁照限解京。……乾隆初,协理仍内务人员。八年,改属九江关使总管其内务,协理如故。五十一年,裁去驻厂协理官,命权九江关使总理岁巡视,以驻镇饶州同知、景德巡检司,共监造督运。④

---

① 参见许檀《明清时期江西的商业城镇》,《中国经济史研究》1998年第3期。
② 沈兴敬主编:《江西内河航运史》,人民交通出版社1991年版,第89页。
③ 《浮梁县志》卷八《食货陶政》,道光十二年版。
④ 蓝浦:《景德镇陶录》卷一《图说》;卷二《国朝御窑厂恭纪》,嘉庆二十年版。

乾隆六年唐英督造的青花缠枝莲纹花斛（李平亮提供）

由于御窑所制造的产品大多为皇室所用，因而对产品的质量有着相当严格的要求。在官方投入大量资金的前提下，御窑厂生产的瓷器不仅数量众多，且在工艺上也达了一个新的高度。如史料称："康熙之窑震古烁今，咸出于此。每年进御瓷器，不下数万件，雇工三百余人。""陶器则有缸、盂、尊、瓶、罐、碗碟、钟盏之类，而饰以夔夔龙云雷鸟兽鱼水花草，或描或锥，或雕花，或玲珑，诸巧无不具备。"①

除御窑厂之外，景德镇还有为数众多的民窑。民窑的开办者，既有商人，也有手工工匠。在民窑从事生产的工人，本地人极少，多为外乡和客籍之人。如时人郑远桂在《陶阳竹枝词》就称："镇坯房皆矮屋，工作多都、鄱并客籍人，本地近少业窑者。"但是，从另外的史料来看，民窑雇工之中都、鄱二大帮的形成，大致经历了一个由乐平人到鄱阳人，再至都昌人、鄱阳人并列的演变过程。如《景德镇陶录》记载：

> 满窑一行，另有店居。凡窑户值满窑日，则召之，至满毕归店。主顾有定，不得乱召。俗传先是乐平人业此，后挚鄱阳人为徒。此康熙初事。其后鄱邑人又挚都昌人为徒，而都邑工渐盛。鄱邑工所满者反逊之。今则镇分二帮，共计满窑店三十二间，各有首领，俗称为"满窑头"。凡都、鄱二帮，满柴槎窑，皆分地界。②

搭烧是清代景德镇制瓷业中一种常见的现象，它不仅存在于民窑与民窑之间，也存在于官窑与民窑间。据史料记载："自有明以来，惟饶州之景德镇独以窑

---

① 向焯：《景德镇陶业纪要》下篇，第8页。参见彭泽益《中国近代手工业史料》第1卷，中华书局1962年版，第110页。

② 蓝浦：《景德镇陶录》卷四《陶务方略》，嘉庆二十年版。

第四章
清前期江西城镇与农村市场的发展及商贸格局

著。在明代以中官莅其事,往往例外苛索,赴劳役者多不得值,民以为病。我国家则慎简朝官,给缗与市肆等,且加厚焉,民乐趋之,仰给于窑者日数千人,窑户率以此致富","今则厂器尽搭民窑,照数给值,无役派赔累也"。官搭民窑的出现,反映出官窑、民窑之间的关系已经由行政支配向单纯的经济关系转化。①

清前期景德镇陶瓷业的繁荣,不仅反映在官民关系的变化上,而且还体现在专业化分工和制作技术水平上。据龚鉽在《景德镇陶歌》中记述,当时景德镇陶瓷生产的经营模式为数十种,"陶有窑、有户、有工、有彩工、有作、有家、有花式,凡皆数十行人"。至道光时期,景德镇制作陶瓷的工场有碓厂(白土厂)、坯房(坯作)、匣厂(匣钵厂)等;烧陶之窑,计有烧柴窑、烧槎窑、包青窑、大器窑、小器窑;烧窑之户则分为烧窑户、搭坯窑户、烧囵窑户、柴窑户、槎窑户。其中各窑内有把庄头(烧夫),又分紧头工、溜头工、沟火工等。

严格而细密的分工,带动了其他相关行业的发展。《景德镇陶录》即称:"自镇有陶,而凡戗金、缕银、琢石、髹漆、螺甸、竹木、匏蠡诸作,今无不以陶为之,或字或画,仿嵌维肖。"同时,围绕着制瓷生产和运输,许多服务专业户也纷纷出现,通计有柴户、槎户、匣户、砖户、白土户、青料户、篾户、木匠户、桶匠户、铁匠户、修模户、盘车户、打篮户、炼灰户、镟刀户等。②

清前期景德镇陶瓷业的兴盛,还体现在瓷器的式样和色彩等技术方面。在样式上,有官古式、上古式、中古式、釉古式、小古式、常古式、子式、法式、梨式、炉式、撇式、宫式、冒式、锅式、宋式、兰竹式、白器式、盥式、盖式、湖窑式、古式、三级式、折边式、花桶式、大琢式、宣德民器式、匙托式、正德民器式、套器式、雕镶小器式;在色彩上"琢器多卵色,圆类莹素如银,皆兼青彩"③。在技术上,此时景德镇的陶瓷制作更是超越了前代。如《景德镇陶录》记载:

> 脱胎器薄起于永窑,永窑尚厚,今俗呼半脱胎。另有如竹纸薄者一式,俗以真脱胎别之。此种真脱胎起自成窑暨隆万时之民窑,但隆万尚蛋皮式,止一色纯白者。不似今多画青花,其净白尤浇美过之也。④

---

① 参见梁淼泰《明清景德镇城市经济研究》,江西人民出版社 2004 年版,第 136—143 页。
② 参见蓝浦《景德镇陶录》卷三《陶务条目》,嘉庆二十年版。
③ 蓝浦:《景德镇陶录》卷五《景德镇历代窑考》,嘉庆二十年版。
④ 蓝浦:《景德镇陶录》卷四《陶务方略》,嘉庆二十年版。

制瓷原料"高岭土"
(梁洪生摄)

随着景德镇成为专业制瓷中心,许多外地工人纷纷聚集于此,谋取生计。如《景德镇陶录》卷八引谢旻《外纪》就称:"景德,江右一巨镇也,隶于浮。业制陶器,利济天下。四方远近,挟其技能以食力者,莫不趋之如鹜。"而道光《浮梁县志》则记载:"景德一镇,僻处浮梁……缘瓷产其地,商贩毕集,民窑二三百区,终岁烟火相望,工匠人夫不下数十余万,靡不借瓷资生。"与此同时,全国各地的商人纷至沓来,云集此地,所谓"诸方货物,为陶器而集;各省工贾,为陶器而来",景德镇成为"十八省码头"。外地客商在从事瓷器贸易时,往往在镇内设立瓷行,专门从事瓷器采购运输业务。在贩运瓷器的各地客商中,徽商是一个最具实力的群体。他们借助雄厚的资本,不仅支配着瓷器商品的销售,有的还介入到具体的生产过程中。①

大量流动人口和商业资本的涌入,进一步繁荣了景德镇的陶瓷市场,导致景德镇规模不断扩大,出现商户连绵十几里的繁盛景象。如道光《浮梁县志》记载:

> 昌江之南有镇,曰陶阳,距城二十里,而俗与邑相异。列市受廛延袤十三里许,烟火逾十万家,陶户与市肆当十之七八,土著居民十之二三。凡食货之所需求无不便,五方借陶以利者甚众。

---

① 参见梁淼泰《明清景德镇城市经济研究》,第322—326页。

第四章
清前期江西城镇与农村市场的发展及商贸格局

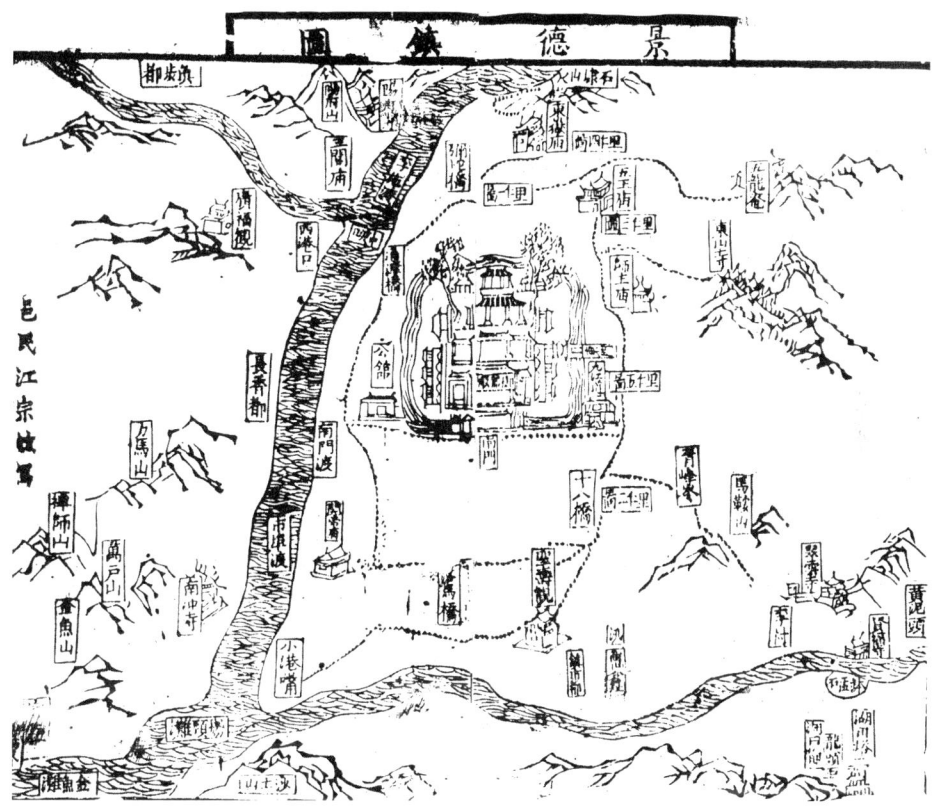

景德镇图（载于康熙二十一年修《浮梁县志》）

在景德镇港区，既有出口瓷器装船的码头，又有为装运湖田窑瓷器的专用码头。各码头停靠着来自各河的船只，河滨沿岸则是"陶舍"。镇内的鄱阳、浮梁、祁门、都昌四大船帮，则各自代船户承揽商货。

景德镇每年出产的瓷器，除小部分进入省内各地行销外，大部分都由长途运销国内外。北到燕北，南到越南，西到四川，东到海边，乃至海外。[①]其进出口运输体系，主要由昌江及其支流构成。其中昌江上游和西河分别是装运祁门瓷土、茶叶和浮梁、鄱阳的薪柴，东河、南河则分别是瓷器原料釉果、瓷土的运输路线，昌江下游是瓷器外运出口的主要通道。此外，景德镇瓷器还通过鄱阳港由昌江进入到长江水运系统，具体分四路：一路由鄱阳经鄱阳湖西北，过都昌、

---

① 参见沈兴敬主编《江西内河航运史》，第101页。

星子、湖口入长江;一是由鄱阳取道信江流域;一是由鄱阳湖至南昌入赣江;一是由鄱阳进入乐安河直达万年、乐平婺源等地。上述运输体系,使浮梁及其周边数县与景德镇相互间的经济联系更加密切,成为景德镇城市经济的有机部分:鄱阳、乐平、余干、万年、余江成为景德镇粮食主要供应地;婺源、祁门不仅为景德镇瓷业提供技术、原料和资金,且两县的茶叶也都是集于景德镇专输出口;浮梁农村以景德镇为依托,向上述周边地区及更大的市场体系输出米谷等产品,从而构成了以景德镇为中心的地区经济。①

三、河口镇的茶叶转运与纸张产销

河口镇,古称沙湾市,隶属饶州府铅山县,位于信江和铅山河合流处,古又名河口。自明中叶起,河口镇依托便利的交通条件,成为南北商货集散转运中心:

> 其货自四方来者,东南福建则延平之铁,大田之生布,崇安之闽笋,福州之黑白砂糖,建宁之扇,漳海之荔枝、龙眼;海外之胡椒、苏木;广东之锡、之红铜、之漆器、之铜器。西北则广信之菜油,浙江之湖丝、绫䌷,鄱阳之干鱼、纸钱灰,湖广之罗田布、沙湖鱼,嘉兴西塘布,苏州青、松江青、南京青、瓜州青、芜湖青、连青、红绿布,松江大梭布、小中梭布;湖广孝感布,临江布,福青生布,安海生布,吉阳布,粗麻布,书坊生布,安海生布,大刷竟,小刷竟,葛布;金溪生布,棉纱,净花,籽花,棉带,褐子花,布被面,黄丝,丝线,纱罗,各色丝布,杭绢,绵绸,彭刘缎,衢福绢。此皆商船往来货物之重者。②

明末清初的社会动乱,使河口镇的商业一度趋于衰落,但自乾隆年间,随着社会稳定和经济的复苏,河口镇重又展现出一派繁荣景象,"货聚八闽川广,语杂两浙淮扬,舟楫夜泊,绕岸尽是灯辉,爨烟晨炊遍布,疑同雾布,斯镇胜事实铅巨观"③。嘉庆(1796—1820年)、道光(1821—1850年)两朝,河口镇的商业更趋兴盛,外地商人纷纷在镇上商业区建立起会馆,作为常年居住、贸易之所。到1850年,一位西方人已将河口镇视为"中国内地最重要的市镇之一"。

---

① 参见梁淼泰《明清景德镇城市经济研究》,第329—476页。
② 《铅书》卷一《食货书之聚货》,万历四十六年版。
③ 《铅山县志》卷一《地舆志》,乾隆八年版。

第四章
清前期江西城镇与农村市场的发展及商贸格局

河口镇图（载于同治十年修《铅山县志》）

在河口镇转运的各种商品中，纸张、茶叶占有大量份额，这也使河口成为专业的茶叶和纸张生产贸易中心。广信府是重要的茶叶产地之一，其境内的上饶、玉山、广丰、铅山所产之茶，素以"河红玉绿"著称。以上数县出产的茶叶大多先集中于河口镇，然后沿鄱阳湖南岸之瑞洪，再运往吴城镇分销。武夷山茶区和安徽茶区所产的茶叶外运路线中，作为转运集散地的河口镇也占据相当重要的位置。如西人Robert Fortune写道："在玉山及河口镇一带，即是武夷山的北面，栽种着大量茶树并制造着大量茶叶，以供外销。上万英亩的土地都种着茶树，而且大部分的土地显然是最近几年内开垦和栽种起来的。这个地区和武夷山南面地区所制的茶叶，都是先运至河口，然后转往一个输出口岸的。所谓婺宁茶或宁州茶，是更西边靠近鄱阳湖的一个地区所产，也是由水路河口运往上海"，"一旦中国真正对外人开放通商，英国商人能够到自选采购红茶时，他们大概会选择河口作为据点，从这个据点可以去武夷山和宁州，也可以去徽州的绿茶区"。[①] 衷翰《茶市杂咏》对武夷山茶叶的外销情况也有记载：

　　清初茶业均系西客经营，由江西转河南运销关外。西客者，山西商人

---

① 参见姚贤镐《中国近代对外贸易史资料》第三册，中华书局1962年版，第1538页。

也。每家资本约二三十万至百万,货物往还络绎不绝。首春客至,由行东赴河口欢迎,到地将款及所购茶单,点交行东,恣所为不问。茶事毕,始结算别去。①

闽茶和徽茶的外运,亦大都先运抵河口镇,再沿信江往西,折入赣江,南下大庾岭,过梅岭关,由南雄沿北江至广州,交与十三行之行商出口海外。这条传统商路约需50—60天,主要依凭江西发达的水道,并雇用苦力翻山越岭。清嘉庆二十二年(1817年)禁止茶叶海运之后,外销茶叶一律从内陆转至广州,河口镇作为外销茶叶中转站的地位更加凸显,浙江、安徽、江西、福建等地的茶叶汇聚河口镇分拣、转运。此后,随着上海辟为通商口岸,河口镇的茶叶运销终点发生转移。集中在河口镇的茶叶溯流而上,东至玉山,再抵常山,然后沿钱塘江直下杭州,经运河输往上海。另外,武夷山红茶运至上海的路线也以河口为中转点,其线路大致如下:崇安县至河口镇,陆路全程280里,需时6天;河口镇至玉山,水路全程180里,需时4天;玉山至常山,陆路全程100里,需时3天;常山至杭州府,水路全程800里,需时6天;杭州府至上海,水路全程500里,需时5天。这条近代商路长约1860里,只需24天。如果把换船及天气不好等考虑在内,全程则需28天。便利的交通运输条件,使河口茶市盛极一时,镇内茶庄遍布,每年经由广州、上海等通商口岸输出的茶叶达10万箱以上。②

明清时期,广信府是江西著名的纸张产地之一,其中"铅山之纸,精洁逊闽中,然业之者众,小民藉以食其力十之三四焉"③。这一良好的经济环境,使河口与石塘镇成为最为发达的造纸业市镇之一。石塘镇其地多宜于竹,水极清冽,纸货所出,商贾往来贩卖,俗尚颇涉华丽。石塘镇的工匠善于制作表纸,至乾隆年间,在当地造纸工场内部,有着明确的分工。"每一槽四人,扶头一人,舂碓一人,检料一人,焙干一人,每日出纸八把"。河口镇的工匠则以制造连史纸著称。据称,连史纸生产周期长,生产工序复杂。从砍竹到出成品费时一年左右,需经沤、蒸、漂、舂、抄、焙等七十二道工序。抄纸时,一般纸工人两名,焙纸一人,打料一人,杂工一人,分工甚是明确。④

---

① 彭泽益:《中国近代手工业史料》第1卷,中华书局1962年版,第304页。
② 参见刘石吉《明清时代江西墟市与市镇的发展》,台湾"中央研究院"第二次中国近代经济史会议论文,1989年。
③ 《广信府志》卷一《物产》,同治十二年版。
④ 参见铅山县志编纂委员会编《铅山县志》卷十《工业》,南海出版公司1990年版,第215—216页。

河口镇古街(李平亮提供)

由于广信府属玉山县所产纸张质地好,因而吸引了外省各地的商人前来采购。据同治《广信府志》记载:"郡中出产多而行远者莫如纸。上饶、广丰、弋阳、贵溪皆产纸,其名则蠒细、毛边、花笺、方高,俱不甚佳。向惟玉山玉版纸擅名……今业之者日众,可资贫民生计,然率少土著。富商大贾挟赀而来者,大率徽、闽之人,西北亦间有。"[1]这些运往外地销售的纸张,往往先于河口集中,然后途经玉山、常山,最后进入到上海、苏州等地发售。

四、清初最终形成的转运口岸吴城镇

吴城镇濒临鄱阳湖,东西只有四五华里长,南北不过两华里宽,形状很像一支牛角的上半段。其地初名吴山,属汉代海昏县地。三国时东吴大将太史慈于此筑城驻军,故而得名"吴城"[2],宋明以来均属新建县地。吴城又称"两水夹流"之地,赣江与修江在此会合后注入鄱阳湖。赣江自南向北,水面宽阔,常年通航,向南180里水路可抵省城南昌。唐末五代以后,鄱阳湖区加速南扩,原来一些沼泽区都连成水面,更利于航行,吴城即为由长江入赣江水系的门户和重

---

[1] 《广信府志》卷一《物产》,同治十二年版。
[2] 李吉甫:《元和郡县图志》,中华书局2005年版,第607页。

要埠岸,所以唐宋以后南下北上的官员骚客等咏唱吴城的诗文甚多。修河自西而来,是赣西北山区农副产品和手工制品输出的重要水道。从明弘治朝开始,官府还在吴城设置兑粮水次,有专仓屯运宁州、武宁、奉新、靖安四县的漕粮,①加强了吴城与这些地区的经济联系。此外,出于稽私和兵防的需要,吴城还设置了巡检司和驿站。不过,直到万历十年(1582年)的记载中,吴城只是个"不下五七百烟……依然贾舶官舰,络绎不绝"的行船埠岸。②在官修的明代方志中,找不到一个正式建制的"吴城镇"。在大量过客的诗文中只称之为"吴城山"或"吴城驿"。在明人王士性《广志绎》和其他地理书中,后人所谓"江西四大商镇"中唯独不见有吴城镇,说明直到明后期吴城规模有限,且无独特的手工业产品闻名于世。

　　清康熙朝以后,吴城镇才最终繁盛起来,"五方杂处,千家烟火"③,已有"西江巨镇"④之称。"毗于南浙闽粤,大江之所出荆襄会焉,故诸州之宦游互市者相踵"⑤。"其去来帆樯,如梭走锦,眩人目睫"⑥。镇市内"商贾辐辏,烟火繁而闤阓丛。市廛紫叠,几无隙地"⑦。吴城在清前期所以有长足的发展,主要得到外部和内部两个条件的支持:外部条件是乾隆朝最终实行一口通商制度,迫使国内市场的大量商货必须经过大庾岭商道南下广州,吴城镇遂成必经之路,其经济发展得到空前的刺激;内部条件则是依托于周边不断扩大的农垦区,濒湖诸县围湖垦田增加耕地面积,生产更多的农产品,源源输入吴城,同时又买走在吴城转销的手工业产品。随着镇市人口的不断增加,官府的行政管理也在不断加强。乾隆三十一年(1766年),将原属南康府分管的军捕厅改归南昌府直辖,并改为同知署。乾隆四十四年,新建县又在吴城设立主簿署,从行政机构设置的等级上说,吴城镇已足可与新建县城相颉颃,成为县境北端的又一个中心。就清代江西整个市场体系和商运网络而言,更重要的意义在于它标志着吴城从此成为有特别行政级别的"镇",最终确立了作为江西四大商镇之一的重要商

---

① 参见张朝璘《请查吴城水次废基疏》,《新建县志》卷六十八《艺文》,道光二十九年版。
② 参见邹元标《望湖亭记》,《新建县志》卷六十八《艺文》,道光二十九年版。
③ 魏双凤:《重修望湖亭记》,《新建县志》卷七十九《艺文》,同治十二年版。
④ 杨周宪:《吴城石堤记》,《新建县志》卷六十八《艺文》,道光二十九年版。
⑤ 李光坡:《义建江西吴城八闽会馆碑记》,参见梁洪生《吴城商镇及其早期商会》,《中国经济史研究》1995年第1期。
⑥ 张朝璘:《请查吴城水次废基疏》,《新建县志》卷六十八《艺文》,道光二十九年版。
⑦ 叶一栋:《重修望湖亭记》,《新建县志》卷七十九《艺文》,同治十二年版。

第四章
清前期江西城镇与农村市场的发展及商贸格局

清初吴城镇图
(载于同治十年修《新建县志》)

运口岸地位。① 所以到乾隆五十四年修纂《南昌府志》时,才将吴城镇与樟树镇相提并论:

> 江右食货充盈,省会为最,次则如临郡之樟镇,南郡之吴镇,皆百货辐集,而郡之西城殆与相埒。②

畅达的水路交通,使得来自四面八方的商货齐集吴城,所谓"毗于南浙闽

---

① 参见梁洪生《吴城商镇及其早期商会》,《中国经济史研究》1995 年第 1 期;梁洪生《吴城神庙系统与行业控制——兼论乡族势力控制商镇的条件问题》,刊《经营文化——中国社会单元的管理与运作》,香港教育图书公司 1999 年版;梁洪生《传统商镇主神崇拜的嬗变及其意义转换——江西吴城镇聂公崇拜的研究》,刊《民间信仰与社会空间》,福建人民出版社 2003 年版。

② 《南昌府志》卷三《风俗》,乾隆五十四年版。

粤,大江之所出荆襄会焉,故诸州之宦游互市者相踵"①。该镇转运的商品,远销广东、福建、山西、河南各地。有史料记载说:

>   江西土产米谷杂粮,南边所出,大略相同。所有瓷器、葛布、夏布、棉花、表芯纸、花尖纸、锡箔、磨盘纸、草纸、木炭、兰花、茶油、桐油、皮油、苎麻、樟木、杉木、红曲、生姜、茶油、竹子、芦席、柑子、甘蔗、红白糖、茶叶、花猪、火腿、山粉、即粉、豆粉、豆豉、棕箱、笋子、雨伞、烟叶、竹木漆器、药材等类,各处运省城并吴城发贩。②

这各种各类的产品,堆放吴城镇河岸,等待销往全国各地,因而有"装不尽的吴城,卸不完的汉口"之称誉。直至清末,商务部派驻吴城的官员傅春官在一篇文章中,仍然这样追述吴城在江西省内及全国商业转运贸易网的情形:

>   (江西)市镇除景德镇外,以临江府之樟树镇、南昌府之吴城镇为最盛。……吴城濒江而瞰湖,上百八十里至南昌,下百八十里至湖口。凡商船之由南昌而下,由湖口而上,道路所经,无大埠头,吴城适当其冲。故货之由广东来者,至樟树而会集,由吴城而出口;货之由湘、鄂、皖、吴入江者,至吴城而亟存,至樟树而分销。四省通衢,两埠为之枢纽。迨道光二十五年,五口通商,洋货输入,彼时江轮未兴,江西之贩买洋货者固仰给广东,若河南襄阳,湖北汉口、荆州,凡江汉之需用洋货海味者,均无不仰给广东,其输出输入之道,多取径江西。故内销之货以樟树为中心点,外销之货以吴城为极点。加以漕折未改,岁运粮米出江,每值粮船起运,樟树、吴城帆樯蔽江,人货辐辏,几于日夜不绝。故咸丰以前,江西商务可谓极盛时代。③

在吴城镇转运的各种商品中,以木材、茶叶为大宗。江西是著名的木材产地,全省木材的外运,大多都由各县产地放运于吴城,在此重新编扎,经鄱阳湖进入长江,直下南京。在南京卸编小排后,运入全国性的木材集散地——常州。

---

① 李光坡:《义建江西吴城八闽会馆碑记》,参见梁洪生《吴城商镇及其早期商会》,《中国经济史研究》1995年第1期。
② 参见沈兴敬主编《江西内河航运史》,第98页。
③ 傅春官:《江西商务说略》,《江西官报》光绪三十二年第27期。

第四章
清前期江西城镇与农村市场的发展及商贸格局

由于在常州出售的木材大多来自江西,以致人们将常州出售的木材统称"西木"。由于吴城镇常年汇集大量的木材,因而出现了多家木材牙行,代前来采购木材的商人办理扎排业务。其最大的一家"公成木"号,每年成交杉木出江外运约有2万码两。① 吴城镇转运的茶叶,主要有修水上游的义宁州出产的红茶和信江流域广信府的茶。义宁州红茶的外销路线,必须沿修水东下,至吴城集中。广信府的茶则首先聚集于河口,再沿信江运送至位于鄱阳湖流域的余干县的瑞洪,最后才越湖至吴城。各地茶叶在吴城集中后,经九江转口至汉口、上海,销往国内外。除了茶叶、木材这两宗商品外,纸张也是吴城镇转运的一大货物。在九江开埠前,江西各地出产的纸张的外销,往往先是运送至吴城集中,再由民船运至九江,然后沿江而下抵镇江,最后溯运河北上,达天津而分销于北方各省。至1860年前后,吴城镇内已拥有六十余家纸行。②

随着转运贸易日趋发达,吴城镇的规模也逐渐扩大,常住人口和外来人口亦日益增多,出现了空前繁荣的局面。清乾隆时期,由于镇中人口大量增长,方志已将吴城与省城南昌相提并论,称其"米粟半恃外郡"③。至嘉道年间,吴城镇内常住人口达七万余,流动人口两万多。这些商业人口和日常居民生活在不同的区域,导致吴城镇形成"六坊八码头,九垄十八巷"的社区格局。时至今日,当地仍然传唱民谣:"嘉庆到道光,家家喝蜜糖。十八年洪水没上坂,狗都不吃红米饭。"全盛时期的吴城镇,内有近千家商铺,经营着来自各地的百货、布匹、南杂、粮食、竹木、茶叶、苎麻等商品,出现了"商贾辐辏,烟火繁而阛阓丛。市廛紫叠,几无隙地"的景象。

清前期吴城镇的繁盛,还表现在镇内神庙的重建和为数众多的会馆上。嘉庆十一年(1806年),合镇绅商集资万金,重建了毁于乾隆时期的万寿宫。道光二十年(1840年),因正殿中梁坠落,绅商"复捐金万余修葺,以余赀造逍遥别馆。自是气象鹬皇,与铁柱、玉隆二宫相埒"④。万寿宫在嘉道时期的两次重修,不仅是其作为大型经济市镇的文化象征,也是商镇繁荣、镇商经济实力强的表现,并充分展现了吴城商镇对于周边地区的经济辐射力。⑤ 吴城商镇经济的繁

---

① 参见沈兴敬主编《江西内河航运史》,第98页。
② 参见刘石吉《明清时期江西墟市与市镇的发展》,台湾"中央研究院"第二次中国近代经济史会议论文,1989年。
③ 《南昌府志》卷二《风俗》,乾隆五十四年版。
④ 《新建县志》卷七十《寺观》,同治十年版。
⑤ 参见梁洪生《吴城商镇及其早期商会》,《中国经济史研究》1995年第1期。

吴城镇残存福建商人会馆"天后宫"界址刻石(梁洪生摄)

荣,以及大量各地商人的存在,直接导致了吴城镇内会馆的并立争雄。据传,吴城镇内的会馆最多时达48所,但据学者的考察和研究,能找到直接证据的大概有二十几所。这些会馆有的是外来客商创建,有的为本省商人所建。外省会馆有徽州、山西、全楚、广东、福建、潮汕、浙宁、麻城等。在这近十所外省会馆中,势力最大的为全楚会馆,以致人数占多数的江西籍商人为与之抗衡,建立了祭祀许逊的万寿宫。而在本省商人所建的十多个会馆中,就有吉安府商人建造的吉安会馆。根据现存的资料记载,吉安商人于嘉庆二十年(1815年)开始重修会馆,并在原来的基址上扩大了面积,购买了库房,增建了戏台。至道光七年(1827年)全部完工时,共花费银22534两。由于资料所限,我们无法准确描述重建了吉安会馆的规模,但现今遗存下来的立于主街一侧的门首和面墙,还是能够折射出吴城镇的昔日繁华。

总之,由于农村经济的商品化、手工业的发达以及便捷的水陆交通运输,加之农村经济区域生产的专门化,促成了江西四大商镇的崛起与繁荣。这些各自以周边的腹地为依托的市镇,不仅有着繁盛的商业贸易和较高程度的专业化生产能力,还对周边地区形成很强的经济辐射,成为专业的超级市镇,承担起江西省内各县农产品的集散地或手工产品的专业生产基地的功能,将江西

第四章
清前期江西城镇与农村市场的发展及商贸格局

吴城镇老街的吉安会馆墙面(李平亮提供)

的商业贸易纳入到全国商业网络,甚至延伸至海外。四大商镇在清前期的历史与发展过程,反映了当时江西在全国经济生活中占有重要的地位。

第三节
农村市场的繁荣

一、农村墟镇数量增长及其内涵

中国农村的墟市产生于唐宋两代,成熟于明清两朝。明清时代农村的墟市,大多称"墟",也称"市"或"集",在少数地区则称"亥"。如光绪《龙南县志》称:"商贾货物辐辏之处,古谓之务,今谓之集,又谓之墟,墟亦市也。"[1]而《雩都县志》的修纂者亦是"合市与墟而并列之"[2]。明末清初的战乱,使得农村的墟市遭受到极大的破坏。许多墟市或被废,或衰落。如新昌县(今宜丰县)等7个宋代

---

[1] 《龙南县志》卷二《坊乡》,光绪二年版,民国25年翻印本。
[2] 《雩都县志》卷一《街市》,同治十三年版。

建立的市镇至清初俱废;13个元代市镇则"废者过半";21个明代市镇虽贸易不废,但已是由盛转衰。①又据《湖口县志》记载,该县石矶、文桥、流芳等原本较兴盛的墟镇均遭到不同程度的破坏。如石矶镇在"顺治二年后迭遭兵火,居民差少";文桥、流芳二市则是"初商贾辐辏,顺治三年,毁于都昌土贼"②。铅山县的石塘市在经历战乱后,亦大为衰退,今不如昔:"石塘市,县东南三十里,其地多宜于竹,水极清冽……宋为屯田镇,自兵燹后,人民荡析,迩来虽复旧业,然十室九空,仅存其名耳。"当然,也有的市镇会因商路的改变而变得萧条,即使是河口这种超级市镇也难以幸免。对于上述种种情况,康熙二十二年《铅山县志》有如下记载和评述:

  沙湾市,县西三十里,即河口,当信河、铅山二水交会之冲,汭口九阳石之上。舟楫辏泊,商贾往来,货物贮聚,隐然为县西之保障也。旧为八闽孔道,商贾贸迁,络绎不绝,今路由仙霞,市廛萧条,大非昔日矣。传曰:时地盛衰岂不以数哉?石塘、河口二镇也。石塘以造纸为业,河口为入闽孔道,贾客贸迁,货物铺陈,昔之市镇颇丰,而近少替矣。石塘自明季饥民为乱,流亡者众。迨后复遭甲寅闽变,地方悉已为蹂躏,所云"从行见空巷"是也。……河口原恃闽货为生涯,近因取道仙霞,遂分河口,今来者皆肩挑小贩与拨浅小舸。歇店有人而牙行掣肘,铺舍有名而贸易无实。一值公务,如取船采买之属不至,雇贴数百金、牵连数百家不止。又闽中迁民去住不测,每难防范。呜呼!二镇盛衰之理大概见矣!③

  从清康熙至道光时期,江西农村的墟市处于一个恢复和发展的阶段,不仅许多原先停废的墟市重新开集,且涌现出大量新的集市。如石城县的瀹口等十四个墟场,乾隆以前的县志中记载为"以上俱废",而乾隆年间修纂的县志中则称"今兴复甚多"。另外,乾隆年间该县还新增了小松墟等十个墟场。《定南厅志》中对该县(厅)墟市的历史变迁更是有如下详细记述:"建县之初,未有墟市。……万历十三年,下历司巡检虞廷用呈详本县设立下历墟,以一四七日为期。十六年,大石堡乡民呈请设立鹅公墟,以二五八日为期;伯洪堡乡民呈请设

---

① 参见《新昌县志》卷一《舆地之市镇》,乾隆五十七年版。
② 《湖口县志》卷二《镇市》,嘉庆二十三年版。
③ 《铅山县志》卷一《地舆》,康熙二十二年版。

第四章
清前期江西城镇与农村市场的发展及商贸格局

立天花墟,以三六九日为期。后兵燹频仍,三墟寻废。国朝顺治九年,县令祝添寿查令复行,乡民称便。"①至道光五年(1825年),该县的墟市已由3个增加到20个,增长了近6倍。

清前期江西农村墟镇的发展,不仅表现在数量上的增长,还体现在每个墟镇覆盖的空间范围和人口的密度上。据学者研究,随着墟镇数量的增加,每个墟镇覆盖的范围也相应缩小,但覆盖的人口数却大有增多。清代江西墟市覆盖的空间范围为明代的一半,覆盖的人口数为明代的两倍。②这一切,既为城乡及农村的商品活动提供了便利,又使墟市商品的交换量增大,从而进一步促进了市场的繁荣。如同治《雩都县志》称:"诸村各堡之墟,其逢墟期而交换其财物以相为购售者,人数多至不可以千计,少亦不下数百。"足见该县农村墟市的繁盛。

为数众多的市镇的出现,不仅与清代江西农村商品交换日益频繁密不可分,还与这些市镇所处的地理位置有关。在水陆交通便利之所,往往能成为市镇产生的最佳场所。在饶州府属数县的墟市,大多与其陆路交通的便利相关。如地方志记载:③

(鄱阳县)四十里市,在义仁乡,郡城北道之冲,有公馆;太阳埠市,在和南乡四十九都,东路通达;石门镇,在广进乡,去县西北一百八十里。宋元时有马驿,今设巡检司;故县镇,在新兴乡,去县东六十里。以上俱有民住,贸易□□□,故县四十里棚密,尤成阛阓云。

(余干县)古步市,在万春乡,东路通达;黄坵步镇,在孝诚乡,东南通达;梅港市,在安乐乡,南路通达;娄步市,在习泰乡,南路通达;江家埠茶市、龙窟市,俱在德化南乡,南路通达;棠梨市、瑞洪市,俱在洪崖乡,北路通达。

(乐平县)吴口市,在长城乡,居县;石埠市,在乐安乡,东路通达;沙源市,在铜出乡,东路通达;众步市,在永善乡,南路通达;三溪口市,在静理乡,西北通达;桐林市,在金山乡;明口市,在金山乡;九墩市,在金山乡;杭

---

① 《定南厅志》卷一《墟市》,道光五年版。
② 参见方志远《明清湘鄂赣地区的人口流动与商品经济》,人民出版社2001年版,第489—493页。
③ 《饶州府志》卷四《坊都》,康熙二十二年版。

桥市,在永善乡;大睦市,在永丰乡;湖围中,在永善乡;万山市,在怀义乡;鸠塔市,在静理乡;勇山市,在万全乡;永靖镇,在永丰乡;嘉兴镇,在静理乡。

(德兴县)海口市,在南部乡,北路通达;龙溪市,在尽节乡,西北通达。

(安仁县)石港市,在荣禄乡,东路通达;张家滩市,在荣禄乡,东路通达;东溪市,在荣禄乡,东南通达;田埠市,在崇德乡,南路通达。

在众多濒湖邻河而形成的墟镇中,有万年县的石镇市和珠旧市。这两市均"临泊河,通乐平"。此外,南康府都昌县内的市镇也多是临河而立。据同治《南康府志》记载:

山田市,在治东三十三都,即今大沙桥,水通鄱湖;王家市,在治北东七十五里,水旧通后港河;土塘市,在治东七十里十四都,水通鄱湖,地居一县之胜;三汊港市,在治东五十里五都,水通柴棚;西洋桥市,在治北八十里湖口界,南通后港,北通彭泽;徐家埠市,在治北东六十里,水通左蠡。南峰街,在治东九十里十都,濒湖,近饶州;芎溪市,在治东八十里十都,濒湖;傅家桥市,在治北四十里桃源乡,水通湖;徐江桥市,在治北六十里白凤乡,水通土目屏风;汪家敦市,在治东北三十里三十都,水通白庙湖。①

墟市的繁荣,为商人从事长期贸易提供了可能,许多墟市出现了为数众多的店铺。如贵溪县上清镇,"山饶竹木之利,店铺数百家,商业贸易,最称繁荣";广丰县洋口墟,"行铺千余家,二五八日为墟期,客商贩运之所";玉山县三里街、七里街,在"县西门外,水陆码头,行铺千余家";上饶县的应家市有"店铺百余家"。而在萍乡县,其十九个市镇分别拥有数十家或数百家的商民数,具体情况如下表4-1:②

---

① 《南康府志》卷五《建置之市镇》,同治十一年版。
② 《萍乡县志》卷二《建置之里市》,嘉庆十六年版。

第四章
清前期江西城镇与农村市场的发展及商贸格局

表4-1 清嘉庆年间江西萍乡县市镇商业情况

市 镇 名	距 县 里 数	商 业 情 况
芦溪市	在县东距城五十里	商旅辐辏如县市。
上栗市	在县北距城八十里	街里半,商民三百家。
宣凤市	在县东距城七十里	街三里,商民四百余家。
湘东市	在县西距城三十里	街二里,临水通舟,商民四百余家。
新店市	在县东距城八十里	街一里,商民百余家。
茅店市	在县东距城九十里	街一里,商民百余家。
乌龙桥市	在县南距城二十里	商民四十余家。
南坑市	在县南距城三十里	街半里,商民四十余家。
桐田市	在县西距城十五里	街半里,商民四十余家。
麻山市	在县西距城二十里	街半里,商民四十余家。
刘公庙市	在县西距城三十里	街一里,商民二百余家。
蜡树下市	在县西距城三十里	街半里,商民一百余家。
草市	在县西距城九十里	街半里,商民五十余家。
彭家桥市	在县北距城二十里	街半里,商民六十余家。
赤山桥市	在县北距城三十五里	街一里,商民二百余家。
青溪市	在县北距城三十五里	街半里,商民百余家。
小枧市	在县北距城五十里	街半里,商民八十余家。
均江市	在县北距城七十里	街半里,商民五十余家。
湖塘市	在县北距城八十里	街半里,商民八十余家。
桐木市	在县北距城一百里	街一里,商民一百余家。

资料来源:《萍乡县志》卷二《建置之里市》,嘉庆十六年版。

清嘉道之际,江西地区农村墟镇发展的另一表现,是专业化集市的兴起。除前述四大商镇外,江西还出现了许多各具特色的专业墟市。根据各墟市流通商品的种类,这些专业墟市可归为以下九大类:[①]

(一)专门用于附近乡民交换米谷的粮食贸易专业市镇。如广信府广丰县的五都墟,"一四七日为墟期,乡民聚集,贸易用米麦";弋阳县的七公圳,"商民三百余家,米谷互易";大桥市,"商民千余家,米谷互易"。也有以豆类为主的专

---

① 参见任放《明清长江中游市镇经济研究》,武汉大学出版社2003年版。

业墟市。如南康府建昌县的津市,"上距白槎,下距县城,各二十里,邻邑德安,往往贩豆来市,故市场以豆为盛"①。此外,属于粮食贸易专业市镇的还有南昌府南昌县的市汊镇,袁州府萍乡县的泸溪市,南康府建昌县的白槎市、柞林镇和小河市,以及临江府新淦县迎春门外墟、宾阳门外墟。

(二)木材贸易专业市镇。江西木材贸易专业市镇除吴城、樟树两巨镇外,还有:南昌府武宁县的瓜源口市,每年成交的木材数以万计;②广信府贵溪县的上清镇,"山饶竹木之利,店铺数百家。商民贸易,最称繁盛";兴安县姜里村,"店铺三百余家,产竹木纸张,商民贸易"③。南康府都昌县的徐家埠,"木行较夥,商贾如林";高家埠,"在治北东五十里,徐家埠之南,木行亦多"④。赣州府上犹县,"有竹木之产,乡市皆得其利"⑤。

(三)经济作物产品与矿产品集散地。如乾隆《广信府志》记载,上饶县上泸坂,"近山产竹,槽户制纸颇为近利,客商贩运,行户二百余家";广丰县洋口墟,"产烟叶、菜油,行铺千余家,二五八日为墟期,各商贩运聚集之所";铅山县湖坊市,"其山产煤,窑民颇杂,又饶纸利,行铺二百余家";兴安县葛源街,"店铺四百余家,产米谷、葛粉、桐油"。

(四)牲畜与渔业贸易专业市镇。这类有南昌府南昌县的茬港市、三江口市,瑞州府上高县的东门市,新昌县的棠浦、花桥二市,临江府清江县的洋湖、水市,新淦县的桑村,新喻之东门、姚墟、熊家山,赣州府雩都县的银坑墟,石城县的高田墟,信丰县的大阿墟,上犹县的油田墟。在这类专业市镇中,牛市也是一个分布颇为普遍的专业市场。如新昌县的牛墟,"每年八月之际,就西城外河干为市集,乡民以牲犊来者蹄万计,必贩鬻数日乃已"⑥。上高县的路口墟也是一个较大的牛马交易市场。据史料记载,清乾隆年间该市场曾"聚商二三万,牛马别群,如芸如荼,耕人颇资其便"⑦。此外,在赣南山区也分布着不少的耕牛交易市场。如雩都县的银坑墟、石城县的高田墟、信丰县的大阿墟、上犹县的油田墟等,均是有一定规模的牲畜专业市场。其中高田墟市的牛马岗会,地处闽赣

---

① 《建昌乡土志》,实业志之商业,光绪三十二年版。
② 参见《武宁县志》卷三十《艺文》,同治九年版。
③ 《广信府志》卷一《地理之乡都》,乾隆四十八年版。
④ 《南康府志》卷五《建置之市镇》,同治十一年版。
⑤ 《上犹县志》卷五《风俗》,康熙三十六年版。
⑥ 《盐乘》卷八《讼狱志》,民国6年版。
⑦ 李荣陛:《路口趁墟记》,《李厚岗集》卷十四,清嘉庆刊本。

第四章
清前期江西城镇与农村市场的发展及商贸格局

交界要冲,其牛马交易远近闻名,最盛时曾有来自七省数十县的商人云集其地。

(五)陶瓷业市镇。这类市镇主要有饶州府浮梁县景德镇、湖田市,乐平县的永靖镇、嘉兴镇;袁州府萍乡县的上埠市,万载县的白水、源头、冲章、源青、背坑;吉安府万安县的窑头市、庐陵县的永和镇。

(六)茶叶和造纸业市镇。茶叶市镇主要有南昌府新建县的吴城镇以及广信府铅山县的河口镇。造纸业市镇有赣州府石城县的横江墟、兴国县的竹管洞墟;袁州府万载县的大桥市、卢家州市、高村市、高槽市、谢陂市;广信府上饶县的上饶坂市,铅山县的陈坊市、湖坊市、石塘镇,兴安县的姜里村。

(七)纺织业市镇。该类市镇有赣州府宁都州的会同集、固原集、横溪集、军山集,兴国县的前坑墟;临江府清江县的永泰市,新淦县的城第墟;吉安府庐陵县的富田市;袁州府万载县的楮树潭、周陂桥,分宜县的桑林墟;饶州府余干县的盘田墟;抚州府宜黄县的棠阴市。

(八)药材和杂货贸易专业市镇。该类墟镇除樟树镇外,还有袁州府万载县的楮树潭镇和大桥市,南康府都昌县的周溪市,南昌府武宁县的瓜源口市,广信府广丰县的五都墟、泮口墟,赣州府兴国县的茶口湾市、五里亭市。

(九)煤业及其他专业市镇,这类市镇有广信府上饶县的应家口市,袁州府萍乡县的安源特别市和上栗市。①

二、农村市场网络与"乡脚"

在清前期江西农村墟镇增长和发展过程中,众多的墟镇分处于不同层级,在各种商业活动中承担着不同的角色。这些墟镇互为一体,构成了江西农村的市场网络。

在江西众多市镇中,有的墟镇凭借其特有产品,成为省际贸易的场所。这一点,以一些专业性的夏布墟市最为典型。据《兴国县志》记载:"绩苎丝织之成布,曰夏布,土俗呼为'春布'。一机长至十余丈,短布亦八九丈。衣锦乡、宝城乡各墟市皆卖夏布。夏秋间每值集期,土人及四方商贾云集交易,其精者洁白细密,建宁福生远不及焉。"②另外,在建昌府的广昌县,一些墟镇也是外省客商采购夏布重要产所之一。直至清末,一份调查资料仍然说道:"(广昌县)妇女均以

---

① 参见任放《明清长江中游市镇经济研究》,第165—230页。
② 《兴国县志》卷十二《特产》,道光四年版。

绩麻为事,所纺夏布,每年约二万余铤,运销山东、山西、河南、福建等省,价值约三万余金。"①同样,在盛产夏布的万载县境内的大桥、潭埠、金树等市镇,皆有布行多家,成为湘鄂客商采办夏布的商业网点。

除这些专业市镇外,一些地处水陆要冲的市镇亦能发展为跨省区的大市场。如广信府玉山县的三里街、七里街,在"县西之外,为一水陆码头,行铺千余家,江浙闽粤仕商往来如织"②。在江西南部山区,一些农村墟市因其得天独厚的地理位置和不可替代的商品交易地位,成为地区性的贸易中心。如地处上犹江下游、位于南康县境内的唐江墟,就凭借水运优势,至清初逐渐成为江西南部最为重要的商品交易中心,享有"小赣州"的称誉。闽、粤、赣三省9县近40个乡镇的农副产品,均以该墟市为集散地。上犹县的营前墟,也是本县及周边县镇农副产品的集散地,邻近数县的商贩云集此地,将商品销往湘粤等地,成为仅次于唐江的第二大商品交易中心。会昌县的筠门岭墟,虽形成于明万历年间,但因地冲闽、粤、赣三省之衢,入清后迅速上升为江西南部第三大商品交易中心,市场营销规模甚至超过了县城,成为赣、闽、粤商品对流必经的集散地。③

位于中心市场下一层级的是中间市场。这种市场在商品和劳务向上下两方的垂直流动中都处于中间地位,与之相对应的居民点,称为"中间集镇"。在清前期江西众多的墟镇中,有许多"中间集镇"。这类墟镇一般为一县或数县商品贸易中心点。此类市镇,较著名的主要有南昌县内的茬港、市汊,安仁县的邓埠,上饶县的沙溪,广丰县的洋口墟、五都墟,铅山县的石塘镇,弋阳县的大桥、七公(一作漆工),贵溪县的上济,广昌县的白水,金溪县的浒湾,新淦县的三湖,分宜县的桑林,萍乡县的宣风镇等。如《南昌县志》称:"市汊镇,濒河为市,西南通瑞河,东南通两广,下通省会,以达于湖。对河为丰城,稍西即新建界。商贾辏集,船往来如织,为本邑第一大镇,设有巡检把总。"④萍乡县的芦溪市,亦是凭借便利的水路交通位置,成为中间市镇:"芦溪市,在县东,距城五十里,水东流入秀江,舟行如此,商旅辐辏如星市。"⑤

在清代江西农村市场网络中,扮演着最基本角色、构成整个网络基本要素的是基层市场。这些市场,既是农产品和手工业品向上流动,进入市场体系中

---

① 傅春官:《江西省农工商矿纪略》,建昌府建昌县之商务,光绪三十四年版。
② 《广信府志》卷一《地理之乡都》,乾隆四十八年版。
③ 参见谢庐明《赣南的农村墟市与近代社会变迁》,《中国社会经济史研究》2001年第1期。
④ 《南昌县志》卷二《市镇》,乾隆五十九年版。
⑤ 《萍乡县志》卷二《建置之里市》,嘉庆十六年版。

第四章
清前期江西城镇与农村市场的发展及商贸格局

较高范围的起点,也是供广大农村消费的输入品向下流动的终点。如在湖口县的南、北、东三境,就分别形成各自的基本市场。"流芳市,原名刘家市,顺治三年亦毁于贼。然文桥市败,都湖贸易并集于此,南境市之盛者;酒坊岭,在县北七里,路通新安铺,相传旧县酒市。马影桥市,亘马影、四还二桥,东境市之盛者;下流澌桥市,居民夹岸,商贾如林,北境市之盛者"①。又如南昌府南昌县之茬港市,"坐落三十六都四图及三十七都三四图地方,距城六十里。地临大河,上通抚建,下达省会,地密人稠,一四七日百货辏集,远近皆至";新建县之牛行市,"在章江西岸沙井下三里凤凰洲上,分隶洪崖、桃花二乡。每当三六九日当集,商民辐辏,络绎不绝,沙尘纷涌"。

在此种基层市场中,还分布着为数甚巨的墟场。与上述几种市镇不同的是,这些墟场并不是面对整个县或一县的某个区域,而是相对于具体不变的村庄。这些墟场与以其为中心的村庄,构成了农村市场体系中的"乡脚"。②同治《临川县志》卷一之"地理疆域"中,列出了该县各墟场及其所涵括的村庄数,为我们提供了说明"乡脚"这一概念提供了非常合适的实例,兹引述如下:

> 四都,为图者十二,共村庄四十七处,有唱凯墟;六都,为图者八,共村庄四十七处,有流坊墟;八都,为图者十四,共村庄五十三处,有罗湖墟;九都,为图者十,共村庄五十三处,有凤冈墟;十一都,为图者九,共村庄三十七处,有上顿渡墟;三十五都,为图者六,共村庄三十一处,有三桥墟、高坪墟;三十八都,为图者九,共村庄三十六处,有战坪墟;四十一都,为图者五,共村庄十九处,有黄昏渡集;四十二都,为图者十,共村庄二十八处,有同源集、许家渡集;四十四都,为图者八,共村庄五十处,有大江墟;四十五都,为图者十一,共村庄六十处,有焦石市、李家渡市;四十六都,为图者七,共村庄九十处,有罗针墟;四十八都,为图者五,共村庄二十七处,有云山墟;五十一都,为图者八,共村庄五十五处,有白家墟;五十三都,为图者七,共村庄六十余处,有李坊墟、温家圳市;五十四都,为图者十,共村庄三十余处,有王家墟;七十五都,为图者六,共村庄四十四处,有武城墟;八十一都,为图者五,共村庄二十二处,有腾桥市、邓坊市;八十三都,为图者

---

① 《湖口县志》卷二《镇市》,嘉庆二十三年版。
② "乡脚",可称为腹地,也就是集镇所服务的区域。在市场体系中,"乡脚"是一个市镇赖以成长和繁荣的根本。具体论述参见费孝通《江村经济——中国农民的生活》,上海人民出版社 2007 年版。

六,共村庄二十五处,有鹏田墟、神前墟;八十五都,为图者六,共村庄二十七处,有清泥市;八十七都,为图者三,共村庄十七处,有黄汰渡市;八十八都,为图者五,共村庄二十余处,有游家市;九十一都,为图者三,共村庄四十四处,有东馆市;九十六都,为图者三,共村庄十五处,有何家岭墟、有上官里新墟;九十八都,为图者七,共村庄四十三处,有游顿新墟、河埠墟;百都,为图者七,共村庄三十五处,有长冈墟;百一都,为图者二,共村庄三十二处,有毛排墟;百三都,为图者七,共村庄十六处,有荣山墟;百四都,为图者七,共村庄十四处,有下麓墟;百五都,为图者七,共村庄四十处,有龙溪市;百九都,为图者二,共村庄五处,有杭埠市。

除上述与众多乡村对应的墟场外,在一些没有墟市的地方,某些村庄则承担起乡村商品交换功能。在广信府属弋阳县的乡村地区,就并没有与之对应的墟市,乡民的交易大多在大村庄进行。如距县城西面80里的大桥,"烟户丛集,商民千余家,米谷互易";距县城北面70里的七公圳,亦是"烟户稠密,商民三百余家,米谷互易"。另外,属于此类市场的还有兴安县(今横峰县)的葛源街和姜里村。它们均是虽无墟场之名,却行市镇之实。①

三、乡村基层市场的集期与庙会

在清代江西农村市场体系中,四大超级商镇以及中心、中间市场基本上都是每日为市,而遍布乡村的基层市场,则大多属定期市,都有集期,即开市日期。在一县农村中,相邻墟市往往将各自的墟期错开,或二八,或四七,或三九,或五十,以便附近的乡民赶集,从而使农村基层市场呈现出活力和生机。农村基层市场的周期性,与个体商号的流动性、经济角色的不明确性、农户平均需求的有限性以及交通水平等因素有着内在的关联。②

清代江西农村墟市,大多以农历旬作为集期安排的基础。至于每旬的集期数,各地的安排不一。有的是一旬二集,即每隔五天为一个集期,具体表现为农历的初一与初六,或初二与初七,或初三与初八,或初四与初九,或初五与初十。有的则是一旬三集,即每隔三天为一集期,具体表现为农历的初一、初四、初七,或农历的初二、初五、初八,或农历的初三、初六、初九。在这两类集期体

---

① 参见任放《明清长江中游市镇经济研究》,第167—226页。
② 参见任放《明清长江中游市镇经济研究》,第155—156页。

第四章
清前期江西城镇与农村市场的发展及商贸格局

系中,每旬二集有广信府玉山县的寨头墟与镇头墟,"寨头墟,县东八十里。界连江山县,一六日为集期。二邑人贸易往来其中,最为杂器。镇头墟,县东南八都,集日与寨头墟同,农民贸易颇多"①。在广大的江西南部地区,一旬二集亦较为普遍。据乾隆《石城县志》卷之一《墟场》记载,该县的墟市大多是每旬二集,计有:

> 小松墟,丰上里,墟期二七。康熙辛丑年温秀逵捐田租三十三担净,与郑姓更易墟基墟期抽税,遂禁;高田墟,栢中里,墟期四九;湛陂墟,柏中里,墟期一六;木蓝墟,石上里,墟期五十;平山墟,石中里,墟期一六;横江墟,礼上里,墟期五十;大猷坪墟,龙上里,墟期五十;朱坑墟,龙上里,墟期二七;何家湾墟,石上里,墟期三八。

一旬三集,是清代江西农村墟市中另一种较为常见的集期体系。据同治《广信府志》记载,该府广丰县的施村墟,每旬以"二五八日为墟期,民聚集贸易";五都墟,每旬以"一四七日为墟期,乡民聚集贸易用米麦";洋口墟,"二五八日为墟期,客商贩运聚集之所"。②吉安府吉水县的界山墟,"在仁寿乡八都,明洪武二十七年兴,以旬中一四七日,聚新淦、永丰、吉水三县人交易。神冈墟,在同水乡五十六都,永乐十三年兴,以旬中三六九日交易"③。定南厅的下历墟、鹅公墟及天花墟,分别以一四七、二五八、三六九为集期。④瑞州府的上高县境内的墟市,除路口街外,其余都是一旬三集:

> 南市街,在桃李春风亭下大街,为江楚通衢,每旬以一四七日为集期;徐渡街,在县西之下京陂,一邑之市镇最盛处也,每旬以一四七日为集期;工字街,在后塘团田心,每旬以二五八日为集期;界埠街,在县东三十里修仁团界埠,每旬以二五八日为集期;凌江墟,在县西二十里河西团,每旬以二五八日为集期;河下墟,在县东二十里修仁团,每旬以三六九日为集期;翰堂墟,在德义上团,每旬以二五八日为集期;连桥墟,在益乐团,每旬以

---

① 《广信府志》卷一《地理之墟镇》,同治十二年版。
② 《广信府志》卷一《地理之墟镇》,同治十二年版。
③ 《吉水县志》卷三《市墟》,道光五年版。
④ 参见《定南厅志》卷之一《墟市》,道光五年版。

一四七日为集期;洙村墟,在永平洙村,每旬以二五八日为集期;镇渡墟,在崇本团二图,每旬以二五八日为集期。①

除上述两类集期体系外,清前期江西农村市场中,还有二日一集、一日一集的集期体系。隔日市或是每月的单日开市,或是以双日开集。一日一集则大多是日出为市。这两种集期体系在吉水县内的墟市中都可以发现。如该县县志记载:

> 龙子岗墟,在仁寿乡八都,明永乐元年兴,双日为市。枫子冈墟,在同水乡五十八都,双日为市。阜田墟,在同水乡六十都,永乐十一年兴,双日为市。谷村墟,在同水乡六十一都,永乐十二年兴。每日出为市,至食时而罢。②

清代江西农村墟市存在的另一种集期体系,是每年于固定的时间,开集数天或一段时间。如上高县的路口街,"每年以八月二十四、五、六等日,在上路口亭边为集期"③;吉水县的"张家渡墟,在中鹄四十九都,每岁七月念二日为市起,八月初一日止,商贾毕集,至期委官弹压"④。此外,在东乡县,每年八月份蓝靛收成之后,就会在县城形成一段时间的交易,"市靛者常集至千余人"⑤。

在这种固定时段的集期中,庙会又是最为特殊的一种。在某种程度上,庙会即商品交易会,为当地及附近乡民提供日常生活用品和农业生产资料的置换。作为农村墟市的一种,庙会以祀神为活动的中心,但常伴随各类演戏及商贸活动。加之许多神庙建立于墟市,因而在各神庙举行庙会的时期,也是其所在墟市商贸活动最为集中之时。如万载的槠树潭市,在清中期时是"八九月间歌舞赛神,即以通商"。民国《万载县志》亦记载,该市在"咸同兵燹以前,年有会期,在九十月间,商贾云集,货物骈臻,乡下嫁娶所需,只待会期采办"⑥。又如《分宜县志》称:"邑北杨桥每月除三、六、九当墟外,七月七日起,有曰赶七。惟此十日演剧聚赌,人山人海,埒于西江三镇商埠之称,为我邑一大墟市场。""外

---

① 《上高县志》卷一《疆域之墟市》,同治九年版。
② 《吉水县志》卷三《市墟》,道光五年版。
③ 《上高县志》卷一《疆域之墟市》,同治九年版。
④ 《吉水县志》卷三《市墟》,道光五年版。
⑤ 《东乡县志》卷八《风土之土产》,同治八年版。
⑥ 《万载县志》卷四《风俗》,民国29年版。

第四章
清前期江西城镇与农村市场的发展及商贸格局

如桑林市,前设有稽查市官,每年至八月有特别赶八之名。自二十日至三十日,四方辐辏,百货云集,牲口殷阗,罗致于场,供应懋迁。"①另外,在江西南部地区,庙会与商业交易基本上联成一体。②如石城县高田将军庙会,"每年九月朔日会期演庆,商贾云集,浃旬乃散"③。在崇义县茶滩墟,每年八月十三日都会举行"董公庙会",届时"四方走贩,百工技艺赴会,相聚成市,数日乃散"④。宁都县的小布墟、田头墟以及长胜墟,每年都要为庙中各种神灵举行庙会。这些地方庙会的兴盛,与墟场的经济繁荣是分不开的。⑤

概而言之,清前期江西农村市场的发育与发展,既表现为墟镇数量的日益增加、墟市商业化程度的提高、集期的逐渐频繁,还体现在众多专业性的超级市镇和省级贸易中心的市镇的兴起。而清前期江西农村市场的新内涵,又与散布在广大乡村地区的中间市场和基层市场密不可分。这些不同层级和类型的市镇,各自发挥着自身的功能,使江西农村的各种产品进入到更大的流通网络,同时也将全国各地的商品带入人们的日常生活中。这些处于不同层级的市场虽无直接的统属关系,但在商品的实际流通过程中彼此相互联系,形成一个有机的立体市场体系。江西乡村的各种产品由此进入更大的流通网络,促进了江西经济与外部世界的交流与互通。

第四节
清前期江西墟镇的管理

一、官方派驻机构

在官方各种派驻于市镇的机构中,同知署是其中之一。不过,由于同知署这一机构级别较高,因而只有在"四大镇"才有派驻。当然,"四大镇"内的同知

---

① 民国《分宜县志·岁时民俗》,参见丁世良、赵放主编《中国地方志民俗资料汇编》华东卷(中),书目文献出版社1995年版,第1073页。
② 参见谢庐明《赣南农村的墟市与近代社会变迁》,《中国社会经济史研究》2001年第1期。
③ 《石城县志》卷三《祠庙》,乾隆四十六年版。
④ 参见谢庐明《清代赣南客家庙会市场的地域特征分析》,《赣南师范学院学报》(哲社版)2005年第4期;谢庐明《赣南农村的墟市与近代社会变迁》,《中国社会经济史研究》2001年第1期。
⑤ 参见刘劲峰主编《宁都县的宗族、庙会与经济》,国际客家学会、法国远东学院、海外华人资料研究中心2002年版。

署也并不是一开始就存在的,而是随着其经济实力的上升才获得此种地位。如樟树镇设立的官方机构,就经历多次变更:"(樟树镇)原设清江镇巡检、巡检税课局大使各一员。明万历中,税课大使裁,国朝于镇立樟树营,以都司驻守,巡检司仍其旧。乾隆三十一年,巡检奉裁,以本府粮捕通判移镇其地,都司改驻府城,而营更为樟树汛,以把总分防焉。"① 同时,由于"四大镇"的重要性,因而除了同知署这一机构外,还有其他的官方派驻机构驻扎。现依据相关史料,将"四大镇"所设的官方机构列为表4-2。

表4-2　清前期江西四大商镇所设官方机构一览表

市镇名	官方机构	设立时间及经过	资料来源
樟树镇	照磨署	旧在正堂右,乾隆四十三年移驻樟树镇	同治《临江府志》卷五《公署》
	通判署	旧在同知署左,乾隆三十一年移建清江镇东街	同治《临江府志》卷五《公署》
吴城镇	清军厅	雍正七年,移驻吴城	雍正《江西通志》卷二十《公署》
	同知署	乾隆三十一年,改清军厅为同知署	同治《南昌府志》卷六《市镇》
	主簿署	乾隆四十四年	同治《南昌府志》卷六《市镇》
河口镇	同知署	乾隆二十三年加水利衔,三十六年移驻河口镇	同治《铅山县志》卷二《市镇》
	军粮分府	乾隆四十年,移军粮分府驻扎河口镇	同治《铅山县志》卷二《市镇》
景德镇	同知署	旧在府署左,康熙三十二年移驻景德镇	光绪《江西通志》卷六十八《廨署》

---

① 《清江县志》卷四《镇市》,乾隆四十五年版。

第四章
清前期江西城镇与农村市场的发展及商贸格局

"四大镇"因其较高商业的地位,成为同知这一官方机构的派驻地。在四大镇之下的一些商业市镇,甚至某些墟市,则成为巡检司或县丞这两类官方机构的派驻地。在当时的地方官员看来,巡检司这一派驻机构,主要设置在两种地方,一是"大乡巨镇",一是"冲途要隘"。如雍正至乾隆时期担任江西按察使的凌焘说道:"照得巡检一官,各有汛守,其间或有大乡巨镇,五方辏集,或因冲途要隘,奸宄易潜,州县鞭长不及,设立巡司,以资防缉。"①而县丞的设置,在另一些地方官员眼中,则主要设置于距离县城较远的镇市。如余干知县许庆丰认为,"国家设官分职,县置有丞,所以分辖镇市之距县稍远者,而亦与司牧斯民之职焉"②。因此,有清一代,巡检司、县丞署和主簿署成为官方派驻市镇的主要机构,巡检、县丞、主簿也在市镇的管理中扮演着主要角色。如新建县生米镇,在善政乡二十六都,设有分司;进贤县二十三都,距城六十里,梅庄巡检司驻此;奉新县罗坊镇,在县西六十里进城乡,设有巡司。一些学者的研究表明,清代江西设有巡检司、主簿署及县丞的市镇共达近百个。③现根据相关史料,将江西部分府县内市镇设置的派驻机构制为表4-3。

表4-3 清前期江西部分府、州、县设置巡检司、县丞及主簿的市镇

府名	县名	市镇	机构名称	设置时间	备注
南昌府	南昌	三江口	巡检司	雍正十一年	乾隆四十四年改驻主簿署
		市汊	巡检司	顺治初年	于明代旧址上重建
	新建	生米	巡检司		改乌山巡检司置
	进贤	梅庄	巡检司		改邬子寨司置
	丰城	大江口	巡检司	乾隆二十二年	由柿源庙司移驻
	奉新	罗坊	巡检司		
	武宁	高坪	巡检司		由赵家园司移驻
	义宁州	八叠岭	巡检司		
		排埠塘	巡检司		
		渣津	县丞		

① 凌焘:《西江视臬纪事》卷三《文檄》,上海古籍出版社2002年,影印《续修四库全书》本。
② 《余干县志》卷十六《艺文》,同治十一年版。
③ 参见方志远《明清湘鄂赣地区的人口流动与商品经济》,第499—506页。

府名	县名	市镇	机构名称	设置时间	备注
瑞州府	高安	灰埠	巡检司		因裁照磨所而建
		阴冈*	巡检司		
	新昌	大姑岭	巡检司		明末毁于兵，国朝就居民房
		黄冈	巡检司		明末塌，国朝就居民房
南康府	上高	离娄*	巡检司		
		麻塘*	巡检司		
	星子	渚溪	巡检司		自都昌左蠡移驻
		长岭	巡检司		明万历复移置青山镇
	都昌	周溪	巡检司	雍正八年	由柴棚司巡检改驻
		张家岭	县丞		
	建昌	芦潭	巡检司		顺治九年缺裁署废
九江府	德化	小池	巡检司	乾隆二十三年	自城子镇移驻
		城子	巡检司	乾隆五十二年	复设，后移至港口镇
	湖口	湖口*	巡检司		
		菱石矶*	巡检司		
广信府	广丰	洋口	巡检司	雍正年间	移柘阳寨司驻
	铅山	湖坊	巡检司	乾隆三十六年	由河口司署移驻
	弋阳	大桥	县丞	乾隆三十一年	嘉庆年间毁于火
	贵溪	江浒山	县丞	雍正五年	由县城移驻
		上清	巡检司	雍正初	由管界寨移驻
		鹰潭	巡检司	乾隆三十年	万历年由神前寨移驻
抚州府	宜黄	棠阴	巡检司	乾隆丁亥年	由止马司移驻
	金溪	浒湾	县丞	乾隆三十二年	由县城移驻
	崇仁	凤冈墟	巡检司	乾隆四十二年	后废

第四章
清前期江西城镇与农村市场的发展及商贸格局

府名	县名	市镇	机构名称	设置时间	备注
吉安府	庐陵	永阳	巡检司	乾隆三十年	由敖城司移驻
		固江	巡检司	乾隆三十年	由井冈司移驻
	泰和	早禾	巡检司		道光年间改为马家洲司
	吉水	阜田	巡检司	乾隆五年	移八沙巡检司驻
	龙泉	北乡	巡检司	雍正六年	依旧址重建
		禾源	巡检司	雍正八年	
		秀州	巡检司		咸丰年间毁,同治年间重建
	万安	阜口	巡检司		道光十八年改武索司
吉安府	赣县	长兴	巡检司		由磨刀寨司改之
		攸镇	巡检司		
	信丰	头陂墟	巡检司		旧为新田司
	会昌	筠门	巡检司	乾隆三十年	由湘乡司移驻
	安远	板石	巡检司		乾隆四十二年重修
	龙南	下历墟	巡检司		后改隶定南厅
	长宁	双桥	巡检司	顺治五年	由新坪巡检司迁建,后迁雁洋
袁州府	萍乡	芦溪	巡检司	乾隆八年	大安巡检司改驻
		上栗	巡检司	乾隆四十四年	
	万载	楮树潭	巡检司	康熙七年	重修

* 指该司置后又废。

资料来源:《南昌县志》卷九《建置下》,民国 24 年版;《丰城县志》卷三《衙署》,道光五年版;《南昌府志》卷六《地理之市镇》,同治十二年版;《瑞州府志》卷之三《建置之署廨》,同治十二年版;《宜黄县志》卷八《公署》,道光五年版;《抚州府志》卷十八、卷十九《建置之公署》,光绪二年版;《吉安府志》卷七《建置之各署官廨》,光绪元年版。

与"四大镇"驻扎的同知署这一官方机构一样,许多驻有巡检司或县丞的市镇也是经历了一个从无至有,或从要冲之区移往其处的过程。如庐陵县固江镇,"在县西五十里,旧为市。乾隆三十年以井冈巡检司改驻其地";永阳镇,"在县西南六十里,旧名草市。乾隆三十年,改敖城巡检司于此"①。吉水县的张家渡墟,"在中鹄乡四十九都。道光年间,奉文移县丞廨于此"②。而在广信府属各县,其境内巡检司机构,则大多都是由原来具有军事防卫性质的堡寨,移往某些兴盛市镇的。如广丰县洋口巡检司,"旧在柘阳寨,万历间建,雍正间移驻洋口";铅山县的湖坊巡检司,"向在石佛寨,万历间移驻河口,国初仍之。乾隆三十六年,奉文改驻今地";贵溪县的上清镇巡检司,"先为营界寨,在县南九十里,谓之南司。雍正初,驻上清。乾隆元年,建署于琼林街。……三十年,改今名";鹰潭镇巡检司,"先为神前寨,在县北六十里,谓之北司。万历初迁鹰潭,乾隆三十年改今名"③。

当然,官方在一些市镇派驻巡检等机构,往往是综合了地理位置和商业状况两种因素。如乾隆《南昌县志》卷之二《市镇》记载:"市汊镇,濒河为市,西南通瑞河,东南通两广,下通省会,以达于湖。对河为丰城,稍西即新建界。商贾辏集,船往来如织,为本邑第一大镇,设有巡检把总";"三江口,地界三县,东北属进贤,南属丰城,过河而东南为临川。三六九日依市为集,薰莸杂处,设有巡检稽查"。此外,在一些地处水陆要冲的墟镇设置巡检司,其社会治安的功能,远大于维护市场秩序的功能。如饶州府鄱阳县的邓家埠巡检司,就与其地的保甲组织联为一体。据史料记载:"邓家埠,在县西南,去治四十里,界于抚之东乡,信之贵溪。……国朝来,地方幸称宁谧,但界连四邑,居民杂处,重惩游惰,严行保甲,亦时平所不废也焉。"④

不仅地方官员将加强离县城较远的墟镇的管理视为己责,一些地方有识之士也认为墟市的设立是一柄双刃剑,既可利民,也会害民;既可藏货,亦可藏奸,因而主张加强墟市的管理,以便在发挥墟市经济功能之余,做到不影响社会秩序。道光《定南厅志》的纂修者在回顾了该县墟市的历史后,曾有如下议论:

---

① 《庐陵县志》卷二《墟市》,同治十二年版。
② 《吉水县志》卷四《市墟》,光绪元年版。
③ 《广信府志》卷二之一《建置之公廨》,同治十二年版。
④ 《饶州府志》卷之四《坊都》,康熙二十二年版。

第四章
清前期江西城镇与农村市场的发展及商贸格局

《易》言:"致民聚货,交易各得。"墟市之设,良不容已。于城于乡,皆所以便民耳。然考《周官》,司市立法綦严,何也?盖墟之为象,散则阒然,萃则闹然。可藏货,亦可藏奸;可利民,亦可病民。苟非立墟长,严约束而以时稽查之,鲜不滋事为患。噫!是诚良有司之责也。①

二、牙行与牙人

自唐末五代以来,牙行和牙人逐渐在农村商品交易过程中扮演着重要角色,成为官方管理市场的代理人。明初,政府曾一度废除官牙和私牙,但至明中叶又因商品经济的发展而恢复。及至清代,牙行已经遍布各地商品交易之所,在农村市场管理体系中有了不可替代的地位。康熙年间,官方已正式允许各地设立牙行,并规定五年编审一次。在乾隆年间的一条上谕中,不仅再次对牙行在民间贸易中的地位予以承认,且对开办牙行的条件作了界定:"民间贸易,官为设立牙行,以评市价,所以通商便民,彼此均有利益也。是以定例,投认牙行,必系殷实良民,取有结状,始准给帖充应。"②

在清中叶江西众多的各级市场中,牙行林立,数量众多。据乾隆二十五年(1760年)江西地方官奏报,当时江西发放的牙帖数达到4490张。从现有各种资料看,这些牙行基本涉及市场上所交易的各种商品了。如都昌县涂家埠和高家埠均有经营和管理木材贸易的牙行,临江府各地民间买卖牛只,也必须经过牛牙方能交易。此外,还有船牙、猪牙、车行,甚至连灰粪买卖也有牙人插手。③而在宁都的黄陂墟,清初就已经形成了牛猪、棉布、杂货、丝绸、蓝靛、苎麻等行业,每个行业都有专人管理。所有行业都有定期缴纳落地税银,税银由牙人收取。④

牙行设立之初,主要通过校勘度量衡、平准物价两项职能来达到管理市场的目的,并取得很好的效果。因此,在一些地方官眼中,正是有了牙行的设立,方能"懋迁有无,百货流通"。为此,他们主张应杜绝官吏对牙行的骚扰和勒索。如江西布政使彭家屏就曾奏请停牙行五年换帖之例事:

---

① 《定南厅志》卷之一《墟市》,道光五年版。
② 《清高宗实录》卷一百九十五,乾隆八年六月己卯。
③ 参见凌焘《西江视臬纪事》卷三《文檄》,第77、109、119、129 页。
④ 参见刘劲峰主编《宁都县的宗族、庙会与经济》,第65 页。

窃照各省州县集场设有牙行,所以平物价而便商民,俾懋迁有无,百货流通。又恐散漫无稽,滥增滋扰,并或消乏之户,侵本累商,例由地方官查明身家殷实,具结申详布政司给发印帖,始准开张,实为法良意美矣。江西省各属牙户于康熙二十九年前任藩司给发印帖之后,每越十年清查倒换一次,原无五年必令换帖之行。自雍正七年前藩司李兰将各州县牙帖换发后,至乾隆五年,因准部咨顺天府府尹陈守创议复巡城刑科给事中罗凤彩条奏清厘牙行以恤商旅一折,有五年编审时换给新帖之语,是以乾隆六年时值编审,经臣照案行查送换。惟是通省牙行计共四千四百四十三户。自六年查催,至今尚未换齐,而五年之期已满。今乾隆十一年,又届编审,若再清查,缴旧换新,以四千四百余名之牙帖……稍有不敷,层层驳诘,胥役视为利薮,多方勒索,纵加意稽察,有犯必惩,终不免于扰累。且查旧例五年换帖,原专指京城,盖为百姓聚集,贸易众多,应勤加清理,以剔奸弊,本非概之于外省。况外省州县牙行有事故歇业、另换顶补者,原许其随时请换的名印帖,如五年之后依旧系本人开设,则原领司帖仍可执持为据,何必复行更换,徒启吏胥需索之端。再则,牙行不过经纪小民,代人交易,若更易太烦,奸良不齐,亦恐不免借词剥削,累及商贾,致多纷扰,殊为未便。至若消乏牙户吞欠客本,地方官自能随时查追治罪另招,更无俟五年编审时始可清厘更换也。以臣愚见,江西所属一切牙行,应请嗣后如遇原牙歇业退帖,顶补有人,即照例查明换给新帖外,其并无事故,照旧开张,原给司帖听其收执,不必五年缴换。倘有私顶朋允,垄断罔利情事,仍令地方官不时严查革究。如此,庶吏胥少需索之弊,牙行免纷扰之繁,似亦肃清市廛之一节也。①

然而,随着牙行对市场管理权限的增大,各种弊端也日益显现,给商人贸易带来不良影响。如一位江西官员就说道:

商贾挟本贸迁,历经险远,止以博锥刀之末。然贸易所至,时贵时贱,各有不同。货滞则稽,货行则售。放收出入,惟恃行家为之评价归账,而不法牙行往往侵吞客本,俾之经年坐守,本息皆消。揆厥所由,总因客商将货经行发店后,一时收价不清,不能守候。即以现价重复回往经营,而行家即

---

① 《江西布政使彭家屏为请停牙行五年换帖之例事奏折》,《历史档案》1991 年第 2 期。

第四章
清前期江西城镇与农村市场的发展及商贸格局

乘问自向各店私收，各店以发货原由行主，故亦照给不疑。迨客至催交，业为牙行侵费，奸牙计舞所出，因之替后挪前，移彼清此，积渐既久，累客滋多，一朝败露，行主则弃行潜逃，客商则本利皆空。成年告讦，追给无期，即竭力催追，究之十不得一，此实行家之通病客。①

自康熙朝起，为规范牙行的行为，政府颁布了一系列相关律令。但这些律令并没有在地方得以很好贯彻，牙行的各种劣迹仍是时有出现。乾隆七年（1742年），江西监察御史卫廷璞在给朝廷的奏折中，对米行中存在的不良行为作了如下描述：

> 行户恃有牙帖，借称输税，多收用钱，商人不得不取偿于价值。……而积年牙蠹，恃帖为护符，或数户朋充影射，一帖数行，或暗收帮补。其暗收之数，更浮于所纳之数，名为帖纳。其有顶补者，即多方勒索，名为顶手钱。少者数十两，多者百余两。且复多设酒席，遍邀各牙，方许开张换帖。亦有顶补而不呈明换帖者，倘勒索不遂，辄指为私充行户，率众禁止，彼遂得以垄断居奇。新开之行畏其把持，俯首顺从，无由发觉。各行借称上纳官税，互相联络，贱买贵卖。商船一到，凭行发粜，彼即暗中扣克，卖者有内用，买者有外用，客商整卖零贩，俱要算入成本。其从前曾投伊行者，即不许另投别家，更得揩留以饱贪壑，以致小民常忧贵食。②

从上引奏折中不难发现，由于经营牙行有利可图，导致牙人在管理市场时出现了借输税之名多征商人钱银以及"帖纳"、"顶补钱"等各种弊端，从而导致米价上涨。不仅米行中存在牙人扰商的行为，且在船行等其他牙行中也存在勒索苛取之事。如江西按察使凌燽就说到玉山一县的船行，"向因行家埠头需索多端，重重克漏。业经酌定条规，行票每两取三分，船行每两取用七分，雇夫每名大钱一百文，量给保夫钱十文，其余一切派索，概事革除。乃禁令甫申，弊端旋长。近访闻有憨不畏法之徒，仍前多索。雇搭船只坐行每两辄取用七分，埠头每两辄取用一钱七分。又有写契人每两扣银一分外，勒茶酒银四五分不等。雇觅挑夫每名取索大钱一百二三十或一百四五十文不等。又每名索包夫钱二十

---

① 凌燽：《西江视臬纪事》卷三《文檄》。
② 《江西道监察御史卫廷璞请废止粮食牙帖听民开行以平米价奏折》，《历史档案》1991年第2期。

文。该行户发给夫钱每名止给钱一百零六七文,而大钱百文之内复掺搭小钱,名扣暗除,内外搜剥。商旅夫船,惟其虐取,殊堪发指"①。

随着牙行取得对各种市场行为征收税钱的权利,不仅取得牙帖的牙行会借机对商人进行盘剥,且私设牙行勒索的事件也频频发生。如在南昌、新建二县,当地一些无业游民就私自设立灰牙,对附近村民换灰的行为,按照"换灰人数,按名所取河埠租豆,又勒牙用豆及神福酒食等项"。为此,当时江西的按察使颁布禁约,声明"从来货利所关,方设牙行估值,未有灰粪之微,亦设牙行霸占取用者也。……嗣后不论本县异县农民挑换灰粪,歇船河埠,俱听自便。如有前项地棍仍敢勒索河埠牙用,地方保约与同受害之人,即扭禀该管地方官查拿,枷责示众,地保徇隐,一体治罪,决不宽姑,各宜凛遵"②。

针对牙行管理中出现的种种违规行为,从中央到地方各级政府采取了不同措施,进行规范和整顿。如乾隆《大清律例》就对私充牙行埠头、把持行市等现象作了具体的处罚规定:

> 凡城市、乡村诸色牙行及船之埠头,并选有抵业人户充应,官给印信、文簿,附写逐月所至客商、船户住贯姓名、路引字号、物货数目,每月赴官查照。其来历引货若不由官选私充者,杖六十,所得牙钱入官。官牙埠头容隐者,笞五十,各革去;各处关口地方,有土棍等开立写船保载等行……该管地方官查拿,照牙行及无籍之徒用强邀截客货例,枷号一个月,杖八十;各衙门胥役,有更名捏姓充牙行者,照更名重役,杖一百,革退。如有诓骗客货、累商久候,照光棍顶冒朋充、霸开总行例,枷号一个月,发附近充军。若该地方官失于察觉,及有意徇纵,交部分别议处。受财故纵,以枉法从重论。
>
> 凡买卖诸物,两不和同,而把持行市、专取其利,及贩鬻之徒,通同牙行,共为奸计,卖己之物,以贱为贵,买人之物,以贵为贱者,杖八十。若见人有买卖,在旁混以己物,高下比价,以相惑乱而取利者,虽情非把持,笞四十。若已得利物,计赃重于杖八十、笞四十者,准窃盗论,免刺。赃轻者,仍以本罪科之。

---

① 凌焘:《西江视臬纪事》卷四《设立行票示》。
② 凌焘:《西江视臬纪事》卷四《设立行票示》。

第四章
清前期江西城镇与农村市场的发展及商贸格局

> 各处客商辐辏去处，若牙行及无籍之徒用强邀截客货者，不论有无诓赊货物，问罪，俱枷号一个月。如有诓赊货物，仍追比完足发落。若追比年久，无从赔还，累死客商者，发附近充军。①

不但中央政府制定了周详的法令，各地也依据自身的情况，拿出了具体的方案。江西地方政府对牙行的规范，主要是重新对牙人取得牙帖的资格进行认定，并对牙帖的等级作明确的分界。乾隆二十四年(1759年)四月十一日，江西布政使汤聘在《为请严定上中下三则以清厘牙帖事折》中提出：

> 窃惟牙行估评市价，抽取牙钱，例应殷实良民，取具族邻同行互保甘结，州县加具印结，由府申布政使司给帖充当。帖分上、中、下三则，每年上则纳银三两，中则二两，下则一两。五年编审一次，倒换司帖。立法原属周详，其如殷实竟成套语，保甲渐为具文，人众帖多，良奸杂进，倘选充时不加详慎，迨吞骗事发始以法绳，而商累已补矣。查江西通省牙帖四千四百九十余张，内上帖仅五十余张，下帖几十分之九。臣自到任以来，留心厘剔，凡朋充及兼货、兼地者分别革退改正，欠负告发，饬行严究，顶换请帖，务令地方官切实具结。而现在商民告欠，同行讦控，仍不能免，良以根源不清，流弊胡底。伏查牙帖税银既分上、中、下户，自必确有区别。乃承充时概称殷实，则上、中、下既不因人而分；又同一货色，或称上户，或称中户、下户，则上、中、下又不因货而别。徒以旧帖所载，相沿未改。现在上等之货，而执下帖者甚多。更查一县一地之中，有一货而领帖至百数十张，更有至微之货，而领帖亦至数十张者。随检查成案送部之册，但有上、中、下牙帖总数，而某地某货并未分别登明，以致章程无定，亟宜裁抑，以收防范考核之实。臣愚请嗣后牙帖税则，以货多价重、通贩远商、需行囤发者为上则，货色平等，亦需行囤发者为中则，其但须评价，银货两不经手及细微什物为下则。所有各州县城乡市镇，现在牙帖逐一清厘。其有上货而执下帖及一货设立多牙、微物给有多帖者，确查产业田粮，概行酌裁改正，另造货地册送部，不许于册外增易。如有新开墟市，必须牙行，即于废退处所之额帖移设。至承充时结开产业田房，务须完粮户名与充牙各姓相同，即祖父相传之名，亦令改立的户，该州县具结查对户册，确有田粮，并无借名影射等

---

① 《大清律例》卷十五《户律之市廛》，乾隆五年版。

弊,方许加结转请。殷实二字既有着落,则牙行有身家之惜,自鲜害商之心。纵或拖欠客本,告发得实,先将结开产业当官变抵,亦不致悬宕无归。如此办理,似属慎终于始之道。

江西按察使凌焘则针对牙行在贸易过程中侵吞客商货本的现象,于乾隆年间采取了设立"三联行票"的方法,并多次申令牙户严格执行。具体做法是:"凡客货由行兑店,即将客货若干、议价若干,三面填于票内,中用本客本店图记花押为凭,买卖各执其一,订期清楚。至日店家合票发银,如无合同对验,店家概不许法。如有无票私给者,概不作准。店家有负欠逃匿,惟行家是问,以杜行家私收侵骗之端。"此外,鉴于玉山一县船行索费名目过多过高,凌焘申令"坐行取用,每两不许过三分,埠头每两取用不许过七分,其写契纸笔茶酒银钱概行革除。夫价每名大钱一百,至贵不许过一百二十文,外加保夫钱十文。如此外仍敢多索、暗取明分、苦累商民者,许受害客商船户脚夫指名赴该管衙门禀报立拿,究追枷示。倘敢阳奉阴违,或经访闻,或被告发,定行严拿重处,决不宽贷"[1]。

当然,法令的完善并没有使牙行的劣迹得到杜绝,上引史料中江西地方要员反复重申禁令的事实,从一个侧面反映了牙行管理的复杂性。政府不时制定针对牙行的法令,表明了牙行与市场运作之间具有相当密切关系,并成为市场管理体系中重要一环。

三、乡族与墟市

明中期以来,以宗族组织为主体的乡族势力,逐渐在江西农村的各项事务中扮演了重要角色。至清中叶,乡族势力不仅是推行保甲等制度的社会力量,且衍生出赋税征收的功能,进一步促成了基层社会的自我管理。正是在此背景下,江西农村基层市场从设立、发展到管理体系,均受到乡族势力的影响和制约。如庐陵县淡陂的陂头街,它的发展和繁荣,都与当地的梁氏家族密切相关。据有的学者调查,在清中叶陂头街鼎盛时期,共有130—140家店铺,而梁氏家族的四大支派就占据了一半。"除药材是由樟树老板经营外,其他的商贸流通都控制在四大家族手中。……特别是每到九、十月份,四大家族几乎将淡陂方圆几十里之内农民生产的粮食收购一空,甚至对淡陂村各个会社收下的租

---

[1] 凌焘:《西江视臬纪事》卷二《详议》。

第四章
清前期江西城镇与农村市场的发展及商贸格局

谷、义仓的储粮,也会采用或借或贷的方法,千方百计地弄到手,运销外地"①。不过,由乡族势力控制墟市的这种现象,以江西南部地区表现得最为突出和典型。②

据有的学者研究,早在东晋时期,江西南部就出现了墟市。进入唐宋以来,市场贸易日趋繁荣。明中叶后,墟市分布的密度大大提高。至清中叶,形成了具有相当规模的市场网络。在江西南部农村市场发展的历史过程中,从墟市的建立和运作,都深深打上了宗族等其他"非正式制度"的烙印,并因移民等其他因素而变得更为复杂。③

乡族势力对江西南部市场的制约和影响,首先表现在墟市的开设方面。具体说来,主要有三种情况:一是由单个姓氏开设的墟市。明代以前,宁都境内的肖田墟、小布墟等十六个墟场,就是分别由肖、王等十六个姓氏建立的。到了明代,瑞金县的瑞林墟,就是谢氏于万历年间开设;壬田墟,则是由蔡氏建立。而雩都县的段屋墟、葛坳墟、黄龙墟、利村墟,亦是分别由段、葛、邹、黄四姓氏设立的。入清后,由于大量外来人口进入赣南地区,由一个宗族开设新墟的现象仍普遍存在。如崇义县"杰坝墟,范、黄两姓从广东迁此,后建墟","恩顺墟,清乾隆十七年朱姓迁此建墟";又如宁都县"高兴墟,清中刘氏从福建宁化迁入,后建墟",宽田墟,"清初郭氏开墟";再如石城县"木兰墟,清中叶廖百涛从邻村下苑迁来开建墟镇";二是由两个或两个以上的家族联合设立。如龙南县"塘江墟,叶姓建;塘江新墟,张姓及门陂赖姓建","南京墟,新墟清中叶陈姓建,老墟在墟之西,由刘、赖、叶等姓合建";于都县"禾丰墟,清代刘、曾两姓建墟"。三是因宗族竞争而设立。如兴国县的江口墟,起初是由"徐氏在今老墟建,后杨、钟两姓于清乾隆六年(1741年)在现墟开墟,与老墟对抗"。又如龙南县"渡江墟,原建在埠岗上大埠,因肖、申二姓在此拥有较多产业,后与他姓发生矛盾,迁此浒江坝","得龙墟,葛姓在水东建墟,后王姓于清初在此建墟"。此外,在宁都县黄陂镇辖区之内,曾有过山堂街、黄陂街、杨依街等三个农村市场。其中山堂街是元朝初年胡姓所建,明代后因黄陂墟场被开辟出来后,赴墟者日益减少,不久自行关闭。而杨依街,则是咸丰年间,因谢、廖两姓发生争斗,村民互不往来,谢姓人为解决本族人的生计而强行建起来的。④

---

① 刘劲峰、耿艳鹏主编:《吉安市的宗族、经济与文化》(上),第156页。
② 参见谢庐明《赣南农村市场中的非正式制度与近代社会变迁》,《史学月刊》2003年第2期;黄志繁《清代赣南乡族势力与农村墟市》,《江西社会科学》2003年第2期。
③ 参见谢庐明《赣南农村市场中的非正式制度与近代社会变迁》,《史学月刊》2003年第2期。
④ 参见黄志繁《清代赣南乡族势力与农村墟市》,《江西社会科学》2003年第2期。

江西南部的乡族组织不仅是众多墟市的创设主体,有的还通过控制墟基,取得了对墟市上的交易和店铺征税的权利。如石城县的小松墟,里人温秀逵曾通过从他姓手中购买,不仅改变墟基和墟期,还一度取得了抽税的权利。① 而在上犹的商业大镇营前镇,自明末清初始,土著朱、陈、蔡三姓通过地基所有权,迫使后来迁入的客籍人在做生意时,每家店铺都必须向他们缴纳一定的税钱。这种格局,一直维持到清末为止。有的家族组织则是通过占有商业码头,收取一定的租税,获取商业利润。如赣州的七里镇为江西南部的木材集散中心之一,其康王庙码头为中坊的袁、赖等姓所有。凭借对码头的控制权,袁、赖等姓规定,凡是将木材堆放于码头者,须缴纳租金。这一规定,直到民国13年(1924年)仍然存在,并立有碑文,具体内容如下:

> 今将康王庙送船墩堆积板木以及杂色等项货物收纳地租钱条规开列于后:
>
> 一议对杉板每根纳地租钱十文;一议花木每根纳地租钱五文;一议连桐每根纳地租钱八文;一议车桐每根纳地租钱五文;一议桥板每块纳地租钱一文;一议柴火每把纳地租钱一文;一议木口船在墩打篷每月纳租毫洋三十毫;一议禁止墩上无论大小杂木毋许对放,如有违反,强者公罚毫洋二百毫;一议每逢正月不能出租,如有先放者,至期定须空开;一议统墩上租钱概归庙内福主堂值年首事经理收取,他人不得冒收,其出租金者亦不得乱来。②

清中叶江西南部乡族势力对墟市的控制和管理,还表现在私立墟长和垄断牙行两方面。自明代后期起,江西南部部分州县的墟市都是由官方任命的墟长来管理。如道光《定南厅志》记载:"万历十一年,知县章营立墟市于城隍庙前,佥立墟长,较定称锤斗斛厘戥,丈尺物价。"至清中叶,随着乡族势力渗入,许多墟市墟长的设立逐渐脱离了官方的控制。如有人就谈及兴国县的情况:"兴邑方太等处共有八墟,原因远处乡民便于就近贸易而设,其趁墟赶集之人,俱系零星货物……岂意方太等处私立墟长以来,凡遇货物到墟,无不刻意勒索,或一两抽至三四分,五六分不等,名为牙用,实同轧诈。迨奉宪饬查问其有

---

① 《石城县志》卷一《舆地志之集场》,乾隆十年版。
② 参见黄志繁《清代赣南乡族势力与农村墟市》,《江西社会科学》2003年第2期。

第四章
清前期江西城镇与农村市场的发展及商贸格局

无领帖,非曰已经自退,即曰从此无名。甚且勾引匪类潜入墟场,或开赌博攫金,或窝私贩取利。若地方小有事故,即把持武断,鱼肉村愚。"①该县其他地方亦有此类现象,如康熙五十年《潋水志林》记载:"龙岗墟桀恶尤甚,江背峒一名赤塥墟,又有营前墟、江口墟者,皆以其地所在名之,奸氏自称墟长,借公网利,弱肉强食。"②在另外一些州县的墟市,尽管还是由取得牙帖的牙人管理,但实际仍然是单个或几个宗族控制。如宁都县的黄陂墟,牙人均是由当地的廖姓担任。据乾隆四十六年(1781年)《廖氏家谱》记载:"顺治九年(1652年),分拨赣州税银1000两。康熙二年(1663年),分派宁都税银110两,名曰落地税银。"在这110两税银中,璜溪分认落地税银12.4两,这些税银由管理各行业的廖姓牙人负责收取。具体数目为:廖士明牛猪行每年完落地税银3两,廖林棉布行每年完落地税银3两,廖友山杂货丝棉行每年完落地税银5钱,廖学朴丝棉行每年完落地税银1两,廖胜昭蓝靛棉布行每年完落地税银5钱,廖道南苎麻行每年完落地税银4两,廖永明牙行每年完落地税银4钱。税银由廖氏牙人收取后交到武昌祠,再由武昌祠统一向官府缴纳。多余部分则留作祠堂众产。③

总而言之,清前期江西市镇管理体系中,既有官方派驻的巡检司以及由官方确认资格的牙行,又有非官方的以宗族为核心的乡族组织。这一多元性的特征,既是明清时期江西商品经济发展的必然产物,又是地方政治结构变化的结果。另外,还必须提到的是,在清前期江西市镇的管理体系中,民间文化也是一个重要的环节。在许多地方,墟市与庙会互为一体,承担墟市的管理职责的既不是宗族,也不是行会,而是围绕某个神灵形成的会社组织,一些神庙也被人们赋予维护市场秩序的功能。如《新城县志》就记载:

> 万寿宫,一在四十八都西成桥。乾隆五十九年,监生杨先沛同邓、杨、薛、朱、包、郭等姓捐建。嘉庆二十三年,复于殿隅添建文昌阁。向有射利之徒,以故帖冒充,私索买卖粮食行税。先沛等较准公斗,用铁索锁系殿外柱上,令买卖粮食均于此处印用,不得妄取分毫。经同安司吴详请县宪徐颁示勒碑存案,其弊乃息。④

---

① 《兴国县志》卷三十七《艺文》,同治十一年版。
② 参见谢庐明《赣南农村市场中的非正式制度与近代社会变迁》,《史学月刊》2003年第2期。
③ 参见刘劲峰主编《宁都县的宗族、庙会与经济》,第65页。
④ 《新城县志》卷二《建置之坛庙》,同治九年版。

另外,在宁都的小布墟,由于没有任何一个家族具有绝对的权威,故附近的村落只得以许真君作为共同的权威,以庙会的形式,统率周围七十二村半,以调节姓氏之间和村落之间的相互关系。①因此,在一定意义上来讲,清前期江西市镇管理体系的多元性,是经济、政治和文化等因素相互作用的产物。

第五节
清前期江西与周边各省的商贸格局

一、粮食产品的传统输出格局

明代以来,江西一直都是主要粮食生产地之一。进入清代,就整体而言,江西所产的粮食,除了供应本地区民食之外,还有大量的剩余运销于周边省份。在下属府县来说,能够有粮食盈余运销外省的主要有两个地区。一是中部的抚州、袁州二府。这些地方有粮食剩余,主要在于土地的开垦程度较高。一是南部的赣州、建昌、宁都和南安一带。这些府县人口较少,加之"田腴民勤,最称富饶",故而有较多的粮食输出。至于北部的南昌、九江、饶州、南康以及中部的吉安、临江、瑞州等地,由于人口密度高,加上商品经济和社会分工发达导致商品粮需求的增加,其粮食生产大致处于自给状态。而在东北部的广信府,其管辖的诸县不仅土地贫瘠,且仰赖商品粮食者甚多,故成为缺粮区之一。如史料记载:"广信壤地偏小,尤江右之瘠区,一年所产米谷不敷一年之食,全赖外运接济。"②

江、浙、闽、粤四省是江西粮食运销的主要区域,"广东之米取给于广西、江西、湖广,而江浙之米皆取给于江西、湖广"即道出了这一实情。但是,江西粮食在运销上述四省过程中,其内在推动力又有所差别。其一是由政府主导,用于救灾或平抑米价。康熙五十二年(1713年),康熙帝委督察院左都御史赵申乔奉旨前往广东平粜仓谷,并说道:"尔至广东详查,如所粜之米尚不足用,即速奏闻,朕令动正项钱粮,买米平粜。江西、湖广二省,不禁商人贩米,良有益处,前江浙米贵,朕谕将湖广、江西米船放下,江浙米价遂平。"③雍正元年(1723年)十月,雍正帝在给户部的上谕中称:"浙江及江南苏松等府地窄人稠,即丰收之

---

① 参见刘劲峰主编《宁都县的宗族、庙会与经济》,第109页。
② 《广丰县志》卷九《艺文》,同治十一年版。
③ 《清圣祖仁皇帝实录》卷二五四,参见邵鸿主编《〈清实录〉江西资料汇编》,江西人民出版社2005年版,第101页。

第四章
清前期江西城镇与农村市场的发展及商贸格局

年,亦皆仰食于湖广、江西等处,今秋成歉收,若商贩不通,必致米价腾贵。"雍正四年六月,又谕江西巡抚裴𢾰度:"江西素称产米之乡,况去岁今春皆获丰收,理宜通融以济闽省,近闻江西地方官遏籴不令出境,甚非情理。着将江西存仓之谷,碾米十五万石,动用脚价遴委能员,即速运至闽省交界地方。先期会知闽省督抚委员领去,分给各地方,以济民食,毋得迟缓。"乾隆三年(1738年)五月,乾隆帝在谕旨中称:"江西、湖南素称产米之乡,年来颇称丰稔,今岁雨泽,又复调匀,所有旧存仓储,可以通融于邻省。着照郝玉麟所请,动拨江西仓谷二十万石、湖南仓谷十万石,运往闽省以备用。"①其一是以市场流通为走向,由商贩运销。南赣一带的粮食进入广东和福建,一是经赣江—鄱阳湖水道,进入长江水系,运送至长江三角洲一带以及江浙地区。"赣无他产,颇饶稻谷,自豫章吴会咸仰给焉。……每岁贾人贩之他省不可胜计,故两关转谷之舟络绎不绝,即歉岁亦橹声相闻"②。另一运销线路则翻越位于闽赣边界瑞金县内的大隘岭,先是直抵福建汀州府,接着改水运,顺汀江而下,进入到广东嘉应州以及潮州一带。如乾隆《长汀县志》和康熙《上杭县志》就分别说道:"岁只一熟无两收也,米谷豆麦出产无多,不敷需求,须藉宁瑞挑运源源接济。""米虽白至汀,而实藉杭为之委,不则粟死于汀矣。故杭岁稔,则商贩以金、昌之粟下程乡、大埔,江广流通,实为利薮。"由此一路线输出的粮食甚巨,"查未行禁以前,每日江贩来米八九百担。……江贩之米近日运至下坝、罗塘、新铺一带河道直达嘉应大埔,每日千余担或数百担不等"。已有研究也表明,清代江西每年由鄱阳湖沿长江而下运往江浙一带的粮食达八九百万石之多,而每年经贡水、章水和杉关等水陆通道运销福建、广东的粮食至少有一百万石。③

除了这两种大规模的运销外,在闽粤赣三省交界处,还有另一种小规模的粮食贸易,即由产谷之地的民人,肩挑背负米谷至福建或广东易盐,进行物物交换。"福建汀州山多田少,产谷不敷民食,江右人肩挑背负以米易盐,汀民赖以接济"。"南赣二府……向有潮州及附近汀赣各府民人,挑负米谷豆菽赴平远易盐过岭,在各乡分卖"④。

---

① 《清世宗宪皇帝实录》卷十二;《清高宗纯皇帝实录》卷六十九,参见邵鸿主编《〈清实录〉江西资料汇编》,第108、114、141页。
② 《赣县志》卷九《物产》,同治十一年版。
③ 参见陈支平《清代江西的粮食运销》,《江西社会科学》1983年第3期。
④ 《雍正朱批谕旨》,雍正七年九月初七,参见陈支平《清代江西的粮食运销》,《江西社会科学》1983年第3期。

徽州府也是江西粮食运销地之一。在清代,徽州府既以商业闻名于世,又一直以缺粮而著称,时人卫哲治称徽州"本地食粮仅供数月民食,每每仰给邻封江西、浙江等处贩运接济"。当时江西粮食进入徽州的通道,先后将各属之粮聚集于鄱阳湖,然后溯鄱江、昌江而上,抵达徽州。如《祁门县志》云:"徽州农者十之三……即丰年谷不能三之一,大抵东人资负祁水入鄱,民以茗漆纸木行江西,仰其米自给。"①《休宁县志》亦称:"徽州入境之米取道有二,一从饶州鄱浮,一从浙省严杭,皆壤土相邻,溪流一线,小舟如叶,鱼尾衔接。"

浮梁县瑶里村乾隆三十八年刻"徽州大路转弯"碑(梁洪生摄)

此外,清代江西的部分粮食还通过周边沿海省份,被商人贩运到海外。康熙四十七年(1708年)正月,都察院佥都御史劳之辨就以"江浙米价腾贵,皆由内地之米为奸商贩往外洋所致"为由,上请"申严海禁,暂撤海关,一概不许商船往来",以达致"庶私贩绝而米价平。至康熙六十年六月,康熙帝也在谕旨中说道:"闻得米从海口出海者甚多,江南海口所出之米尚少,湖广江西等处米尽到浙江乍浦地方出海,虽经禁约,不能尽止。"由此可见,当时江西粮食被贩运至海外的数量应是不小。②

清代江西粮食的输出格局,既包括外运,又涵括内销。从江西全局来看,其粮食的内销,主要是南部诸郡生产的粮食,向北部各府运销,而赣江及其他水系,则成为南粮北输的主要孔道,所谓"赣(县)无他产,颇饶稻谷……南昌、临、吉诸郡告急时时输两关粟济之下流"③。不过,在某些局部地区,也会出现粮食流通仅限于府郡之内。如在江西东部的抚州府,其粮食调剂大多以崇仁县为中

---

① 《祁门县志》卷五《风俗》,同治十二年版。
② 参见陈支平《清代江西的粮食运销》,《江西社会科学》1983年第3期。
③ 《赣县志》卷九《物产》,同治十一年刻本,民国20年重印本。

第四章
清前期江西城镇与农村市场的发展及商贸格局

心。据志书记述:"(崇仁)地瘠田硗,本非沃壤,然而终岁勤动,广种薄收,以一邑之谷赡一邑之食,虽无余亦无缺。……东界宜黄,人夫贩籴,去谷无多。惟北通府治,舟楫络绎往来,每年秋熟,沿河商贾贩买贩卖,可以朝发夕至,故吾崇产谷惟北乡较广,去谷亦惟北乡较多。……每年宜黄搬运及装载往郡者,总计极不过二三十万石。"①另外,瑞金县由于大多田地种植烟草,加之每年有数万刲烟之人拥入,因而成为南部地区极为少见的缺粮县,故由贡水外运的粮食,先要供给瑞金之民食,再进入福建、广东境内。

二、夏布的普遍生产与外运

夏布,为苎布之俗称,由苎麻进行加工生产而成。康熙四十七年《宜春县志》之《物产》云:"夏布,先将苎麻于伏天时,日用水漂,夜用粪浸,俟成白色,然后用本地木机编织成布,再用棕刷引水刷之,实为苎布,俗名夏布。"江西苎麻的种植,最早可追溯到春秋时期,而夏布的生产,从唐代以后就一直是朝廷的贡品和征收对象。自明代起,江西种植苎麻面积日益扩大。清代,江西各县普遍种植苎麻及其他麻类产品,夏布成为重要的商品。如临江府新余县,"有棉布、葛布、紫红布、苎布,罗布数种,女工之羡,亦所以补农工之不足也"②。袁州府分宜县,"苎麻,邑北山地多种苎,其产甚广,每年三收"③。九江府德化县,"白麻,出洲地。苎葛,绩麻为苎布,绩葛为葛布,出不多"④。饶州府上饶县,"苎麻、木棉,抽绪纺之以作布,邑人多植之"⑤。宁都州,"州治风俗,不论贫富,无不绩麻之妇女,乃山居亦种苎,而出产无多。自宜辟旷土以植苎麻,则不必向远方货买,而所出之布,本贱而利益蓄矣"⑥。

江西各地苎麻的种植,有的是为本地夏布生产提供原料,如贵溪县,"苎麻,南北乡皆有,以家无不绩之妇故也"⑦;有的则是成为外省加工的原料,如"赣州各邑皆业苎,闽贾于二月时放苎钱,夏秋收苎,归而造布,然不如宁都布洁白细密"。瑞昌县的苎麻,每年产三次,"计五六月间为初期,八九月间为次期,十

---

① 《抚州府志》卷三十《仓储》,光绪二年版。
② 《新喻县志》卷二《物产》,同治十二年版。
③ 《分宜县志》卷二《物产》,同治十年版。
④ 《德化县志》卷九《物产》,同治十一年版。
⑤ 《上饶县志》卷二《物产》,乾隆四十九年版。
⑥ 《宁都直隶州志》卷十二《物产》,道光四年版。
⑦ 《贵溪县志》卷一之九《物产》,同治十年版。

十一月间为末期。品质以一二期为优，次期较为逊色，但经过硫磺火熏后，洁白如银。战前年产三万捆，行销上海、南昌、抚州、吴城、九江、玉山等地"①。另外，各县生产的夏布，其进入商品流通流域的范围也不一样。一些地方生产夏布，只是作为其他物品的交换物，或是将交易范围限于本乡。如会昌县，"葛布，妇女岁绩，以换棉布，衣被其家人，其精者则贸于市"②。武宁县，"葛布，产南乡者佳，然不及西山，乡人织用，交易亦不出境"③。有的则是成为区域间各级市场中流通的商品。如道光《石城县志》记载："石城以苎麻为夏布，织成细密，远近皆称。石城固厚庄，岁出数十万锭，外贸吴越燕亳间。子母相权，女红之利普矣。"④

在长期的夏布生产过程中，以苎麻种植为基础，江西境内逐渐相应形成了几个生产和销售中心，即抚州府的宜黄、袁州府的万载和宜春、赣州府的石城及宁都直隶州。这些地方生产的夏布数量众多，且加工也最为精美，尤其是万载、宜黄二地的夏布更是久负盛名。

江西东部的抚州府是清代江西苎麻种植和夏布生产的主要区域之一。何德刚在《抚郡农产考略》中就说道："抚州府各县苎麻叶大如掌，单干直上，无附枝，有附枝者出麻不多。抚属之麻，其佳者足与永定麻相埒，未若袁州产者之高厚白也。崇仁有永定种，近日临川、崇仁、宜黄俱分购袁州种之。"⑤尽管崇仁、临川等县出产的夏布也不少，且临川李家渡的夏布到了清末民初也曾一度名声在外，但就清前期而言，宜黄的夏布在抚州地区，甚至整个江西还是首屈一指。虽然如何德刚所言，抚州的苎麻稍逊袁州之麻，但宜黄的夏布却可与万载的夏布相媲美。清人谢阶树在《宜黄竹枝词》中，曾对宜黄夏布的精美工艺有所描述：

　　回文匼匝成仙手，卍字牢连译佛胸。雪纬冰丝中妇职，背灯无语向灯缝。注曰：夏布之细者，光似雪华，薄如蝉翼，虽宽里大衫，卷之不盈一掬，此富家自用，不鬻之估客。亦有织成回文卍字者，此则妇女以为衣服，而不能织鸟兽、虫鱼、花卉之文。外间虽亦有细者，而非其至也。

---

① 《经建季刊》第一期，1947年。
② 《会昌县志》卷十二《物产》，同治十一年版。
③ 《武宁县志》卷九《物产》，同治九年版。
④ 《石城县志》卷一《物产》，道光四年版。
⑤ 何德刚：《抚郡农产考略》卷下，光绪二十九年刊本，第3页。

第四章
清前期江西城镇与农村市场的发展及商贸格局

可见,宜黄的夏布不仅工艺精湛,且可以根据不同的需要,已经形成了不同层次的质量等级。①在另一首诗中,谢阶树还对制造夏布的辛劳、方法以及销售情况,作了较为详细的记述:

> 绩苎难成夏布衫,丝丝抽出赛春蚕。
> 可怜同巷相从日,辛苦盘来两竹篮。
>
> 注曰:县中无地不种苎,妇人无不绩苎。苎有青白二种:青者入水漂之,变成白色。其法择苎之长者,去其粗皮,先以凉水浸一夕,然后以两指对擘成丝,绩而成之,盛以竹篮。其短者绞以为绳索。勤者一夜以满一篮为度,贫者省灯油,多妯娌姑嫂相聚,《汉书·食货志》所云"妇人同巷相从日",织一月得四十五者,予盖亲见之矣。故吾乡夏布多而精,每岁二三月间,必有山西贾人至县贩买夏布,一年贸易亦可得银四十余万两也。②

清代宜黄夏布生产,主要集中在合陂市、黄溪市、新丰市、止马市和棠阴市,其中棠阴又是最为主要的夏布生产地和专业贸易墟市。据说,棠阴之所以能成为夏布生产中心,得益于流经该地的宜水具有良好的漂白效果,因为漂白的好坏,直接影响着夏布的质量。当然,棠阴夏布的闻名,还在于其细致的工序。从将苎麻剥去麻叶,到织成布匹出售,前后要经历十余道工序。有关清代棠阴夏布生产的盛况,清人张士旒《棠阴竹枝词》中有过描述:"年年夜织不停梭,染店浆坊处处多。红似花浓白似雪,侬家苎布胜绫罗。"诗文中"年年夜织不停梭,染店浆坊处处多",既反映了当时棠阴夏布生产的庞大规模,又表明当时的夏布生产有了专业分工。"富者为商,巧者为工。"此外,在夏布生产领域的不同工序之间,也有了更细致的分工。清以前,大多数农户包揽了夏布生产的全过程,自己种麻,自己理麻,自己织布,如今生产过程被分开,社会上形成种苎、绩织、织布、漂白、染色、包装、运输等各个行业。这种分工引起交换的广泛发展,就使得各地农家不论采取哪一种方式经营,皆可获利,生产逐渐趋向专业化。③

清代,棠阴夏布行销南北各省。市场上从事夏布运销的既有本地商人,也有许多外地客商。当地富有之家,有的开设苎麻行、夏布行,从事苎麻、夏布的

---

① 如在宣统二年《江西物产总会说明书》,就将宜黄夏布分为四个等级:一是白夏布,此为次等;一是漂白夏布,此为中等;一是上等夏布;一是女儿机夏布,此为最优等。
② 参见黄建安《夏布业与棠阴村落变迁》,江西师范大学硕士学位论文,2004年,第33页。
③ 参见黄建安《夏布业与棠阴村落变迁》,江西师范大学硕士学位论文,2004年,第33页。

棠阴镇内遗存的夏布纺织机(李平亮提供)

收购和买卖,也有的开设"抄庄",代客收购夏布。至清末民初,棠阴镇上的夏布行有锦泰、怡泰、福泰、悦来、保齐、大兴、俊太等十余家。聚集在棠阴的外地客商,大多来自山东、山西、河南、江苏等省。他们的经营方式有两种:一是"落行",由本地商人代为收购,即住在夏布行老板的家里,自己不出面收购,而是出资让当地老板依据自己的要求收货,等货物备齐,便自行贩运他处交易,从外地和当地价格的剪刀差中赢利。二是派专人常驻棠阴收购或开设会馆,以免去棠阴本地居间商人代为收购所要收取的佣金,保护自身的利益。如晋商就在棠阴开设了夏布会馆。会馆设在原棠阴镇镇政府阶下,当时又称"源庙"。会馆深约60多米,宽约30多米,馆中有上下两个天井,左右两侧厢房设为收购夏布客房和仓库数十间。下厅堂为验货处,将各色夏布长宽不同、质地不同、粗细不同的逐一进行分类定价。墙上并有时价公布栏。上厅则为定收后,丈量、再验收、评等级、标价钱、记账、放单之地,晚上兼作议事厅。

　　江西南部地区的夏布生产和销售,主要集中于宁都直隶州和石城两地。据道光《宁都直隶州志》记载,"州俗无不绩麻之家,敏者一日可得绩三四两,钝者亦可得一两以上"。由于苎麻生产数量巨大,故而要求专业市场进行交易。除了

第四章
清前期江西城镇与农村市场的发展及商贸格局

县城的军山集之外,乡间的夏布墟市还有安福乡的会同墟、仁义乡的固厚集、怀德乡之璜溪集。"每月集期,土人商贾杂如云。计城乡所产,岁鬻数十万缗,女红之利普矣"①。而道光《石城县志》亦曰:"石城以苎麻为夏布,织成细密,远近皆称。石城固厚庄,岁出数十万锭,外贸吴越燕亳间。子母相权,女红之利普矣。"②可见,石城、宁都两地生产的夏布已经形成了专业化的生产和销售,成为南北商品交流中的重要组成部分。另外,赣南其他一些州县也多有种麻织布。如《兴国县志》载:"绩苎丝织之成布,曰夏布,俗呼为春布。一机长至十余丈,短亦八九丈。衣锦乡、宝城乡各墟市皆卖夏布。夏秋间每值集期,土人及四方商贾云集交易。其精者洁白细密,建宁福生远不及焉。"③又如龙南县,"苎,园圃中种之,短瘦而韧,邑中亦织苎为布,但不广耳"④。另外,会昌、安远、赣县等县,也都有种麻织布的相关记载。

江西西部袁州府的夏布生产主要集中在万载、宜春两县。据民国时期资料记载:"万载夏布为万载、宜春两县夏布之统称。万载产苎麻不多,夏布原料,多从宜春输入,宜春产苎麻甚丰,且质地优美,但织布之法,不及万载,故宜春夏布多在万载制造。"另外,该材料还对万载夏布与宜黄夏布的不同特质作了比较和区分:"普通多称万载夏布为扁纱,宜黄夏布为圆纱。宜黄夏布的色泽较万载夏布美观,但其质地不及万载夏布之耐用。"⑤万载夏布之所以比宜黄夏布耐用,可能与它的编织方法有关。一是脱胶。就是取黄牛新粪,放入沸水中搅拌分化后,再将苎皮置入;约煮一刻钟,即行取出,移入河中冲濯干净,勿使苎皮上粘留丝毫胶质。二是漂白。苎皮洗净后,即移置强烈日光中晒之,勿等晒干,即用水淋湿。如此循环不已,直至苎皮洁白为止。最后,将苎皮摊置竹篙上晒燥。晒燥后收藏过夜。次日清晨,再将苎皮披开草上露湿。嗣更置日光中晒之,并用水如前法淋湿。如此数日,麻遂洁白可爱。然后藏之缸中,紧密盖好。否则,麻色容易变黄而失去其鲜艳光泽矣。三是绩麻。将漂白之麻,用冷水化湿,就其纤维分成细纱,再以好的,快而细,色又鲜。每月绩七八百"扣"者,可绩二三疋;绩五六百"扣"者,可绩五六疋。"扣"是谓纱之粗细,"疋"是谓纱之多寡。四是牵

---

① 《宁都直隶州志》卷十二《土产》,道光四年版。
② 《石城县志》卷一《物产》,道光四年版。
③ 《兴国县志》卷十二《土产》,道光四年版。
④ 《龙南县志》卷二《物产》,光绪二年版。
⑤ 《万载夏布》,《经建季刊》第一期,1947年。

机。用同量的纱数,牵成经纱,再用竹篦做成的"扣",将纱穿入"扣"缝中,然后卷成经轴,俟晴天时,于庭院中,将经轴在刷布机上缓缓展开,以上白米煮成的稀薄糨糊,喷泼纱上,随用棕刷轻轻梳之,使纱之接口,粘贴紧密,不致松脱。"再用少许清油润之,即愈光泽矣"。四是上机。经纱浆好刷好之后,再卷成经轴,放在织机上。然后再将棕线过好,分成棕纱与反棕纱。至此,即可开始织布。踩"交"放"交",将装好纬纱的梭子,左右抛掷,来往上下经纱间,而布幅即逐渐织成矣。此外尚须注意者,即纬纱须先用水沾湿,要使干润适宜,过湿则纱易断,过干则织布不密。所以织造夏布与气候很有关系。尤其织高庄的夏布,关系重大。故在冬天,有土洞的设备,目的在于减低冬令的寒度,同时,可以避免地面干燥的影响。①

万载夏布还有阔幅和狭幅之分。阔幅夏布又称为扁纱,用绩苎织成,县城及卢家洲为主要产地;狭幅夏布以槠树潭、周陂桥两地所产最为嫩白匀净,通行四方。每年二、三月,各地商贾辐辏而至,谓之"买春庄",七八月则谓之"买秋庄"。②

万载和分宜两县既是清代江西夏布的生产中心,也是销售中心之一,并在此基础上形成了一些专业墟镇。如上引资料中提及的槠树潭、周陂桥两个墟市,每年在春秋两季都有大量的外地客商云集,从事苎麻和夏布的运销。另外,在分宜县,每年五月后,"苎商云集各墟市,桑林一墟尤甚,妇女亦多绩苎为布,粗而不精曰苎布,北布为官税所征,近则给价采买而不征税。采有定时,或三年一次"③。

三、烟叶的种植与运销

明末清初,随着大量移民自福建进入江西北部及南部地区,烟草的种植也开始在江西许多地方出现,尤其是与福建相邻的赣州府和建昌府,烟草成为当地农人普遍种植的一种经济作物。如乾隆《赣县志》记载:"菸,烟草也,种出日本,明末传入中国,本草广雅皆不载。今闽人以其叶制烟,有石马、佘塘、金丝之名,实皆闽地也。赣与闽接壤,故种者亦多。"④乾隆《石城县志》亦载:"烟草,明

---

① 参见《万载夏布》,《经建季刊》第一期,1947年。
② 《万载县志》卷十二《物产》,道光十二年版。
③ 《分宜县志》卷十二《物产》,道光二年版。
④ 《赣县志》卷七《食货志之物产》,乾隆二十一年版。

第四章
清前期江西城镇与农村市场的发展及商贸格局

末自海外流传闽漳,故漳烟名最远播。石于闽接壤,故其品亦佳。"①道光《南城县志》则云:"烟,邑人近效闽俗,连畦盈亩,城内尤多,胜于种蔬。"②至清中叶,江西烟草的种植范围有所扩大。如上饶县烟草种植即是此一时期出现,"烟,向惟盛于广丰,今山农亦有种者"。另外,在九江府的彭泽、饶州府的鄱阳以及抚州府的宜黄等地,烟草的种植也逐渐见诸各种记载。③

清前期江西烟草的品种质量也得到提升。在乾隆时期,石城县的烟草仅是"其品亦佳",但至道光时期,方志上则这样说道:"烟草,石邑种者甚多,其品不让闽漳也。"④同治《永丰县志》亦说道:"菸草,俗称烟草,种出日本,明天崇间输入中国,俗称石马、金丝,皆闽地出。丰邑与闽接壤,种者多,质亦良,为日用之必需物。"⑤而同治《玉山县志》则记载:"烟之属,玉产者鲜,淡巴菰之名著于永丰,而制之精妙则色香臭味莫与玉比,闽人之求玉者,率业此以起其家。"⑥可见,此一时期江西某些地方烟草,在品质上已经不让于福建的烟草,有的甚至成为福建人进入当地后起家之业。那么,为什么此一时期江西烟草种植的面积会迅速增长,成为农业经济结构中一个重要的支柱呢?究其原因,一是在于烟草种植所能获得的经济利益。如《南丰县志》作者就认为烟草种植,"利倍于谷,不费工力,惰农之所食也"⑦。道光《瑞金县志》也称种烟"利视稼圃反厚",而在乾隆《安远县志》中,则对种稻与种烟所得作了详细的对比,得出了如下结果:

  田一百把,除牛税谷及所赚之外,纳租十二桶。种烟每百把,可栽一千本,摘晒可三百斤。价钱每百斤四千文,价贵六千文不等。新稻出,每桶三四百文不等。将一百斤以还租,仍获二百斤之利。⑧

二是烟草种植可以充分开发和利用山区资源。例如在宁都州的石城县,由于境内山地较多,因而烟草的种植大多集中在山地,人们将种烟视为充分利用

---

① 《石城县志》卷一《舆地之物产》,乾隆四十六年版。
② 《南城县志》卷一《物产》,道光六年。
③ 参见王松年《江西之特产》,联合征信所南昌分所1949年版,第215—218页。
④ 《石城县志》卷一《物产》,道光四年版。
⑤ 《永丰县志》卷五《物产》,同治十三年版。
⑥ 《玉山县志》卷一下《物产》,同治十二年版。
⑦ 《南丰县志》卷九《物产》,同治十年版。
⑧ 《安远县志》卷一《舆地之土产》,乾隆十六年版。

自然条件获利的良法：

> 石与闽接壤，三十年来始得其种并制作法，以黄丝为上品，性耗烈。累奉禁，积重难返，嗜者竟若饥渴之不可去。但石之烟种于山，不种于田，不似他邑弃本伤农，并令无田可耕者赁山种植，取息赡养，其亦天地自然之利之一节也。①

而《安远县志》则是认为，种烟虽会给农业带来一定的伤害，但也能使得农业得到某些益处，所谓"烟足以妨谷，又足以扶禾，每秋间番稻插田，值秋阳蒸郁，多生蟊贼，食禾根节，以烟梗于根旁，虫杀而槁者立苏，兼能肥禾，农人需此甚迫，又不可不备为扶禾之用。为百姓者，诚栽于岭上隙地，庶几田谷不妨，而养人之功既溥，亦且粒食有赖，而扶禾之利又收，岂非相济而不伤欤？"②三是能在一定程度上缓解粮食生产不足所带来的危机。如道光《瑞金县志》称：

> 瑞近于漳，土性所宜，不甚相远。又制熟烟，必得茶油为用。瑞故产油之地，故漳泉之人，麇至骈集，开设烟厂。销售既广，种者益多。当春时，平畴广亩，弥望皆烟矣。议者谓夺稼穑之地以种烟，则产谷无几。又聚千百刳烟之人，以耗谷食，则谷价日涌，为害滋甚。不知瑞邑山多田少，一邑所产之谷，原不足以供一邑之食，故常仰给下流之米，卖烟得钱，即可易米，而刳烟之人，即生财之众，非游手冗食者也。地方繁富，则商贩群集，又何忧其坐耗易尽之谷乎？且每岁青黄不接，民用空乏，人见烟草在田，有无可以相通，最为生活计也。③

尽管烟草的种植存在着诸多有利因素，但由于在中国传统社会中，耕作农业为本仍然是人们普遍的观念，因而烟草的种植和生产也常常遭到时人的抵制和反对。康熙《续修瑞金县志》的作者即认为，烟草的种植侵占了大量粮田，有废耕之害，而大量刳烟之人和烟草商贩的拥入，还导致米价高涨。再有甚者，"且刳烟之人，类皆闽广逃流，蜂屯猬集，晓散夜聚，语言不通，踪迹莫考，藏

---

① 《石城县志》卷三《物产》，康熙十三年版。
② 《安远县志》卷一之九《物产》，同治十一年版。
③ 《瑞金县志》卷二《物产》，道光二年版。

第四章
清前期江西城镇与农村市场的发展及商贸格局

纳亡命,实为渊薮。况自丙戌洪水冲塌城池,聚党宵行,出入无禁,积薪厝火,未有不焚,此则揖盗之害也"①;《大庾县志》的编纂者亦认为烟草的大面积种植,导致粮食"日少而日贵",故而主张地方官员出面禁止此类经济作物的种植;宁都州的一些士大夫,则针对烟草种植为自然之利以及以烟易粮的观点提出了质疑:

> 县志谓瑞邑山多田少,所产之谷不足供一邑之食,藉卖烟以易米,似亦生财之一法。然州治多种山烟,山土锄松,大雨时沙土随水下,不无河满之患,山烟所在宜禁。②

而新城县(今黎川县)的士绅则认为种烟仅是极少数人获利,全县大部分人均受其害,因而联名发布禁约,明令不许种植烟草。在禁约中,他们指出了种烟的六大危害:

> 新城僻处万山中,户口日增,田亩无几。彼栽烟必择腴田,而风俗又惯效尤,一人栽烟,则人人栽烟,合千百人栽烟若干亩,便占腴田若干亩。再栽烟一岁,则地力已竭,越岁又易一亩以种之,递年更换。有休一岁仍种烟者,休二岁、三岁仍种烟者,既已占去禾亩,更使栽谷尽皆瘠土,其为害一也。古称粪多力勤者为上农。近年粪簰拥挤河下,皆莳烟家借债屯粪,竞以昂价,长年搬运。而壅禾则半用石灰,粪少谷稀。……其为害二也。莳烟之耗人力,数倍于穀,合一家老幼尽力于烟,其惰者姑无论,即勤者亦难兼顾禾亩;而雇工则种稻轻其值,种烟重其值。于是佣工者竞趋烟地,而弃禾田;况农家妇女馌饷而外,纺织为本。今皆惟烟是务,妇不知织,布何从出,其为害三也。……盖吾邑烟叶向凭客商贩自土地广饶、有闲地栽烟之处,今则外郡客转贩烟于新城。尝合四乡绅耆问讯,以占去禾亩及禾亩皆瘠坏,并人力灰粪不足之数通计之,合大小业约少谷以十余万计。不惟有妨积储,即本岁犹虑不充,其为害四也。……既有此六害,而栽烟未必获大利。彼第计烟叶发贩之期,颇觉充裕,抑未计本资比栽禾加贵,更未计无小业内出息,日买食米,已经吃亏。迨谷少价贵,尤属艰窘。……即谓有一种

---

① 《续修瑞金县志》卷四《食货之物产》,康熙四十八年版。
② 《宁都直隶州志》卷十二《土产之物货》,道光四年版。

无恒产者,专靠赁田栽烟,通计各乡此种不过数十人。纵令禁烟有碍此数十人,而事关合邑民食,安能恤数十人者?佣工于栽禾之家,仍可自食其力。且禾田多粪,不用石灰,田中鱼虾等类,得免戕害,亦可拾以资生。愚民无知,只顾近而不顾远,只见有形之利,而不见无形之大害。①

尽管对烟草种植存在种种非议,但清中叶江西各地,尤其是赣州、南安二府的烟叶种植面积仍然达到了一个高峰,并形成了采摘、晒制、加工与运销的链条。烟叶收成后,不能直接吸用,必须经过一系列的加工,方能进入市场。首先是要进行采摘和晒制。到了六月初,便开始割取烟苗上大的一两片烟叶,名谓"打烟脚"。七八月陆续割取烟苗中段的十来片烟叶,名谓"割烟"。九月以后收割的,一律做"秋烟"。每株烟苗大约可长烟叶二十多片。而每片烟叶各有名称,从烟苗下面往上数,近土的一片名为"土皮",第二片名"二托",第三片名"三括子",第四片以上至十五六片都称为"黄烟"。由十多片"黄烟"中,又可提出"中黄"(即第七片以上至十二三片之间的叶子)和"盖露"(即近烟苗梢头最大的两三片烟叶,它上迎露水,下覆其余的烟叶,故得此名)两种。"每次割取的烟叶,必须随时加以晒制,曝晒的时间在六七月,大约只要晒三天就可以,秋后通常要晒六七天。晒的方法是把烟叶夹在六尺长、二尺宽的篾竹上,并且以大片的好烟叶摆在两头,中间夹着那些虫蚀或小张的叶子。晒干以后,便依着篾竹子的大小,平平叠起,通常是叠三十层至五十层一'连',大约六、七月收割的黄烟(又称夏烟)多半是三十层为一连,因为出售时,好烟的件头多,坏烟的件头少,比较容易脱手的缘故"。其次是抽梗和刨烟。具体操作是剪去晒干烟叶之蒂,将叶上茎全部剔去,然后用两片木板将烟叶夹好,"刨落纷纷,形如细发",这就是生烟丝。如要制作熟烟丝,还要加以烘烤,有的还加上姜黄末拌匀,成为老黄色。最后将烘烤好的烟丝加以包装,进入市场销售。②

随着烟草加工的发展,江西各产烟区出现了许多加工作坊。在瑞金县,几乎每乡每户都种植烟草,城乡各村开设刨烟厂不下数百处。每至烟熟季节,"四方收烟之商及刨烟者,动盈万人聚食于弹丸之邑"。这些烟草加工作坊,每厂人数为五六十人,且大多来福建的漳州和泉州。如史料记载:"瑞近于漳,土性所

---

① 《新城县志》卷一《风俗》,同治九年版。
② 参见王松年《江西之特产》,第217—218页。

第四章
清前期江西城镇与农村市场的发展及商贸格局

宜,不甚相远。又制熟烟,必得茶油为用。瑞故产油之地,故漳泉之人,麇至骈集,开设烟厂。……聚千百刿烟之人……"①除了福建人之外,在瑞金从事烟草加工的还有广东人,但以福建人居多。自雍正朝至嘉庆朝,单是福建龙岩适中一地之人,其在瑞金开设的烟铺就有7家,分别是谢晏波开设的晏记、谢克博开设的克博、谢波敦开设的广兴隆、谢渚元开设的三元、谢桂木之父开设的永荣太、林起家开设的聚福隆、赖某开设的同德,其中晏记烟铺开设于雍正朝,克博、广兴隆二铺开设于乾隆年间,其他四个烟铺均出现在嘉庆朝。另外,此一时期在赣南其他产烟地也出现了烟草加工商铺。直至20世纪30年代,毛泽东在寻乌调查时仍发现该县城有两家制造黄烟的店子。一是由福建上杭人开设的黄裕丰,另一家是安远人开办的涌泉号。除南部地区外,其他烟草种植地也有诸多从事烟草加工的作坊,且开设者亦大多为福建人。在这些开设烟铺的福建人中,上文提及的龙岩适中人还活跃在玉山、庐陵等地。从乾隆朝到嘉庆朝,先后在二地共开设烟铺12家。尤其是岩坪的谢氏家族烟商,更是将玉山作为主要经商地点,最多时开设烟草作坊十余家。②

　　清中叶江西生产的烟草,除满足当地需要外,还运销至省内外。尤其是烟草主产地的赣州府、南安府和广信府的广丰县,其外销的数量颇巨。在当地从事烟草贸易的商人,有的来自福建和广东。如乾隆《赣州府志》记载:"菸,即烟草……赣属邑遍植之……闽贾争挟赀觅取。"③有的来自本省的吉安府,"秋后吉郡商贩踵至,利视稼穑反厚"。这些来自省内外的商人,既将江西的烟草运销至广东、江浙和两湖地区,又在本省内部进行交易。一项民国时期的统计表明,信丰所产的烟草销往广东,宜丰所产之烟运销两湖,广昌的卷烟和烟丝则销往上海和广东,而宜黄的制烟则销至崇仁和丰城,龙南的部分烟丝也销往赣县。④另外,必须提及的是,随着中国沿海以及沿江港口的开放,九江成为江西烟草输出的中转口岸,瑞金、广丰、黎川、广昌等县出产的烟叶,还通过闽粤两省商人的购运,进入到香港和南洋等国际市场,成为近代江西对外贸易的一项重要商品。

---

① 《瑞金县志》卷二《物产》,道光二年版。
② 参见林仁川《明清福建烟草的生产与贸易》,《中国社会经济史研究》1999年第3期。
③ 《赣州府志》卷二《地理之物产》,乾隆四十七年版。
④ 参见江西省社会科学院历史研究所、江西省图书馆选编《江西近代贸易史》,江西人民出版社1987年版,第255、256页。

四、棉货与盐的输入及其意义

在与周边各省的商贸过程中,江西既对外输出粮食、苎麻以及烟草等产品,同时也从各地输入商品,棉布以及食盐即其中较为大宗的商品。

清代江西棉花的种植,主要集中在北部的九江府。早在明代,地方志就说九江府所属五县均种植棉花,其中德化县的棉花以质量著称,彭泽棉以数量见长。进入清代,该地区植棉仍然很盛。嘉庆《彭泽县志》记载:"木棉,多而且美,一、二、三、二十都出者,核小而绒多。"德化县内棉花的种植,则"惟封郭、桑落二洲,核小而绒多"①。同治《九江府志》对所属各县棉花的种植情形和棉布的生产作了较为全面的概述:

> 九江,一高山大川之区也。沃衍无多,物产非饶。……有五邑相同者木棉,实曰棉花。经压弹纺织而为布,一郡尽然。棉花惟德化封郭、桑落二洲所出核小而绒多,彭邑凉亭、马当所出为盛。棉布出于德安者,麄曰土布,细曰腰机,湖邑下乡家机布皆佳。②

九江府所产棉花,除了供应本地纺织之用,还销往苏州、松江等其他棉纺织业发达地区。1983年,彭泽县马当镇出土了一块雍正二年(1724年)的示禁碑,碑上刻有"历年所产棉花不下数十万担者,而南北商贾络绎不绝"的文字,充分反映了当时九江地区棉花生产和销售的盛况。

除九江府之外,江西其他府郡,例如南昌、临江、抚州、南康、广信、饶州、吉安,亦有不同程度的棉花种植和棉布生产。如南昌府南昌县境内的棉花"有紫白二种,幽兰塘、罗舍渡多种之。姜曾《棉考节录》,棉有草木两种。吾乡草棉弥亘田野……自苗而实曰棉花,碾之曰棉条,纺之曰棉纱,织之曰棉布"③。道光《丰城县志》也记载:"木棉茎弱,叶如枫叶,秋开花结实,大如桃,中有白棉,有紫棉,出其核纺丝织为布,邑女工最勤,利赖者多。"④饶州府德兴县境内,则是"苎麻、木棉弥山遍野,秋夏间取而治之。篝灯四壁,机声轧轧,卒岁之谋,常取于是"。广信府玉山县"棉苎并出,种棉取其花,种苎取其皮,妇人以纺以绩,类

---

① 《德化县志》卷九《物产》,同治十一年版。
② 《九江府志》卷九《地理之物产》,同治十三年版。
③ 《南昌县志》卷一《物产》,同治九年版。
④ 《丰城县志》卷五《物产》,道光五年版。

第四章
清前期江西城镇与农村市场的发展及商贸格局

能衣其夫以及其子女"①。南康府建昌县(今永修县)"棉花湖乡出产较旺,棉布各区皆精织纫,邻邑靖安间有建布至,则争购之"②。南城县所产棉布又有粗细之分,"粗为蛮布,细为腰机布,里塔、谢坊、新丰、塘坊者佳"③。吉安府永丰县,栽种的棉花"有紫白二种……乡村种之,惟六、七都更多"。而《安福县志》则不仅记载了该县棉花的种植情况,且对棉布的生产过程及其与小农之家的关系作了说明:

> 福邑木棉,惟大河两岸居多,冈阜处亦间有之。其种植也,地宜沙土相兼,粪宜肥瘦得宜。地太高燥不生,太卑湿亦不生,太肥则脆而易萎,太瘦则矮而不盛。河地有沙有土,不燥不湿,粪之得宜,得利甚多,较之冈阜,不啻十倍。……男妇大小,每于午后捡收,盛以竹篮,曝以竹栅,候其子干,咬之有声,出以木出车,子落而绒吐,则谓之皮绵。子可榨油点灯,以便工作,亦可调食,其味更甚菜油,民间多蓄以备日用。既成皮绵,用木弓长五尺余,扣以皮弦,以木椎弹之成絮,以小竹竿滚成棉条,长五六寸不等,用木车铁锭子纺之成纱,谓之绰子,其大如鸭卵然。妇女勤快者,一日夜即细纱可得半勉。成纱后,挽之成把,俗谓之爬,合数爬成一勉,合数十爬成数十勉。量其多少,视其粗细,以米汁浆浸纱,俟曝干后,又用纺车倒作大筒,如大鹅卵然。……福邑乡民,以此作生活者居多,不惟自衣,兼可获利,此亦民务之大防也。④

尽管清前期江西大多府郡均有种植棉花的记录,但从其他历史资料来看,其所收获的棉花总数还是难以满足自身的需求。尤其是咸丰朝以后,随着江西本省棉纺织工业的发展,大量来自国内其他地区的棉花通过九江进入到江西各地,并于光绪十七年(1891年)达到最高峰。自光绪十八年起,棉花的输入数就逐渐减少,至光绪二十六年仅有348担,光绪二十七年则无棉花输入。

在棉花输入越来越少之时,棉纱与棉布输入数则呈相反的态势。在同治十

---

① 《玉山县志》卷一下《物产》,同治九年版。
② 《建昌县志》卷九《物产》,同治十年版。
③ 《南城县志》卷一《物产》,同治十二年版。
④ 《安福县志》卷一《物产》,道光三年版。

三年(1874年)以前,江西向无棉纱输入,同治十三年也仅仅输入219担;但光绪三年(1877年)已超越千担,光绪二十年则达到万担以上;至光绪二十四年,更是出现了惊人的十数万担的纪录。至于棉布的输入也是突飞猛进。由于资料的缺失,我们无法统计江西从其他省份输入棉布的数量,但从一些地方志记载来看,在当时江西的棉布市场上,应有来自两湖地区的棉布。如湖南长沙府的攸县为著名的棉布产区之一,该县同治时期的县志说其出产的棉布"通行潭、醴以及江右吉、袁"①。此后,由于西方商品的输入,中国的传统棉纺织业受到冲击,江西输入的棉布中绝大多数是洋布。至光绪三十年已在40万担以上,以后各年虽高低不等,但亦在30万担以上。

总之,有清一代,在江西输入的棉货产品中,棉花与棉纱和棉布呈现了兴衰的极端现象。从清前期,随着传统棉纺织手工业的发展,江西本省的棉花产量难以满足棉布生产需求,因而从外面输入的棉花数量不断增长,直至光绪朝后期达到顶峰。但是,由于清中期西方商品源源进入中国沿海市场,并逐渐向内陆推进,江西的传统纺织业受到极大冲击,至清末已是趋于涣散,故棉花的需求急遽下降,并一度停止。与此相反的是,棉纱、棉布这两种棉货产品开始进入江西市场。输入江西的这两种产品,既有来自国内的,亦有来自国外的,但一直是国外的产品为主。因此,从某种意义上来说,棉花输入的减少以及棉纱、棉布进口的增多,乃是清代以来江西手工棉纺织业由盛至衰的一个象征。

食盐是清代江西输入的另一宗为数巨大的商品。唐、宋、元三代,江西一直就是以行销淮盐为主、广盐为辅的格局。入明后,江西食盐分销的传统局面发生了变化。先是弘治朝之前,广信府行浙盐,南安、赣州兼行淮盐和广盐,其余各府均行淮盐。正德朝后,除南安、赣州二府改完全销广盐外,吉安府九县也被划归广盐行销范围。清政府建立之初,沿袭了明后期的形式。"淮盐行南昌、瑞州、临江、抚州、建昌、饶州、南康、九江各府,浙盐行广信府,广盐行吉安、南安、赣州三府"②。清中叶,前种局面又发生了些许改变,在经过地方官员多次申请和商讨后,吉安府又开始行销淮盐,南安、赣州以及新设置的宁都州俱食广盐。

在划界行销政策指导下,清代江西境内被分为淮盐、广盐和浙盐三个食盐行销区划,而其推行的运销方式,则是被称为"专商引岸制度"的官督商销。具体说来,就是商人想要取得食盐专卖特权,"必先向有窝之家,出价买单,然后赴司

---

① 《攸县志》卷十八《风俗》,同治十年版。
② 《江西通志》卷八十六《盐法》,光绪七年版。

第四章
清前期江西城镇与农村市场的发展及商贸格局

纳课"。取得了盐引之后,方能承担食盐的运销,这些盐商也就被称为"运商"或"引商"。在此种制度下,食盐从盐场生产到江西销售,大致要经历如下过程:普通场商将盐由盐场运到盐引发售地扬州,然后由政府转卖给引商,引商再将盐运至南昌,之后改大包为小包,卖给水贩,最后水贩将盐运往各州县盐店。

为了便于食盐顺利进入江西,并对官府以外的食盐贩运进行盘查,政府除采用专商引岸制度外,还对各种行销的食盐运送的路线作了具体规定。如淮盐进入江西的路线,先由商贩自泰坝购买食盐至仪征批验所,然后溯江而上,达到九江,进湖口,至大姑塘,停泊青山所纳税。除饶州一府另行起驳,吉安一府自行盘运不由省发外,余商之盐,皆运至省城蓼洲。再以蓼洲为据点,向各县分运,形成六条更为明确的运销领域和具体的运送路线。

一是南万线。该线路由蓼洲上水至大港口,先后经丰城、樟树,再折西进入袁河口,然后经清江、新喻、分宜,最后抵宜春港;一是南吉线。这一线路又可再分为二路运输。一路为南乐线,即从蓼洲出发,先后过樟树、新淦、仁和、峡江、三曲滩、吉水,再向东进入恩江河口,经水南至乐安港;另一路自蓼洲上水经吉水、庐陵,向西进小河,分河至安福、永新、永宁止,南上泰和、万安两县至百家镇十八滩止。一是南广线:自蓼洲由章江渡石头口,向东北过七里街涂汊、赵家围、康山,绕东南上枯林、乌沙港、谢家埠、武昌渡、池港、梁家渡、三江口入抚河,经温家圳、临江至建昌,分河至南丰、广昌、芦溪县。一是南浮线:自蓼洲上水,北由章江渡石头口,向北进瑞洪、邬子司、龙津、安仁县止,东往官塘进鄱阳湖,经饶州石头街,抵浮梁县景德、桃树二镇止。一是南奉线:自蓼洲下水经樵舍、涂家埠,入燕湾、炭妇港、三石共滩、万家港、安义、靖安、奉新港,并延伸至会埠、罗坊止。一是南九线:自蓼洲下水,沿赣江顺流北下吴城,再经鄱阳湖至都昌、湖口二县,再溯流北上至九江,接常德、湖广界,南下彭泽马当,接安庆界止。

广盐运销江西的途径,先是分别自广东的南雄和龙川两地进入江西,再转经水运分销各县。由南雄进入江西的广盐先是运至大庾,再转经水路运至南康、上犹、崇义、定南、龙南、信丰、安远等港;由龙川进入赣地的广盐先是由陆路运至长宁,再改由水道送至会昌、雩都、兴国、宁都、瑞金、石城等港。浙盐进入到广信府的路线,先是由浙江常山陆运至江西的玉山,然后分两路销售各地。一路自玉山港水运至上饶、弋阳、贵溪、铅山港,另一路自玉山水运至广丰

---

① 参见吴海波《清中叶江西中南部地区盐枭走私初探》,江西师范大学硕士学位论文,2002年,第13—14页。

港止。①

上述三种食盐销售方式，由于受到官方政策制约和监督，因而通过它们运销的食盐又统称为"官盐"。由清初至清中叶，江西每年销售的官盐数量大约在27万至28万引之间。在这27万引之多的食盐中，绝大多数是淮盐。如乾隆四十七年(1782年)，江西全省共行销食盐277291引，而赣州、南安二府以及宁都州行销的广盐引数分别为42049、12422和9252。除去广信府销售的浙盐数，剩下的淮盐引数接近20万引，占到总数的3/4。

在官盐进入江西各地行销之时，还有为数众多的私盐流入江西广大城乡地区。清中叶，在江西中、南地区的府县，私盐贸易尤为活跃，以致建昌、吉安、赣州、南安以及宁都等地方志中均留下了"私盐充斥，官盐雍滞"的记载；而据《陶文毅公全集》载，至嘉道时期，江西吉安、抚州、南康等府的食盐销售数已是"官私各半"①。这些侵入江西中南部各府的私盐，主要来自福建和广东，其通道有二：一是从福建光泽进入江西的新城县，再经建昌、乐安等县转运其他地方。"建昌一府，三面接壤闽疆，而尤甚于杉关一路。关内为闽之光泽，外为建之新城，私贩由关而出，至石峡下船，布散南城、南丰，直走抚州，由浒湾分入临川、宜黄、乐安，侵壤淮盐口岸甚大"②。一是广东的私盐经南安、赣州渗入，后流散万安、泰和、吉安等地。这两条路线之所以成为私盐运输的主要途径，乃是由于其经过的地区或是处于偏僻地带，或是位于多县交界处，因而能够避开官方的缉查，肩挑背负小贩方能将私盐源源运入。

清中叶江西私盐的泛滥，与官盐的运销体制有着密切的关系。其一，在专商引岸制度下，食盐的生产和运销无不被官方所垄断，以致盐商销售的过程中，时时都会受到来自大小官员的勒索和盘剥。"上自督抚盐道，下至州县委员，皆藉督察名义，莫不鱼肉盐商，分润盐利。各衙门陋规，大者数万，小者数千，楚岸共约一百万两，西岸共约四十万两，不问此费由来，第以岁定额规，争相贪取"。这些额外的索取与种种陋规，必然导致官盐价格的上升。其二，食盐行销地界的划定，并不是依据生产地与市场地之间内在的合理关系，而是政府出于税收的考虑，这就导致食盐运销的里程增加。如淮盐由生产地至江西吉安，运程就高达二千余里。由于食盐的运销，"系按道里分别加盐运费"，故而运程越远，运费越高，盐价自昂。而相对于官盐而言，私盐既无盐课，又有近道，因

---

① 陶澍：《查复楚西现卖盐价折》，《陶文毅公全集》卷十五，道光二十年版。
② 沈起元：《上督院论江西盐务书》，贺长龄编《清经世文编》卷五十，中华书局1992年版。

第四章
清前期江西城镇与农村市场的发展及商贸格局

此其价格远远低于官盐的价格。陶澍在论及盐政时就指出当时江西各州县"私盐每斤不过三十余文,仅及官盐之半"①。

面对私盐的盛行,各级官府采取了种种措施,来防范和打击私盐的销售。一是针对官盐价格高昂的情形,许多地方官员建议"减价敌私"。如有的人认为,私盐"整顿之道,必须暂减官价,以阃私极贱,若官盐太贵,小民贪贱,奸贩趋利,何以使之帖服"②。"(闽省)现在盐价每斤二十八文,建昌府盐价每斤三十四文……若闽省减为二十六文,则建昌减为二十四文,总比闽省较贱,则私贩无利可图,其侵越之弊自可不禁而止"③。二是增设关卡。鉴于私盐多数是避开现有关卡流入江西,政府希望通过在关隘要口增设关卡来达到缉查私盐的目的。据有的资料载,清代江西用以缉查私盐的关卡共有17个,分别是泰和良口缉私卡、万安南门缉私卡、泰和南门缉私卡、泰和印覆江缉私卡、庐陵神冈山缉私卡、峡江龙母庙缉私卡、乐平土霸口缉私卡、浮梁景德缉私卡、浮梁倒浮缉私卡、安仁石港缉私卡、余干瑞洪缉私卡、金溪浒湾缉私卡、临江黄口缉私卡、萍乡南坑缉私卡、德化姑塘缉私卡、义宁渣津缉私卡、义宁桃树港缉私卡。三是添派兵员。在增设关卡之时,政府还于各水陆要口添派兵员,加紧巡查。在吉安府,乾隆七年十二月,江西驿盐道称"吉安府万安县之皂口与赣属毗邻,为粤私侵越扼要,吉水县之桐江与峡江交界,为省私、浙私入境隘口,应饬商各立水卡,各设巡丁八名,巡船一双,以资堵缉。其庐陵县水东卡乃系查缉陆路粤私之出,张渡、藤田二处者,亦应照旧设立,毋庸裁撤"。在建昌府,"如新城之虚家岭、山岗口二处与福建光泽县接壤,南城县之水溅架地方为闽私水陆总路,南丰县之百丈岭、夫人岭二处,与福建光泽、建宁二县接壤,泸溪县之椒溪、朱崖、藻坪、陈坊、猫儿岭五处,与福建光泽县连界,均为私贩出没要路,从前未经设卡,必需设立卡房,添派兵役,招募巡丁,以资驻守。其余私贩小径,如新城、南丰二县之羊头隘,洲湖原马鞭隘、青山隘,南城县之万年桥东岸,广昌县之牙苏山、船尖隘、凉山栋等处,亦应一律堵塞,以防透越"④。在赣州府,政府则在兴国江口、王母渡造备炮船,设卡缉私。⑤但是,尽管政府采取了种种措施来打击私

---

① 陶澍:《查复楚西现卖盐价折》,《陶文毅公全集》卷十五。
② 沈起元:《上督院论江西盐务书》,贺长龄编《清经世文编》卷五十。
③ 《两淮盐法志》卷十四《转运九之缉私(下)》,同治九年版。
④ 《两淮盐法志》卷十三《转运八之缉私(上)》;卷十四《转运九之缉私(下)》,同治九年版。
⑤ 参见《赣州府志》卷二十九《经政之盐课》,同治十二年版。

盐的贩运,但收效甚微,许多地区仍然是私盐盛行。从咸丰朝至光绪中叶年间,江西的一些府县淮盐的销售仍是相当有限,而中部的"吉安一府,则全为湘粤私盐所灌"。

　　总而言之,在清前期,随着农业种植的专门化和农产品的商品化,导致江西境内商业性的农业日益兴起,加之全国范围内的区域性生产分工日益明显,区域间的商品交换发展到一个新的水平,江西与周边省份的商贸也呈现繁荣景象,江西形成了向外输出粮食、苎麻及夏布、烟叶、木材等大宗农副产品,与周边省份换取紧缺的棉花(棉布)和食盐的基本商贸格局。至于私盐运销屡禁不止的现象,其原因除了官方食盐运销体制固有的弊端外,还在于此时国内商品经济获得较大发展,全国市场逐渐由分散趋于统一。而江西作为全国性的商品集散地,在其中占有重要的一环。因此,清中叶江西私盐的盛行,实际上反映了在商品经济发展的背景下,江西与其他市场整合的过程,并最终形成了统一的市场网络。

第五章

清前期江西的家族活动与民间崇拜

清王朝于清初先颁行了朱元璋的《圣谕六言》，后又颁布《上谕十六条》，雍正二年（1724年）再将其扩展为十六篇"训言"，世称《圣谕广训》，清朝宣传以孝治天下的政治思想纲领由此而逐渐完善，并与明以来的乡约制度相结合，建立了一种自上而下的"圣谕"传导系统，定期宣讲。《广训》对建家庙、置义田、办家塾、撰修谱牒和举行家族祭仪等都给予肯定和提倡。从雍正四年开始江西还切实推行了族正制度，特别是乾隆前期江西布政使陈宏谋在江西大力推动族正制度，促进了家族建设并产生深远影响，聚族而居成为土著居民聚落的基本形式和日常生活内核。到雍乾时期，江西修建祠堂和编修谱牒已是普遍现象，各地建立祠堂的规模、数量及祭祀的祖先世代等，都已明显"逾制"，并成为民间聚讼的基地。乾隆二十八年（1763年）江西巡抚辅德奏请"毁祠追谱"得到批准，江西各地官府对各姓祠堂和家谱都有不同程度的清查，民间社会生活受到一定程度的影响，但这种查禁只能收一时之效。清代江西民间的祖先崇拜与一些重要的岁时祭祀联系在一起，其中特别重要的如清明挂纸与中元超度亡魂，冬至祭祖与祠堂上谱，以及一般自农历小年开始直到正月十五闹完元宵的新春期间所举行的各类祭祖活动等等。

江西自明末以来逐渐形成一个以西山万寿宫为中心的祭祀网络，并扩散到全国各地，许真君崇拜的形象和内涵也发生变化，最终演变为江西人崇奉的"普天福主"，并通过这一区域文化网络将不同地域的不同利益集团联成一体，反映出明末清初以来江西地方权力体系的跨地域整合趋势。水神是清代江西民间崇拜体系中非常重要的组成部分,除了许真君外,还有"萧公"、"聂公"以及"元将军"等崇拜较为普遍。此外,还有被视为忠义化身的"康王"和作为驱蝗神的"刘将军",也受到普遍崇奉。江西民间诸神崇拜的流布与传播,与清政府继承前朝"神道设教"的宗教政策有关。遍布各地乡村的房头神崇拜,则与特定空间的人群相关,其形象和装束各不相同,有着不同的来由和故事,与乡民的日常生计和精神生活有着密切联系。民间崇拜作为一种文化传统得以传承不替,其最本质的根源,就在于它是普通百姓日常生活的有机组成部分,来自相对非制度化的家庭与社区内部的耳濡目染。作为一种表达方式,民间崇拜和仪式常常相当稳定地保存着在其演变过程中所积淀的社会文化内容,更深刻地反映了乡村社会的内在秩序。基层民众的生活相对富裕和稳定,民间崇拜和祭祀活动的传统得以维护和延续,乡村文化生活逐渐丰富,构成清前期江西经济发展和社会稳定的重要基础。

第一节 官府管理政策的变化与江西民间建祠修谱的普及

一、《圣谕广训》和"族正"制对江西建祠修谱的刺激

顺治九年(1652年),清王朝借鉴明朝治国经验,将朱元璋的《圣谕六言》颁行八旗及各省,即:"孝顺父母,恭敬长上,和睦乡里,教训子孙,各安生理,无作非为"①,清人认为,"这六句包尽做人的道理,凡为忠臣烈士、孝子顺孙皆由此出"。从本质上说,这表明关外入主"中土"的满清贵族,几乎完整地承继了以汉族为主体的前明王朝的社会伦理核心内容,并以之为国家政治伦理的基础,推行"孝治"。

康熙九年(1670年),康熙帝认为"风俗日敝,人心不古",强调要"尚德缓刑,化民成俗",遂向全国颁布《上谕十六条》。每条七个字,结构工整,内容涉及民间社会生活的方方面面:

  一、敦孝弟以重人伦　　二、笃宗族以昭雍睦

---

① (光绪二十五年)《大清会典事例》卷三百九十七《礼部·风教·讲约一》。

第五章
清前期江西的家族活动与民间崇拜

三、和乡党以息争讼　　四、重农桑以足衣食
五、尚节俭以惜财用　　六、隆学校以端士习
七、黜异端以崇正学　　八、讲法律以儆愚顽
九、明礼让以厚民俗　　十、务本业以定民志
十一、训子弟以禁非为　十二、息诬告以全善良
十三、诫匿逃以免株连　十四、完钱粮以省催科
十五、联保甲以弭盗贼　十六、解仇忿以重身命

《上谕十六条》发展了《圣谕六言》的思想,内容也较前者更为详细全面,给清朝的统治带来深远影响。《上谕十六条》刚颁布,御史徐越即上疏建议减少官员的考成内容,使地方官专心于教化。于是康熙要求"部院衙门将现行处分条例重加订正,斟酌情法,删繁就简"①。以《上谕十六条》的颁行为标志,清统治者将加强教化作为治国的重点之一。《上谕十六条》的定期诵读,即与明以来的乡约制度相结合,成为"圣谕宣讲"传统之始,并成为有清一代地方施政的要目之一和各地民众群体活动的内容之一。各级官员皆需于每月两次(朔、望或初二、十六)举行公开集会,对百姓进行宣讲和解释。乾隆三年和五年,清廷都曾重申将宣讲与乡约活动结合在一起。到"九年覆准,现在所有申明事俱行修整,应将所奉教民敕谕缮写刊刻,敬谨悬挂,并将旧有一切晓民条约悉行刊刻木榜,俾郡邑士民瞻仰传诵,进遵圣化,永沐皇恩。……凡不孝不弟及一应为恶之人,书其姓名于事,能改过自新者则去之,仍照旧制遵行"。即把《上谕》、乡规民约和为恶的坏人姓名都予以刊刻悬挂,既可"瞻仰传诵",又有具体的反面事例起到警示作用。

而涉及进一步普及的《广训》部分,则完成于雍正二年(1724年)。刚刚即位的雍正帝对撰写《广训》的说明是:期望其子民"俾服诵圣训者,咸得晓然于圣祖牖民觉世之旨,勿徒视为条教号令之虚文",因而就康熙《圣谕十六条》各条目逐一"寻绎其义,推衍其文,共得万言,名曰《圣谕广训》"。实际上就是把"十六条"的十六句话分别展开,形成十六篇短文和一篇序言,逐一详细解说,总为一卷,洋洋万言。世称《圣谕广训》,也简称之为《广训》。

《广训》不仅被颁发于各地,清政府还一再通令各地官民要加意阅读和宣讲。《大清会典》即记载:"雍正二年,御制《圣谕广训》万言,颁发直省督抚学臣,

---

① 章梫:《康熙政要》卷二《政体》,宣统二年版。

转行该地方文武各官暨教职衙门,晓谕军民生童人等,通行讲读。"对此,《四库全书提要》的《圣谕广训》条更有期待和宣扬:"迄今朔、望宣读,士民肃听,人人易知易从,而皓首不能罄其蕴,诚所谓言而世为天下则矣。"①

生员无论参加县考、府考或科考,必须默写《圣谕广训》,要求不可有错,亦不得添改。嘉庆十九年(1814年)时,还按村颁发一册《圣谕广训》,进行宣讲。与此相配合,各地还陆续出现了多种白话解释版的《圣谕广训》,很口语化,便于宣讲,也利于乡民听懂,因而也被各省官员反复刻印。其中最有名的如《圣谕广训衍》以及道光三十年(1850年)敕颁的《圣谕广训直解》等。清朝宣传以孝治天下的政治思想纲领,不仅由此而逐渐完善,而且建立了一种自上而下的传导系统,使之深入到广大的乡村地区。

到明代末年,江西平原河谷地区基本完成开发,世代于此耕种生息的居民遂成土著,聚族而居成为其聚落的基本形式和日常生活内核。与此同时,他们逐渐培育了参与科举的悠久传统,许多家族都有相当丰富的与历代王朝政权认同的历史文化资源。家族与家族之间,往往以"宦族"竞相标榜,一比高下。如明代罗洪先记述吉水杨氏的不同宗支时,特别提到在宋代出了杨邦义(谥"忠襄")和杨万里(谥"文节")等忠臣的那些宗支和村落,在当地具有极大声望和崇高的地位:

> 故杨氏之族遂为庐陵诸大姓重。杨氏即以忠义闻天下,天下之人亦莫不向慕之。凡杨姓出于江南而失所传者,往往自谓为二公后,故庐陵之杨遂为天下诸杨姓重。虽真赝不可穷诘,要之在庐陵固自若也。庐陵诸族多自吉水涴塘、杨庄徙,杨庄以忠襄名,涴塘以文节名。诸族有不自涴塘、杨庄徙者,虽在吉水不得称雄长于诸邑。故谱庐陵杨氏者必由吉水,而在吉水,尤以出于涴塘、杨庄为重。同出于涴塘、杨庄,虽居相去世相后甚远,诸大姓莫有弹压者。②

而《圣谕广训》在"笃宗族以昭雍睦"一条之后,特加注称:

---

① 《四库全书总目》,中华书局1983年铅印本上册,第795页。
② 罗洪先:《庐陵杨氏重修大同谱序》,《念庵集》卷二十二,《四库全书》第1275册,上海古籍出版社1989年影印版,第262页。

第五章
清前期江西的家族活动与民间崇拜

……大抵宗族所以不笃者,或富者多吝,而无解推之德;或贫者多求,而生觖望之思;或以贵陵贱,而势利汩其天亲;或以贱骄人,而忿傲施于骨肉;或货财相竞,不念袒免之情;或意见偶乖,顿失宗亲之义;或偏听妻孥之浅识;或误中逸慝之虚词;因而诟谇倾排,无所不至。非惟不知雍睦,抑且忘其宗族矣!尔兵民独不思子姓之众,皆出祖宗一人之身,奈何以一人之身,分为子姓,遽相视为途人而不顾哉?昔张公艺九世同居,江州陈氏七百口共食,凡属一家一姓,当念乃祖乃亲,宁厚毋薄,宁亲毋疏。长幼必以序相洽,尊卑必以分相联。喜则相庆以结其绸缪,戚则相恤以通其缓急。立家庙以荐蒸尝,设家塾以课子弟,置义田以赡贫乏,修族谱以联疏远,即单姓寒门,或有未逮,亦各随其力所能为,以自笃其亲属,诚使一姓之中,秩然蔼然,父与父言慈,子与子言孝,兄与兄言友,弟与弟言恭。雍睦昭而孝弟之行愈敦,有司表为仁里,君子称为义门,天下推为望族,岂不美哉?若以小故而堕宗支,以微嫌而伤亲爱,以侮慢而违逊谦之风,以偷薄而亏敦睦之谊,古道之不存,即为国典所不恕……①

可见在《圣谕广训》中,不仅就"尊祖故敬宗,敬宗故收族"的家族建设理论加以充分阐释,而且对建家庙(即祠堂)、置义田(即族田)、办家塾(即家族私塾)、撰修谱牒和举行家族祭仪("荐蒸尝")等家族建设的整个物质基础和外在表现,全都给予肯定和弘扬。特别是祠堂的修建,不仅承认各家族具有供奉祖先牌位祭祀祖先的场所,以尽孝道,使族众在追念和祭祀祖先的活动中加强认同;同时也使一个家族的男性成员有了聚会议事的场所和处理家族公共事务的地方。另外,《圣谕广训》对这些家族活动内容的肯定和弘扬,其实也是把宋代以来由《司马温公家训》、《朱子家礼》、《袁氏世范》等广泛流传的家规、世训精髓继承下来。如这些规训的第一条,往往都是讲孝道,并进一步发挥为移孝作忠,族人中为官者要恪尽职守,不贪污,不结朋党,不苟和他议,公而忘私,到了国家发生危难之时,为君而视死如归;对大多数族人来讲,主要是按照《圣谕广训》遵守法令,忠君为国,首先体现为"早完国课",摆正与国家制度之间的关系。其基本思想,是要求家族成员扬善去恶,相互扶持,安分守己,各得其所,维护传统社会的秩序安定。这些理论和具体措施的提倡,对入清以后江西家族制度的继续发展和强化,具有十分重要的推动作用。

---

① 《大清会典事例》卷三百九十七《礼部·风教·讲约一》,光绪二十五年版。

雍正四年（1726年），在"严饬行保甲"的同时，清政府确定了"选立族正之例"。乾隆二十二年（1757年），为了实力奉行保甲制，乾隆要求各省督抚就"如何设法编查"等问题具奏，后议准族正条例，①在全国实行。从已掌握的资料看，族正的推行地区，主要是家族势力强大的江西、广东、福建等省。推行的时间，滥觞于雍正朝，盛行于乾隆朝，道光朝仍在继续中。族正先由家族内部在原有的族长之外选举，再经州县"查验确实"，给予牌照而认定，其地位略高于族长。

在江西，"选举族正，自纲常名教以至耕桑作息之间，责成诲化"，按照《圣谕广训》推行孝治。族正职责的第一项，便是"宣讲圣谕，以兴教化"，规定"每逢祭祀谕集之时，于公祠内合同族长、房长，传集合族子弟，分别尊卑，拱立两旁。将《上谕十六条》句解字释，高声曲喻，并将律例罪名及条教告示，随时讲读，实力劝导，俾尔族姓，务各心领神悟，父慈子孝、兄友弟恭、夫妇和顺，敦族睦娴，以成仁厚之俗"。对于"朝廷之顺民"、"祖宗之贤嗣"，"加意护持，倍为奖劝"，还要"举报节孝，以励风俗"。②可见族正所负职责的重心，还是在于加强对本家族成员的教化和管理。

而乾隆年间在江西大力推动族正制度，进而促进了江西地区家族建设的地方大员当首推陈宏谋其人。陈宏谋是广西临桂县四塘乡人，字汝咨，号榕门，原名弘谋，晚年因避乾隆（弘历）名讳，改为宏谋。生于康熙三十五年（1696年），殁于乾隆三十六年（1771年）。他从小家境贫寒，于雍正元年（1723年）在广西乡试得中解元，当年秋中进士。从雍正七年至乾隆二十八年（1729—1763年），他先后担任过浙江、云南、江苏、江西、陕西、河南、两广等十三个行省的布政使、按察使、巡抚、总督等职，并任过扬州、天津、江宁三地的府道官，总计外任37年。后又历任兵、吏、刑、工四部尚书，并于乾隆三十二年三月升任东阁大学士，位极人臣。后人常常推崇陈宏谋为清朝廉洁自律、忠君爱民、反腐惩贪、兴修水利的清官典型，《清史稿》对陈宏谋的评价也极高，认为：

> 乾隆间论疆吏之贤者，尹继善与陈宏谋其最也。继善宽和敏达，临事恒若有余；宏谋劳心焦思，不遑夙夜，而民感之则同。宏谋学尤醇，所至惓惓民生风俗，古所谓大儒之效也。③

---

① 《清朝文献通考》卷二十三至二十四《职役》；《大清会典事例》卷一百五十八《户部·户口·保甲》。
② 江西按察使司编纂《西江政要》卷六十九《民间选立族正劝化章程》，道光三年九月初六日。
③ 《清史稿》卷三百七《陈宏谋传》，中华书局1977年版，第10558-10564页。

第五章
清前期江西的家族活动与民间崇拜

陈宏谋于乾隆六年至八年（1741—1743年）任江西布政使，而也正是在此前后，陈宏谋着手辑录最为后人传诵的《五种遗规》。陈从乾隆四年开始，有感于世上多有弊端，遂于公务之余，搜集自汉至清约80位名人学者的有关著述，分为养性、修身、治家、为官、处世、教育等门类，辑为《养正遗规》4卷、《教女遗规》3卷、《训俗遗规》4卷、《从政遗规》2卷和《在官法戒录》4卷，总称《五种遗规》。其中，除了《养正遗规》完成于乾隆四年（1739年），而其他四种完成于乾隆七年七月至乾隆八年四月，正是在陈宏谋任江西布政使期间。也正因此，不仅可以看到他把朱熹所订《白鹿洞书院揭示》列为《养正遗规》首篇①，在《训俗遗规》里收入清初宁都魏禧写的《日录》等等，而且在《从政遗规》中还辑录了明代王阳明的《告谕》。这些《告谕》主要写成于江西，是王阳明实施"教化"的三种主要方式之一，其告谕的对象分别是"父老子弟"、"顽民"、"新民"或"盗贼"。陈宏谋对此印象很深，并给予了很高评价，还借此批评了当时官府告谕的通病：

> 动之以天良，剖之以情理，而后晓之以利害，看得士民如家人子弟，推心置腹，期勉备至，民各有心，宜其所至感动也。……近世公文，不论理而论势，止图词句之可听，不顾事情之可行，不曰言出法随，则曰决不宽恕，满纸张皇，全无真意，官以挂示，便了事，而民亦遂视为贴壁之公文矣。

陈宏谋还曾提到："于江西酌定祠规，列示祠中。"②江西官府还给予族正一定的对族人的审判权，认可各家族祠堂具有一定的实行家法（私法）的权力："如有乖戾之徒不知率教者，小则处以家法，重则鸣官究惩"；"轻则会同族房长，将本人传至祠堂，令其长跪神位之前，剖别是非，直言指讽，如果认祸悔罪，许其具结自新，如怙恶不悛、暴戾不遵及所犯情罪重大，即报官惩究"。与此同时，陈宏谋并没有放松对各地家族时常"健讼"的警惕和管理。如道光三年（1823年）八、九月间，江西官府在"摘录律例刊成小本颁发各属，分给各乡族正与衿耆人等随时讲读"，以及"议评选立族正，给予委牌"的时候，还追述道：

---

① 陈并加按语说明："特编此为开宗第一义，使为父兄者，共明乎此，则教子弟，得所向方。自孩提以来，就其所知，爱亲敬长，告以此为人之始，即为学之基，切勿以世俗读书取科名之说汩乱其良知。"以求改变当时世俗追慕科举功名、不务求实的风气。

② 陈宏谋：《寄杨朴园景素书》，《清经世文编》卷五十八。

> 查乾隆七年陈前部院任内,有选立族正之举,令其约束族众,族中小事,即令祠正治以家法;如该族中有与他族寻衅构讼者,亦责成该祠正查禁;所有祠费,但充祠中正用,永不许放作兴讼之资。极为良法,应行查照办理。①

陈宏谋《五种遗规》的第一版合刻本始行于乾隆八年,为南昌府学教授李安民集校本,足见陈的行政举措和思想在江西士民中的影响之大之深。因此,近代南昌城里才会出现一条以"榕门"命名的街道,以表对他的纪念。②

清前期自朝廷到各级官员的这些理论宣传和具体措施,无疑对各地特别是南方地区的家族建设起了很大的推动作用。地方家族建设和发展的两个外在标志,就是谱牒内容的不断丰富和普遍修建祠堂。入清以来,江西乡民修谱日渐普遍,"玉牒既不颁于外,家乘亦不上于官",完全是各地家族自修自存。因为族正同时也是各姓家族的领袖人物之一,所以他们在参与家族修谱时,往往就把官府颁发并且要求定期宣讲的律例也写进家谱,作为族规家法的组成部分,告诫子孙勤谨为人。如《万载张氏六支谱》于乾隆八年修成,共有9卷,其中卷八有"家政论"、"家诫"、"家规"、"宗规"、"家谱律例"等。其中,"家谱律例"又称为"律例歌",以押韵顺口的歌谣形式写成,部分格式和内容如下:

---

① 江西按察使司编纂《西江政要》道光三年八月二十三日:"宪抚程公札开……"
② 2001年,美国历史学家罗威廉出版了《救世:陈宏谋与十八世纪中国的精英意识》一书(英文版),把对陈宏谋的研究引入一个更为广阔的视野,即把清朝中期以陈宏谋为代表的精英意识形态,放到当时那个大环境中,特别是与当时的欧洲相比较。罗威廉认为:陈宏谋关于人和社会认识的基本点,与启蒙时期的许多欧洲学者十分相似;他所涉及的几乎所有主要方面,也是当时欧洲社会文化发展所面临的问题,如由印刷技术发展而导致的文化程度的提高,社会生活中男女角色变化所引发的争论,职业的复杂化、身份等级观念的淡化,以及社会流动的加快,等等。虽然陈宏谋欢迎商品市场,但他像当时的欧洲人一样,力图把市场与个人和家庭关系领域区别开来。他力主在流动社会里建立一种大家共同维护的准则。从经济方面来观察,陈宏谋与欧洲同道的相似则更为显著,如陈宏谋赞赏地方经济的货币化以及追逐利润的动机。罗威廉认为,陈宏谋将耕地所有权作为经济的基础,同时又明确支持"市场原则",从而使他非常接近18世纪法国的重农学派。在政治领域,陈宏谋非常强调行政的标准化、沟通和提高效率,这正是早期近代欧洲也在逐渐形成的观念。集权的经济控制、自由主义和个人主义都是早期近代欧洲精英意识发展的重要成果。但是罗威廉指出,这种发展并非欧洲的专利,虽然清代中期的正统精英陈宏谋等人并没有把这些观念发展到欧洲那样的系统和圆满,但足以证明,清帝国对欧洲而言并非是"停滞的"和"落后的"。 见"国学网·中国经济史论坛"载王笛2006年9月撰《罗威廉著〈救世:陈宏谋与十八世纪中国的精英意识〉》。

第五章
清前期江西的家族活动与民间崇拜

> 我劝族人当为善,为善之人邀天眷。力田守分称老农,顶带荣身真可羡。若还犯法坐监牢,肩枷带锁遭凌贱。徒流斩绞罪难逃,家破身亡实怨恨。……抢夺行路之妇女,或卖或自为奴婢。不分得财与未得,首斩从绞分别拟。更有一种凶恶徒,夥抢鸡奸良家子。为首斩决罪固当,为从绞候亦应尔。

应该说,在当时的历史条件和乡民文化程度不高的情况下,这种借家谱记载和宣传王朝的法律条文,有针对性地引导乡民规避犯罪的做法,有助于维持广大乡村基层社会生活的稳定,也有益于教人向善。这种理念设计和技术操作,至今也是值得肯定的。

按照清朝的制度规定,品官于居室之东建家庙,一品至三品官,庙五间,中三间为堂,阶五级;四品至七品官庙三间,中为堂,阶三级;八、九品官庙三间,无堂,阶一级。在籍进士、举人视同七品,恩、拔、岁、副贡生视同八品,奉高曾祖祢四世,每年四季择日祭祀。[①]但实际上,不仅官员们身体力行,纷纷修建家庙,以为民先,而且清朝直接支持、保护民间修建祠堂的政策已如前述,各地建立家族祠堂的规模、数量及祭祀的时间等,都远远超出清朝国家的明文规定。所以会出现这种局面,除了前文所提及的以陈宏谋为代表的官员(尤其是汉族官员)的提倡和推动外,还有更重要也是最基本的动力,来自清康熙以后百余年间的社会生活稳定和社会经济进一步发展,以及由此出现的人口不断增加,地区开发不断深入的需要和可能。简言之,各地人口不断增加,家庭和家族拥有的财富总量皆有不同程度的增加;与此同时,相邻的家族和不同聚落之间,为了获取并不丰富的生存资源而产生的摩擦和争夺,也比以前明显和加剧。所以,以祠堂为其聚族的外在象征和场所,已不仅仅体现为一种是否"有文化"的标志,而且成为各家族聚集更多族人于此祭祖、议事、欢宴进而达到认同的一个公共空间,也可借以展示和炫耀其实力和人气。所以在江西地区,无论是血缘关系比较清晰、单纯的家族,还是由不同来源的同姓人"拟制"成的"家族"[②],到雍正、乾隆朝时修建祠堂和编修谱牒已经是普遍现象,如果得到官府的提倡

---

① 参见《清文献通考·群庙考》卷一百七、一百二十四。
② 对这个发展历程和家族形成的不同类型,可参见郑振满《明清福建家族组织与社会变迁》,湖南教育出版社1992年版,第62—118页。

和推动,就会呈现出更猛的发展势头。

二、"毁祠追谱"及其对江西家族活动的影响

乾隆二十八年(1763年)十一月,满族人辅德继任江西巡抚,到乾隆三十年二月离任,前后在江西任职15个月。上任第二年,他对江西地方上合族建祠,安生事端以及民间修谱牵引远年君王将相的行径十分反感,并为此而上奏乾隆帝,提出自己的查办计划。①从辅德以指责口气写成的奏疏全文中,可从反面看到当时江西地区家族发展的概貌和建祠修谱之普遍:

> 窃照江西民情健讼,有司勤惰不齐,州县自理词讼及上司批查案件,多不遵照例限审结,且有判断失平,不能折服其心,未免益长刁风而滋拖累。臣到任以来,逐一清查……惟查各属讼案繁多之故,缘江西民人有合族建祠之习,本籍城乡暨其郡郭并省会地方,但系同府同省之同姓,即纠敛金钱,修建祠堂,率皆栋宇辉煌,规模宏敞,其用余银两置产收租,因而不肖之徒,从中觊觎,每以风影之事,妄启讼端,藉称合族公事,开销祠费。县讼不胜,即赴府翻;府审批结,又赴省控。何处控诉,即往何处祠堂,即用何处祠费。用竣复按户派出,私财任其侵用。是祠堂有费,实为健讼之资;同姓立祠,竟为聚讼之地,欲弥讼端,不得不清其源而塞其流也。……况查所建省祠堂,大率皆推原远年君王将相一人,共为始祖,如周姓则祖后稷,吴姓则祖泰伯,姜姓则祖太公望,袁姓则祖袁绍。有祠必有谱,其纂辑宗谱,荒唐悖谬,亦复如之。凡属同府同姓者,皆得出费与祠,送其支祖牌位于总龛之内,列名于宗谱之册,每祠牌位动以千百计。源流支派无所择,出

---

① (光绪二十五年)《大清会典事例》卷三百九十九记此上谕为:"(乾隆)二十九年谕:辅德奏江西讼案繁多,率由府省地方,敛金置产,合族建祠,不肖之徒,妄起事端,所至停宿讼徒,开销祠费,甚至牵引远年君王将相为始祖,荒唐悖谬,不可究诘。现在通饬查办一折,所见甚为正当,已批如所议行矣。民间敦宗睦族,岁时立祠修祀,果其地在本处乡城,人皆同宗嫡属,非惟例所不禁,抑且俗有可封。若牵引一府一省辽远不可知之人,妄联姓氏,创立公祠,其始不过借以醵资渔利,其后驯至聚匪藏奸,流弊无所底止,止恐不独江西一省为然。地方大吏,自当体察制防,以惩敢习。况礼经所载大夫不得祖诸侯,即谱系实有可稽,而地望既殊,尚且远嫌守分,若以本非支派,攀援审附,冒为遥远华胄,则是靦颜僭逾,罔知忌惮,名教尚可贷耶?各督抚等其饬属留心稽察,实力整顿所辖之地。如有藉端建立府省公祠,纠合匪类,健讼扰民如江西恶俗者,一体严行禁治,以维风纪而正人心,毋得仅以文告奉行故事。"光绪六年刊本《江西通志》卷首之二《训典》"乾隆二十九年四月庚子"条也记载此上谕,只有两处稍有文字差别。

第五章
清前期江西的家族活动与民间崇拜

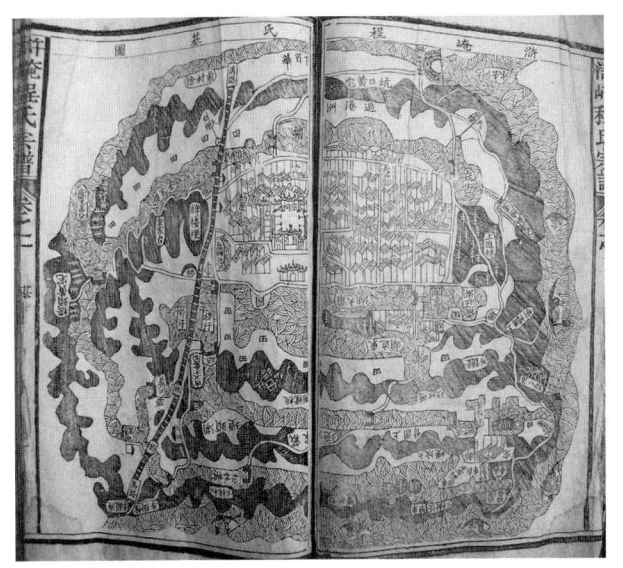

家谱中的基址图
(梁洪生摄)

钱者联秦越为一家,不出钱者置亲支于局外。原其创建之初,不过一二好事之徒,藉端建议,希图经手侵渔,访其同府同省同姓,或联络于生童应考之时,或奔走于农民收割之后,百计劝捐,多方耸动。愚民溺于习俗,乐于输助。故其费日集而多,其风日踵而盛。……臣现今通饬各属查明,果系该县土著,实有近祖可考岁行祭祀者,仍准其存留外,其余荒远不经之始祖,既系附会,神亦不享非类,应将牌位查毁,谱并削正。其外府州县奉附之支祖,舍其本籍禋祀,寄主府省,竟作馁而之鬼,为其子孙者当亦难安,应将牌位撤回。……此外尚有一种本省外省各姓公宇,虽未供设牌位,名似稍异,而实则相同,应照此一律办理。嗣后永远不许添建府省祠堂公宇,其有实系敦本支而睦宗族者,只许于本乡本村以时生祀,庶几礼教可明,讼源可涤,而民生日厚矣。①

辅德奏请在江西采取"毁祠追谱"的措施,得到乾隆帝的批准。这对家族建设历有传统的江西民众来说,震动很大。但如果将此奏章中提及的修谱禁例与其他

① 《皇朝经世文编》卷五十八《宗法》(上)。

的文字禁例相比较,可以看出并无特殊之处,大都是刊刻书籍和考试时必须遵守的,如庙讳御名必须改避、平民不得使用世表传赞、平民不可冒攀帝王后裔等等,并非特别为修谱而专门制定的禁条。而以辅德为代表的清代地方官府真正担忧的,是由于地方上合族建祠,妄联姓氏,而产生了敛财械斗等等纠纷事件,造成社会上的骚乱,特别当这些合族所建的祠堂已经进入省府中心城市,"率皆栋宇辉煌,规模宏敞",不肖之徒将祠堂的资金转变为"健讼之资",同姓祠堂"竟为聚讼之地",已经成为影响地方社会治安和统治秩序的负面因素,这是清朝国家机器无论如何也不会坐视不管的。以此与前文提到乾隆七年(1742年)陈宏谋已在江西提出"所有祠费,但充祠中正用,永不许放作兴讼之资"的明文告诫相联系,可以找到清政府处理家族问题的一个一以贯之的底线。更何况这些城市中的同姓祠堂就在街上,一目了然,官府对其实施封闭等措施,也比较容易收到一时之效。

通令既下,江西各地官府对各姓祠堂和家谱都有不同程度的清查,而具体的资料往往在当时编撰的家谱中有所保留。乾隆三十年(1765年)后修成的江西《万载锦衣坊陈氏族谱》中,有"存祠案略"部分,其中除了全文照录巡抚辅德的奏章外,还详细收录了乾隆二十九年七月初五日和八月十五日万载知县为核查当地祠堂及谱牒的两份上行公文,从中不仅可见当时各地例行公事之一斑,而且对各县执行查验的程序也有反映,对万载各姓祠堂有明细记载,对谱牒内容如何"违禁"也有说明,资料十分可贵,详引如下:

> 袁州府万载县翟为通饬查禁祠宇流弊等事。乾隆二十九年五月二十二日奉署本府正堂王(原注:"全衔")宪牌,内开本年五月十二日奉前署布政使司廖案开,本年四月初一日奉巡抚部院辅牌开,照得江西省词讼繁多(原注:"全云"),计发告示一百四十道等因,奉此,即便转移儒学,并将发来告示遍贴晓谕。查卑县祠堂三十六所:陈祠,李祠,朱祠,易祠,汪祠,彭祠,杨祠,高祠,戴祠,郭祠,钱祠,曹祠,宋祠,辛祠,王祠,敖祠,喻祠,袁祠,宋祠,唐祠,鲍祠,常祠,周祠,龙祠,张祠,龙祠,谌祠,徐祠,罗祠,阳祠,周祠,邹祠,宋祠,刘祠,闻祠,王祠。卑职亲诣查勘,内陈祠等祠(原注:"云云,以下未录")查各姓均有近世始祖,必远追帝王将相,附会夸耀,未足传信,俱令于谱内削除。其各祠尚系本支自为禋祀,并非同姓共立一祠,联合一谱及敛费建祠置产各情弊,应听存留。合将查过各祠分造清册四

第五章
清前期江西的家族活动与民间崇拜

本,具文申送宪台查核汇转,伏乞照验施行。

袁州府万载县翟为札知事。本年八月初八日奉署本府正堂王(原注:"全衔")札开……奉此,卑职遵奉札饬,随即饬承遵照发来式样,将查过各祠族谱,逐一分晰登注,开具清折三扣,具文申送宪台,查核汇转。除径报抚宪外,为此备由具申,伏乞照验施行。折开:万载县查有在城祠十六处,在乡祠二十处,共三十六处。均系本支享祀,并无同姓建立之祠。内除世系分明,并无祖非其祖者二十七处,计有荒远不经之始祖木主扁对者五处,已经撤去。再查有祠内虽无祖非其祖,而谱载荒远不经之始祖者九处,今削去。查有祠费者十处,仅敷祭祀,并无多余。

另外,嘉庆二十四年(1819年)编修的《万载排江欧阳氏族谱》中,主修欧阳韶仁撰写的序言也侧面提及乾嘉年间官方查谱之事:

(原谱)杰公以前图系,溯及大禹、少康、勾践及千乘派、渤海派,远实难稽。余尝跨踌于心,似有不能释然者。况国朝功令森严,士庶之家修辑谱牒,不得妄附牵合,以为荣宠。欲传信而不知阙疑,欲法祖而不知违制,其奚可哉?……前之谱不过沿袭旧文,今之谱不必拘守成迹,凡可因者仍因之,不可因者宜易之。非余妄逞臆见,好为更张,但时制不得不遵,抑阙疑乃可征信耳。

欧阳韶仁的话说得吞吞吐吐,模棱两可,但还是可以体会出其所谓"凡可因者仍因之,不可因者宜易之"的主张,还是有"但时制不得不遵"的压力。同样的问题也出现在万载武家坊的《韩氏族谱》中。该谱编修于嘉庆六年,离乾隆年间实施谱禁的时间更近,在其记述族源的"中州世系"中,即有以下说明:

由闽至潮州之程乡……吾族韩氏原出中州,实(宋)魏国公(韩琦)之苗裔也。盖今功令森严,凡士庶之家编修族谱,不许远攀公侯将相,以自夸大。吾韩虽以(韩)符为一世祖起修,至十六世另编刊载,而不弁于谱首,故以先公至程乡为始祖。

在江西一些地方，乾隆年间还出现过因为惧怕官府的清查而将家谱烧掉的事例。嘉庆十二年宜春县北关杨氏重修族谱时，主笔就以愤懑的口气记述了这段往事：

> 吾家谱起于迎川公，续于庭柱公。乾隆丙寅，族伯峻声诸人再加修辑，始付剞劂。迄乾隆丙申，奉功令查禁书籍违碍，族房长谨慎过当，不复辨识，将刊本尽付之一炬。三十余年来，老成日渐凋谢，事迹遂多失传。每岁春秋祀事，族众常以为言，第发言盈庭，莫敢执其咎。①

还有的家族删削谱牒内容过急过乱，引起后人的不满。如光绪年间南昌县富山乡唐氏所修《南昌唐氏重修族谱》中，分别收录了乾隆五十三年（1788年）第五修和嘉庆二十五年（1820年）第六修的序言。五修序称：

> ……遂与各支宗长等将旧谱逐一查阅，其间或有僭妄之句，避讳之字，悉遵改正。及三十六年之生娶嫁殁未经登载者悉为汇集焉。朝夕劳劳，时经四月，始得告竣。刻印成帙，俾传久远。

六修序则对其批评甚为严厉：

> （乾隆十八年修）旧谱颇无舛谬，惟乾隆戊申五修潦草完竣，削稿太促，错讹殊甚。一切未经考订，即传赞内，或以后而越于前，或卑凌乎尊，男杂乎女，不分伦次，大非体制。且又名号字派生娶嫁殁间多有舛错，不详查对，付之雕工，刷而成帙，是襄事者之疏略也。②

值得注意的是：六修《唐氏族谱》者先是批评前修"削稿太促，错讹殊甚"，但后面继续指出的问题就已经远远溢出这个范围，由此而提醒人们注意到在某些地方的家族之间还存在一种可能，就是乾隆年间因"功令"压力的缘故而清查删削家谱内容的同时，也为某些家族成员蓄意修改和增删某些内容提供

---

① 以上万载县锦衣坊陈氏族谱、排江欧阳氏族谱、武家坊韩氏族谱及宜春县北关杨氏修族谱等资料，均见梁洪生著《江西公藏谱牒目录提要》，江西教育出版社2002年版，第57、61、93、26页。

② 该谱存于江西师范大学区域社会研究资料中心。

第五章
清前期江西的家族活动与民间崇拜

吉泰盆地的传统族谱与谱箱（梁洪生摄）

了便利；而声称因此而烧毁了老谱的一些家族，也未必不会以之为后来伪造族源提供口实和理由。乾隆年间地方官府虽有朝廷功令的压力，但面对汗牛充栋的各姓家谱，显然是力不从心，清查只能是进行一阵子，而不可能成为地方官员的长期职责。各姓家谱如同地下涌流一般，按照其实际生活的需求和各种变数不断编修，并成为江西乡民日常生活中不可或缺的一个重要组成部分。道光十八年（1838年）袁州府诸县张氏合修族谱，至今完整保存五册。首册中有新旧序、五服图、谱学论略、像赞、诰敕、凡例、领谱字号、源流世系等内容，其重修《序》提及：

> 乾隆十五年，省会宗祠倡修大成谱牒。斯时也，族内已颁数集，俱各支各领。迄今数十余载，沐国家休养之恩，赖祖宗培植之德，丁口甚繁，散处不一。于嘉庆庚午年重修，至今二十余年。丁口颇繁，若不续修，恐伦次难明。丙申年，有上高、宜春、分宜各邑宗先生倡首续修，迄今三载。余今春跋涉，通闻各房书丁派金，凡我各郡邑宗人亦无不踊跃……

此中,完整梳理了一条张氏近百年的谱牒编修过程,即:乾隆朝前期在省城南昌张氏宗祠中修大成谱,到嘉庆十五年(1810年)重修,道光十五年(1835年)又先由上高、宜春、分宜诸宗支发起续修,其他宗支加以响应,按丁捐资。该谱反映的一个基本趋势很可说明一般情况,就是随着家族男丁女口的不断增加,宗支的不断分析及外迁,被融入同一部谱牒中的人数必然越来越多,联宗的地域不断扩大,在尊为总祠的地方放置的神主牌位就越来越多,以至于形成无族不谱,村村有谱的普遍状况。如若无谱,必有意外,在地方社会中只会被视为没有文化和缺乏合法居住历史的表现,后遗负面影响是重大的,不容忽视。

康乾以后,在江西西部及其他一些山区县,还有一些自闽、广等省迁入的移民家族在修家谱时,往往连目录都没有,但却全文收录康熙帝的《圣谕十六条》或雍正朝的《圣谕广训》,开卷即见,占去相当篇幅。这种情况,几乎成为清代江西山区移民家谱的共同特征之一。但宋明以来逐渐在平原河谷地区定居的土著大族在编修谱牒时,则几乎都不这样做。他们在修家谱时只要尽量辑录本家族历代科举人士的传记,着意收存各级官员所写的序言、寿词、唱酬文字等等,就足以充分表现其家族对王朝"忠"的态度问题。而主要迁入山区的闽广移民在移民初期,必须胼手胝足地改善基本生存环境,甚至寄身于土著居民的户籍之下,以等待进一步的发展。经过几代人的艰辛奋斗和人口生育后,财富有所积累,子孙人数也在增加,分迁于各地的宗支都逐渐有了联宗修谱修祠的要求。但他们缺少长期的文化积累过程,族里的文化人有限,文气不足,在地方上的名望小,与各级官员的交往很少,所以他们修谱牒时往往一是模仿,使之尽可能像文化根基很深的土著大族,文人味尽量浓一些;二就是必须表现出与王朝异乎寻常的高度认同,而且必须"速成",所以干脆把皇朝的"最高指示"全文放到家谱的最前面。

第二节
福主崇拜与万寿宫网络的形成

在清代江西民间崇拜与祭祀祭祀活动中,福主崇拜与万寿宫网络的形成,是一个引人注目的历史现象。在不同社会阶层的共同塑造下,许真君成为江西最具影响力的地方神,万寿宫也被视为江西地方文化的代表和象征。

第五章
清前期江西的家族活动与民间崇拜

一、从道教神灵到民间神灵

所谓"福主崇拜",指的围绕许真君崇拜进行的各种祭祀活动。许真君原型为东晋时曾任四川旌阳令的许逊。唐宋时期,许逊被奉为道教支派——净明忠孝道的祖师,并得到历朝的褒封,被尊为"神功妙济真君"。正是在道教净明派与朝廷的双重推动下,许真君崇拜开始从一个家族性的祭拜活动上升为国家性的祭祀,成为道教中一个颇具影响的崇拜体系。①与许逊在南昌城"斩蛟治水"、西山"拔宅飞升"等传说密切相关的两个祭祀场所,分别升格为铁柱万寿宫和玉隆万寿宫。不过,此时的许真君崇拜,明显带有道教神仙崇拜的色彩,且与国家的推崇密不可分,与民间社会的结合还相当松散。

进入明代后,许真君崇拜虽然依旧在国家宗教生活中占据一定的位置,南昌城内的铁柱万寿宫,也是江西地方官员举行春秋二祭的重要场所之一,但与江西广大民众的生活世界仍具有一定的距离。直至明万历年间,在以新建人张位、南昌人万恭为首的乡宦倡导下,许真君崇拜开始与地方社会结合,西山万寿宫成为新建县忠孝乡廿七都东、西二社乡民举行里社祭祀的场所,许真君也成为地方百姓日常祭祀的神灵之一。此后,随着"南朝"、"西抚"等各种仪式活动的举行,许真君崇拜又逐渐由社区性祭祀向区域性祭祀演变,成为江西中北部地区乡民普遍崇拜的地方神。

清康乾时期,江西地方官员鉴于许真君崇拜在广大民众中的影响,开始大力宣扬许真君崇拜,以加强对民众的教化和地方社会秩序的维护。如江西巡抚岳浚在《重修玉隆万寿宫碑记》中就认为,许真君神功赫奕,彪炳人间,"至今故老史乘中犹能传其轶事。若夫舆论道以忠孝为宗,净明为本,世特称为忠孝神仙焉。夫忠孝之义大矣。芸生之众,不外为子为臣。而神圣之道亦惟此"。而克忠克孝,乃是天经地义之事,是人们行为之纲纪。只有忠孝全方能人道尽,人道尽则"其道可儒可玄,其人可仙可圣"。最后,岳浚又强调,自己推崇许真君崇拜,是因为许真君有功德于民,至今不朽,并非尚崇仙灵,表扬玄教。②嘉庆时期,针对新建县忠孝乡东、西二社对许真君崇拜是一乡之神,还是全省福神的争执,新建县政府官员特颁布文告,宣称西山万寿宫"省属二字本无歧异,不必更改。至忠孝乡彰善之称,系表扬真君懿行,并非东、西二社之美名。且福神久

---

① 参见黄小石《净明道研究》,巴蜀书社1999年版。
② 岳浚:《重修万寿宫碑记》,《逍遥山万寿宫志》卷十六《艺文·碑》,光绪四年版,第18—19页。

为江西阖属人民仰戴,童稚咸知,何得以乡里争执,可见无知"①。因此,至清中叶,许真君崇拜不仅仅是地方官员祭祀的神灵,还成为江西广大民众崇拜的对象。随着许真君崇拜与民间社会的紧密结合,江西地方政府进一步加强了对许真君崇拜的阐扬。官方对许真君崇拜的推崇,又增强了该崇拜的合法性和文化意涵,有利于许真君崇拜在江西乡村发展,并最终成为江西全省各地和各阶层普遍崇拜的地方神。

二、万寿宫网络的形成

随着许真君崇拜的不断发展,位于新建县西山的玉隆万寿宫成为许真君祭祀的中心。每届七月底八月初,来自全省各乡村的大批信众前往进香。道光《靖安县志》记载:"八月,邑人朝拜许真君,恐走趋后。有膝行至生米乡之铁柱观者,盖其上升处也。"②在赣南广大乡村,人们因路途遥远而难以亲自前往进香,就在八月初一至十五期间,悬挂"真君老爷"画像,举行半个月的祀神活动。③前往西山进香的信众朝拜的方式有个人单独前往,也有结伴同行,但较普遍的是采取组成"朝仙会"前往拜谒。"朝仙会"一般是以自然村为单位组成,成员来自村内百姓。每个"朝仙会"内均有"头香"、"二香"和"尾香"各一,其余则均为普通会员。如光绪《南昌县志》记载:"朝旌阳宫,村人争酿钱为香会,名'朝仙会'。自初一始会,或数十人,或十数人,一人为香头前导,刻蛟龙长二三尺佩于左,一人为香尾殿后,荷红旗书'万寿进香'四字。余皆缨帽长衫,鼓乐群行,示大患既平,民气欢腾。佩蛟龙者,谓就驯扰,以象其功也。日数十百群,鼓乐喧阗道路。是日多轻阴,俗呼为'朝拜天'。"而丰城地方志亦认为,本县境内"崇祀许旌阳,结会进香,几无村无之,大村或至数会,按岁轮值,司安仙、谢仙之责。每年七、八月间,往西山朝谒。城内复有'盔袍会',由永保、永佑、永宁、永长、永丰、永恒六会轮带盔袍,于每岁八月朔,宿山上盔袍"。

清代江西民众对许真君的崇拜,还表现在大量祭祀许逊的庙宇出现。这些以许真君为祭祀主神的庙宇或称为"万寿宫",或称为"真君庙",有的称为"福主庙"。这些庙宇遍布乡村的庙宇,以西山万寿宫为中心,构成了一个有机的万寿宫网络。为全面反映这一时期全省万寿宫的发展趋势,现依据有关材料,将

---

① 《奉宪安腹碑记》,《逍遥山万寿宫志》卷十四《艺文》,宣统刊本。
② 丁世良、赵放主编:《中国地方志民俗资料汇编》华东卷(中),书目文献出版社1995年版,第105页。
③ 参见周文英等编著《江西文化》,辽宁教育出版社1993年版,第33页。

第五章
清前期江西的家族活动与民间崇拜

各县始创万寿宫年代及万寿宫数量列为表5-1。

表5-1 明末至清前期江西各县始建万寿宫年代及万寿宫数量表

县 名	始建年代	创建数量	资 料 来 源
铅 山	明代	6	同治《铅山县志》卷六《坛庙》
南 丰	嘉靖三十二年	1	同治《南丰县志》卷十三《祠祀》
兴 国	嘉靖年间	24	同治《兴国县志》卷三十二《坛庙》
南 城	嘉靖年间	6	同治《南城县志》卷四《祠庙》
奉 新	万历年间	12	同治《奉新县志》卷四《祠庙》
玉 山	万历年间	2	道光《玉山县志》卷二十八《坛庙》
德 化	明后期	2	同治《德化县志》卷十三《寺观》
义 宁	明后期	55	同治《义宁州志》卷十《坛庙》
龙 泉	明后期	1	同治《龙泉县志》卷三《坛庙》
新 建	顺治年间	10	章文焕:《万寿宫》,华夏出版社2004版。
安 义	清初	2	同治《德化县志》卷二《祠庙》
临 川	康熙二年	9	同治《临川县志》卷十六《坛庙》
乐 平	康熙三十一年	1	同治《饶州府志》卷四《坛庙》
余 干	康熙年间	7	同治《余干县志》卷四《坛庙》
雩 都	康熙年间	2	同治《雩都县志》卷十二《祠庙》
万 载	雍正十年	26	民国《万载县志》卷二《祠庙》
丰 城	雍正十年	10	章文焕:《万寿宫》
定 南	乾隆元年	1	同治《赣州府志》卷八《官廨》
萍 乡	乾隆八年	10	民国《昭萍志略》卷二《坛庙》
德 安	乾隆十二年	7	同治《九江府志》卷十一《祠庙》
武 宁	乾隆二十六年	20	同治《武宁县志》卷十一《坛庙》
鄱 阳	乾隆三十五年	1	同治《鄱阳县志》卷四《坛庙》
会 昌	乾隆四十年	6	同治《会昌县志》卷二十八《祠庙》

县　名	始建年代	创建数量	资料来源
安　远	乾隆四十年	2	同治《安远县志》卷二《坛庙》
上　饶	乾隆四十八年	2	同治《上饶县志》卷六《祠庙》
上　高	乾隆五十四年	11	同治《上高县志》卷九《坛庙》
弋　阳	乾隆五十四年	5	同治《弋阳县志》卷三《坛庙》
靖　安	乾隆五十六年	1	同治《靖安县志》卷六《坛庙》
永　宁	乾隆五十六年	2	同治《永宁县志》卷二《寺观》
德　兴	乾隆五十七年	3	同治《德兴县志》卷三《祠庙》
清　江	乾隆五十七年	3	同治《清江县志》卷三《坛庙》
新　城	乾隆五十九年	6	同治《新城县志》卷二《坛庙》
龙　南	乾隆六十年	1	同治《赣州府志》卷十三《祠庙》
新　喻	乾隆年间	3	同治《新喻县志》卷三《坛庙》
信　丰	乾隆年间	1	道光《信丰县志续编》卷十六《杂祀》
瑞　昌	乾隆年间	2	同治《瑞昌县志》卷十一《祠庙》
安　仁	嘉庆元年	1	同治《九江府志》卷十一《祠庙》
万　安	嘉庆五年	1	同治《万安县志》卷七《祠庙》
湖　口	嘉庆六年	5	同治《湖口县志》卷二《寺观》
长　宁	嘉庆八年	1	咸丰《长宁县志》卷三《祠庙》
新　昌	嘉庆十七年	29	同治《新昌县志》卷六《坛庙》
南　昌	嘉庆二十四年	11	民国《南昌县志》卷十五《典祀》
宜　黄	嘉庆年间	6	章文焕:《万寿宫》
吉　水	道光元年	1	同治《吉水县志》卷十二《坛庙》
安　福	道光五年	1	同治《安福县志》卷三《坛庙》
新　淦	道光八年	3	同治《新淦县志》卷二《坛庙》
东　乡	道光十六年	1	同治《东乡县志》卷六《坛庙》
赣　县	道光二十三年	3	同治《赣县志》卷十一《坛庙》

第五章
清前期江西的家族活动与民间崇拜

地方的回报。《余干县志》载:许真君庙"一在古埠万家潭。道光十三年,有真君神像随涨水至,乡民供之圩畔。是夜雷声大作,诸圩溃,独此无恙。因建小庵于桥头祀之,祈祷有应。道光二十五年,改建庙于万家潭"①。

除抗御自然灾害外,万寿宫还被人们赋予维护社会经济秩序的功能。同治《义宁州志》称:"万寿宫,在崇乡大石口西港街。因嘉庆戊午剿平匪教,仗神默佑,事闻于郡,给银建庙。"②在新城县(今黎川),万寿宫则被用来维护地方商业秩序。据《新城县志》载,该县四十八都西成桥的万寿宫建于乾隆五十九年(1794年),创建者为当地一杨姓监生与邓、杨、薛、朱、包、郭等姓。嘉庆二十三年(1818年),众人又在大殿一侧添建文昌阁。万寿宫建成后,鉴于县内"向有射利之徒,以故帖冒充,私索买卖粮食行税",于是杨姓监生等"较准公斗,用铁索锁系殿外柱上,令买卖粮食均于此处印用,不得妄取分毫"③。

商人群体也是推动万寿宫网络形成的一股重要力量。如吴城镇的万寿宫,就是在商人的倡导下修建的,且其规模不断扩大,甚至可以与西山万寿宫的规制相媲美。据史料记载,吴城万寿宫始建于清顺治年间,立庙地点为吴城吴城后河。乾隆年间,万寿宫遭受毁坏,但未能及时修复。嘉庆十一年,吴城镇的绅商通过个人捐款,募集到大量资金,对万寿宫进行了大规模的重建。重建后的万寿宫正殿中供奉三尊神像,旁列十二真人。殿后为玉皇殿,殿右为谌母阁,左为观音堂,堂后为三无佛祖堂,下为清心精舍,外有牌坊。坊东为天花宫、大王庙;西为白马、五显二庙。道光二十年(1840年),由于宫中正殿中梁坠落,绅商复捐金万余修茸,并将剩余资金修造了逍遥别馆。经过乾嘉时期两次重修,吴城万寿宫展现出辉煌气派,"与玉隆、铁柱二宫相埒"④。重建后的万寿宫,不仅是"吴城已形成赣北大型经济市镇后的文化象征之一",而且也是江西商人在吴城的会馆,并被江西商人视为与外地商人"抗衡的形式和场所"。⑤

更为重要的是,随着许真君成为江西人普遍崇奉的地方神,江西读书人出外为官、商人在外地进行商贸活动、移民向外迁移,均会在当地建立万寿宫。在西南地区和两湖地区,由于有大量的江右商人活动和赣省移民进入,万寿宫的

---

① 《余干县志》卷四《建置之坛庙》,同治十一年版。
② 《义宁州志》卷二《建置之祠祀》,同治十二年版。
③ 《新城县志》卷二《建置之坛庙》,同治九年版。
④ 《新建县志》卷六十六《寺观》,道光二十九年版。
⑤ 参见梁洪生《吴城商镇及其早期商会》,《中国经济史研究》1995 年第 1 期。

乾隆二十三年西山万寿宫匾额(李平亮摄)

数量尤为众多。单是在云贵川三省境内,就有122个市县建有218座万寿宫。这些万寿宫有的是江西籍官员联络乡谊的纽带,有的是商人处理各种事务的会馆,有的则相当于江西移民在当地的宗祠。①

总而言之,清代江西境内的万寿宫网络经历了由点到面、从省内到省外的扩散过程,而各县万寿宫的数量也经历了由少至多的发展过程。在各种不同社会力量的共同塑造下,万寿宫成为各种不同地方利益集团共享的象征性文化资源。随着各地万寿宫系统的不断扩展,至清末已形成以西山万寿宫为中心的区域文化网络。这一网络将不同地域的不同利益集团联成一体,集中地反映了明末清初以来江西地方权力体系的跨地域整合趋势,以及江西与其他省份在经济和文化上不断交融的历史过程。

第三节
水神、蝗神与康王崇拜

一、水神崇拜

1.萧公崇拜

萧公崇拜,指的是以萧伯轩、萧祥叔、萧天任三世为中心的各种祭祀活动。在明后期,因朝廷推崇,萧公由地方性水神而成为具有全国性影响的水神,职司平定风浪,保障江海行船。据《大洋洲萧侯庙志》记载,萧伯轩生于宋咸淳八

---

① 参见章文焕《云贵川境内万寿宫的分布及其由来》,《南昌职业技术师范学院学报》1997年第2期。

第五章
清前期江西的家族活动与民间崇拜

新淦县大洋洲萧侯庙内萧氏三世神像（谭小军摄）

年(1272年)，因访道临江而徙至新淦县大洋洲。伯轩在世之时，好行其德，济人泽物，晚有神识。元大德十年(1306年)，伯轩殁，葬新淦县社山之地。至大五年(1309年)，封五湖显应真人。萧祥叔为伯轩子，生于元至元二十三年(1286年)，其神道更甚于伯轩，有"木筏胶于沙，公咄叱，水溢，筏遂大浮；过洞庭，飓风四起，雄浪拍天，公出神半空，以衣压水面，少顷波恬"之灵迹。元至正五年(1345年)，封为"永宁神化济显德舍人"，死后合祀于萧伯轩之庙；天任为祥叔次子，生于元泰定元年(1324年)，"壮年后，吉凶皆预知，每瞑目出救江湖舟楫之险"，明永乐三年(1405年)啖白石而化。天任殁后，其灵迹更为扩大。不仅有助朱元璋在鄱阳湖战胜之功，且在郑和下西洋途中屡披之，确保船只不被巨浪颠覆。此外，在明英宗北狩遇险时，天任显灵为战前军民鼓舞士气。景泰三年(1452年)，该神还帮助官军平定苗疆之乱。万历年间，"疫疹大作，里医袖手，远迩士女祷侯祠，挹江水，乞神方药，注水治疾，所完活甚多"。因此，在明成祖永乐年间，天任先被加封"英佑侯"，景泰朝又追赠"水府灵通广济显应英佑侯"。萧氏三世的种种灵迹，既是后人不断添加和创造的结果，又经历了一个由民间传说走向官方典章的过程。从明永乐朝至宣德朝，许多地方士绅先后以不同形式，对萧氏三世的事迹作了宣扬；地方官在春秋二季，亦必往萧侯庙进行祭祀。明万历朝，历任兵部尚书、贵州巡抚的泰和人郭子章不仅为萧氏三世撰写传文、题写"仁侯三世"的庙额,且将有关萧氏三世的种种资料,编成《大洋洲萧侯庙志》。庙志的编修,标志着萧公崇拜已经形成了一个有机的系统,确立了该崇拜在国家祭祀体制内的正统地位,从而为民间对其崇奉和祭拜提供了合法性。

进入清代后,萧公崇拜得到进一步发展,成为从官方到民间普遍祭祀的神祇,"凡通都巨镇,省会京师,仕宦商贾,舟车往来之区,莫不立庙以专祀侯"。不过,与许真君崇拜不同的是,萧公崇拜并没有成为江西的另一个福主,而是在被塑造成临江府地方神的基础上,逐渐向江西其他地区和外省扩散。

康熙八年(1669年),任江西布政使参议、分守湖西道的安徽人施闰章在所作《大洋洲萧公英佑侯庙碑文》中就说:"故事官临江者,始至谒晏(即晏公庙),去则祠萧(即萧公庙)","而凡郡吏民有事于江淮河北四方之役者,必先斋戒趋大洋洲,卜吉以往"。同时施氏在文中还提到自己在经鄱阳湖北上时,也曾得到萧公的护佑方化险为夷,故作文铭以酬神。康熙五十四年,临江知府汪清于一篇引文中强调"淦邑大洋洲萧侯庙,水府之最灵者也",并认为萧公护人而不护己庙,实为无私之举,因此希望临江府各地百姓捐发钱文,"以新其庙堤"。道光年间,赐进士出身的清江人杨世锐在文章中也强调,萧公与晏公,是临江一郡崇奉之神。另外,在当地文人"玉帐有光扶鼎祚,铁锚无恙镇临江"赞美萧公庙的诗句中,也不难看到萧公作为临江一府保护神的形象。

清代萧公崇拜的演变,还表现在其正统性的强化上。道光年间,以清江人饶学澍、杨世锐等人为首的临江府士绅重新刊刻了《大洋洲萧侯庙志》。饶氏等人之所以要重刊庙志,用饶氏的话说,是当时距郭子章编修庙志已二百多年,"旧版翻刻,不无讹谬;间或告失,亦苦无征。存者字迹不免剥蚀,且多犯讳,此其势不可不重加刊正矣!"可见,此次重刊庙志,其根本原因在于明代修纂的庙志,字句上与当时王朝的典章制度存在一定的矛盾,而这一点,无疑会影响到萧公崇拜在国家祭祀体系中的地位,削弱其在文化上的正统性。因此,杨世锐利用重刊庙志的机会,重作《萧公英佑侯传》,对萧天任的各种灵迹作了新的阐释。在该文中,杨世锐先是引用明代庙志的叙述,肯定了萧氏三世在清代以前的各种护国佑民的事迹,接下来则对祭祀萧公在清代的合法性作了解释。他认为,当时之所以能出现"重熙累洽,海宇升平"的景象,实是得到了萧侯的默助,"且夫侯之祠,江浒河干,所在多有"。至于大洋洲萧侯庙,乃是萧公生长之地,是其体魄藏身之所,故而最为灵显。另外,杨氏还强调,不能将崇奉萧公与玉笥、阁皂两地供奉神仙混为一谈。因为神仙"不与人事",而萧公则"福国佑民"。

第五章
清前期江西的家族活动与民间崇拜

在乾隆年间,萧侯还曾"为民捍患御灾,不惜以身与庙当之"。萧侯爱民之心,由此可见一斑。最后,杨氏还提到,自己能够两次在科场上取得成功,均是萧公庇佑所致。因此,无论是从国家利益来讲,还是就地方福祉而言,崇奉萧公都具有合法性和正统性。

尽管临江府的官员和士绅阶层都将萧公视为一地的保护神,但随着商业的发展以及人口的流动,萧公崇拜也沿着赣江—鄱阳湖水道向其他地区扩散。至清中叶,江西已经有20多个县建有数十座祭祀萧公的祠庙,其中宁都一县就建有3座。从名称上,这些祠庙有的称水府祠,有的称萧公庙(殿),也有的称英佑侯祠;在奉祀对象上,这些祠庙大多以萧公为祭祀主神,但也有的是以萧公为陪神。如南昌府靖安县的昭灵祠,即以屈原为主神,配祀萧公与晏公。另外,从建立的原因来看,建于乡村的祠庙,大多用以表达乡民禳祸去灾的美好愿望;建于濒临河道商镇的庙宇,则具有同乡会馆或行业会馆的功能。如四大名镇之一的河口,为全国各地商人云集之地,建有大量的同乡会馆。道光年间,在该地从事药材和茶叶贸易的临江商人,通过抽厘的方式取得一定数量的资金,建立起奉祀萧公的仁寿宫,作为"临江一郡公所"。而新喻县的萧公庙,既是沿江放排工人奉祀萧公的场所,也是他们处理行业内部事务之地。另外,从其他史料记载来看,至清前期,随着商路的扩张和漕运的发达,萧公崇拜已经越出了江西一省之境,进入到两湖、四川、山东、山西、浙江、河南、广西、贵州等其他省份,成为一个与特定人群相关的全国性崇拜。

2.晏公崇拜

晏公崇拜,指的是以临江府清江人晏戌仔为中心的祭祀活动。据《三教源流搜神大全》记载,晏公元初以人才应选入官,为文锦局堂长。不久"因病归,登舟即奄然而逝。从人敛具一如礼。未抵家,里人先见其扬骖导于旷野之间,衣冠如故,咸重称之。月余以死至,且骇且愕,语见之日,即其死之日也。启棺视之,一无所有,盖尸解云。父老知其为神,立庙祀之。有灵显于江河湖海,凡遇风波汹涌,商贾叩头所见,水途安妥,舟航稳载,绳缆坚牢,风恬浪静,所谋顺遂也"。

明洪武初年,晏公被朝廷诏封为"显应平浪侯"。由于朝廷的推崇,自明中期始,在各阶层的塑造下,晏公与萧公一道成为江西最为著名的两位水神,并逐渐走向江西以外的地方。至清前期,江西许多城镇和广大乡村开始建起为数众多的晏公庙,其中江西的东北部为晏公庙较为集中地之一。康熙年间,广信府铅山县重建了晏公庙,该庙的地址在县治以西三里居西关水上,为一县之福地。"雍正七年,知县张崇朴增广其制,楼阁焕然一新,载入祀典,风值庭辰,令必亲祀之"。乾隆三年(1738年),乡人刘亮珍又在北关城外兴建了平浪王庙。另外,该县的五都河背和石塘镇,也各建有一座平浪王庙。而饶州府鄱阳县共立有4座晏公庙。其中一座位于城西柳林津,为乾隆年间同知刘愈奇重建。余干县的晏公庙位于琵琶洲,重建于嘉庆年间。德兴县的两座晏公庙则分别在跃鳞门外和兴宝坊。

在江西的西部地区,也兴建了一定数量的晏公庙。康熙三年(1664年),瑞州府高安县兴建了第一座晏公庙。康熙十年,乡人陈汝言又捐资增建两廊,砌立甬道;袁州府的万载县和南昌府的奉新县、靖安县则分别建有两座以上的晏公庙。此外,在吉安府的泰和县、安福县,建昌府的南城县以及抚州府的临川县,也零星建有晏公庙。这些不同地区新建或重建的晏公庙,充分说明晏公崇拜已经成为清代江西民间崇拜中一种较为普遍的祭祀活动。

3.湖神元将军崇拜

元将军是清代江西鄱阳湖区乡民普遍信奉的一位神灵。在南康府都昌县建有专门祭祀元将军的祠庙。在清代地方志中,这座庙宇被称为"元将军庙",当地百姓则俗称作"老爷庙"。这种不同称呼,既反映了元将军这位水神在官方与民间的两种不同形象,又表明该崇拜经历了一个较长的历史演变过程。这种变化主要体现在两方面,一是元将军由非人格神走向拟人化,一是从民间神祇上升到官民共祀的神灵。

元将军崇拜的演变,与鄱阳湖水面的扩张有着密切联系。在鄱阳湖还未完全成形之时,宫亭湖是整个湖区的指称,湖岸边的神庙也称为宫亭庙,庙中供奉神灵也属于山神,与水面并无太大联系。只是随着湖面的南浸,宫亭神逐渐向"能分风擘流"的水神转化。但是,种种迹象表明,尽管宫亭神在较早时期就已经具有水神的性质,但并未成为整个鄱阳湖区的崇拜,反而是在龙王庙基础上发展的老爷庙成为整个湖面的保护神。

据资料记载,老爷庙位于都昌县多宝乡境内,旧为龙王庙,奉祀的神灵为水族一类的鼋。清代以前,老爷庙的影响仅限于当地乡民,是湖区百姓崇拜的对象。但是,自清康熙朝始,地方官开始介入到这种民间崇拜当中来,并增添了诸多有关庙神鼋的故事。其中最为重要的一则故事,就是将庙神鼋与朱元璋于鄱阳湖大战陈友谅的历史联系起来,声称朱元璋失利时,曾得到化身为驾船老者的鼋将军救助。于是"题诗于(庙)壁,将军受命则益效灵,波无叵测,至今灵

第五章
清前期江西的家族活动与民间崇拜

都昌县元将军庙外景(李平亮提供)

应屡著"。此外,一些政府官员还认为,江西每年通过鄱阳湖运送的五十多万石漕粮,"连樯接舰,取得出入北江以达天庾,而估时之往来,行舟之上下,扬帆助风,有祷辄应,惟神之临实式凭焉,其有功德于人可谓巨矣!"这些传说和故事,将鼍将军崇拜与王朝历史、国家贡赋连为一体,促使该崇拜从民间走向官方。康熙二十二年,都昌县教谕熊永亮倡修了老爷庙(鼍将军庙),并作《鼎建左蠡元将军庙记》。嘉庆十五年(1810年),朝廷册封元将军为"显应"元将军,都昌县知县陈煦随之作《加封显应元将军庙记》。至道光年间,元将军庙已经成为地方官员春秋二祭时重要的活动场所。其祭祀的规制均仿照嘉庆九年江西巡抚秦承恩致祭"江西福主"许真君之例,"用牛一,羊一,豖一,爵三。祭官蟒袍补服,二跪六叩首。其需用银一二两,永为定期"。此后,元将军庙一直得到官方的支持。光绪七年(1881年),地方官又重建了太平天国战乱期间毁坏的元将军庙,并将元将军升格为"定江王",庙名也随之改为"定江王庙"。元将军崇拜在官方祭祀体制中达到了一个新的高度。①

---

① 参见扶松华《环鄱阳湖的民间信仰》,南昌大学硕士学位论文,2006年。

政府的推崇和赐封，为元将军上升为整个鄱阳湖区的神灵创造了有利条件。尤其重要的是，政府的介入，并没有削弱百姓对元将军的崇奉，而是进一步刺激了其在民间的发展。在每年六月初六元将军诞期，不仅都昌县多宝乡的百姓都会赶到"老爷庙"演戏酬神，而且鄱阳县、星子县以及永修县各地的乡民也会前往，形成为期数天的热闹庙会。此外，由于鄱阳湖地处赣江水运与长江航道的交接点，因而在湖面放排为生的工人纷纷将他们的安全寄托于老爷庙，视元将军为自身的保护神。因此，从某个意义上讲，正是该崇拜与民间社会有着千丝万缕的联系，方能在经历多次社会变更后维系下来，并一直延续到当代人的生活中。

都昌县元将军庙内景（李平亮提供）

二、蝗神刘将军与康王崇拜

1. 刘将军崇拜

刘猛将军是中国民间最为著名的驱蝗神，自明代始，南北各地就普遍建庙立祀。清雍正二年（1724年），刘将军庙被列入国家祭祀的范围。咸丰七年（1857年）（一为咸丰八年），加封"康保"二字。同治四年（1865年）又进封"普佑"。在清政府的大力号召下，各省纷纷出现了大量的刘将军庙。从全国范围来看，刘猛将军庙的分布以蝗灾严重区黄淮流域最为集中，非蝗灾区岭南最为少见，大致呈现出由北至南逐渐减少的趋势。就江西一地而言，刘将军庙的分布遍及全省。从北部至南部，从东部到西部，无不建有大量的奉祀刘猛的祠庙。

与上述民间崇拜一样，清前期江西刘将军崇拜的发展，是在政府的推崇下完成的。有清一代，朝廷先后两次颁敕兴建刘将军庙的诏令。一次是雍正朝，一次为道光朝。因此，江西兴建刘将军庙的第一个高潮，是在雍正二年（1724年）以后。雍正十二年，九江知府蔡学灏，在德化县城以东二里的东岳庙左侧，兴建

第五章
清前期江西的家族活动与民间崇拜

了一座刘将军庙,并于每年春秋前往祭祀。从现存资料看,该庙为江西境内最早出现的奉祀刘猛的神庙。九江府之所以会成为江西第一座刘猛将军庙诞生之地,应与其位于江西最北部离蝗灾区较近,较易发生蝗灾相关。

道光时期,江西各地普遍遭受到严重的蝗灾。道光十五年(1835年),南昌府属进贤县"自夏至秋不雨,禾尽槁。八月蝗虫飞蔽天日";九江府属"秋蝗为灾,颗粒无收,草根树皮几尽,民多流亡";南康府自五月至八月不雨,"飞蝗蔽天,百姓挖草根、剥树皮为食";饶州府余干县蝗蝻遍野,万年县"合县被灾,西北十三村树叶亦被食尽"。安仁县"自四月不雨至九月,蝗虫起飞蔽日";抚州府属东乡、宜黄、崇仁三县"蝗虫蜂起,蔽日漫天,咬食田禾";道光十六年,九江府瑞昌、德化两县"飞蝗蔽日,禾尽蚀";饶州府万年县"蝗虫入境,进士董士文捐资捕蝗";同年,南昌府亦受到蝗虫的侵袭。[①]面对频频发生的蝗灾,人们除了展开各种人工灭蝗的活动外,还期望借助于神灵的力量驱赶蝗虫,出现了修建刘将军庙的第二个高潮。道光十二年,星子县修建了刘将军庙;道光十五年,瑞昌知县董恕诚在县署后面新建刘将军庙;道光十六年,分宜知县在县东门外先农坛右侧新修刘猛将军庙;道光二十年,安义知县潘尊贤奉命在文山书院右侧立刘将军庙,赣县士民在灵山庙左侧构刘将军庙;道光二十三年,永丰知县冯询在城隍庙右侧建造了刘将军庙;道光二十六年,彭泽县百姓在县城西门外关帝庙旧基上兴修起刘将军庙。这股兴建祠庙的热潮,一直持续到咸丰、同治时期。

清前期江西各地的刘将军崇拜,既经历了共同的历史过程,又呈现出一定的差异。这一点,主要体现在修建者身份以及奉祀方式两个方面。从各种史料记载来看,各地祠庙的修建,大概可分为三种方式:一是地方官独力完成,一是乡民自发兴建,一是士民合修。用第一种方式兴建祠庙的,主要有瑞昌、分宜、永丰、东乡、定南、大庾等县。在这些地方官主持兴建的刘将军庙中,又可分为倡首兴建与奉命敕建两类。用第二种方式建造祠庙的,主要有彭泽、万载等县。利用第三种方式建造祠庙的,主要有赣县。该县的刘将军庙先由士民共建,后为官民合修。另外,各地奉祀刘将军的方式也不一。一种方式是单独建立庙宇,专供刘猛将军。这种方式为大多地方所采用。另一种方式是将刘猛将军与其他神灵合祀一处。如星子县的刘将军就没有专祠,而是与风神并祀于申明亭。申明亭遭受毁坏后,刘将军就只好寄身于城隍庙左殿。余干县的刘将门庙同样没

---

① 参见孔蔚《江西的刘猛将军庙与蝗灾》,《江西师范大学学报》1994年第11期。

有专祠，只能附身于东岳庙内；万载县城内福寿坊的刘将军虽有专祀，但与财神并祀。第三种方式是从合祀转为专祀。广丰县的刘将军庙，起初建在忠节祠故址上，"合祀六侯"。道光十九年，知县济英"移奉城隍庙左，专建祀焉"；赣县的刘将军先是被供奉于灵山庙内，后方享有专祠。

随着众多刘猛将军庙的出现，刘将军的形象与作用变得更为复杂和丰富。有关刘将军的原型，有刘宰、刘锜、刘承忠等说。刘宰说在山东各地颇为盛行，刘锜说则在江南、直隶、山东有一定的崇拜空间。有的学者甚至认为刘锜的形象与刘猛将军最为接近，应是刘猛将军崇拜的最初原型。[1]但是，进入清代官方祀典的刘将军，指的是元末吴川人刘承忠。在这些不同历史时期出现的刘将军崇拜影响下，清代江西的刘将军形象也是各地不一。有的地方接受清政府的观点，认为刘将军原为吴川人刘永钟。永钟元末授指挥。在弱冠之年即统领军队，令群盗闻风丧胆。当江淮遭受蝗虫之灾，"神挥剑逐之，须臾蝗飞境外"。有的地方仍然认为刘猛的原型是曾任江淮制军的宋人刘锜。宋理宗时期，因拒蝗有功，被朝廷封为"扬威侯"。但是，也有的地方并未明确指出刘将军为谁。如《安义县志·祠庙》记载："刘将军庙，在文山书院之右，旧祀宋忠臣刘锜，寻废。道光二十年，知县潘尊贤奉文饬建刘猛将军庙，遂及其址为之，改祀驱蝗正神刘猛"。这些不同的刘将军形象，既与清政府对刘将军的解释（即刘将军为刘承忠）密切相关，又反映了刘将军崇拜在江西所经历的地方历史过程。

至于刘将军的作用，不同阶层的崇拜者也有各自的寄托和目标。普通百姓不仅希望蝗神驱逐蝗虫，消除灾害，获得收成，还祈求其能在日常生活的方方面面加以护佑；地方官则希望通过建庙祭祀蝗神，使管辖之地"田谷不害，仓箱可盈"，同时又将地方治理置于神灵的监管之下，期望百姓"体神之忠诚而不致诈伪，慕神之节义而不敢贪婪"[2]。

2.康王崇拜

康王崇拜，指的是围绕宋人康保裔祭祀形成的崇拜活动。据史料记载，康保裔是河南洛阳人，北宋初先后授登州刺史、淄州团练使和凉州观察使。宋真宗时期，领彰国军节度使，在与契丹作战时为国捐躯，受到朝廷褒封，各地建专祠以祀之。由宋至明，江西境内的州县先后兴建了康王庙。但是，此时的康王崇拜仍然限于官方层面，民间祭祀尚未形成。入清后，在江西的鄱阳湖地区，民间

---

[1] 参见代洪亮《民间记忆的重塑：清代山东的驱蝗神信仰》，《济南大学学报》2002年第3期。
[2] 《分宜县志》卷十一《祠庙》，民国29年版。

第五章
清前期江西的家族活动与民间崇拜

祭祀康王的活动开始活跃起来,许多县志纷纷留下了文字记载。如同治《进贤县志·祠庙》中就说道:"康王庙在邑治西坛石山右,水旱祈祷无不灵应,民祀之。"而同治《余干县志·祠庙》亦提到:"忠烈康王庙,祀康保,宋真宗时没于王事,立庙祀之。"在瑞州府的上高县,当地百姓每年八月十三、十五、廿四、廿六日都会备好牲醴、香纸,前往康王祠祭祀,"演戏迎赛甚众"。这种迎神赛会,在新淦县的康王祠也会举行:"人日欢场好赛神,康王祠畔鼓振振。就中只有扶犁叟,早引春牛试吉辰。"①此外,在南部地区的一些州县,也出现了一定数

信丰县安西康王殿(杨品优摄)

量的康王庙。如兴国县就建有7座,分别分布在该县的治平观、南门外丁字街、澄塘、高多、社口巷、武溪渡口以及仰背岭等处。至清中叶,江西形成了以鄱阳湖区和南部地区为中心的康王崇拜区。

在康王崇拜进入江西地方社会的过程中,其内涵亦变得更为丰富。分布在不同地方的祠庙,既有相同之处,又存在一定的差异。在南昌府的进贤县,人们普遍认为,他们崇奉康王,不是因为其为国捐躯,而是由于其在进贤为官时尽心为民。相传有一年天旱,地方居民无水可饮用,只有该县民和镇一口井有水。尽管井水有毒,但康王为了不让居民受困,自身先试饮井水,故中毒身亡。当地百姓感于康王之举,在他去世后立庙祀之。每年的四月八日为康王的生日,当地百姓纷纷前往庙中朝拜,形成较大规模的民间祭祀活动。

在赣州府的乡村,康王崇拜也发生了异化。许多康王庙中祭祀的并不是康保裔,而是唐代的忠烈东平王张巡。如瑞金均村乡桃坪村的康王庙,就是为祭祀张巡而建,当地百姓也将康王视为一方民众的保护神,亲切地称之为"坊

---

① 转引自丁世良、赵放主编《中国地方志民俗资料汇编》华东卷(中),第1107、1159页。

神";瑞金县九堡乡密溪村的康王庙建于清乾隆年间,当地百姓也习惯称为"福主庙"。在该庙的石壁上,还留有清人罗铨所作的碑记。碑文中的内容,充分说明了该庙的兴建,不单单是官方祭祀向民间渗透这么简单,而是与村落历史密切相关。此外,据该村的史料记载,东平王庙建庙后,密溪村的罗氏宗族大小公堂和个人纷纷捐田地山冈充作庙产,雇用专人供奉香火,敲钟击鼓。每年八月中秋,族中各家各户都到庙里朝拜上供一番,以期消灾化难,四季平安。每年春节期间,当地都要举行迎神赛会盛典。①赣州府乡村康王崇拜的诸多独特现象,表明清代江西康王崇拜的发展,既是朝廷不断推行的必然趋势,又是地方社会加以创造的结果。

第四节
行业神与房头神崇拜

一、各种行业神崇拜

在清前期江西民间祭祀的神灵中,还存在另外两类神灵——行业神与房头神。行业神的出现,是社会分工不断细化和地方经济发展的结果。不同行业的人群为了各自的利益和特殊要求,纷纷寻找和创造出护佑各自行业利益的神灵。

行业神的来源大致可分为两种:一是对某行业有较大影响或关系密切的自然神。在江西境内各湖泊和水道两岸,从事航运业的人们通常会建起龙王庙或水神庙,上文提到的萧公、聂公以及元将军崇拜都具有行业神的性质。一是在某一方面具有突出贡献的历史人物。在制瓷中心景德镇,陶业工人普遍奉有行业神。清人郑廷桂在《陶阳竹枝词》中就描述了当地祭祀陶神的情景:"五月节迎师主会,六月还拜风火仙。龙缸曾读唐公记,成器成人总靠天。"诗中提及奉祀晋人赵慨的师主庙建于明洪熙年间,创建者为当时督陶官张善。该庙原建于御陶厂内,其目的是为了保佑官窑生产,顺利完成朝廷下达的烧造的任务。明成化年间,督陶太监邓原将该庙移建到厂外,以供民窑工匠和窑户拜祀。风火仙师是指明人童宾。据清雍正时期总理瓷务的唐英记载,童宾是饶州府浮梁县人,"性刚直,业儒,父母早丧"。明万历年间,童氏为按时完成政府所派之役,

---

① 参见罗铨《重修东平王庙碑》,此碑现存瑞金市九堡密溪村。

第五章
清前期江西的家族活动与民间崇拜

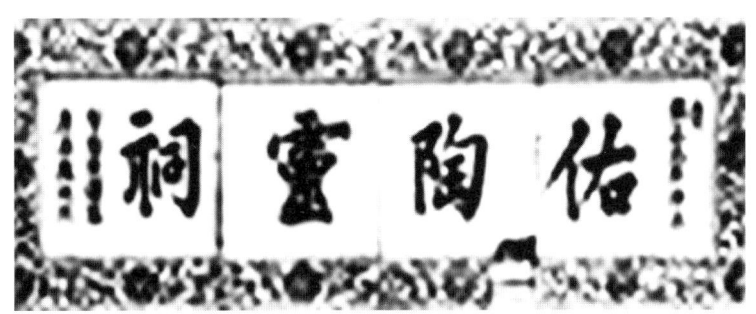

雍正九年唐英为"风火仙师"庙题"佑陶灵祠"
匾额(李平亮提供)

不惜以身入窑。童宾死后,家人将其骨骸葬于当地凤凰山,并立祠祀之。由于童宾是为生产瓷器而献身,因而业陶者均将其奉为保护神。在清前期,景德镇的陶业工人每年都会在生产前后,围绕"风火仙师"分别举行"暖窑神"和"酬神"的活动。

在另一商业巨镇吴城,从事娼妓业者则奉白眉神为行业保护神:"青楼供奉白迷(眉)神,鸡血涂濡纸满身。明白入他迷局里,不曾迷者是何人。"此外,这些青楼女子还会在镇中的聂公庙中演戏酬神:"聂公祠里去焚香,演戏标名半女郎。合掌低头含笑诉,听来都愿早从良。"①这反映出聂公崇拜在早期具有行业神崇拜的意义。

二、各色房头神崇拜

在清代江西,所谓"房头神"崇拜,是指遍布各地乡村不同名目的神祇崇拜。这些神祇崇拜都与特定空间的人群相关,形象和装束各不相同,有着不同来由和"故事",因而也数量最多,可谓不计其数。对于每一个具体的神祇而言,最基本的崇拜空间是一个村庄或其周边或其沿线的几个村庄;对于一个村庄范围内部而言,则不同的家族或人群又各自信奉不同的房头神,建造不同的房头神庙,所以在同一个村庄里可以并存多个房头神,或是在同一个庙宇中放置多个房头神像。房头神各有"生日",往往在其"过生日"的那一天,由其信众用神轿抬出巡游,鸣放鞭炮,顶礼膜拜,十分隆重和热闹。而其巡游路线,十分讲

---

① 赖学海:《吴城竹枝词》,同治四年版。

究边界和规矩,有所谓"神不越界"、"一方神保一方人"之说,如有逾越而得不到相邻人群的谅解,往往引起冲突甚至械斗。

而一些影响大并被乡民认定特别灵验的房头神,则可能逐渐演变为影响更大空间的神祇崇拜,其崇拜范围可以大到一乡一堡,甚至可能是诸乡一县。为此,民间社会往往会举行一定规模的迎神和演剧活动,形成为期数天的庙会。在赣州府分宜县的昌山,自唐代始就奉祀龙母,因而每年至该神诞辰的八月十三日,当地的龙母庙都要举行盛大的庙会活动,"无论本邑人及他邑人莫不若厥角稽首,虔诚顶礼,诚所谓香火千秋";在广信府北的铅山县,人们以七月二十日为葛仙翁诞期。每年的六月初一至十月初一,当地百姓纷纷备好香亭仪仗、箫鼓管弦,前往葛仙山拜祷,形成"络绎道途,肃人观听"的盛况。①

新建县石埠乡陈家(村)房头神"白马"与"黑马"(梁洪生摄)

这些在不同地点举办、规模不等的庙会的出现,加上在各个时节定期举行的祭祀游神活动,使得庙会的形式和内容更趋丰富。在某些县,甚至是每个月都有一两次庙会。此种情况,以会昌县最为典型。据史料记载,正月十五日,该县城乡张灯结彩,扎有龙灯、花灯、走马灯、花鼓灯,"遍谒神祠,沿街歌唱";二月初三,当地"文昌会"的社友纷纷赶赴文昌宫庆祝神诞,"馂余酬饮,共享神惠"。同月十九日,加入"观音会"的妇女先后聚集到观音殿,供奉观音大士。三月三日,真武祖师会通过演戏庆祝神诞,男女老少成群结队前往真武庙求签。

---

① 参见丁世良、赵放主编《中国地方志民俗资料汇编》华东卷(中),第1093页。

第五章
清前期江西的家族活动与民间崇拜

四月八日浴佛日为"太子会",各寺观遍设斋供,诵经礼忏。六月十九日,为白衣神诞期。该县水东、高排两地的百姓在前一日至神庙迎请神像,自水东庙出游,沿街各商户均会在门口摆设香案迎接。七月七日是祁山道人赖神诞日,士民亦是在先一日迎神出游,城乡市镇皆演剧恭祝,以答神庥。八月十二为许真人诞辰,家家户户备好斋供,至庙中叩首跪拜,随后还会请戏班在许真人庙前演戏。九月九日为"九皇会"。当地百姓自初一日开始斋戒,并持续到初九日止。十月初一为"十月朝",乡村百姓各自斋戒素供,于是日清晨谒祖祠及各坛宇。十二月,该县各地大多组织有"谢福会",募集钱银购买牲醴、香供,酬谢福神,"饮酒演剧为乐"①。

第五节
祖先崇拜与岁时祭祀

一、清明挂纸与中元超度亡灵

在中国传统社会众多的节日中,有多个节庆是专门用来祭祀祖先的。在现实生活中子孙们坚信这样一种观念,即已故的先祖并没有与他们分开,而是仍然生活在由人间与天国共同构成的世界里。子孙们在人间的各种行为,都在祖先的注视下。在他们给予子孙们阴泽时,子孙们也必须回报。因此,除了日常的祭拜外,还应在特定时节为先祖送去各种物品,而清明、中元与冬至就是这种时节。

清明节被定在冬至后105天,春分后15天,亦即4月5日前后。在清明之前为寒食节。在寒食节,所有的灶火都被熄灭。寒食节第三日,即清明节。不过,随着时代的变迁,这两个节日在民间祭祀中逐渐融为一体,其内容大多通过清明节表现出来,这在清代江西各地的方志中屡见不鲜。如在广信府兴安县(今横峰县),人们在清明节会以"粉米做粿",以示寒食之风;在袁州府泸溪县(今萍乡市芦溪区),人们将清明前一日为寒食,进行"家展先墓,除草覆土"的活动。

在清明节期间,江西各地之人纷纷在门前插上柳枝,并前往祖先的墓地,进行扫祭。在此一仪式中,将纸钱挂于墓地则是必不可少的部分。如道光《新建

---

① 丁世良、赵放主编:《中国地方志民俗资料汇编》华东卷(中),第1171页。

县志》载:"清明,于坟头挂纸钱拜扫。俗尚春饼,城面以麦,乡面以米,薄者佳。"①同治《南城县志》亦云:"清明,是日插柳于门,人簪嫩柳,谓之'辟邪'。具牲醴扫墓,以纸钱挂坟,谓之'挂纸'。"②也有的地方会在清明节前后数日进行扫墓挂纸。在兴安县,"清明祭扫祖墓,以前后七日为期。加土于冢,挂纸于墓树"③。广丰县的清明扫墓,"以前三后七为期"。在都昌县,人们大都"以清明前数日至祖先墓所,除草培土,具肴酹酒,标挂寓钱"④。而在赣南一带,人们还尤其强调挂纸须遍及所有的祖墓。如道光《兴国县志》的修纂者就说:"清明上墓,以先期为敬。盂饭杯酒,只鸡方肉,遍供祖先坟茔,虽简陋不尽中礼,而地无远近必到,家无论贫富皆然。报本返始之思出自天性,谓墓祭为不见于经者,亦苟论矣。"⑤在长宁县(今寻乌县),则有"大清明"的风俗。如县志记载:

  清明前后,聚族祭祖,嗣是遍祭各坟所,谓之醮地。以桐叶沦米作饭,亦槐叶冷淘遗意。富家具牲醴,鼓吹行礼,合长幼宾客郊饮尽欢,立夏乃止;未遍者复以八月祭之,以八月朔为"大清明"。⑥

除墓祭外,在少数地区,一些富家大族还在清明节举行祠祭。在祠祭的过程中,不同身份的族人各司其职,祭后全族会饮,发给胙肉。如道光《万安县志》和同治《会昌县志》就分别记载:

  祭祖,以清明、冬至节为期,每祭必先醮坟而后行礼。其族大财盛能备祭仪者,先日设牌位,日午省牲,夜间习仪,质明行祭,皆整衣肃冠。主祭者族长,分献者房长,引礼者绅士,执事者儒童,奔走役使者丁,总理其事者曰头人,鼓吹而兼歌唱者曰传堂。祭用三献,门外设燎,其胙有生有熟,或发胙钱,主祭、分献、引礼、执事、头人另有生胙。⑦

---

① 丁世良、赵放主编:《中国地方志民俗资料汇编》华东卷(中),第1060页。
② 丁世良、赵放主编:《中国地方志民俗资料汇编》华东卷(中),第1132页。
③ 丁世良、赵放主编:《中国地方志民俗资料汇编》华东卷(中),第1095页。
④ 丁世良、赵放主编:《中国地方志民俗资料汇编》华东卷(中),第1087页。
⑤ 丁世良、赵放主编:《中国地方志民俗资料汇编》华东卷(中),第1168页。
⑥ 丁世良、赵放主编:《中国地方志民俗资料汇编》华东卷(中),第1175页。
⑦ 丁世良、赵放主编:《中国地方志民俗资料汇编》华东卷(中),第1156页。

第五章
清前期江西的家族活动与民间崇拜

礼有五经,莫重于祭。古者,士大夫有田则祭,无田则荐,是祭未有无田者。会邑诸族各有祭田,其祖宗遗下以备祭祀者为血食。无,则子孙计口敛钱,买田以祭,谓之"斗丁",亦谓"铁板丁"以其无能改易也。每当清明,本支首事先期以红笺大书某日祀某祖,帖于祠前,并编派主祭、陪祭、通赞、引赞、司樽、读祝各执事。前一日下午,荐牲习仪。至期黎明,整肃衣冠,齐集祖祠,分班致祭。所用礼仪悉遵文公所订家礼而慎行之。祭毕,按丁发肉,绅耆另发胙肉、胙钱若干。午席,绅耆毕集祠内宴饮,所以馂神余也。①

七月十五日的中元节,又称盂兰盆节,前者是道教的称呼,后者依佛教术语。但在日常生活中,更流行的说法则是鬼节。这一天,既是人们祭先祖之日,也是人们超度亡魂之时。与清明祭祖不同,中元祭祖不是在墓地举行,只是在家中焚烧纸钱,有的还会延请僧人或道士在寺观做法事,普度孤魂。在清代江西,每至阴历七月十五日,各地都会出现焚烧冥钱纸衣、放河灯、作"盂兰会"等种种景象。这一点,从各地方志众多的记载中可见一斑:

中元节,每家择日祀祖荐新,贡献荤素各半,务丰洁诚敬。祀后,以肉粿互相馈遗,为享神惠。又有作"中元会"修功德者,召僧放焰口,焚冥镪,普渡(度)孤幽。②

中元先数日,中庭设席迎祖先,朝夕具馔,谓之"下公婆饭"。至期,剪纸为衣,裹纸钱烧,谓之"送公婆衣"。新亡者,咸族多备肉果、楮衣荐之,谓之"送新衣"。二十日有"盂兰会",亦裹纸钱、纸衣烧之,谓之"送无名衣"。③

中元前一夕,市米粉荐新。是日,焚冥镪以祭祀先人。薄暮,通衢委巷遍插神香,僧寺亦有开盂兰道场者。④

中元节,自七月朔悬祖先遗像祀之,香灯不断。至是日,家家焚纸钱,

---

① 丁世良、赵放主编:《中国地方志民俗资料汇编》华东卷(中),第1170页。
② 丁世良、赵放主编:《中国地方志民俗资料汇编》华东卷(中),第1092页。
③ 丁世良、赵放主编:《中国地方志民俗资料汇编》华东卷(中),第1067页。
④ 丁世良、赵放主编:《中国地方志民俗资料汇编》华东卷(中),第1123页。

祠堂亦如之。间有斋僧为"地藏会"者,谓超拔枉亡,保安地方也。①

中元,俗谓鬼节。人家多祀其先,焚纸钱以给亡者,或延僧诵经殿庙,忏七昼夜,为"盂兰会",费至数百金,云为无祀之鬼做超度。是日,妇女各庙烧香,曰"浣难香",讹称"广男香"。②

中元节,在废历七月十五日,为九泉下无上喜期。富人剪纸为衣币,并取纸之有金银色者扎为金银锭,市冥箱贮之,化以火而献于祖考。贫人力不能备物,亦必以冥钱奉先人。各姓宗族罔不于是日祭祖,款丰者更有"盂兰会",延僧道作法为祖先求超升。③

由于举行"盂兰会"、"中元会"、"地藏会"需要有足够的财力,因而这些仪式经常在城市出现,在聚族而居的广大乡村,人们则是在特定间隔的时间来操办超度的仪式,并将其视为一次娱乐的盛事。在乐安县流坑村,清代以来,董氏每十年在大宗祠举行一次水陆大会,建立醮场,超度亡灵,同时还唱戏开赌,历时一个多月。其间,附近乡邻纷纷前往观看,成为该族及当地的一大盛事。而为了维持大会进行,该族的"大宗祠专设水陆会,拨予山田银钱,作为基金"④。

二、冬至祭祖与祠堂上谱

冬至是另一个祭祀祖先的重要时节。在江西的众多州县,人们将清明与冬至视为同等重要,祭祀的规格也是相当。祭祀的过程中,他们不仅为已故的祖先送上丰盛的祭祀品,还必须整肃衣冠,而主持整个祭祀仪式之人也只能由绅士充任,主祭者则用族长。如乾隆《袁州府志》就云:"诸大姓皆有祠,祠有祭田。祭期率以清明、冬至日,族人咸聚,尊卑长幼秩然,亦有非绅士不得执事者。主祭或用族长名,以弟子代行礼;或以达者主之,受胙、颁胙如仪。"⑤而同治《铅山

---

① 丁世良、赵放主编:《中国地方志民俗资料汇编》华东卷(中),第1156页。
② 丁世良、赵放主编:《中国地方志民俗资料汇编》华东卷(中),第1132页。
③ 丁世良、赵放主编:《中国地方志民俗资料汇编》华东卷(中),第1146页。
④ 邵鸿:《明清江西农村社区中的会——以乐安县流坑村为例》,《中国社会经济史研究》1997年第1期。
⑤ 丁世良、赵放主编:《中国地方志民俗资料汇编》华东卷(中),第1101页。

第五章
清前期江西的家族活动与民间崇拜

县志》亦记载:"冬至,士庶家无论有无祠宇,必立冬至祀,以牲醴致告祖考。祭之前日,族长率合族子孙整肃衣冠以待。届期,登堂礼拜。"①在这个家族中重要的时刻,如有族人缺席,或是其行为不合礼仪,则会遭到处罚。如万载《邱氏家谱·家训》就规定,"吾祠内凡冬至祭期不列者有罚,行礼不遵礼仪者有罚"②。

当然,由于各地情况不一,因而冬至祭祀规格与其他祭祖之日的规格也存在地域差异。在广丰县,冬至祭祀时,"牲醴、纸币之陈,与中元相埒"③。在宜黄县,"冬至亦举祭,较清明稍杀"④。在东乡县,人们"冬至祀始祖如元旦,有冬至大似年之谚"。而在万载一地,人们将冬至看做最重要的祭祀之日,其规格甚至超过清明节,这种地方风俗,直至民国时期仍被保留。如当时的地方志说道:

> 各族建大祠,近日支祠愈多。岁时会集,统于所尊。清明节,子姓衣冠集祠,相率祭墓。而冬至之祭尤重:前三日张灯陈器,用鼓吹涤荡之。祭之前日,预习其仪,曰"习仪";于五鼓行祭祀礼,曰"正祭"。主以族之宦达或族长,其升降献酬之节,率以朱子《家礼》为准。祭毕,布席而餕。⑤

除了祭祀的规格有地区差异外,祭祀的地点往往也因宗族而异。在那些有一定经济实力的家族来说,他们能够建立祠堂,购买祭田,因此他们的祭祀大多在祠堂举行,并奉上牲醴,而对于那些因经济实力不够、没有建祠的宗族来说,则只能在家中祭拜,焚烧纸钱香烛而已。如同治《南城县志》所说:"冬至,有祠宇、祭田者则祭于祠。先一日习仪,至日序班行礼,设馔给胙。无则香烛纸肴,祭于家寝而已。"⑥在祭祀完祖先后,那些建有祠堂的有经济能力的宗族,还会举行全族性的会餐,分发祭祀过的胙肉,以让在世的子孙感受祖先的恩泽。同治《峡江县志》就有如下记载:

> 凡聚族而处者必有宗祠,谓之祠堂,以奉先世神主,置祭田,具祭器。……四仲之祭,春冬尤严。春用清明日,冬用长至日。先一日,告祠,出神主

---

① 丁世良、赵放主编:《中国地方志民俗资料汇编》华东卷(中),第1093页。
② 《万载横岭邱氏族谱》卷二《家训二十一则》,民国刊本。
③ 丁世良、赵放主编:《中国地方志民俗资料汇编》华东卷(中),第1094页。
④ 丁世良、赵放主编:《中国地方志民俗资料汇编》华东卷(中),第1127页。
⑤ 丁世良、赵放主编:《中国地方志民俗资料汇编》华东卷(中),第1103页。
⑥ 丁世良、赵放主编:《中国地方志民俗资料汇编》华东卷(中),第1133页。

设位,执事者省牲涤器,陈设具馔。质明行事,合族之人皆与,宗老主之。仕族礼用三献。祭毕,纳神主,撤馔分胙。餕余布席祠下,宗老上坐,其余以昭穆齿,燕饮尽欢,肃揖而退。①

当然,在发分祭肉的过程中,身份较高者与一般的族众之间也存在一定的差别。一般说来,族长、房长、首士士绅及年过六十的长者不仅无须交纳就席费用,还能够享受更多的份肉。如万载赖氏宗族就规定,冬祭之日,"除房长、族长、首事、绅士及六十以上耆老、行祭、执事、劳力用事者,其余各出席钱一百二十文","祭祀族长胙肉六斤,房长胙肉三斤,绅士及七十以上耆老胙肉二斤;主祭者四斤,分祭者二斤,通引读祝及歌词执事者,随事酌给"。②由于在祭祀之日必须花费一定数额的钱银,因而一些家族的冬祭活动并不是每年都能举行,而是会根据族中用于祭祀的费用多少进行调整。如上述万载的赖氏就在族谱中写明,"冬至祭祀,或一年一祭,或三年一祭,视尝会赀息酌定。总以十一月初五日为定期,如逢寅日,则推前一日举祭"。

冬祭之日,也是族内新丁上谱之时。在新丁报上登记之后,其名字和出生年月日先是登入草谱,至下一次重修族谱,则会正式录入谱中,成为族中合法的一员。但是,新丁上谱同样也需要交纳一定的钱文。因此,某些宗族为防止族内各户隐瞒新丁报登,还会专门在族谱中规定具体的处罚条款。这一点,万载县各姓族谱中均有记载。如《赖氏族谱》记载:"新丁值祭之日,报名登簿。载清年月日时,以便日后修谱。报丁钱一百文。如隐匿不报,自三岁以外,照加二利补入。十岁不报,永不许入祠与席。查有混入,将伊父兄丁名扣除。"③《廖氏族谱》亦云:"报新丁每名出钱八十文足,各于本房办祭之日,报名登簿。如有延久始报者,照年数加三利算。"④《邱氏族谱》则严申:"每年添有新丁者,限至冬至前十日赴祠报丁,以便命其人名,载其谱。倘有不报者,其名断不可收录,各宜凛遵。"⑤

为了最大限度利用冬祭上谱新丁报登的收入,一些宗族往往会在族内成

---

① 丁世良、赵放主编:《中国地方志民俗资料汇编》华东卷(中),第1162页。
② 《万载赖氏祠谱》卷一《修规章程》,道光十九年刊本。
③ 《万载赖氏祠谱》卷一《修规章程》,道光十九年刊本。
④ 《万载廖氏祠记》卷一《祠规》,道光三十年刊本。
⑤ 《万载横岭邱氏族谱》卷一《丁会序》,民国刊本。

第五章
清前期江西的家族活动与民间崇拜

立"丁会",将这项宗族的公共资金,用于祠堂的修缮或族谱的兴修。如史料记载:

> 清公丁会,起自前人,距今年已七十矣。……是会也,先是道光二年大父静轩公与松园、德远二公,首倡捐起,每丁输钱百文,共得九百余丁。意以为后日建祠享燕之需,志甚伟也。是时为赀尚少,赖同心竭力,维持极善,仅廿余年间,会遂兴盛焉。……至咸丰八年,于寿公祠左鸠工庀材,新建祠宇,帮费六百金有奇。仍置田产守成,抑亦可对先灵少愧焉。①

又如万载新田林氏宗族的"丁会",就是在该族公共资金面临窘境的情况下,由该族彰、材二房派系的子弟发起。据该家族的族谱记载:

> 余新田彰材子孙有报丁会,非自祖先始也。其祠原多田租,因建祠堂花费,仅遗山土租息,蓄积无几。微论族内公事时形拮据,即如修葺谱牒,亦必派抖丁灶诸费,乃克有济,实足以为撑持门户之虑。幸自嘉庆丁卯,族有群芳、华清、成盛、发灏、联超承理祠事,始将山土租费以为生息。……越壬申,复得发灏、联超竭虑抒谋,集众会议,倡起一报丁会。议自嘉庆庚申修谱以后,我彰材二公另起一丁会,其未报丁者,概议每丁出钱八十文。内除四十文祠内置酒,余则另立起息,当择福子、馥芳、外子、端礼管理,创置田业不一,以应族内诸费,今已三十八年。余思族谱自庚申至今已隔五十年未修,今与合族丁会人等商议修谱,其费即取给于丁会。……迄今合族修谱,仍赖报丁一会,得以应修谱之资,且以存故积而彰族君倡起之力也。②

总而言之,冬至这一时节在人们的精神生活中具有特殊的意义。这一日,既是子孙们向已经远逝的祖先贡献祭品的时间,也是族内新生人丁加入族谱的时刻。换言之,人们在祭祀远祖之际,仍不忘承担宗族延续的后代子孙。因此,从这个意义上说,正是在冬至这一日,人们能够强烈地感受到宗族的历史,并对宗族的延续充满期待。报丁会的出现,也正是人们为实现上述目的而采取的一种策略。

---

① 《万载潭溪清公丁祠册》,序,民国25年刊本。
② 《新田林氏族谱》卷二《丁会记》,光绪二十四年刊本。

三、新春期间的祭祀活动

在中国传统社会中,春节是一年之中最重要的节日。为了准备辞旧迎新,整个社会上上下下均要在腊月就着手为之进行种种准备,整个过程可分为小年、除夕、元旦、元宵四个部分。在清代江西,无论是广大农村地区,还是不同规模的城镇,自腊月二十四日起,祭祀灶神与过年就成为各个家庭的主要活动。全省大部分地区,都将腊月二十四日定为"小年",并在此日夜晚供以各种物品,举行送灶神的仪式。如《南昌县志》记载:"二十四日,名'小年日'。送灶神,以饧涂牙门,谓胶灶神牙。"①在袁州府地区,同样是"腊月二十四日为小年,扫物尘,用米实、饴糖、豆腐'祭灶',俗云糖粘灶神口,虑其奏人过失"②。在赣南各地,"腊月二十四日为'小年'。妇人晚'祭灶神',荐以糖食,是晚灶神上天言人家善恶事。又于锅内点灯一盏,名曰'灶灯'"。在抚州地区,有的地方则以腊月二十五作为小年之日。如雍正《芦溪县志》所载:"腊月,扫屋尘、祀灶,多用二十五日。"③南丰县一直到民国年间,仍然是"祀灶多用腊月二十五,荐以粉团、米糖。是日乃丰邑'小年',仪同度岁,稍次除夕"④。也有的地方祭祀灶神之日,与小年并不在同一天。如东乡县与金溪县就均是"腊月二十三日'祀灶',二十五日谓之过年"。在小年之日,"亲友以食物相馈遗,谓之送年;各封豢豕祭百神,谓之还年福"⑤。

除送灶神外,一些地方还在"小年"之日举行祭祀祖先的仪式活动。例如在峡江县,"腊月二十四日,俗谓'小年',祀祖先"⑥。在安义县,"岁终,自二十三、二十四日起,各以祖规设盛馔,合家宴饮,曰'过年'。祭祀祖先,曰'还年福'";在奉新县,"腊月二十四日,俗名小年。昼具鸡豚、黍稷祀祖先,晚则扫室"。而民国《盐乘》则这样追述该县清代的小年风俗:"在昔,邑人恒于阴历丑月二十四日夜祀灶、祀先,谓之'小年'。今祀典已废,而小年之名犹存。"但是,与除夕之日祭拜相比,小年之日祭祀祖先在礼规上要简单得多。如《南城县志》记载:"小年,俗以腊月二十四日,用素馔祭祖,亦间有用牲牢者,然礼视除夕为

---

① 丁世良、赵放主编:《中国地方志民俗资料汇编》华东卷(中),第 1058 页。
② 丁世良、赵放主编:《中国地方志民俗资料汇编》华东卷(中),第 1102 页。
③ 丁世良、赵放主编:《中国地方志民俗资料汇编》华东卷(中),第 1139 页。
④ 丁世良、赵放主编:《中国地方志民俗资料汇编》华东卷(中),第 1138 页。
⑤ 丁世良、赵放主编:《中国地方志民俗资料汇编》华东卷(中),第 1128 页。
⑥ 丁世良、赵放主编:《中国地方志民俗资料汇编》华东卷(中),第 1162 页。

第五章
清前期江西的家族活动与民间崇拜

简。"同治《新城县志》亦言:"二十五日为小年,用素馔祭祖,亦间用牲醴者,然礼视除夕为简。"①

一年的最后一天成为"除日"。在这个辞旧迎新之日,人们通过贴门神等各种各样的活动,来表现对新生活的向往与祈求。白天,家家户户都会贴上新的春联、年画,换上新的门神,并进行祭祖活动。晚上,合家聚食,饭后进行"守岁"。如同治《南城县志》记载:

> 除夕,换门神、春联、岁糕、岁饭、红酒、牲肴祀先祖五祀。晚具酒馔聚食,谓之"团岁";夜热粃盆,放花爆,达旦不寐,谓之"守岁";戚友以糕豚、酒肴相遗,谓之"馈岁";子弟向尊长拜庆,谓之"辞岁";灯燃各室,遍及鸡豕笠,谓之"照岁耗"。②

又如乐平县志所云:

> 除夕,祀神并先祖,谓之"送岁";聚家人饮食,谓之"团年"。明烛蓺香,或蓺炭燔柴,长幼坐以待旦,谓之"守岁"。先期预备物品,为新岁之用;煮米为粹,新岁复蒸而饭之。换桃符,写春贴,易门神,烧爆竹,燔苍术,辟瘟丹,谓之"辟邪"。③

除夕后一日是新一年的开始,亦称"元旦"。在该日,各地举行的主要活动有:

一、焚香拜祖,与乡邻相互交拜,祝贺新年。前项仪式一般在日出之前完成,后项活动则是在日出后。如嘉庆《九江府志》记载:"正月'元旦',鸡鸣起,肃衣焚香,拜天谒祖,次及尊属,各序拜。昧旦,择方隅,取吉行,曰'出方'。乡邻投刺交谒,交馈以糍。"同治《萍乡县志》亦称:"元旦,鸡初鸣,中庭设香案,肃衣冠,展拜神祖先,卑者以次拜尊长,日出往来酬拜。"而在瑞昌县,农民除相互拜年之外,还要将耕牛牵至栏外宽敞处,燃香放爆,喂以精饲料,再牵回栏,叫做"牵牛出方"。④

---
① 丁世良、赵放主编:《中国地方志民俗资料汇编》华东卷(中),第1136页。
② 丁世良、赵放主编:《中国地方志民俗资料汇编》华东卷(中),1133页。
③ 丁世良、赵放主编:《中国地方志民俗资料汇编》华东卷(中),1065页。
④ 九江市文化局编:《九江市风俗志》,2000年版。

二、分谱饼。由于正月初一也是新生男丁上谱之日,因而许多地方通常还在此日进行全族性的分谱饼仪式。在进贤县,各村会在元旦日"公置谱饼,照灶丁分给,年自六十以上递增寿饼,以示尊崇,自童生、生员以上递增考饼,以为鼓励"。而在安义县,村中族人先后"长幼以次展拜",再"集家庙谒祖,散饼饵,谓之'丁饼'"。

三、游神。在元旦之日,许多乡村还会举行固定性的游神活动。在袁州府西的分宜县,"夏历新年,乡村各有神会。元旦上午,舁神出行,鼓吹导引,游行各乡村,谓之绕团,户户具供香爆"。在瑞金县,人们组织"龙船会","与会者各占一日,迎神像于家。用鼓乐、旗帜遍游街市至人家,曰'接大神'……招集邻友,酣饮高歌达旦。次日更至一家,亦如之"此外,在铅山县,一些家庭还会于元旦日前往拜谒先圣。如《铅山县志》记载:

> 正月"元旦",城内外诸生家必携子弟捧香楮、酒烛至学拜谒先圣,谓之"出行"。归读书三遍,写字数十,或作诗一首,谓之"发笔"。去城远者,率子弟入祠,拜毕以昭穆齿长幼,令一人捧爵,一人执壶,一人捧果盒,举爵相揖,酒奠而不饮,果献而不食,三巡三揖退。行此礼,凡三日。亦有以茶代者,其发笔与城内外同。①

正月十五日为上元日,俗称"元宵"。在传统中国社会,元宵日最主要的活动是游神与观灯。在清代江西各地,也流传着"除夕火,元宵灯"的谚语。在南昌一带,大多乡村所制的灯为板灯,"其制象龙头,龙尾贯于板,板置灯数笼,节节相承,共成一板。农人验灯色以占岁"。时人杨垕在一首名为《香龙灯》的诗中,形象地刻画了当地人游板灯的情景和经过:"纸作龙头纸尾短,一板一人香一板。香板一翻田一转,田路高低火近远。龙身万火光熊熊,白水赤旱黄年丰。分板归家鼓声歇,釜中饭冷瓦灯热。"②在安义县,观灯的活动早自十一日就开始,所制作的灯也是种类繁多,"烟火、鳌山、龙灯、鹤焰,所在皆有。禳灾船最为巨观;其制以竹编成巨筏,糊以红纱,上置小纱笼千百,舱中为三间大夫像,侍从、舟子悉具。数十人舁之,游行街市,鼓乐喧阗,和以俚歌"。在另一些地区,观灯与闹元宵则始于十三日,终于十六日。在数日里,"人家张灯者鲜,惟城市乡村

---

① 丁世良、赵放主编:《中国地方志民俗资料汇编》华东卷(中),第1092页。
② 万廷兰辑:《南昌文考》卷十八,乾隆六十年刊本。

第五章
清前期江西的家族活动与民间崇拜

有跳龙灯、跳狮子灯、马灯者,踏歌金鼓,浪沸喧天,谓之闹元宵"①。"神庙、市肆皆张灯放花炮,灯极精巧,装捏人物皆有机以运之。又装龙灯、马灯、狮子灯、花鼓灯,金鼓踏歌,比户演玩,谓之'闹元宵'"②。逐疫与迎神是元宵日另一项普遍的活动。在元宵夜,都昌县各村"合族丁壮,鸣锣击鼓放爆,挨家循行,谓之逐疫,亦古傩遗意。然乡村比邻错处,举此者行止各有先后,各有处所,违则辄取争端,并有因此而致兴讼者"③。而新淦各地"乡俗迎神多以鼓声为节,正月谓之元宵鼓"④。广大民众在辛勤的劳作之余,也尽情享受着收获后的喜悦,元宵等节庆活动为他们提供了一个娱乐的舞台。在浓浓的节日氛围中,"不仅人们爱好娱乐的天性得以放纵,而且在这些寻欢作乐的瞬间,日常生活的紧张感亦得以片刻遗忘"⑤。

---

① 《新城县志》卷一《风俗》,同治九年版。
② 丁世良、赵放主编:《中国地方志民俗资料汇编》华东卷(中),第1132页。
③ 丁世良、赵放主编:《中国地方志民俗资料汇编》华东卷(中),第1088页。
④ 丁世良、赵放主编:《中国地方志民俗资料汇编》华东卷(中),第1160页。
⑤ [法]谢和耐:《蒙元入侵前夜的中国日常生活》,刘东译,江苏人民出版社1999年版,第138页。

第六章
清前期江西的文化、艺术与科技

第一节
"三山"呼应的江西明遗民群体

一、"三山"遗民群体的基本情况

宁都县城西郊十里许,有山名翠微峰,其山体如利剑直插云天。清初,宁都名流魏祥、魏禧、魏礼、李腾蛟、邱维屏、彭任、曾灿和南昌志士彭士望、林时益九人结聚其上,颜其讲室曰"易堂",世称"易堂九子"。

魏祥、魏禧、魏礼三兄弟声望颇著,有"宁都三魏"之称,是"易堂九子"的核心。魏祥,宗派名际瑞,字善伯,号伯子、东房,明末邑增生,清顺治十七年(1660年)岁贡。游幕十余年,于康熙十六年(1677年)十月十四日劝降韩大任时被害。笃治古文,喜《庄子》、《太史公书》,著有《魏伯子文集》10卷、《四此堂稿》10卷、《五杂俎》5卷;魏禧,宗派名际昌,字冰叔、凝叔,号裕斋、叔子,年十一补县学生。明朝覆亡后,他悲痛万分,曾谋划与曾应遴起义兵。事败后弃诸生,与诸友采山归隐。形干修顾,目光射人,性仁厚,宽以接物,不计人过。有经世才干,论事纵横雄杰,倒注不穷,遇事筹划周密,识见超人。为文主识议,凌厉雄杰,感慨激昂,摹画淋漓,为清初散文三大家之一。著有《魏叔子文集》22卷、《日录》3卷、

第六章
清前期江西的文化、艺术与科技

《诗》8卷、《左传经世》10卷等。"易堂九子"中,魏禧的成就最大,声望也最高,是"九子"的领袖。魏礼,宗派名际立,字和公,蒙斋,邑附生。少时鲁钝,长而学成。性寡言,负才性,急然诺,喜任难事。曾长期远游,年五十返翠微峰,于峰左干构屋五楹,率妻子隐居十七年。诗类韩愈,文则近柳宗元。著有《魏季子诗文集》16卷。

李腾蛟、邱维屏、彭任、曾灿和"三魏"的关系相当密切。李腾蛟年最长,为人淳厚,"三魏"兄事之。邱维屏是"三魏"的妹(姊)夫,曾灿、彭任是"三魏"孩提时的好友。李腾蛟,字力负,号咸斋。甲申国变,弃诸生隐居翠微峰。后移居三巘峰三十余年,以经学教授。为人谦和仁厚,有古君子风。年六十卒,易堂诸子和朋友们私谥"贞惠先生"。著有《半庐文稿》和《周易剩言》。曾灿,原名传灯,字青藜,号止山,晚年自号六松老人,贡生。曾随父明给事中曾应遴率数万援军往救赣州,失败后落发为僧,游闽、浙、两广间。后来顺从母愿还俗回乡,在翠微峰南侧之枝山筑六松草堂,躬耕不出数年。为生计曾侨居吴下二十余年,后客游北京以卒。著有《六松草堂文集》14卷、《西崦草堂诗集》。邱维屏,字邦士,号慢庑,人称"松下先生",生员。入清后,先后隐居翠微峰及梅江东岸。喜作时文及古文,为文师法司马迁、欧阳修。尤精《易》、历数及泰西算法,桐城方以智来访时与其推演算术,深为叹服,赞道:"此神人也。"著有《周易剿说》12卷、《松下集》12卷、《邱邦士文集》18卷。彭任,字中叔,一字逊仕。国变后,弃诸生隐居于翠微峰附近之三巘峰,颜其堂曰"一草亭",人称"草亭先生"。为人淡泊名利,端庄严肃。江西巡抚安世鼎闻其名,欲聘请到白鹿洞书院讲学,他借故推辞。著有《草亭文集》2卷和《周易解说》4卷等。

彭士望、林时益和"三魏"相识则颇具戏剧性。据魏礼记述,彭、林二人迁居宁都时,恰巧住在"三魏"附近。彭士望常从"三魏"家门口经过,"三魏"觉得他风度不凡,遂主动结交。[①]彭士望,本姓危,字以行,一字达生,号躬庵、晦农,明末诸生。少有名节,与欧阳斌元、王纲友善,后从父命师事黄道周。明亡,与原兵部职方司主事杨廷麟起兵抗清而未果。南明福王时,入扬州督师史可法幕,建议用高杰、左良玉兵马剪除马士应、阮大铖之辈。此策未被史可法采用,士望辞归,为避乱携家迁宁都,隐居翠微峰。杨廷麟于赣州举兵抗清时,邀士望相从。清兵破赣州后,士望返宁都,此后常以不死为恨。读书好观览大意,于无文字处

---

① 参见魏礼《先叔兄纪略》,《魏季子文集》卷十五,第37—43页,《宁都三魏全集》,清道光二十五年刊本。

翠微峰(选自《易堂九子散文选注》卷首附图)

求出古人精神。为文一主实用,才情气魄极盛。所著有《手评通鉴》294卷、《春秋五传》41卷。《诗文集》原有40卷,多有散佚,后由其孙彭玉雯搜集付梓,为《耻躬堂诗文集》26卷。林时益,字确斋,号退庵。原姓朱,名议霶,系明宗室,少时袭爵奉国中尉,人称"朱中尉"。和彭士望相友善,明亡,随士望举家迁宁都。初隐居翠微峰,后为生活所迫,率妻子迁冠石种茶。康熙七年(1668年),清廷诏令隐居山林的明宗室子孙恢复姓氏,还给田庐。时益不为所动,仍在冠石躬耕自食。酒后往往悲歌慷慨,见精悍之色。晚年摧刚为柔,俭朴退让,且好禅。著有《冠石诗集》5卷和《确斋文集》。

与彭士望、林时益相交是"易堂九子"成名的契机。彭士望阅历丰富,视野开阔,在隐居之前便"为名卿相所宾礼,立义声,有大名于时"。而当时"三魏"等人"局促乡里,名不出州府",与士望成为挚友如同"发醯鸡之覆而见天,取智井之蛙而投之江河"①,对他们思想的成熟、学识的增长和气节的砥砺具有极为重要的意义。

顺治三年(1646年)冬,福建和赣州相继陷落,诸子知大势已去,遂决计归隐

---

① 魏禧:《彭躬庵七十序》,《魏叔子文集·外篇》卷十一,第78—80页,《宁都三魏全集》,清道光二十五年刊本。

第六章
清前期江西的文化、艺术与科技

翠微峰。归隐的准备工作早在顺治二年冬就开始了。当时翠微峰的业主邑人彭某正凿磴架阁道,在峰顶建屋以避乱。魏禧提议魏氏一门及其亲友合资千金,与彭某一道经营。峰上建筑依地势而建。峰顶南北两峰较高,中间稍低平,主体建筑就建在这里。易堂背靠南干,坐南朝北。左右有横屋,堂前有池塘一方。峰上居屋主要有五处,易堂为公堂,魏氏一门住左庑,邱邦士靠后。右庑为彭士望、林时益所居。池塘对面住的是曾灿和李力负,易堂右边绾口诸屋为李少贱、谢子培、杨曾所居。魏禧居易堂后之勺庭,彭某独居中干巅。除居室外,峰上其他配套设施一应俱全,防守措施也甚为严密,还有较为严密的管理条例。"九子"及其亲友在翠微绝险处建立了一个遗世独立的小社区。①

隐居期间,易堂诸子在峰巅合坐读史,诵读讲贯,间而宴集鼓歌,饮酒赏景,吟风弄月。彼此称友兄弟,亲密无间。然而在规谏过失或探讨问题时,经常疾言厉色争论不休。但过后大家仍旧欢然笑语,胸中无毫发芥蒂。②

不过,这种九子齐集,共同切磋学问、砥砺志节的局面并未维持多久。顺治九年,彭某为泄官司失败之愤,交通"土贼"准备攻城,事败后翠微峰受到清兵的围剿。经此大乱,山寨成为一片废墟,诸子被迫离开翠微峰四散谋生。顺治十一年,魏际瑞从广东归来,出资修复山寨。然诸子有的四处谋食,有的隐居他山,所以仅时一过从,相聚的时间很短。

与"易堂九子"并列的,还有南丰程山的谢文洊及其弟子"程山六君子"和星子髻山的"髻山七子"。

谢文洊,字秋水,号约斋,世称程山先生,南丰人,诸生。明末天下大乱,慨然有出世之志向,曾入广昌香山学禅。后读龙溪王氏书,与朋友讲王阳明之学。四十岁时,参加新城(今黎川)神童峰会讲。其间王圣瑞对阳明之学提出尖锐批评,文洊与他争辩多日,反为其所动。于是研读罗钦顺《困知记》,始一意程朱之学。入清后,建学舍于城西之程山,名其堂曰"尊洛"。著《大学中庸切己录》,发明张子主敬之旨。认为为学之本,尽在"畏天命"一言,学者当以此为心法。所著有《谢程山集》《初学先言》《大臣法则》和《左传济世录》等。

谢文洊讲学程山时,同县的封浚、曾曰都、甘京、危龙光、汤其仁、黄熙参与其间,后来都折节称弟子,时号"程山六君子。"

封浚,字禹成,南丰人,举人。以授徒为业,门下学生一百多人。40岁时,始

---

① 参见彭士望《翠微峰易堂记》,转引自《宁都县志》第五编,1986年版,第462—465页。
② 参见彭士望《翠微峰易堂记》,转引自《宁都县志》第五编,第462—465页。

师事程山先生。"六君子"中禹成年最长,仅少程山先生五岁,但执礼恂恂如未成人。①甘京,字楑斋,南丰人。负气慷慨,一试诸生随即弃去。期有济于世,讲求有用之学。黄熙,字维缉,顺治十五年(1658年)进士。少程山先生六岁,也持弟子礼甚恭。曾曰都,字美公,诸生。其学务实体诸己,因自号体斋。40岁时始饩庠序,又随即放弃。家境贫困,以卖豆腐为生。然而孝友于家,廉于财,不苟且于言行,其学行为乡里所矜式。危龙光,字二为。善事继母,即使继母无理,仍委曲承顺。汤其仁,字长人。著《四书切问》、《省克堂集》。魏禧对后五者为人的评介是:"美公毅而介,长人和而有守,楑斋、二为坦中而好义,维缉虚己而挚。"②

"髻山七隐"指的是隐居在星子县髻山的宋之盛、吴一圣、查世球、余晫、查辙、夏伟、周祥发七人。他们都以名节著称,亦称"髻山七子"。

宋之盛,字未有,星子人,明崇祯十二年(1639年)举人。少孤,事两兄如父。国变后,更名宋佚,又名惕,字未知,世称白石先生。曾派门人遍履江西搜集忠节事例,编辑成书。③潜心程朱理学,力辟佛教。所著有《求仁篇》等。逝后门人私谥曰"文贞"。查辙,字小苏,星子人。知识渊博,通天文、律历、勾股,尤精医术,全活甚众。尝制大衍丸诸方,效果很好,为世人所称道。明亡,弃诸生,与宋之盛讲学髻山,年九十而终。余晫,字卓人,星子人。入清后,随宋之盛隐居髻山。曾为家族建祠堂,选拔族中聪慧子弟读书习礼其间。处事公平,德望很高。族中每有争讼,都由其调解而不诉诸官府。查世球,字天球,星子人。倜傥好学,弱冠以七艺游泮,为名诸生。与都昌兵部侍郎余应桂、星子吴江友善,尝破产募勇士,图谋匡复明室。失败后遭擒,不屈就戮;④吴一圣,隐居四十年。后应南康知府廖文英之聘,出任白鹿洞书院洞主;⑤夏伟、周祥发无考。

同为清初之遗民群体,"三山"诸子之间的关系相当密切,彼此间时有走动。如彭士望在顺治十七年(1660年)前往髻山,交宋之盛等"七隐",居髻山数月;⑥魏禧和"程山六君子"情若兄弟。康熙九年(1670年)四月,他从新城(今黎川)到程山,和封浚"襆被同止,促席而谈者五日夜"⑦;康熙十六年,程山甘京携

① 参见魏禧《封禹成五十寿序》,《魏叔子文集·外篇》卷十一,第5—6页。
② 魏禧:《赠程山五君子五十序》,《魏叔子文集·外篇》卷十一,第80—82页。
③ 参见魏礼《同易堂与未有书》,《魏季子文集》卷八,第9—10页。
④ 以上四人参见同治十年《星子县志》卷十,第3—4、46、47、26页,清同治十年刊本。
⑤ 参见光绪《江西通志》卷二六四,第24页。
⑥ 参见彭士望《与宋未有书》,《耻躬堂文抄》卷二,第4—5页,清咸丰元年刊本。
⑦ 魏禧:《封禹成五十寿序》,《魏叔子文集·外篇》卷十一,第5—6页。

第六章
清前期江西的文化、艺术与科技

子甘表前往翠微峰和易堂诸子相聚数日,最后还让甘表投入邱维屏门下。①

"三山"诸子还经常以诗文和同道互通声息,相互探讨思想学术,并且彼此劝诫砥砺。如魏禧自身在气节方面始终保持清醒,对同道也要求甚严,曾写信批评方以智"接纳不得不广,干谒不得不与,辞受不得不宽,形迹所居,志气渐移"②。客居南州时,友人杜公履介绍富平李天生文武双全且虚心好士,他随即作书表达自己的仰慕之情,并介绍自己的生活状况、经世主张,及易堂、程山诸友的基本情况,并随书寄上自己和友人文章数篇。③

以隐居山林这种消极方式试图阻断与新朝的联系,这是在清初的社会历史条件下明遗民通常采用的积极抵抗方式。"三山"诸子也是如此。在长期的隐居生活中,外界人事沧桑,风云变幻,但他们没有随世浮沉,而是不改初衷。如宋之盛隐居髻山,足不入城市,以讲学为己任;程山黄熙考中进士后,仍然萧然若布衣人,自终养至乞病,未担任过任何官职;魏禧走出了翠微峰,但他强调"居山须炼得出门人情,出门须留得还山面目"④,在社会交往中保持着高度的警惕,康熙十七年冒险辞避博学宏词科使他完成了完美人格的塑造。"三山"诸子在志节和人格方面的努力着实令人钦佩。

二、"三山"诸子的社会活动

"三山"诸子虽然大都隐居避世,但是并非与世隔绝、不问世事。相反,他们的社会生活极为丰富而复杂。

为结交同道中的高士奇才,并且开阔视野、增长见识,诸子常四出游历。在这方面,"易堂九子"较为突出。

魏禧曾先后四次出游江浙一带。第一次出游从康熙元年(1662年)夏到康熙二年冬,历时一年多,历经樟树、庐山、扬州、高邮、南京等地。第二次出游始于康熙九年夏。这次出游他取道南丰,经新城(今黎川)、程山,九月至西陵参加登高之会。十年、十一年先后游扬州、常州、苏州、常熟一带,十二年夏返回翠微峰,在外三年整。第三次出游时"三藩之乱"正酣,魏禧不顾多病体衰,由庐陵动身,顺江而下,十月抵苏州。十二月,他在无锡获知魏际瑞凶信,匆匆上路,于次

---

① 参见邱维屏《甘櫱斋妇赵氏墓碑铭》,《邱邦士文集》卷十四,清道光十七年刊本。
② 魏禧:《与木大师书》,《魏叔子文集·外篇》卷五,第54—55页。
③ 参见魏禧《与富平李天生书》,《魏叔子文集·外篇》卷五,第38—39页。
④ 魏禧:《答陈元孝》,《魏叔子文集·外篇》卷七,第45—47页。

年春抵家。第四次出游始于康熙十九年,这时魏禧已经百病缠身,长期在瑞金、泰和等地就医。夏四月,病情稍见好转,即顺江赴江苏,八月再到南京,后回苏州桃花坞。是年十一月,他仍强力支持,离桃花坞前往无锡,至仪征时溘然长逝。在游历过程中,魏禧结交了很多同志。如第一次出游时,魏禧闻汪沨大名,专程前往拜访。然汪沨闭门不纳,魏禧作文以大义相责。汪沨得书后,主动到他所在旅店相见。二人志同道合,遂为兄弟交。① 在第二次出游期间,魏禧的交游更为广阔。康熙九年秋九月和隐士李潜夫论交。康熙十一年夏六月至吴门,交高士归元恭。该年中秋,魏禧参加虎丘聚会。与会者有广陵宗子发、云间张带三等。

魏礼17岁弃诸生服,随父兄隐居翠微峰。隐居期间,由于易堂诸友的濡染和自身的刻苦,学识突飞猛进。然而,局限于翠微峰这一狭小的天地中,他"恒郁郁不得志,气愤发无所施"②,遂于30岁时开始漫游。和魏禧专注于江浙不同,魏礼的足迹几遍天下。在游历过程中,魏礼渡海登山,穷极幽邃,颇有几分冒险色彩。更为重要的是,他所至必交当地贤豪,寻访穷岩遗逸之士。③ 如南游时,他和广东"北田五子"(陈元孝、陶苦子、梁器圃、何左、王不偕)结交。在他的联络下,"北田五子"成为"易堂九子"的好友。

除了林时益因体弱多病交游较少外,易堂其他诸子也曾先后出游。如曾灿长期远游,最后客死北京;彭士望也曾漫游吴越,并坚决拒绝了官府的招揽。

"三山"诸子对关系地方的安全稳定和民生利弊的公共事务也相当关心。"程山六君子"中,封浚性耐繁剧,终日为人解纷难,有理有据,井井有条。魏禧尝称赞他应当成为一个好官;④甘京平时不愿抛头露面,但对于均平差役、剿除剧贼之类的事情却非常认真。⑤

"易堂九子"在这一方面也很热心。顺治六年(1649年),邑人彭贺伯率众反清。第二年春,清军破城后进行了惨无人道的大屠杀。事后,魏际瑞奉父命冒着生命危险前往清营救人。⑥在战事稍息之际,魏禧一友人倡言拆新城筑文峰塔,以改善宁都县城风水。对这一荒谬举动,魏禧写信表示强烈的反对。迫于魏禧

---

① 参见魏禧《与杭州汪魏美书·自记》,《魏叔子文集·外篇》卷六,第43页。
② 彭士望:《魏和公南海西秦诗叙》,《树庐文钞》卷六,第31—36页,清道光四年刊本。
③ 参见魏禧《季弟五十述》,《魏叔子文集·外篇》卷十一,第72—77页。
④ 参见魏禧《封禹成五十寿序》,《魏叔子文集·外篇》卷十一,第5—6页。
⑤ 参见魏禧《赠程山五君子五十寿序》,《魏叔子文集·外篇》卷十一,第80—82页。
⑥ 参见杨文彩《魏征君传》,《宁都三魏全集》集首。

第六章
清前期江西的文化、艺术与科技

的声望,友人最终妥协,拆城修塔之议胎死腹中。①康熙十八年(1679年),知县王世鼏鉴于宁都长期持续动乱,企图以严刑重罚稳定社会秩序。对此,魏礼毅然上书,论说此举之不是,最终使王收回成命。②

"三山"诸子虽为前朝遗民,但他们和新朝官员仍有一些交往。如康熙十二年,前南丰县令金瞾求见,谢文洊几经推辞,最终在程山以"墨缞"接见。③魏禧在游历过程中和当道也有来往,但在自身道德人格方面自始至终把持甚严。如康熙十一年七月游浙江时,巡抚范承谟多次相请,但他不为所动。后来范使魏际瑞以疾病相召,才前往一见。④魏礼在这方面更为洒脱,他不仅和同道相交,对新朝官员的主动接纳也不推辞。三藩之乱时,赣州的文武大员都很看重魏礼,常到他的寓所与其商讨大事。⑤然而,魏礼终生不应试,不出仕,坚守住了节义的底线。

因时势所迫,或为一展所学,"三山"诸子中的一些人最终走出了隐居的山野,游幕于新朝官员帐下。其中,魏际瑞的影响最大。

际瑞性敏强记,于兵、礼、制、律皆有心得,遇繁难之事剖决如流,在易堂诸子中才干最为突出。顺治四年(1647年)清朝新县令至,魏氏三兄弟面临艰难抉择。父亲魏兆凤询问他们的志向,禧、礼不假思索,断然表示归隐;而伯子犹豫再三,抚心长叹。为家庭家族和地方百姓,他毅然走上了入世的道路。顺治七年宁都城破后,魏际瑞在与清军的交涉过程中为赣州府左营游击刘伯禄所赏识,被其聘入帐下,从此开始了漫长的游幕生涯。在前后十余年中,魏际瑞先后游幕于潮州总兵刘伯禄、陕西总督白如梅、浙江巡抚范承谟、平南王尚之信、南赣总兵哲尔肯等处,足迹南及两广,北抵直鲁,东至江浙,西达陕甘。游幕期间,他铭记"救灾恤患"的父训,以拯救地方生民为己任,急公好义,办事得力,为幕主和各地民众所称道。如顺治十年,魏际瑞竭力从中斡旋,使潮州生民免遭屠戮。⑥在浙江巡抚范承谟帐下时,不仅辅佐范赈饥赒荒,活灾民甚众,而且代他起草了大量告谕、公移、奏疏、书信。这些文告明切强厉、说理透辟,对于整肃吏治、

---

① 参见魏禧《与友人》,《魏叔子文集·外篇》卷七,第24—25页。
② 参见魏礼《与王邑宰书》、《与王邑宰书·附识》,《魏季子文集》卷八,第59—60页。
③ 参见谢鸣谦《程山谢明学先生年谱》,《四库全书存目丛书》集209,齐鲁书社1997年版,第356—358页。
④ 参见魏禧《东房奏对大意跋》,《魏叔子文集·外篇》卷十二,第22页。
⑤ 参见魏禧《季弟五十述》,《魏叔子文集·外篇》卷十一,第72—77页。
⑥ 参见魏禧《先伯兄墓志铭》,《魏叔子文集·外篇》卷十八,第107—111页。

革除俗弊起了很大的作用,也反映了他对清初政治的真知灼见。①

作为遗民群体中的一员,魏际瑞在游幕过程中的心态极为复杂。一方面,由于易堂实学思想的濡染,魏际瑞将游幕视为增益见识、实现经世理想、发挥经世才干的好机会。对此,他写道:

> 盖事务虽烦,惟厌者觉其烦;行役虽劳,惟苦者觉其劳。不厌不苦则有道焉。吾既有贤主人,而日供我以梁肉,衣我以缯帛,我乃自究夫兴革损益经世之务,知刑名钱谷之政,寄平日好善恶恶、利物济民之心,闻朝廷四方之故。及其巡历,则又资舟车,具干糇,而我乃悉览名山大川、城郭都市、土俗民情,不费一物,所得已多。则岂惟不厌,且喜甚;岂惟不苦,且甚乐。喜而乐,故吾心尽,而与主人相得而益彰。是人我交成,身世并涉,平日之学术亦有所征也。②

由引文可知,他人以游幕为苦为烦,魏际瑞却喜之乐之。究其原因,全在"经世"二字。观其一生,轰轰烈烈,或救民于水火之中,或为地方置自身安危于度外,足见其经世用心之良苦。

另一方面,魏际瑞有非同一般的经世才干,怀悲天悯人之心,却只能劳形于案牍以糊口,显然非其所愿。对此,其友人陈玉璂感受颇深。他指出:"以善伯之才,得时见用,当与贾长沙、王景略之徒后先揖让,徒以草茅苇布士为当世名公卿相行重,岂善伯所乐道事者乎?"③确实,游幕纵有千般好处,就魏际瑞而言,也只能是骏马套车的遭遇。其内心的痛楚在《悲鹤》一诗中表露无遗。该诗描述了原本仙风道骨的白鹤为了粒米之需、块鱼之享而向人长鸣乞怜,落得与雁鹜、鹰鹯、群鸡、牛皁为伍,且受小儿、鸟雀欺侮的遭遇,表达了他寄人篱下、受人豢养的悲愤之情。④

此外,作为前朝士人,魏际瑞在游幕过程中失节的阴影始终挥之不去。在北京参加"北雍试"时,他写了《北京浴室》这首诗,其内容为:

---

① 参见魏际瑞《四此堂稿》,清康熙十四年刊本。
② 魏际瑞:《家书》,《魏伯子文集》卷二,第34页,《宁都三魏全集》,清道光二十五年刊本。
③ 陈玉璂:《魏伯子文集·序一》,《魏伯子文集》集首。
④ 参见魏际瑞《悲鹤》,《魏伯子文集》卷八,第35页。

第六章
清前期江西的文化、艺术与科技

洁身徒自愧清时,深热而今莫避之。彼此裸裎焉浼我,鸿濛鸟兽想如斯。石鲸已变昆明水,鸿鹳遥分太液池。寄语相皮孙伯乐,燕台骏骨久泥淄。①

在这里,失节的愧疚、时势变迁的自我安慰、得遇知己的希冀交织在一起,这就是魏际瑞游幕心态的真实写照。

除了自己内心的煎熬,魏际瑞还必须面对同道的苛责。从顺治朝到康熙朝初期,士人游幕渐成风气。虽不同于出仕直接和新朝合作,但游幕者仍然顾忌颇多,且倍受同道责难。如彭士望就认为魏际瑞游幕有沽名钓誉之嫌,为此对其提出过尖锐批评,甚至对其子魏世杰说:"名者,造物之所忌,今尊家肆取之,遂极一时之盛,然已似朱红,灿烂更无可加,惟待毁耳。"②不过,对于好友的指责,魏际瑞受之坦然。他说:"名者,行之赏也,事之劝也,趋向之的,而实务之券也。……故夫好名者有耻,有耻者无恶。三代以下,惟恐不好名焉。名非徒好,好夫所以为名者而已矣!"③在他看来,名对人有一定的激励和规范作用,所以好名并不是件坏事。

以经天纬地之才实现自己的安邦定国之志,是士人们的最高追求,也是他们最大的社会责任。由上文我们看到,"三山"诸子在当时的社会政治环境里并没有忘记这一社会责任。他们热心地方事务、游幕当道、四处游历,与当时盛行的实学之风完全吻合,事实上也有关心民瘼和稳定地方社会的意义。然而,个人道德追求的不同使他们承担这一社会责任的方式及心态有很大的差异。如魏际瑞为救民于水火而同当道合作,但在游幕过程中"失节"的忧惧始终挥之不去;魏礼为民生利弊并不回避与当道的交涉,为生活甚至不拒绝官宦的馈赠,但他守住了"不应试"、"不出仕"的底线。道德追求和社会责任对清初江西遗民的影响,由此可见一斑。

---

① 魏际瑞:《北京浴室》,《魏伯子文集》卷八,第 2 页。
② 彭士望:《魏兴士手简》,《树庐文钞》卷四,第 29—30 页。
③ 魏际瑞:《杂说》,《魏伯子文集》卷四,第 16 页。

三、"三山"学派的学术思想

清初,由于明朝败亡和满清入主,民族矛盾非常尖锐;随着社会生产中的一些新因素的发展,市民阶层和佃农阶层的反抗斗争也十分激烈。在这种历史背景下,深刻反思明亡的教训并提出自己的政治见解,且针对各种社会弊病探索济世救民的方案,几乎是有识遗民的必修之课。"三山"诸子也不例外。不过,对于解决当时社会问题的途径或方式,他们却有完全不同的设计。概而言之,"易堂九子"强调经世致用,希望以经世正人心;谢文洊则提倡中兴理学,试图以正人心而经世;"髻山六子"中的宋之盛注意到了两家的差异和互补性,认为二者均不可偏废,但他强调"究之人心是本,有体然后用有所根"①,因而在思想上倾向于谢文洊。

"易堂九子"实学思想是以对道学的批判为前提的。彭士望在《明儒言行录》一文中说:"顾每惜道学于义不精,滞于理,往往无识,不能通万物之情,遂以误天下而归之于无用。"②魏禧对于道学也非常不满,他指出:

> 然世儒之谈道学,其伪者不足道。正人君子,往往迂疏、狭隘、弛缓,试于事百无一用。即或立风节,轻生死,皎然为世名臣。一当变事,则束手垂头,不能稍有所济。于是天下才智之士率以道学为笑。道学不明而人心邪,人心邪而风俗政事乖,法度乱,纪纲失,而国家亡矣。③

针对道学的"迂疏"、"狭隘"和"弛缓","易堂九子"提出以"实学"、"实用"为药饵治之。如彭士望在《与宋未有书》一文中认为,要救"民生之酷烈饥寒,气运之倾危陷溺",必须"核名实,黜浮伪,专事功,省议论,毕力于有用之实学"④。魏禧也明确表示:"文章经世之务,吾皆愿与砥砺,归于实用。"⑤

那么怎样才能经世致用呢?他们认为,首先,在读书时就应以适用为目的。魏禧指出,"读书所以明理也,明理所以适用也",如果"读书不足经世",那么

---

① 宋之盛:《丁未与魏冰叔书·书后》,《谢程山集》卷十,第30—34页,《四库全书存目丛书》集209,第184—186页。
② 彭士望:《〈明儒言行录〉叙》,《耻躬堂文抄》卷5,第11—14页。
③ 魏禧:《明右副都御使忠襄蔡公传》,《魏叔子文集·外篇》卷十七,第41页。
④ 彭士望:《与宋未有书》,《耻躬堂文抄》卷二,第4—5页。
⑤ 魏禧:《告李作谋墓文》,《魏叔子文集·外篇》卷十四,第3—4页。

第六章
清前期江西的文化、艺术与科技

易堂九子(选自《易堂九子散文选注》卷首附图)

"虽外极博综,内析秋毫,与未尝读书同"①。其次,著文也应以"有用"为归。魏禧认为,文章必须关注国计民生,有益于天下,否则,"士不适用者,文虽切实浮"②。对此,魏礼也有同感。他认为对于"有用于世"之题,则苦心经营,务求其工,而于时于世毫无裨益之文,则不如拥被高卧。③最后,还要随时随地留意一切有用之学,并将所学用之于社会实践。除在文学方面有很深的造诣外,"易堂九子"对政治、教育、军事、历史、地理等多方面的知识均有涉猎,有的还颇有见地。康熙四年(1665年),魏际瑞在试策中明确指出清朝君王应重文治,平等对待满汉官员,并且把商业和农业置于同等重要的地位。④伯子这几条建议正切中时弊,在当时的政治环境下,发表这样的政治言论是需要极大的勇气的。魏禧对经世

---

① 魏禧:《左传经世叙》,《魏叔子文集·外篇》卷八,第8—9页。
② 魏禧:《上某抚君书》,《魏叔子文集·外篇》卷五,第46—48页。
③ 参见魏礼《答陈元孝》,《魏季子文集》卷九,第6—7页。
④ 参见魏际瑞《时务对》,《魏伯子文集》卷六,第1—4页。

之学更为重视。隐居翠微峰期间,他于顺治六年(1649年)编定《救荒策》,顺治七年写成《限田》、《阉患》、《制科》三策,针对时弊提出自己的见解。他对军事也很重视。在研究《左传》后,他著有《兵法》、《兵谋》各一卷,分别总结了二十二兵法、三十二兵谋,所论在军事上有一定的价值。

谢文洊以复兴程朱理学为己任,认为王门左派何心隐、罗汝芳之说眩荡,罗洪先苦心挽救而力弗逮,俨然为江右理学正宗。其学大抵以畏天命为宗,以诚为本,以识仁为体,以切己为的,以主敬为功,以易为至精,以力行为急,以济世为用;至于儒禅辨析,必去其根。①宋之盛之学以明道为宗,识仁为要,工夫专在涵养本源。谢文洊认为他"论识仁一段话,体认细微贴切,真得程子血脉"②。

由于彼此间学术思想分歧很大,"三山"诸子间发生了较为激烈的论争。论争双方主要是"易堂"和"程山"。宋之盛的思想偏向谢文洊,但他的理论体系不如谢完备,所以和"易堂"诸子学术上的直接交锋比较少。

康熙四年(1665年)四月,"三山"在程山举行了规模盛大的会讲。宋之盛比魏禧早到,先就"程子识仁"、"儒禅差别"和"程朱学脉"等问题和谢文洊进行了探讨。七日后,魏禧从新城走百二十里赴会。这次会讲围绕宗旨、学修、辨异、疑古、穷经和经世六个主题展开,历经数日。会讲中,参与各方质疑问难、唇枪舌剑,气氛热烈又不失友好。如会讲首日,谢文洊安排宋之盛主讲,宋再三谦让。谢文洊以"识仁"为问,宋之盛才开始阐发。③在论及"仁无空阙处"时,宋之盛拍坐椅故意设问:"椅子还有仁否?"谢文洊答曰:"人利其坐,椅不自私,非仁而何?推之粪土皆然。"④魏禧认为会讲不必阐发性命精微,应当注重实学。他指出:"与学者说,不必便说到性命精微,但当就日用行为说为是。如孔子对门人,在在平实,至宋儒便阐发过精微矣。"谢文洊表示反对,他说:"此固是,但时至今日,人心尽发泄,亦混涵不得。即如子思作《中庸》,亦是虑及后世异端之学最眩惑人,故不惜剖破。孟子之时,有一告子,又焉得不与之明辨?"⑤除以上六个主题外,在会讲过程中,宋之盛还解答了汤慈璜有关律吕和星次的疑问,并与南丰甘京讨论尸祭丧礼,魏禧对此极为赞赏。这次会讲尽管未解决分歧,但参

---

① 参见乔光烈《南丰谢程山先生传》,《谢程山全书》卷首。
② 谢鸣谦:《程山谢明学先生年谱》,《四库全书存目丛书》集209,第357页。
③ 参见谢鸣谦《程山谢明学先生年谱》,《四库全书存目丛书》集209,第357—358页。
④ 宋惕:《程山问答》,《谢程山集》附录二,《四库全书存目丛书》集209,第329—330页。
⑤ 谢鸣谦:《程山谢明学先生年谱》,《四库全书存目丛书》集209,第357—358页。

第六章
清前期江西的文化、艺术与科技

与者都很满意。魏禧将其比做鹅湖之会,宋之盛则感慨地说:"不到程山,几乎枉过一生矣。"①

除了会讲之外,"三山"诸子间还经常以书信互相辩驳、规谏。彭士望在与程山甘京的书信中,毫不客气地指出,"前日王门,今日程门,此日鹅湖,往年致知,中年主敬,近年畏天,俱是名目",只不过是"借径为古人争闲气,立途辙,起争端"而已,毫无实际意义。②魏禧也认为谢文洊之学"以调养心气为主",但不能仅停留在这一层面上,"而须以平心察礼,小心耐事,夹辅成之也"③。谢文洊对彭士望的主静说亦持批判态度。他指出"若只从静入,便只是气定。恐静处则有,动处便无矣"④,认为必须以"敬"为本,"且养静一法,未免厌事,为贪光景,不如用敬,为动静两得也"⑤。对于魏禧"所病者无卓越之见,挥霍之力,因守理称情,不欲逾越尺寸,而遂习以成性"的说辞,他也提出反对意见。他说:

> 果能守称情,不逾尺寸,持之久久,天理烂熟,浩气自生。则所谓卓越之见,挥霍之力,人惊以为奇才,在自己份上,只当寻常日用而已。若舍此而欲务卓越之见、挥霍之力,则便恐逾闲荡检,失却儒者规模。⑥

"三山"诸子间质疑问难、互相批评,都是在友好气氛中进行的,并无党同伐异之弊。因此尽管论争相当激烈,甚至有时用词比较尖锐,彼此间的良好关系并未因此受到影响。而且,他们在论争中也并非完全固执己见,在坚持自己的基本观点的前提下,也能虚心接受对方的意见,取他人之长补自己之短。如谢文洊之学的目的是为了唤醒士人对传统儒学的认同和回归,但他对改造儒学进而改造社会并没有提出切实可行的方案,所以易堂诸子"或规其迂阔不达事情"。对此,谢文洊"辄改容受之,往复议论,得其指归而后已"⑦。魏禧认为谢文洊"造就人才,宁重体而用不违,毋重用而体或略"是"至当之论"⑧;谢文洊也

---

① 谢鸣谦:《程山谢明学先生年谱》,《四库全书存目丛书》集209,第356—358页。
② 参见彭士望《与甘楗斋书》,《耻躬堂文抄》卷一,第13—16页。
③ 魏禧:《与谢约斋》,《魏叔子文集·外篇》卷七,第16—17页。
④ 谢文洊:《日录二》,《谢程山集》卷二,第6页,《四库全书存目丛书》集209,第38页。
⑤ 谢文洊:《答易堂彭躬庵》,《谢程山集》卷十二,第12页,《四库全书存目丛书》集209,第215页。
⑥ 谢文洊:《日录一》,《谢程山集》卷一,第27页,《四库全书存目丛书》集209,第26页。
⑦ 陈道:《谢程山集·陈序》,《谢程山集》卷首,第10页,《四库全书存目丛书》集209,第7页。
⑧ 魏禧:《复谢约斋书》,《魏叔子文集·外篇》卷五,第27—29页。

承认魏禧"然涵养甄陶中,亦当有作略"①的批评切中他的要害。

"三山"诸子虽为布衣,但并不独善其身,而是孜孜以求挽救世道人心的道路,且所论都有独到之处,这充分表现了他们勇于探究的进取精神和以天下为己任的博大情怀。更可贵的是,"三山"诸子不仅在思想学术层面上对济世救民的方案进行了深入探讨,还能身体力行,努力将之付诸实践。如谢文洊为阐扬程朱理学苦心孤诣,在日常生活中也能以儒家的行为规范严格要求自己,表现出大儒的气象。前文叙述的"宁都三魏"的经世活动则将他们的实学思想落到了实处。在清初的社会历史条件下,将自身定位为前朝遗民的"三山"诸子能如此行事,实在是极为不易的。

四、江西其他地区的明遗民活动

在省城南昌及其周边的新建、南昌等县,有陈弘绪、徐世溥等人为明遗民的代表。

陈弘绪字士业,号石庄,新建县人,明万历二十五年(1597年)至清康熙四年(1665年)在世。其父陈道亨为明万历十四年进士,官至南京兵部尚书,因得罪魏忠贤而去职,卒赠太子少保,谥"清襄"。陈弘绪为晚明官宦子弟,得家学所传,集书万卷。生性警敏,博闻强记,长于文辞。少小即补诸生,与南昌人万时华、项承爵、龚尚升、万元吉、李颖、徐世溥等人为密友,都是少年才俊,地方名士。崇祯年间朝廷特征处士贤良,弘绪经江西巡抚推荐前往应征,然而未得召见,授晋州知州。明末兵寇交加,陈弘绪想方设法修缮城池,储集粮草,曾率城中军民抗击围攻七昼夜,晋州城得以保全。后来却因抗拒明朝官军入城抢夺民居,被劾入狱。晋州民众数百人前往北京哭诉其保城之功,陈弘绪方得释放,贬任湖州经历,其间曾代理长兴、孝丰二县知县事。服官清慎,薪俸常常用于购买整车的书籍。明亡后,痛哭多日,由此绝意仕进,屡荐不起。有官员来访,遂指陈古今利病,以经术自任。为母守孝期间,撰辑《南宋遗贤录》以寄托心志。顺治十年开始,于南昌章江边建成一楼,并作《江城怀古诗》60首,抒发亡国之思,读者多为之下泪。刊行的著作有《石庄集》、《恒山存稿》、《寒崖集》、《鸿桷编》等。另撰《周易备考》、《诗经群义》、《尚书广录》、《山房读书跋》、《江城名迹记》、《峿斋诗》、《荷锄杂志》等书藏于家。《四库全书》史部"地理类"全文收录《江城名迹记》2卷,《提要》称"弘绪文章渊雅,在明末号能复古。故作是书,叙次颇有条理,

---
① 谢文洊:《日录二》,《谢程山集》卷二,第2页,《四库全书存目丛书》集209,第36页。

第六章
清前期江西的文化、艺术与科技

考证亦多精确"。《四库全书》集部"别集类"存目还著录《陈士业全集》16卷。

此外更值得提到的，还有康熙二年(1663年)陈弘绪应聘主纂《南昌郡乘》之举。总计55卷的《南昌郡乘》虽然不被列入弘绪的个人著述，但通读全书，可知实际出自其手笔。在卷首，他题写自己的身份是"前奉直大夫题编国史郡人陈弘绪"，此外没有其他的作者题名，且无作者序言，无凡例，大道无形；志书名称也由《府志》改为《郡乘》，借用的是宋明以来私修志书的常见名称，突出的正是个人色彩。应聘时陈弘绪已66岁，随处可见其追思故国的复杂心绪，乱世之后存史的强烈愿望，更可在明代人物传中明显地看出来。陈弘绪把明代南昌府人物传分为上、中、下三卷，其中下卷收录"泰昌至崇祯朝"人物共38人。其中有晚明父子相承的仕宦11人，包括在赣州守城死难的万元吉之父万一之，晚明刑部尚书傅炯之孙傅冠。特别耐人寻味的是对傅冠的记载：傅于天启壬戌(二年，1622年)第一甲第二名中式，崇祯九年(1636年)"特拜礼部尚书，文渊阁大学士……中外倚之。丁丑(1637年)冬，予告赐路费，驰驿归里，悠游林壑五六载。自草《寄叟传》，以叙生平。寻殉难于闽，有《宝纶楼集》行世"。所谓"寻殉难于闽"，即隐喻傅冠后来在南明隆武朝为臣并且以身死难。同样的隐喻手法，在对南昌人刘曰梧的叙述中也可找见：曰梧为万历丙戌进士，天启年间"方引疾归，闻开原、铁岭相继陷没，尚搜刮万金以助版筑，其不忘社稷如此"。一段江西官绅资助山海关外抗击清军铁骑的史事，由此折射出来。另外，陈还记载了明宗室子弟朱谋㙔、朱谋觐、朱同堦等三人。其中尤对朱谋㙔赞誉极高："宁献王之后，封镇国中尉。……生而天资颖异，目所浏览，终身不忘。大之九经传注，诸史异同；次之星纬历数，农圃医卜，与夫壬遁太乙，河洛轨策诸学，皆穷极微妙。"朱谋㙔一生著作极多，时人"曲指江右人物，辄首及之。子统铨，崇祯丁丑进士，诗淡远高古，稿毁于兵，不传"。明宗室子弟的文化传承和造诣之高，及其在易代战乱中遭受的打击和断裂，由此可见一斑。

而最显陈弘绪"私修"风格的一点，是他在明代人物传末尾，竟然设置"附家乘"一节，全文附录了钱士升所撰《南京参赞机务兵部尚书陈公传》，即弘绪之父陈道亨的传记。其中提到：

> ……天启五年正月引疾致仕，戊辰以疾终于家。抚按讣于朝，赠太子少保，赐谥清襄，予祭葬如例。道亨为人方正介洁，而复和易近人。居官所至，以廉卓称。终身守难进易退之节，于名位泊如也，自为宪长至正卿十五

年不携家,官署冷如僧舍。卒之日,家计萧然,至不能备敛。时江右有"三清"之称,一为邓文洁以赞,一为衷简肃贞吉,其一则道亨也。或又称"江右三陈",则道亨与高安之陈邦瞻、浮梁之陈大绶为三鼎足也。

这样引录,一个正直清廉的晚明江西官宦形象得以树立起来,也解决了本人不能为至亲撰写传记的难题,以免"私谀"之讥。但更重要的是,陈弘绪由此保留了前明的价值评判标准,而且他希望这些资料可以被后人记住并载入史册。此番用心,在他文末署称"不肖男弘绪谨识"的按语中有明确表达:

> 先大夫立朝暨居乡大节,载在兰台金匮之书,播于父老子弟之口,既已炳若日星。此外则朱平涵相国有碑,姚现闻詹翰有谥议,魏瑶海中丞、范主坡代巡有请恤诸疏。累牍所不能尽,仅录此篇,附于郡志。庶几秉如椽者,他日得以采焉。

家世国史,于此汇为一体。虽说不尽之意留待后人,但其有生之日即获立言机遇,仍当不朽。另外还不难看出:陈弘绪在此《郡乘》中,对清初江西官府采取的一些惠民措施也有实实在在的赞扬,[1]而不可简单理解为不得已而为之。此中反映出陈弘绪在痛定思痛之际,对实现经世致用理念的一种追求,也对其不出仕但愿意参修地方志的举动,给出一个符合其心路历程和行事逻辑的解答。在这个意义上说,南昌陈弘绪和比他年轻十三岁并闻名天下的浙江大儒黄宗羲之间,其精神的寄托,其积极存史的举措等,皆可谓一脉相承。《南昌郡乘》修成后两年,陈弘绪即去世,故此《郡乘》几成其绝笔之作,形同遗言。而事涉改朝换代的一批晚明人物传记和地方社会变迁史料,赖以保存和流传,弥足珍贵。

徐世溥,字巨源,也是新建县人,明万历三十六年至清顺治九年(1652年)在世。父亲徐良彦为明万历二十六年(1598年)进士,崇祯朝官至南京工部侍郎,陈弘绪在《南昌郡乘》中即为其作传。世溥十六岁补诸生,博学能文。当时的江西文坛领袖、东乡才子艾南英闻其名,约为兄弟。世溥还与钱谦益、姚希梦和南昌万时华等人相交甚契。南赣巡抚潘曾纮得到王维俭所修《宋史》,专门嘱托世溥加以修改。世溥才雄气盛,晚明屡试不第,遂以著述自娱。入清后,山居不出,绝意仕进。顺治九年地方官陈名夏修书持币,派下属亲往征辟,世溥坚拒不

---

[1] 详见本书第一章第二节之三"顺康之际江西官府舒缓民困的主要举措"的相关叙述。

第六章
清前期江西的文化、艺术与科技

见。当晚,盗贼入室,索要官府带来的钱财。世溥实言以告,盗贼不信,以火刑折磨世溥至死。比陈弘绪年轻11岁的一代名流,40多岁即死于非命,殊为悲惨,由此也反映出清初地方社会依然混乱不已。徐世溥著有《夏小正解》1卷、《韵蕞》1卷、《榆墩集选文》9卷、《诗》2卷,分别被《四库全书》经部"礼类存目"和"别集类存目"所著录。而其记载明末清初江西兵乱和金声桓、王得仁反清之事的私著《江变纪略》史料价值极高。《纪略》共两卷,为文大气,又因记载的史事自身充满悲剧色彩而更显苍凉凄厉。对有些场面的纪实不乏戏剧式的反讽色彩,如其记载金、王反正之时,南昌城里"时服色变易已久,仓猝求冠带不能具,尽取之优伶箱中。一时官府皆纱帽皂靴,白杨、绯蓝、元青盘领衫袍,鹤雁雉翟狮虎白泽补服,金银犀玉各色花带,素带伞、飘檐轿,唱道威仪如他日。乡民扶携拥街巷,艳观啧啧,惟视其翅间前后皆秃无鬓,以此征异"。世道骤变之时,那种粉墨登场、弹冠相庆而又其乱纷纷的可笑场景跃然纸上,声形俱见。也正因为徐世溥等一批明遗民看透了金声桓等前明将领以叛始又以叛终的品行与人格,所以《纪略》中对隆武朝加封为"太子太保、吏部尚书兼兵部尚书、中极殿大学士"的姜曰广一段评语,就透出他们特别的失望、悲凉和心情沉重:

> 人臣非甚顽薄,无不望其国中兴者;顾知其可为而为之,与不知其不可为而为者,才与识异。要以武侯、文山之诚,兼汾阳、临淮之福,尽瘁以事,生死置之度外,犹惧不济。今轻侠不本正义,苟且趋功名,不顾以亿万侥幸,且冀后世可欺,谓如陆贾之调和将相,齐名平勃,欲格天得乎?古受降招叛者,皆垂成或半,而特借之以为全力,若汉高英布、周殷之事是也。今江右之难,以金叛始,亦以金叛终,彼无论。乃宿称老成沉毅者,不思身不蹑半垒一城,无尺寸以制人,死命不免;亦借游诸区区,欲仗掉舌之功,使畜头人鸣,庶他方尤而效之,成其瓦解。卒之以叛易叛,于事无济,而身名俱灭。虽事济名遂,然后世犹不免以排闱之徒同类而称之也,君子哀之!

也正因为《江变纪略》记载南明江西史事和清军南昌屠城暴行十分详细,所以该书到乾隆朝后即遭禁毁,后来只有手抄本流传。在苦心存史方面,徐世溥和陈弘绪实为异曲同工,二人的确堪称"隐于市"的"大隐"。

清初南昌人中,还有同为晚明官宦子弟的王猷定。猷定字于一,万历二十六年(1598年)出生,其祖父王希烈为嘉靖八年(1529年)进士,官礼部侍郎;父王时熙为万历二十九年(1601年)进士,官至太仆寺卿,是东林党中著名人物。猷定自幼聪颖,有家学渊源,听父亲与人讲授阳明心学,即可随手笔录。身材魁伟,豁达豪爽,早年耽声伎,好仙怪,有辩才,与侯方域、陈弘绪、徐世溥、欧阳斌元等人同以文名著称于世。成年后一目十行,无所不读,尤好两汉八家之文,唯以古人为事,故而始终不得考中功名,只为拔贡生而已。其妻丁氏,亦博通六经,善文章,与猷定相互唱酬。丁氏去世后,猷定迁居扬州,正逢李自成占领北京,明朝覆亡,被史可法征为记室参军,并写下迎立福王檄文。南明弘光朝时,猷定姻亲袁继咸总督江西湖广应天诸军务,上疏推荐猷定,猷定坚拒不出。南京被清军攻陷后,人心沮丧,猷定更绝意仕进,终日以诗文和书法自娱。前后在扬州十余年,与朋友饮宴,时而泪下。晚年号"轸石老人"。顺治末移居杭州西湖僧舍,康熙四年(1665年)病故。依赖友人出资,得以棺殓,后归葬南昌。猷定为文雄健,尤以撰写传奇性散文为突出,在清初文坛独辟蹊径。《贩书偶记》中著录王猷定有《四照堂文集》5卷、《诗集》2卷于康熙二十三年刊行。另有《王于一遗稿》亦为康熙间刊本,内收传、记、祭文等共30篇。史书将其与陈弘绪、徐世溥、欧阳斌元并称为江西"均能独开风气之人",事见《碑传集》、《国朝先正事略》、《国朝耆献类徵初编》等。

被后世史传列入清初江西"隐逸"类的,还有新建人欧阳斌元(1606—1649年)、永新人贺贻孙(1605—1688年)、宜春县人张自烈(1597—1673年)等。欧阳斌元字宪万,晚号"丽峰居士",世居西山。家贫,幼奇慧,读书一目十行,终身不忘,十三经等著述俱可背诵无遗。晚明身为生员时,即大受江西学使的青睐,更为姜曰广、杨廷麟等江西籍高官所推重,赞其奇才博学。斌元聪明过人,更好学不止,好友彭士望描写他"每学一艺即下拜,师事称弟子,必尽得其传",故而"生平师多于友"。他还曾经向来南昌的外国耶稣会士学习火铳和天文知识,测量日食和月食,为此还曾入教,为自己取了外文名字,并不理会旁人的讥讽。斌元读书之处靠近西山万寿宫,十分留意过往的奇人异士,只要有所发现,就以师礼待之,招待食宿,旬月不去。崇祯朝后期,斌元与乐平王纲、南昌彭士望二人成莫逆之交,深感国势已去,大厦将倾,更加注意人才,讲求实学,纵论古今,通宵达旦。清军占领北京后,斌元被福王部下吕大器请到南京幕中,专门撰写诏旨,曾起草马士英24条罪状,由此而得罪马士英。吕大器失势后,斌元恐怕马士英加害,转到扬州史可法幕中效力,甚受重用,并且将彭士望也招到扬州共事。史可法保荐斌元任推官,遭马士英阻拦。不久斌元与彭士望一起回到南昌,

第六章
清前期江西的文化、艺术与科技

隐居不出。幽忧病郁,44岁即去世。在彭士望撰写的墓志中,记述斌元的藏书及遗稿散失殆尽,只余《十交赞》一篇,事见《国朝耆献类徵初编》"隐逸传"。

贺贻孙字子翼,父贺康载曾为兖州丞。贻孙9岁能文章,有"神童"之称。12岁时曾作《自任天下之重如此》一文,大得其父赞赏。成年后赴省考,主考丁天行拟取为易经考试第一,因文章太奇,为副主考所抑,仅中副榜。明崇祯年间,贻孙与万时华、陈弘绪、徐世溥、曾尧臣等名流结社于南昌,佳文付印,皆推贻孙为领袖。明亡后贻孙隐居不出,顺治初江西学政慕其名,特地将他列入贡榜,贻孙避而不就。巡按御使笪重光又想推举他参加博学鸿词科考试,闻讯后贻孙神情黯然地说:"吾逃世而不逃名,名亡累人实甚。吾将从此逝矣!"遂剪发改名,遁入深山,事见《清史列传》"文苑"传。贻孙著有《诗触》4卷、《激书》33篇、《水田居士文集》5卷,分别为《四库全书》经部"诗类"存目、子部"杂家类"存目和"别集类"存目收录。贻孙历数十年之艰险,饱尝国破家亡之痛,胸中郁结悲愤之气,深深影响其诗文作品。他强调"作诗当自写性灵",抒发真情实感,天然本色;主张"美刺讽诫",文章必畅所欲言而后已,激浊扬清。后世研究者认为,贺贻孙的诗学观与黄宗羲、顾炎武相比亦不相上下。

张自烈字尔公,号芑山,从小酷爱读书而无钱购买,故时常外出借书,用蝇头小楷手抄成册。后入南京国子监就读,与侯方域、陈贞慧、贾开宗等名士交流甚契,颇有文名。自烈与东乡才子艾南英虽为江西同乡,但各立门户,以评选诗文相斗胜。好藏书,寓居南京三年即购书三十余万卷。崇祯七年(1634年),携书返乡。明末大乱,自烈辗转避乱,流亡他乡。他与袁继咸为同乡和莫逆之交,袁继咸被诬陷时自烈不远千里,赴京上疏,为其申冤;袁继咸殉难后,自烈又搜集其诗文遗稿,整理为《六柳遗集》,以褒扬其节义。入清后,自烈屡辞荐举,不愿为官。晚年寓居庐山,主讲白鹿洞书院,与时任南康知府的廖文英为好友。卒葬白鹿洞书院附近,其墓今存。《清史列传》附自烈传于其弟张自勋传内。自烈治学,博物洽闻,尤长于考辨评论,一生从事校雠与讲学,著述颇富,但多在离乱中散失。①

年龄稍小于以上诸人的,还有南昌人刘丁(1621—1692年)。刘丁字先庚,先世由玉山迁南昌梓溪。祖父刘一琮为明天启间岁贡生,崇祯朝曾任山阳县儒

---

① 存世的还有《四书大全辨》38卷、附录6卷,为《四库全书》经部"四书"类存目所著录。《四库全书》编者还考定《正字通》12卷亦为自烈所著,并于经部"小学"类存目所著录。分别见《四库全书总目》,中华书局1983年铅印本,第314、378页。

学训导。刘丁少孤,13岁即知发愤学习,五经及《史记》、《汉书》都是先手抄后阅读,心得日多。为诸生时一共参加乡举18次,都因为用古文答卷而不中,遂在乡教书长达五十余年。举凡天文地理、典制音律、医术占卜等,刘丁皆知源流,而尤精于《易》。为人师表,衣冠整齐,每日早起,先拜列祖。自己平时节俭,而对族中贫苦者多有施舍。如果有学生来见,除了问学习近况外,还要问及农家收成如何。曾说:我一生没有其他长处,唯有不肯做偷巧走捷径之事,不敢以他人所不知作为自己的骄傲。因此从学者众多,人望极高。明末兵乱时曾在逃难途中遇盗,当问知刘丁姓名后,此盗吃惊地说:原来是君子啊!遂不加伤害。有熟人之子充当县中衙役,为人嚣张。刘丁当面质问道:你何必如此?!此人赶紧走开,并再不做衙役。刘丁古文学司马迁与韩愈,诗宗杜甫。著有《诗古文》8卷及《家居便览》、《历代典略》、《正学粹言》等,另有自订制艺文200余篇。传记见载《国朝耆献类徵初编》"儒行",作者蔡世远在传末评述道:"江右风俗淳朴,有明一代尤多真儒。先生醇行隐德,著作如林,岂得仅以文人目之哉?"

从清初江西各地士人的个人举止看,避世者不在少数。民国人孙静庵编著《明遗民录》,共收录800多人,其中江西籍人只收录20人,多有遗漏。其中提到的江西籍隐逸人士,还有南昌人周德风、上官长明,建昌人陈允衡,新城人张霖,安福人陈南箕和唯一的女性安福人刘淑英等。这些隐逸者的主要表现之一,是入清后或不参加科举,或谢绝荐举,拒不出仕,表现出一代遗民内心的眷恋、失落、彷徨和痛苦。但还要看到的是,此时的隐逸人物已经很少采取逃入深山,"不食周粟"的极端措施,而是还可能在乡间教书授徒,甚至办书院开讲,也可以是家中有人出世甚至出仕,介入新朝的政治生活中。如张自烈之胞弟张自勋(生卒年不详),字不兢,与其兄齐名。年少即潜心性理之学,论学"以求放心为本",路径沿阳明心学而来,但著述严于考订,以蹈袭旧说为耻。崇祯十六年(1643年)时已撰著《纲目续麟》20卷、《校正凡例》1卷、《附录》1卷、《汇览》3卷,对朱熹所编《通鉴纲目》一书多有订正。[①]但顺治年间,宣城籍人施闰章任江西布政司参议分守湖西道时,重建昌黎书院和白鹭洲书院,聚集一批文人讲学。自勋也与身为清朝官员的施闰章论学,并使施闰章也表示佩服其学问之深。事

---

① 《四库全书》将此书收录于"史部·编年类",并称"其说皆凿凿有据,非故与朱子为难者比"。《四库全书》还收录张自勋《廿一史独断》21卷于"史部·史评类存目",收《卓庵心书》4卷于子部"儒家类存目"。张自勋还著有《五经大全正误》、《四书众解合纠》、《朱陆折衷》等著述,分别见《四库全书总目》,第424、765、820页。

见《清史列传》本传,而其兄张自烈的事迹也是附在自勋传中得以流传。

第二节
清前期江西科举概况及其学术思想的边缘化趋势

一、清前期江西科举与他省的消长对比

清前期科举制度继承明制,采取童试、乡试、殿试三级考试制度。其中童试又分为县试、府试、院试三小级,乡试又分为科试(武科为武岁试)与乡试二小级,殿试又分为会试与殿试二小级。与之配套的考试形式还有四种,一是在学生员的岁试,二是贡生选拔考试,三是举人大挑,四是进士庶吉士考试。评定一个地区的科举成绩,主要的指标可有三项,一是透过儒学大小、学额多寡以考查文风盛衰,二是对比乡试举人录取定额,三是对比进士考取人数。三者之中,又以后两项指标最为直观。

1.江西举人录取定额及与他省的对比

作为一个以少数民族统治汉族等多数人民的新兴政权,清朝不得不保留明朝遗留下来的汉文化统治政策,入关伊始便开科取士。顺治二年(1645年)全国尚未归于一统,清朝便举行了首次乡试。此年江西境内战乱尚未平息,因此没有举行考试。次年丙戌年本来是科举制度中的会试、殿试之年,但清朝统治者依旧派遣考官,进入各省开科取士。这年担任江西乡试考官的是编修魏天赏、刑科给事中郝璧,头场三道四书题分别为《论语》"巍巍乎其"、《中庸》"及其至也"、《孟子》"民之为道……恒心"。在此派往全国各省的乡试考官中,魏天赏和郝璧的官职级别基本与江南、浙江两省主考官相同,属于乡试主考官级别中的第一集团。此年江西乡试的考题,并没有特别寓意。

顺治五年戊子科乡试,江西因金声桓之乱未行乡试,但江西士子依然赶赴江南行省的南京贡院参加乡试,并有八人中举。顺治八年辛卯科,江西乡试主考官分别为检讨邓旭、刑科给事中周之桂,头场四书题分别为《论语》"兴于诗立"、《孟子》"以德行仁"、《中庸》"惟天下至……临也"。此年江西乡试考官的规格与顺治三年相当,但乡试头场考题则显然更具针对性。第一题原文见《论语·泰伯》:"子曰:兴于诗,立于礼,成于乐。子曰:民可使由之,不可使知之。"第二题原文见《孟子·公孙丑上》:"以力假仁者霸,霸必有大国;以德行仁者王,王不

待大。汤以七十里,文王以百里。以力服人者,非心服也,力不赡也;以德服人者,中心悦而诚服也,如七十子之服孔子也。"第三题原文见《中庸》第三十一章:"惟天下至圣,为能聪明睿智,足以有临也。宽裕温柔,足以有容也。发强刚毅,足以有执也。齐庄中正,足以有敬也。文理密察,足以有别也。"这三道四书题显然是对此前金声桓之乱的有感而发。这一出题方式对此后的江西乡试也有所影响。如顺治十一年甲午科江西乡试主考官分别为侍讲单彝、吏科给事中郭一鹗,头场考题则分别是《论语》"居之无倦"(居之无倦,行之以忠)、《中庸》"悠久所以"(博厚,所以载物也;高明,所以覆物也;悠久,所以成物也。博厚配地,高明配天,悠久无疆)、《孟子》"入其疆土……有庆"(春省耕而补不足,秋省敛而助不给。入其疆,土地辟,田野治,养老尊贤,俊杰在位,则有庆)。此后,江西乡试除康熙十四年乙卯科、十六年丁巳科因三藩之乱而被迫中止,江西考生奉旨归入江南省参加考试外,[1]其余各科均能在本省省会南昌顺利举行。另外从总体来看,自康熙后期开始,江西乡试考官的行政级别逐渐增高,其中多以六部侍郎担任正主考官,以翰林院编修、检讨担任副主考官,这也体现了清朝中央政府对江西地区人才选拔的重视。

清代各省乡试中额由朝廷按省份大小、人文盛衰决定,各省不同;一省之名额,亦越代不同。顺治二年规定各省乡试录取名额,分别为顺天254名,江南183名,江西113名,浙江107名,湖广106名,福建105名,河南94名,山东90名,山西79名,广东86名,四川84名,陕甘79名,广西60名,云南54名,贵州40名,[2]全国合计1534名。江西仅次于顺天、江南位居全国第三,录取定额约占全国的7.3%。顺治十七年,清廷下旨将全国各省乡试录取名额均减去一半,江西减至57名。康熙三十五年(1696年),又准增加各省乡试录取名额,江西加18名,总计75名。是年其他各省乡试录取名额分别为顺天171名,江南83名,浙江71名,湖广70名,福建71名,河南62名,山东60名,山西53名,广东57名,四川56名,陕甘53名,广西40名,云南42名,贵州30名,全国合计994名。江西仍为全国第三,约占全国总数的7.5%。康熙四十一年,顺天、浙江、湖广三省分别增加录取名额,顺天增为196名,浙江、湖广均增为83名,与江南齐平;而江西未及申请增加,乡试录取名额的名次首次降为全国第五,占全国比例降为约6.8%。康熙四十七年,各省乡试录取名额统一增加1/5,江西增为90名,依然排在全国第五,少于顺天233

---

[1] 参见席裕福、沈师徐《皇朝政典类纂》卷一百九十八《选举八·文科·乡试中额》。

[2] 参见陈梦雷、蒋廷锡《古今图书集成》经济汇编选举典卷八十一《乡试部汇考三》,第80521页。

第六章
清前期江西的文化、艺术与科技

名,江南、浙江、湖广各99名。至康熙五十八年,才因"江西近科士子入场甚众,将乡试名额照浙江、湖广例取",亦为99名,名次与江南、浙江、湖广排在并列第二,占全国比例上升为约7.8%。

康熙三年(1664年)湖广分省后,雍正元年(1723年)湖北、湖南分省乡试,其原有录取名额分割为湖北50名,湖南49名。雍正二年,各省录取名额于定额中每19名各加中五经1名,江西此时改为104名。康熙元年(1662年)江南分省,乾隆元年(1736年)江苏、安徽分省乡试,其录取名额分割并有所增加,江苏76名,安徽50名,合计126名。此时江西乡试录取104名,与浙江并列全国第二,占全国比例降为约7.6%。至乾隆九年,依大学士九卿会同论议,准各省乡试名额除零数不计外,均减少1/10,江西定为94名,自丁卯科即乾隆十二年起实行,此后成为定例。①此时全国各省的乡试录取名额分别为:顺天221名,江苏69名,安徽45名,浙江94名,江西94名,湖北48名,湖南45名,福建86名,河南71名,山东69名,山西60名,广东71名,四川60名,陕甘61名,广西45名,云南54名,贵州40名,全国共1233名。江西乡试录取的额数与浙江相同,仍排在全国并列第二,江西举人定额占全国比例约为7.6%。

由于清朝历届恩科乡试时各省均得奉旨加广举人录取名额,因此要全面统计清代全国举人的数量是颇为艰难的,但可以根据不同时期的举人录取定额进行大致推算。据统计,清代文举人的总人数约为133568名,其中顺天23559名,江苏8767名,安徽3614名,浙江10056名,江西10070名,湖北6268名,湖南3892名,福建9375名,河南7745名,山东7420名,山西6624名,广东7715名,四川6870名,陕西6474名,甘肃372名②,广西4936名,云南5628名,贵州4182名。江西文举人数约占全国总数的7.5%,是除顺天、浙江外文举人数超过万名的三个省份之一。

考查参加乡试人数的规模也可以窥见一省科举的盛衰。在清代并非所有在学生员都可以参加乡试,而是由各省学政通过科试来对参加乡试的人数进行筛选(武生无科试,以岁试成绩为凭),合格者称为"科举生员",其入选名额与乡试录取定额形成正比例对应关系。顺治二年(1645年)规定,各省科试录取科举生员名额应为每乡试录取名额一名,取应试生儒30名。①当时江西乡试举

---

① 参见(清)礼部《光绪钦定科场条例》卷二十《乡会试中额·各省乡试定额》,第1417页。
② 陕西、甘肃分省乡试是在光绪二年(1876年),此前一直归为陕甘合试。本文所列甘肃数字为分省乡试后举人数,合试时期的举人数均归入陕西省。

人录取名额为113名,则每次参加乡试的科举生员的数量合计约为3390人。乾隆九年(1744年),议准各省乡送科试按大省80名、中省60名、小省50名的定例进行选送,江西与直隶、江南、福建、浙江、湖广同为大省,每举人名额一名应在科试时选取考生80名。另外,每录取副榜一名,大省加取生儒40名,中省30名,小省20名。④统计江西每年参加乡试的科举生员约为8000人左右。加上其他贡生、监生及录科、录遗和大收所录生员,则参加乡试生员的总数可超过万人。

较之明代,清代江西乡试举人分布有所变化。原科举发达地区举人数大量下降,而一些边远或贫困小县的举人数则呈上升趋势。清代举人数较明代减少的县份有:南昌、丰城、进贤、临川、庐陵、吉水、安福、泰和、新喻、峡江、德兴、广丰、遂川等。其中如南昌县明代举人为848名,清代则为665名;庐陵县明代举人为479名,清代则为355名;吉水县明代举人为707名,清代至光绪元年(1875年)仅122名;安福县明代举人为772名,清代至同治十一年(1872年)仅306名;丰城县明代举人为526名,清代至同治十二年仅184名;泰和县明代举人为549名,清代至光绪五年(1879年)仅147名;新喻县明代举人为211人,清代至同治十二年仅45人。

江西清代举人数较明代增加的县份有奉新、德化、分宜、广昌、德安、鄱阳、兴国、赣县、萍乡、万载、上犹、安远、南城、南丰、南康、建昌、高安、崇义、于都、彭泽、湖口、都昌、新城、新昌、瑞昌、会昌、铅山、义宁州等。其中如广昌县明代举人为91名,清代至同治六年(1867年)已达169名;萍乡县明代举人25名,清代共有171名;万载县明代举人44名,清代共有140名;奉新县明代举人74名,清代至同治十年就达343名;南丰县明代举人107名,清代至同治十年已达405名。清代举人数与明代变化不大的县份有余干、乐平、永新、清江、星子、新建、万年、玉山等县。从总体来看,清代江西举人数较明代有所减少。

2.江西进士取中情况及其成绩与他省的对比

从整体看,清代江西乡试举人录取定额与举人总数均领先于全国其他省份,大多数时候只有顺天、浙江方可与之比肩。这一傲视群伦的科举成绩,主要是因为清代统治者延续了明代一贯重视江西人才的科举政策。不过,我们并不能就此断定清代江西科举成绩全面优于其他省份。因为,断定科举成绩的另一个更重要的指标,是考取进士人数的多少,这也是历来人们判定各省人才盛衰

---

③ 参见席裕福、沈师徐《皇朝政典类纂》卷一百九十三《选举三·文科·录送乡试》,第3232页。

④ 参见(清)礼部《光绪钦定科场条例》卷三《科举定额·例案》,第237页。

第六章
清前期江西的文化、艺术与科技

的主要指标之一。

进士是清代士子科举生涯的最高阶段，也是清代各种入仕途径的最高起点。根据《明清进士题名碑录索引》、《增校清朝进士题名碑录·附引得》、《明清历科进士题名碑录》等进士名录、索引工具书的记载，附以相关地方志的对校考订，可以统计出江西有清一代文进士总数为1887名，其中清前期约200年共考82科，①合计考中进士1333名，占总数的70.6%；清后期约60年共考29科，合计考中进士554名，占总数的29.4%。其中顺治朝共7科，合计考中81名，其中考取5名以上的县份分别是南昌15名、新建6名、丰城7名、临川6名、金溪9名、安福5名。康熙朝共21科，合计考中199名，其中考取10名以上的县份分别是南昌12名、新建10名、南城15名、南丰10名、庐陵11名、安福10名，另丰城、临川、新城3县分别考中9名。雍正朝共5科，合计考中112名，其中考取5名以上的县份分别有南昌9名、新建5名、南城9名、新城5名、安福7名。乾隆朝27科，合计考中538名，其中考取10名以上的县份分别是南昌32名、新建36名、奉新38名、鄱阳15名、南城27名、新城35名、南丰32名、临川13名、金溪21名、宜黄11名、宁都州13名。嘉庆朝12科，合计考中223名，其中考取10名以上的县份分别是南昌20名、新建19名、奉新11名、德化10名、南城17名、新城12名、南丰13名。道光二十年（1840年）前共10科，合计考中180名，其中考取5名以上的县份分别是南昌9名、新建11名、丰城5名、奉新9名、鄱阳9名、都昌5名、德化9名、新城6名、南丰11名、新昌9名、庐陵6名。合计清前期江西考中进士超过50名的县份分别有南昌97名、新建87名、奉新66名、南城72名、新城69名、南丰73名；考中进士多于20名的县份分别有丰城29名、鄱阳37名、德化32名、湖口20名、广昌23名、临川39名、金溪47名、宜黄28名、清江21名、高安27名、新昌30名、庐陵31名、吉水21名、安福34名；考中进士多于10名的县份分别有进贤10名、武宁10名、义宁州10名、乐平13名、浮梁14名、铅山11名、广丰12名、星子10名、建昌15名、安义15名、彭泽13名、崇仁19名、新淦10名、宜春10名、分宜18名、泰和13名、赣县13名、龙南12名、宁都州17名、南康10名。其余诸县，考取进士人数均少于10名。若按府排列，清前期江西各县考取进士人数详情，可见表6-1。

---

① 清前期共曾举行83次会试，其中顺治年间共8次，其中顺治三年（1646年）丙戌科江西无中式者，故此处统计江西中式进士的会试次数为82科。

表 6-1 清前期江西各县进士人数一览表

府县名	顺治	康熙	雍正	乾隆	嘉庆	道光	清前期小计	清代合计
南昌府								453
南昌	15	12	9	32	20	9	97	136
新建	6	10	5	36	19	11	87	127
丰城	7	9	1	5	2	5	29	43
进贤	3	5	0	2	0	0	10	18
奉新	2	5	1	38	11	9	66	90
靖安	0	0	0	4	0	1	5	7
武宁	0	0	0	2	4	4	10	18
义宁州	0	0	0	8	0	2	10	14
饶州府								104
鄱阳	1	3	1	15	8	9	37	47
余干	0	0	0	2	1	0	3	6
乐平	0	1	1	5	4	2	13	16
浮梁	1	3	3	4	2	1	14	16
德兴	0	3	1	3	0	0	7	9
安仁	0	0	0	1	0	0	1	5
万年	0	0	1	1	1	0	3	5
广信府								81
上饶	0	1	0	2	1	2	6	9
玉山	0	0	0	3	3	3	9	16
弋阳	0	1	0	1	1	0	3	8
贵溪	1	0	2	2	1	1	7	10
铅山	0	0	0	6	2	3	11	20

第六章
清前期江西的文化、艺术与科技

府县名	顺治	康熙	雍正	乾隆	嘉庆	道光	清前期小计	清代合计
广丰	1	0	0	5	3	3	12	17
兴安	0	0	0	0	0	0	0	1
南康府								68
星子	0	2	1	6	0	1	10	12
都昌	0	0	0	2	2	5	9	21
建昌	0	3	2	9	1	0	15	18
安义	0	1	0	9	2	3	15	17
九江府								126
德化	2	5	1	5	10	9	32	62
德安	0	0	0	3	0	1	4	7
瑞昌	0	0	1	1	2	0	4	9
湖口	1	0	2	9	6	2	20	25
彭泽	0	1	2	6	2	2	13	23
建昌府								305
南城	0	15	9	27	17	4	72	96
新城	2	9	5	35	12	6	69	76
南丰	3	10	4	32	13	11	73	99
广昌	1	6	4	11	1	0	23	24
泸溪	0	0	0	4	5	0	9	10
抚州府								194
临川	6	9	4	13	3	4	39	61
金溪	9	6	4	21	3	4	47	54
崇仁	1	4	2	7	2	3	19	27
宜黄	0	2	2	11	9	4	28	38

府县名	顺治	康熙	雍正	乾隆	嘉庆	道光	清前期小计	清代合计
乐安	0	1	0	1	0	0	2	3
东乡	1	1	0	3	1	2	8	11
临江府								57
清江	2	5	1	9	2	2	21	36
新淦	0	2	3	4	0	1	10	15
新喻	0	1	0	0	0	0	1	1
峡江	0	0	0	4	0	1	5	5
瑞州府								107
高安	0	8	3	8	5	3	27	46
新昌	1	3	1	8	8	9	30	48
上高	0	2	2	3	0	2	9	13
袁州府								76
宜春	0	1	2	0	4	3	10	15
分宜	1	1	2	9	4	1	18	20
萍乡	0	0	0	4	0	3	7	27
万载	0	0	0	3	3	2	8	14
吉安府								182
庐陵	3	11	3	6	2	6	31	38
泰和	0	5	2	2	3	1	13	18
吉水	2	5	3	9	1	1	21	25
永丰	0	2	0	4	1	2	9	14
安福	5	10	7	6	3	3	34	49
龙泉	1	0	1	1	1	0	4	4
万安	0	1	2	0	0	0	3	3
永新	2	2	3	1	0	0	8	19
永宁	1	2	0	0	0	0	3	4

第六章
清前期江西的文化、艺术与科技

府县名	顺治	康熙	雍正	乾隆	嘉庆	道光	清前期小计	清代合计
莲花厅	0	0	0	3	0	1	4	8
赣州府								76
赣县	0	1	2	9	0	1	13	20
于都	0	0	0	6	0	1	7	7
信丰	0	0	2	4	0	1	7	7
兴国	0	1	1	0	1	2	5	14
会昌	0	1	0	2	3	0	6	6
安远	0	0	0	1	0	0	1	1
长宁	0	0	1	0	0	1	2	4
龙南	0	3	0	4	3	2	12	14
定南厅	0	0	0	3	0	0	3	3
宁都								
直隶州	0	3	0	13	1	0	17	33
瑞金	0	1	0	2	0	0	3	3
石城	0	0	1	3	1	1	6	9
南安府								25
大庾	0	0	0	6	0	0	6	7
南康	0	0	0	7	1	2	10	10
上犹	0	0	1	1	1	1	4	4
崇义	0	0	0	1	1	1	4	4
合计	81	199	112	538	223	180	1333	1887

资料来源：主要参照朱保炯、谢沛霖《明清进士题名碑录索引》编制。对于该书误刊之部分进士，则利用《国朝历科题名碑录初集》及各相关地方志加以考订。尽管《索引》中存在不少的误刊，但作为唯一一种由当代学者编著的索引，涵括了明清两代全部进士的人名，对于人们进行明清进士时空分布对比分析的价值，依然无可替代。

与明代江西进士考试相比，包括清前期在内的江西清代进士考试成绩有明显下降，首先是总人数从明代的3018人降到了清代的1887人。整体上看，除了袁州府、建昌府、南康府、九江府、南安府、赣州府及宁都直隶州的进士人数略有增加外，其余南昌府、吉安府、抚州府、饶州府、广信府、临江府、瑞州府7个科举大府的进士人数均大为下降。从县份上统计，清代江西考取进士最多的前六县为南昌、南丰、南城、新建、新城、奉新。而进士人数增加较多的有德化、萍乡、万载、奉新、南城、南康、南丰、新城等县。由此也可以看出另外一种变化趋势，就是清代江西一些贫困偏僻地区与经济较为发达地区在文化发展的地域差别方面，比明代有所缩小。

　　其次是考中的"三鼎甲"(也就是俗称的"状元"、"榜眼"、"探花")的总数也大幅减少。明代江西居"三鼎甲"者共54名，约占江西进士总数的1.8%。清代江西进士中居"三鼎甲"者仅18名，所占比例不到1%。据朱彭寿《旧典备征》记载，清代自顺治三年(1646年)丙戌科至光绪三十年(1904年)甲辰科，共举行了112次殿试，取中状元114人，其中江西仅有3人，分别是乾隆四十三年(1778年)戊戌科的大庾县戴衢亨、道光十三年(1833年)癸巳科的彭泽县汪鸣相、道光十五年乙未科的永丰县刘绎。①即使加上顺治六年(1649年)己丑科湖北黄冈籍状元清江人刘子壮，也仅4人。此外，清代江西共出榜眼9人，即顺治四年(1647年)鄱阳人程芳朝、乾隆四年(1739年)南昌人涂逢震、乾隆十六年广昌人饶学曙、乾隆三十六年泰和人姚颐、嘉庆元年(1796年)乐平人汪守和、嘉庆十三年(1808年)宜黄人谢阶树、道光二年(1822年)上高人郑秉恬、道光十二年都昌人曹履泰、道光十五年新建人曹联桂；出探花4人；乾隆五十四年(1789年)萍乡人刘凤诰、乾隆五十八年新城人陈希曾、嘉庆六年(1801年)乐平人邹家燮、道光六年(1826年)奉新帅方蔚。另外，清代江西举人考中会元、传胪等巍科者也不多。据《旧典备征》及商衍鎏《清代科举考试述录》所载，1840年前江西的乡试中仅出会元2人，即顺治十五年(1658年)临川人游东升、乾隆二年(1737年)赣县人何其睿；出传胪3人，为乾隆五十五年万载人辛从益、嘉庆十九年(1814年)新建人裘元善、道光十二年(1832年)南丰人赵德潾。而在所有的"三鼎甲"中，只有乾隆五十八年(1793年)探花陈希曾与嘉庆六年探花邹家燮二人是乡试解元，而清代江西没有一人连中二元，遑论三元及第。这种状况，与江西在全国乡试举人录取定额的排名是不相称的。

---

① 参见朱彭寿《旧典备征》，台北：文海出版社1987年影印本，第88页。

第六章
清前期江西的文化、艺术与科技

就清代江西进士考试成绩作横向对比,也可以看出一种下滑的趋势。首先,可以通过清代历科进士录取分省名额情况进行考查。

清朝进士分省派额录取的制度始于康熙五十二年(1713年)癸巳恩科,即每次会试时由主考官统计并上报各省实际进入考场的人数,由皇帝钦定每省可以录取的进士数额。由于每次会试各省进场人数均不相同,因此每次所定录取名额也各不相同。从整体来看,清前期江西会试临期分派名额,最多一次是乾隆十年(1745年)乙丑科的31名,最少时为乾隆五十四年己酉科、五十五年庚戌科的7名,平均各科名额,则大约为19名。① 与其他省份比较,江西会试录取名额要少于直隶、浙江、江南三省,说明尽管江西乡试录取定额与江南、浙江大致相当,但进入考场参加会试的举人却相对更少。据考证,清代各省进士人数依次为顺天4244名,江苏2949名,浙江2808名,山东2270名,江西1919名,河南1721名,山西1420名,福建1371名,湖北1247名,安徽1119名,陕西1043名,广东1011名,四川753名,湖南714名,云南694名,贵州607名,广西568名,甘肃289名。② 从中我们可以发现,录取举人总数居全国第二的江西省,其文进士的人数仅为全国第五,不但低于举人定额高于自己的顺天及与自己相当的浙江,也远低于举人定额少于自己的江苏、山东二省,说明江西士绅在进入进士考试即会试与殿试阶段,逐渐丧失了领先优势,只能屈居进士成绩中第一集团的末席。

考察清代江西进士的甲次分布,也能说明其考试成绩的实际层次。从考取进士人数来看,顺治年间江西进士人数仅占全国总数的2.7%,说明考试成绩相对较差。康熙年间江西进士比例虽然有所增加,但也仅有4.9%。同时在这两个时期内,江西进士的二甲进士(即所谓"进士出身"者)比例均低于全国比例;而三甲进士(即所谓"同进士出身"者)比例则高于全国进士的三甲比例,说明此时江西进士考试不仅在人数上没有优势,在成绩上也多被排在三甲之中。雍正年间,江西考取进士的总数比例上升到7.5%,但其中三甲进士的比例依然高于全国比例。乾隆、嘉庆两朝,是清代江西进士考试成绩最好的时期。乾隆朝江西所占全国同期进士总数的比例超过了10%,尤其是乾隆朝中间9次殿试中,江西进士的二甲比例首次高于全国比例。嘉庆朝后期的6次殿试中,江西二甲进

---

① 参见(清)礼部《光绪钦定科场条例》卷二十二《乡会试中额·会试中额》。
② 参见沈登苗《明清全国进士与人才的时空分布及其相互关系》,《中国文化研究》1999年第3期。其中,沈登苗对何炳棣的进士统计数据进行了校正。尽管该文统计清代全国进士人数为26747名与实际人数存在102名的差额,不过它依然提供了迄今所见清代全国分省统计最详细的数据。

士比例又一次超过了全国同期比例。尽管在这两朝的55年中,江西进士的三甲比例依旧偏高,但江西士子毕竟以7.5%举人录取定额,夺得了8.3%的进士名额。但就总体来看,清代全国三个甲次进士的比例分别为1.3:33.4:65.3,而清代江西进士的相应比例则分别为1:32:67,江西一甲、二甲、三甲进士占全国同类进士的比例分别为5.26%、6.72%和7.21%。可见清代江西的一甲和二甲进士比例均低于全国相应的比例。

通过以上对比分析可知:清代江西科举成绩较明代有明显下降,尤其是考中进士的人数,较明代减少了大约1/3;清代江西举人录取名额居全国前列,处于第一集团军的领跑者的位置,但考中进士的人数则与举人录取定额的排名不符,大致处于第一集团军的末尾或第二集团军的首位。由于江西全部进士中的三甲进士比例偏高,也降低了清代江西进士考试成绩的含金量。

二、江西科举姓氏的分布及各地著名的进士家族

1.江西科举姓氏的空间分布

相对明代而言,虽然清前期江西一省的科举总体状况呈下降趋势,但对江西省内的士人来说,并不因此而导致他们追逐功名的热情下降。所以如此,原因是多方面的,很重要的一点是在清代江西乡村普遍聚族而居的社会生存系统中,科举考试往往是一些大姓巨族掌控的重要政治资源。这种政治资源的掌控越是长久,越有助于这些大族在地方上获取更多的声誉、权力和利益,所以深为这些大姓巨族所骄傲。清前期江西各地都不乏累世科甲者,无论是科甲联芳的祖孙进士、父子进士,还是棠棣同荣的兄弟同榜、兄弟联榜,以及几代之间的一门多进士,他们因此而形成远近闻名的进士家族。至今在江西一些村落中,清代竖立的标榜功名业绩的旗杆石屡屡可见;还有数量繁多的家族谱牒,详细记载了各姓子弟清代参与科举的中举捷报与名人轶事。从其历史渊源考察,这些家族的科举活动多可上溯到明代;从其家族内部的科举人士分布看,往往不是均衡产生而是集中在几个房支。这些历有科举传统和优势的家族房支,更加着意培养和激励其子弟生生不息地发愤念书,参加科举。长此以往,不仅形成其自身的一种文化和传统,也形成人所共知的称颂性口碑,在观念或印象上形成姓氏(家族)—地域(村或乡)—科举(仕宦)三位一体的重叠。在晚清废除科举制度之前,这样一种基本状态和追逐热情在江西始终存在,而且和此时江西在思想、学术领域的贡献大小皎然分途——后者在清代的逐渐边缘化,

第六章
清前期江西的文化、艺术与科技

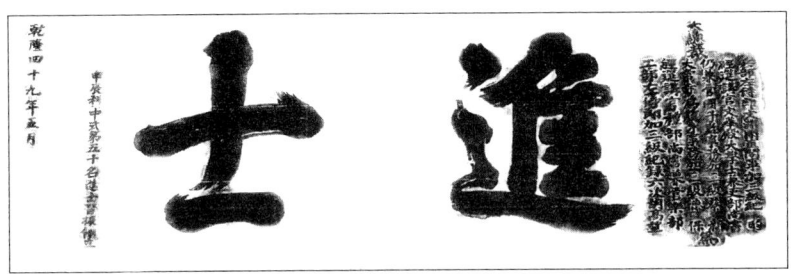

峡江县进士匾（吉安市博物馆提供）

不可与江西清代的科举势头混为一谈。有所变化的，只是不同姓氏（家族）在这种科举竞争中的消长，或是中举人数的多少在不同府县之间的易位。

根据《明清进士题名碑录索引》统计，明清两朝全国共有809个姓氏曾有人考中进士，其中明代江西共有185个姓氏考取进士，清代则减少了4个，总数181个。如果按考中进士人数的多少划分江西的科举姓氏类型，则进士人数超过100名者可定为超大型科举姓氏，50—100名者为大型科举姓氏，20—50名者为中型科举姓氏，20名以下者为小型科举姓氏。若按这一类型划分，则明代江西超大型科举姓氏共有5个，即刘、李、王、张、陈，这5个超大型科举姓氏共产生了759名进士；大型姓氏有12个，分别为周、吴、黄、胡、徐、杨、曾、熊、罗、朱、萧、彭，他们共产生了689名进士；中型姓氏有14个，分别为万、邓、郭、欧(阳)、汪、江、邹、涂、傅、余、谢、袁、郑、程，共产生384名进士；小型姓氏共154个，其中进士人数在11—20人之间的有25个，进士人数在1—10名之间的有129个，共产生了930名进士。明代江西科举姓氏与全国主要科举姓氏的分布基本吻合，只有涂姓在全国属于小型科举姓氏，而在江西则属于中型科举姓氏。

到清代，江西已经没有超大型科举姓氏，大型科举姓氏仅有8个，即李、黄、刘、陈、王、张、徐、周，总数比明代少4个；中型科举姓氏有15个，分别为熊、吴、杨、彭、胡、朱、罗、赵、程、谢、邓、蔡、涂、万、欧(阳)；小型进士姓氏有158个。与明代相比，清代江西除了没有超大型科举姓氏外，另一个不同在于中型科举姓氏的具体内容发生很大变化：其中，与明代相同的姓氏只有40%，而接近50%的新姓氏属于明代的大型科举姓氏之列。这说明清代江西中小型科举姓氏考中进士的人数有所增加，换言之，有更多的小姓家族在科举角逐中占据一席之地。

清代江西各地科举姓氏的空间分布及其与明代的对比，详如表6-2：

表 6－2　清代江西科举姓氏的空间分布及其与明代的对照

姓氏	清代人数	清代主要分布地区	明代人数	明代主要分布地区
李	100	临川17,德化8,吉水7,南昌6,南城6,金溪5,南丰4,宁都4,建昌4,丰城3	149	丰城27,南昌14,吉水14,安福9,贵溪7,庐陵6,永新6,南丰6,新建5,进贤5,浮梁5,新喻5,临川4
刘	97	南丰16,安福9,庐陵8,新昌8,南昌6,永新5,崇仁5,新建4,德化4,南城3,赣县3	238	安福50,南昌27,庐陵25,吉水18,万安17,永丰13,永新12,泰和9,鄱阳8,临川7,丰城5,金溪5,崇仁5,广昌4,浮梁3,彭泽3
黄	97	新城14,宜黄10,都昌7,南昌5,金溪5,南丰4,庐陵4,清江4,德化4,临川3,南城3,鄱阳3,兴国3,石城3	77	丰城11,临川8,金溪4,乐安4,庐陵4,南城4,信丰4,吉水3,建昌3
陈	68	新城7,义宁州5,新建4,德化4,临川3,崇仁3,赣县3,武宁3,高安3	115	泰和14,临川12,进贤9,南昌6,庐陵6,高安6,新淦5,新建4,新昌3
王	61	安福9,南城7,金溪6,庐陵5,新淦4,鄱阳4,南昌3	135	安福30,泰和11,吉水9,金溪9,庐陵8,南昌8,新建7,临川6,高安5,上饶5,南城4,东乡3
张	55	永丰5,德化5,临川4,南昌3,新建3,奉新3,武宁3,铅山3,新昌3	123	南昌12,吉水10,新喻8,新淦8,安福7,南城7,德兴7,泰和5,万安5,新建5,浮梁4,临川3,乐安3,上饶3,建昌3
周	50	鄱阳9,南城6,南丰4,金溪4,南昌3,湖口3,安福3	94	吉水18,安福16,南昌6,庐陵5,临川5,贵溪4,玉山3,万安3,新淦3
徐	54	奉新11,丰城7,南昌6,宁州3,金溪3,高安4,南丰3,广丰3,龙南3	63	金溪7,临川6,丰城6,南昌4,进贤4,上饶6,贵溪6
吴	46	南昌9,南丰7,高安6,玉山4	77	临川11,金溪6,崇仁5,进贤5
熊	46	南昌9,新建6,高安8,新昌7,安义4	54	南昌14,丰城12,进贤6,新建5,建昌4

第六章
清前期江西的文化、艺术与科技

姓氏	清代人数	清代主要分布地区	明代人数	明代主要分布地区
杨	45	清江11,新城7,南昌3,新建3	61	泰和12,南昌10,丰城9,清江5,吉水4
彭	44	南昌9,庐陵4,宁都4,湖口4,安福2	51	安福16,庐陵5,吉水4,清江4
胡	42	新建8,南昌6,进贤3,乐平3,新昌3	72	新喻8,南昌7,丰城5,安福5,庐陵5,吉水5,新淦4,鄱阳4
朱	32	高安7,莲花厅4,南城3,进贤3,南昌2	52	南昌6,进贤5,新建5,万安5,高安5,南城4
罗	29	南城5,南丰4,德化5,吉水3,新建3	53	吉水10,泰和9,庐陵4,南昌9,丰城5
赵	27	南丰12,奉新5,安福4	17	南昌3,德化3,南丰2
程	26	新建7,南城5,宜黄4,鄱阳4,浮梁2	22	乐平6,浮梁4
邓	25	新城5,南城3,南昌3,新淦3	33	吉水6,安福5,新城3
谢	25	宜黄3,兴国3,南城3	23	安福5,吉水3,金溪3,乐安3
蔡	23	德化6,新昌4	11	德化2,新昌2,大庾2
万	22	新建5,南昌6,德化4,丰城3	41	南昌19,进贤7,新建5,安福4
欧	22	安福3,分宜6,彭泽5	32	泰和17,安福7
涂	22	新城8,奉新6	26	丰城10,南昌7,新建3,新城3
曾	20	南城5,临川3,宁都3	55	泰和14,吉水8,永丰6,庐陵4,临川8,乐安3,宁都3
饶	19	南城5,新城4	14	进贤9
鲁	19	新城14,南丰3	0	
郭	18	新建4,吉水3,建昌3	32	泰和7,庐陵5,吉水4,万安3,宜春3
汪	18	乐平7,浮梁3	27	弋阳7,乐平4,贵溪4,浮梁3
邹	18	奉新3,南丰3	26	安福7,临川3
余	17	奉新5	24	奉新4,南昌3,都昌3,德兴3

姓氏	清代人数	清代主要分布地区	明代人数	明代主要分布地区
傅	17	高安3,金溪3	25	新喻6,临川6,进贤5
何	17	广昌4,鄱阳3	18	新淦6,广昌4
曹	17	新建9,湖口5	8	彭泽3,浮梁3
宋	15	奉新11	19	奉新4,吉水4,丰城3
萧	14	萍乡3,高安3	52	泰和24,庐陵9,万安5,吉水4
袁	14	宜春2,丰城2	23	丰城11,宜春4
郑	13	上饶2	23	上饶5,永丰3
魏	13	广昌6,南昌4	11	南昌4,新建4
严	13	奉新6,分宜4	5	分宜2
陶	13	南城5,南昌4,新建4	4	
夏	12	新建11	17	丰城4
叶	12	新建4	20	南昌5,上饶3,湖口3
钟	12	兴国3	12	南昌5,永丰4
甘	12	奉新12	12	丰城5
高	12	新建3	8	
江	11		27	贵溪8,进贤4,金溪3
章	11	南城4,南昌3	12	临川6
许	11	南昌3	7	
卢	10	南康4	8	
汤	10	南丰8	10	南丰2
雷	9	南丰3	8	丰城6
廖	9	奉新3	7	
聂	9	清江3	16	丰城5,金溪3
舒	9	靖安4	15	靖安2

第六章
清前期江西的文化、艺术与科技

姓氏	清代人数	清代主要分布地区	明代人数	明代主要分布地区
喻	9	南昌3,新建3	10	新建3
吕	8	德化3	8	(广)永丰6
梅	8	南城5,南昌3	2	湖口2
杜	8	新建6,清江2	6	丰城4
丁	8	丰城2	18	丰城7,新建3
谭	8	南丰5	9	南丰2
裘	8	新建8	0	
潘	8	南城3,新城3	4	
伍	7	安福6	15	安福13
詹	7	安义5,乐安2	19	乐安5,玉山3,(广)永丰3,贵溪3
方	7		17	浮梁4,乐平3
姚	7	贵溪1	9	贵溪4
戴	7	大庾4	17	浮梁5
华	6	崇仁4,铅山2	0	
顾	6	广丰3	1	
龙	6	永新4	17	泰和5,永新4
金	6		11	新建3,新淦3
易	5	宜春3	8	
游	5	临川3	9	丰城5
龚	5	南昌4	10	南昌3,进贤3,清江3
辛	5	万载5	1	
帅	5	奉新5	2	奉新1
梁	5	泰和3	10	泰和3
阮	5	新建3,安福2	2	

姓氏	清代人数	清代主要分布地区	明代人数	明代主要分布地区
贺	4		9	鄱阳3,永新3
漆	4	新昌4	4	南昌2,新昌2
左	2		10	南城4,永新3
姜	0		16	南昌5

资料来源:主要根据朱保炯、谢沛霖《明清进士题名碑录索引》统计编制。清代进士部分参照毛晓阳《清代江西进士丛考》(浙江大学人文学院古籍研究所中国古典文献学专业2005年博士毕业论文),其中对《索引》有所考订修正。据此,不仅可以直观地了解清代江西各府县科举姓氏的分布及人数情况,还可看出明清两朝各地科举姓氏之间消长、替代等变化。

2.江西各地著名的进士家族

在明代江西,刘姓是科举姓氏第一大姓,到清代则降为第二。该姓进士具体的分布地域也发生了改变,在23个有刘姓考中进士的县份中,明清两代均有刘姓进士分布的县份仅有4个。而据地方志记载,在清代有刘姓进士分布的11个县份中,仅有3个县份的刘氏可以称为清前期的科举家族,如南丰县刘姓有二代三进士的科第荣光:刘光黎,乾隆十九年(万秩孙);刘秉钧(霖子),乾隆十七年;刘焯(秉彝子),乾隆二十六年。安福县刘姓有父子进士的科名佳话:刘骊,康熙二十一年;子孟宏,康熙三十九年。南昌县刘姓有兄弟进士:刘昆,顺治十六年;刘徵,康熙九年。

李姓是明代江西考中进士第二多的姓氏,到清代则升至第一位。在18个有李姓进士的县份中,明清两代均有李姓考中进士的县份只有5个。据地方志记载,在清代有李姓进士分布的10个县份中,有5个县份的李氏可以称为清前期的进士家族。临川县有一门六进士:李绂,康熙四十八年;李纮(绂六弟),雍正二年;李孝洪(纮子),乾隆十七年;李友棠(绂孙),乾隆十年;李传熊(友棠子),乾隆五十二年;李训钊(传熊孙),道光十五年。建昌县有三代三进士:李凤鬻,康熙三十六年;李志沆(凤鬻次子),康熙五十七年;李瑞麟(凤鬻孙),乾隆二十二年。吉水县有"四代三进士":李振裕,康熙九年;李景迪(振裕六子),康熙四十二年;李象井(景迪孙),乾隆四十年。德化县有父子进士:李鸿宾,嘉庆六年;李儒郊,道光二年。南城县有兄弟同榜进士:李从图、李熙龄,道光九年以堂兄

第六章
清前期江西的文化、艺术与科技

赣县白鹭村钟氏举人旗杆石(梁洪生摄)

弟中同榜进士,并入馆选。

将清代江西科举姓氏的类型与地方志所载清前期江西科举家族进行对照,可以发现它们之间存在较为一致的相关度。在清代江西23个大型、中型科举姓氏中,有20个均在地方志中有科举家族的相关记载。如黄姓,新城县北坊有祖孙三进士:黄文则,乾隆元年;黄寿龄(文则孙),乾隆三十七年;黄嵩龄(寿龄兄),乾隆四十年。东坊有父子进士:黄祐,雍正元年;黄澄,乾隆十九年。另又有叔侄进士:黄培任,乾隆二年;黄福,乾隆四年。宜黄县有父子侄三进士:黄捷山,乾隆十三年;黄锡祓(捷山子),嘉庆七年;黄锡祺(捷山侄),嘉庆十年。庐陵县有兄弟进士:黄赞汤,道光十三年;黄赞禹(赞汤兄),道光二十年。都昌县有兄弟进士:黄有华,道光二年;黄慎修,道光九年。

又如陈姓,新城县有一门七进士:陈道,乾隆二十四年;陈观(道孙),乾隆四十九年;陈用光(道孙),嘉庆六年;陈椿冠(道孙),道光十五年;陈希祖(道曾孙),乾隆五十五年;陈希曾(希祖弟),乾隆五十八年(探花);陈兰祥(道之曾孙),道光九年。

在王姓中,新淦县有三代四进士:王言,康熙十八年;王泰甡(言长子),雍正二年;王云焕(言孙),乾隆元年;王云翔(云焕从弟),雍正十一年。庐陵县有父子进士:王大年,康熙五十四年;王用仪,乾隆三十四年。

在张姓中,武宁县坊市有父子侄进士:张华甫,乾隆三十六年;张富业(华甫子),嘉庆四年;张富经(华甫侄),嘉庆二十二年。永丰县有父子三进士:张琼英,嘉庆六年;张舒翘(琼英次子),道光十六年;张舒翰(琼英四子),道光二十一年。

又如徐姓,奉新县建康乡有四代七进士:徐维纲,乾隆十年;徐维伦(维纲弟),乾隆十九年;徐曰明,乾隆二十二年;徐曰都(曰明弟),乾隆三十四年;徐曰言(维纲从子,曰都弟),乾隆三十七年;徐心田(维伦孙),嘉庆六年;徐盛持(曰言孙),道光三年。金溪县有父子进士:徐继昌,康熙三十九年;徐大樑,雍正元年。

再如周姓,南城县有父子三进士:周之相,康熙五十四年;周方炽(之相长子),乾隆十年;周方燧(之相四子),乾隆二年。鄱阳县有祖父孙三进士:周铭诒,乾隆十年;周崧晓(铭诒子),乾隆三十七年;周彦(崧晓子),嘉庆二十四年。湖口县有父子进士:周厚辕,乾隆二十六年;周仲墀(厚辕次子),道光三年。另有祖孙进士:周仁栋,乾隆二十二年;周诚之(仁栋孙),道光二十年。

此外还有熊姓,在南昌县沥南有四代五进士:熊一潇,康熙三年;熊本(一潇子),康熙四十五年;熊学烈(一潇孙),康熙四十二年;熊学鹏(本子),雍正八年;熊之福(学鹏子),乾隆二十二年。南昌县鲁滨有祖孙三进士:熊飞渭,康熙三年;熊直宋(飞渭孙),雍正二年;熊忠信,乾隆四十五年。高安县有父子三进士:熊中砥,乾隆三十一年;熊如澍(中砥子),嘉庆六年;熊如洵(如澍弟),嘉庆元年。铅山县有祖孙进士:熊枚,乾隆三十六年;熊常镎(枚孙),嘉庆十四年。安义县有叔侄进士:熊启谟,乾隆二十五年;熊廷基,道光九年。

再如吴姓,高安县有父子进士:吴学瀚(琇子),雍正十一年;吴琇,乾隆元年。

杨姓,清江县(今樟树)有三代三进士:杨锡绂,雍正五年;杨有涵(绂次子),乾隆十七年;杨懋珩(有济子),乾隆三十六年。又有父子进士:杨寿楠,乾隆三十四年;杨学光,乾隆五十八年。新城县有父子进士:杨钤,乾隆三十一年;杨以湲,乾隆三十六年。

彭姓,南昌县东坛有一门八进士:彭廷训,康熙四十五年;彭元瑞(廷

第六章
清前期江西的文化、艺术与科技

子),乾隆二十二年;彭元琉(元瑞弟),乾隆三十七年;彭良骞(元琪子),乾隆十九年;彭良裔(廷训孙),嘉庆四年;彭翼蒙(元瑞子),乾隆四十三年;彭邦畴(元瑞孙),嘉庆十年;彭邦畯(元瑞孙),嘉庆十九年。湖口县有二代三进士:彭锡璜,乾隆二十六年;彭锡珖(锡璜弟),乾隆四十五年;彭嘉恕(锡璜侄)。

另外一些地方的实例如:朱姓,高安县有父子进士:朱轼(文华殿大学士兼吏部尚书),康熙三十三年;朱璘,乾隆元年。另有兄弟进士:朱之问,康熙五十四年;朱之辨(之问兄),雍正元年。

罗姓,南城县有祖孙四进士:罗冠(炉祖),康熙九年;罗铨,雍正五年;罗炉(铨侄),康熙五十四年;罗华(炉子),乾隆四年。

谢姓,南康县有父子进士:谢启昆,乾隆二十六年;谢学崇,嘉庆十年。

邓姓,南城县、浮梁县均有父子进士:南城邓晅,乾隆四十三年;邓存咏,嘉庆十四年。浮梁邓梦琴,乾隆十七年;邓傅安,嘉庆十年。

蔡姓,南昌县有父子进士:蔡秉公,康熙三十七年;蔡正笏,乾隆四年。德化县有叔侄进士:蔡燮,道光十五年;蔡寿祺,道光二十年。

涂姓,奉新县法城乡有一门四进士:涂锡禧,乾隆元年;涂锡谷,乾隆十年;涂祖澜,乾隆二十二年;涂崧(锡禧孙),嘉庆二十四年。

万姓,南昌县有祖孙三进士:万廷兰,乾隆十七年;万承绛(廷兰孙),道光二十四年;万启昀(承纪子),嘉庆十四年。另有兄弟进士:万承苍,康熙五十二年;万承芩,雍正元年。

欧阳,分宜县有祖孙进士:欧阳光缙,顺治十二年;欧阳星(缙曾孙),乾隆四年。另有叔侄进士:欧阳瑾(章学诚之师),雍正十一年;欧阳钦(瑾叔,戴均元、戴衢亨之师),乾隆二十六年。

清代前期,江西还有不少属于小型科举姓氏的家族培养出几代进士。如:

鲁姓,新城县(今黎川县)钟贤鲁氏一门十一进士,是清前期江西进士家族之最:鲁瑗,康熙二十四年;鲁立(瑗从子),康熙五十一年;鲁淑(瑗孙),雍正八年;鲁士骧(淑子),乾隆三十一年;鲁兰枝(立子),乾隆三十四年;鲁河(士骧叔),乾隆二十八年;鲁鸿(瑗孙),乾隆二十八年;鲁缤(鸿子),嘉庆二十二年(贡士);鲁士骧(邦材族孙、缤族兄),乾隆三十六年;鲁鼎梅(士骧同族),乾隆七年;鲁垂绅(邦材孙),嘉庆十年。

詹姓,安义县有一门五进士:詹易,乾隆二年;詹鹤龄(易长子),乾隆三十七年;詹锡龄(易幼子),乾隆四十六年;詹坚(易孙),乾隆六十年;詹景钟(易孙),道光十六年。

裘氏,新建县有一门四进士:裘君弼,康熙三十六年;裘曰修(君弼子),乾隆四年;裘麟(曰修子),乾隆二十五年;裘元淦(麟子),嘉庆十年。

曹氏,新建县有一门四进士:曹家甲,康熙三十六年;曹秀先(家甲孙),乾隆元年;曹熊(秀先曾孙),嘉庆四年;曹联桂(熊子),道光十五年。湖口县有父子进士:曹天瑾,乾隆四年;曹基甲,嘉庆七年。

宋氏,奉新县有三代四进士:宋五仁,乾隆十六年;宋鸣珂(五仁次子),乾隆四十五年;宋鸣琦(五仁四子,广西盐法道),乾隆五十二年;宋延春(鸣琦三子,代理云贵总督),道光十三年。

戴氏,大庾县有二代四进士:戴第元,乾隆二十二年;戴均元(第元弟),乾隆四十年;戴心亨(第元长子),乾隆四十年;戴衢亨(第元次子),乾隆四十三年。戴衢亨于乾隆十三年中状元,其父戴第元为乾隆丁丑科进士,其叔戴均元、弟弟戴心亨也于乾隆四十年考中进士,两代人四人并居馆职,世人誉称"西江四戴"①。

许氏,南昌县有兄弟三进士:许庭梧,乾隆六十年;许庭椿,嘉庆元年;许庭楷,嘉庆元年。

帅氏,奉新县有二代三进士:帅念祖(帅我次子),雍正元年;帅光祖(帅我幼子),乾隆二十八年;帅家相(我之孙),乾隆二年。

严氏,奉新县进城乡有祖孙三进士:严盛昌,康熙五十四年;严拱(盛昌曾孙),嘉庆六年;严盛日,乾隆二十六年。分宜县有三代三进士:严宗喆,雍正五年;严秉琏(宗喆侄),乾隆十九年;严思济(宗喆侄孙),乾隆二十一年。

郭氏,建昌县有父子三进士:郭卫城,乾隆二十二年;郭祚炽(卫城长子),乾隆二十六年;郭祚炳(卫城子),乾隆四十九年。湖口县有父子进士:郭在磐,嘉庆十九年;郭世闻,道光三年。

梅氏,南城县有祖孙三进士:梅之珩,康熙二十四年;梅廷对(之珩子),康熙五十二年;梅云程(廷谐子),乾隆十三年。

曾氏,南城县有二代三进士:曾廷枟(劭子),乾隆四十六年;曾燠(廷枟子),乾隆四十五年;曾炘(劭孙),嘉庆十四年。宁都县有兄弟进士:曾昌麟,乾隆二年;曾昌龄(昌麟兄),乾隆七年。

辛氏,万载县有二代三进士:辛从益,乾隆五十五年;辛炳晟(从益兄),嘉

---

① 许怀林《江西史稿》,江西高校出版社1993年版,第612页。

第六章
清前期江西的文化、艺术与科技

寻乌县项山乡潘氏清代举人旗杆石(梁洪生摄)

庆十年;辛师云(从益子),道光十二年。

干氏,星子县有祖孙进士:干建邦,康熙三十九年;干廷熳(建邦四世孙),道光九年。另有叔侄进士:干运恒,乾隆十七年;干从濂,乾隆十三年。

陶氏,南城县有祖孙进士:陶成,康熙四十八年;陶其愫,乾隆十五年。另有父子进士:陶思贤,雍正八年;陶金谐,乾隆十三年。

卢氏,武宁县、南康县均有父子进士:武宁卢浙,嘉庆四年;卢鸿翱,道光六年。南康卢元伟,乾隆六十年;卢昌辅,道光十六年。

另外,江西何、解二姓在清前期均有祖孙进士的科名佳话:广昌县何人龙,康熙五十二年;何在勇(人龙孙),乾隆十三年。吉水县解韬,雍正八年;解运衢,嘉庆十三年。梁、魏、燕、舒四姓都有父子进士的科第荣光:泰和县梁弓,康熙十八年;梁机,康熙六十年。广昌县魏方泰,康熙三十九年;魏定国,康熙四十五年。德安县燕侯然,乾隆元年;燕位璋,乾隆三十六年。靖安县石马舒懋官,乾隆五十七年;舒恭受,道光二年。冯、伍、习、余、康、江、叶、段八姓则有兄弟进士的棠棣齐芳:金溪县冯咏、冯谦,康熙六十年同榜进士。安福县伍炜、伍焕,雍正八年同榜进士。分宜县习家驹、习家骒,嘉庆十年同榜进士。丰城县余配元,顺治十八年;余配乾(配元兄),康熙九年。高安县安福县康五瑞,康熙三十六年;康五瓒,雍正五年。贵溪县江皋,雍正五年;江峰,乾隆十年。浮梁县叶宏,乾隆十三年;叶廷裕(宏兄),乾隆十九年。雩都县段彩,乾隆十九年;段廷遴,乾隆三十五年。

三、乾嘉学人主流对"江右王学"的批判

宋明以来的典籍中,以"江右"指称"江西"的说法由来已久;但以之概括明代江西文化人群体及其学术旨归,则当闻名于康熙十五年浙江大儒黄宗羲编定的《明儒学案》。在这部对明代儒学进行整理研究的重要著作中,黄宗羲专门写有"江右王门学案"9卷。作为王学中人及其学术思想的整理者,他在序言中加意强调:

> 姚江之学,惟江右为得其传,东廓、念庵、两峰、双江其选也。再传而为塘南、思默,皆能推原阳明未尽之旨,是时越中流弊错出,挟师说以杜学者之口,而江右独能破之,阳明之道赖以不坠。盖阳明一生精神,俱在江右,亦其感应之理宜也。

然而,《明儒学案》在编定之初,整个江南地区已经处于抗击三藩叛乱的动荡之中,作为清王朝在思想文化上的系统清理和整肃,此时还未及充分展开。

康熙二十二年(1683年),平息叛乱之后的首任两江总督于成龙主修《江西通志》。江西学政高璜在序言中先纵论江西具有的重要战略地位,然后笔锋一转,由地理而引申到江西的文与人:

> (江西)故大不如吴,强不如楚。然有吴之文而去其靡,有楚之质而去其犷。吾必以江国为巨擘焉!议者常少江人,谓其立异而难服。夫立异者,矜之疾;难服者,愚之疾,诚有之不知。立异,则无工言语,识形势之习;难服,则不顾利害去就,与天下争是非。可杀,可去,而不可使为不义。此人君乐得之以为臣,人父乐得之以为子,人士乐得之以为友,祷祠以求而不副者也。且使尽弃其所得之分,亦安所得而利之。汉庶人既克,庭议将移师伐赵,杨文贞不可。东杨以言怵之,不动,卒全亲亲之仁,嫡后尊崇,满朝缩

第六章
清前期江西的文化、艺术与科技

领。彭文宪指陈侃侃,至满四之役,持议不发京兵,程信怵之,亦不动,迄以成功。非立异难服之效欤?臣璜揖西江士大夫无造次之美,而有持久之功,此与向所云殆近欤?……

高璜此时盛赞"西江士大夫",用的还是明代的掌故,一是时称"三杨"之一的宰辅泰和人杨士奇,一为成化时任兵部尚书的安福人彭时。①在其背后蕴藏的不仅是吉泰盆地源远流长的宋明人文底蕴,而且这个地区也正是明代江右王学的大本营和深度浸淫之处。作为清初主持一省学政的长官,对这个地区的文化积累还是表示了尊崇并给予很高的评价。

乾隆朝以后,随着《四库全书》编纂的展开,作为文化主流的考据学家们几乎都对江右王学发起猛烈批判,且必定上溯陆王。其中评论尚属有所肯定的,如对清初余干人张时为所撰《张界轩集》所作的提要称:

……故总以集名,然读左言语录诗文,皆未刻者,皆讲学之书,仍以集名,非其实也。江右之学,大抵以陆氏为宗。时为生胡居仁之乡,乃独从居仁宗朱子,故其言平正笃实者居多。然颇有主持太过者……其于程朱之学殆犹食而未化欤。

又如为晚明南昌人涂伯昌所撰《涂子一杯水》所作的提要,则批评又稍进一层:

---

① "杨文贞卒全亲亲之仁"的掌故,见于明代郎瑛撰《七修类稿》卷九《国事》类"二杨真识"条:"汉庶人因成祖喜而不当继嗣,遂有谋逆之念;仁宗践祚,已每有轻之之意。及宾天,遂移檄以诬夏忠靖等奸邪误国,特未出兵耳。夏等人谢罪,宣宗曰:'是假卿名以兴兵耳。'命坐,屏人语,则杨文敏公首劝亲征,以往事可鉴数十言,剀切之甚。且曰:兵贵神速,遂兼程而进,六师临城,始大惊出降。罪人既得,朝廷遣尚书陈山迎驾,山因进曰:'移师赵府,一鼓可擒也。'文敏亦曰:'时不可失。'上令杨文贞公草敕,文贞曰:'事须有实,鬼神可欺哉!'与文敏反复辩其朝廷止一亲叔,当过厚而反入其罪,皇祖之灵安乎?上不怿,还京。过日,召文贞曰:'皇考与赵王最友爱,当思保之之道。吾封群言,差人赍去,俟其自处。'赵王得玺书及言者章,即日献卫卫,上表谢恩,自此上待赵益厚。呜呼!二府非文敏、文贞言之恳恳,则罪人何一时既得,而朝廷至亲死于无辜,亲亲之道,安能尽耶?"参见上海书店出版社《历代笔记丛刊》本,2001年版,第93页。所谓"彭文宪指陈侃侃",则见于明代焦竑著《玉堂丛语》之五"识鉴"条:"平凉土达满四反,官军累失利,都御史项忠奉诏讨之,时策其必成功。而朝议咸欲再遣将,彭时与商辂执不可,或动以危语,时不为动。未几,献俘至,议者始服。"参见中华书局《历代史料笔记丛刊》本,1997年版,第152页。

其《格物述》及《古本大学通序》数篇,颇以朱子为非。盖江右之学,多从陆氏,自宋元已然也。诗多染竟陵末派,惟五言律诗间有可观。①

明清之际,一大批反道学的文化人开始反对空谈心性、崇尚玄虚的恶劣作风,猛烈抨击阳明末学专讲道德性命、不务实际、束书游谈,几近狂禅,而大力提倡经世致用的实学。清初诸儒对王学空疏的反动,既是时代之大变使其然,同时也构成易代之变在思想领域的重要组成部分和具体表现之一。但在此同时,他们几乎是习惯性地将明儒之"空疏"与"江右"这一地理和文化空间相联系,进而从地域文化的品质方面,对江西文化人加以整体批判甚至是否定,这对雍乾以后江西地方文化的发展产生的负面影响甚大。到道光中期,时任太常寺卿且与倭仁、曾国藩等人有座师之名分的唐鉴编纂《国朝学案小识》,再次对陆王之学加以全盘否定:

……而乃朝谒师而夕思入道,夜入定而旦言明心,贪便喜捷,世态有然,而学术亦有然也。矜奇斗巧,人情多变,而学术亦多变也。于是有新建者,援象山之异,揭良知半语为宗旨,托龙场一悟为指归,本立地成佛,谓满街都是圣人。大惑人心,愈传愈谬;逾闲荡检,无所顾忌。天下闻风者趋之若鹜,骎骎乎欲挑程朱矣。生其后者,乌可不挽之于狂澜,拯之欲胥溺,而任其猖狂恣肆,使斯世尽入榛莽哉?!夫学术非则人心异,人心异则世道漓,世道漓,则举纲常伦纪政教禁令无不荡然于诐辞邪说之中也,岂细故耶?!

---

① 《张界轩集》与《涂子一杯水》二书分别被《四库全书》卷九十七"子部·儒家类存目三"和卷一八〇"集部·别集类存目七"所著录,分别见《四库全书总目》,中华书局1983年铅印本上册,第822页;下册第1629页。另外从学术思想史的角度考察,这种以地域分朱陆门户的做法,似乎也可从朱熹那里找到源头。他在《答刘季章》即提到:"大率江西人尚气,不肯随人后,凡事要自我出,自由自在,故不耐烦如此逐些理?须要立个高论,笼罩将去。譬如读书,不肯从上至下逐字读去,只要从东至西,一抹横说。看虽似新巧,压得人过。然横拽粗疏,不成义理,全然不是圣贤当来本说之意,则于己分究竟成何事?只如临川前后一二公,巨细虽有不同,然原其所出则是。是此一种见识,可以为戒而不可学也。面晤无疑可出此纸,大家评量。趁此光阴未至晚暮之时,做些着实基址,积累将去,只将排比章句玩索文理底工夫,换了许多杜撰,计较别寻路脉底心力。须是实有用力处。久之,自然心地平夷,见理明彻,庶几此学有传,不至虚负平生也。如于雅意,尚未有契,可更因书极论勿遽罢休,乃所望也。"(见朱熹《晦庵集》卷五十三)

第六章
清前期江西的文化、艺术与科技

为之作序的沈维铄,更是大加挞伐:

> ……(宋明)以逮国初,诸名贤递相祖述,所以启迪人心,昌明世运,烛重昏而发丰蔀,惟其皆以孔孟程朱之道为道,以孔孟程朱之学为学故也。然而异端杨墨,春秋时已有之。黄老于汉,佛于汉晋六朝隋唐,盖自达摩来中国,明心见性本来面目之说,足以涵中庸未发之真,而惑溺高明之士矣。宋张无垢用宗杲改头换面之智,始以佛说释儒书矣。陆象山纯作禅机,反以圣传自任,又假儒书以弥缝佛氏矣。术益精而说益巧,弥近理而大乱真。向非朱子,无以犀照其奸也。迨明道一编朱子晚年定论之辑,则又假朱子以弥缝佛氏矣。姚江提倡心学,专主良知,非圣无法,簧鼓一世。末派直指心宗,猖狂恣肆。犹幸困知之记学部之编,砥柱中流,如一发引千钧。而其余焰,至国初未熄。太冲黄氏以名臣之子任文献之宗,手辑《明儒学案》,宜如何廓清阴曀,力障狂澜。而乃袒护师说,主张姚江门户,揽金银铜铁为一器,犹夫海门夏峰也。辨黑白而定一尊,不重赖继起者大有人在乎?

唐鉴以甄选学人入《学案》的方法,对清代学者加以清理,其中江西人除了显宦朱轼大得其称颂外[①],其余少有人得以入选。也正因此,到了道光初年,两广总督阮元[②]设学海堂于岭南,为了便利学生读书,尽出所藏,选刻《皇清经解》一书,总司其事的是门下士江西新建人夏修恕[③]、江西临川人李秉绶[④]、李秉文[⑤]任刊刻之劳并出所需经费;阮元所著的《十三经校勘记》,又全属江西武宁人卢宣

---

① 唐鉴似乎是以朱轼为江西学风在清代再造的楷模:"……洵为朱子家法,践而行之,必实学也。是以平生未登讲席,而学者奉为楷模,至今不坠。盖其真积力久,所以成人即寓于成己中也。……先生尝寓书聘请钱塘沈位山先生矣。位山,浙之名儒也。位山辞而后别聘,其人必位山匹也。而先生于政治之暇,又时临讲习,谆切开谕,分别勤怠,学有进益者辄加奖励,不率教者黜之。从此人思策励,有造有德,西江人文,彬彬日上矣。……"见《国朝学案小识》卷四《翼道学案·朱轼传》,[台]明文书局 1986 年印行《清代传记丛刊》本。

② 阮元,字伯元,号芸台,江苏仪征人。乾隆五十四年(1789 年)进士,官至体仁阁大学士,加太傅。历官中外,所至以提倡学术自任,有《揅经室集》行世。

③ 夏修恕,字浑初,号森圃,江西新建人,嘉庆七年(1802 年)进士,授翰林院检讨,官至广东督粮道、湖南按察使。

④ 李秉绶,江西临川人,官都水司郎中,善画梅竹。

⑤ 李秉文,江西临川人,官刑部山西司郎中。

句①的力作。这两部巨著从编辑、校勘到刻印成书，无一不出于江西文人之手，但其中却没有收录任何一种江西文人的著作,因此颇受江西文人之物议,如石景芬②就曾向他的学生欧阳熙③叙述不满之情：

> 阮太傅刻《皇清经解》,临川李氏任剞劂之费,编校则新建夏氏;所著《十三经校勘记》,又武宁卢氏之力居多,顾独无江人一书。讵国朝以来,江人绝无治汉学者欤？

因此石景芬提出"欲辑江人经说为一编"的想法,并嘱托欧阳熙多加留意。秉承石氏的意旨,于是欧阳熙肆力访求江西人的著作,30余年间共获书数十种。最终到光绪十八年(1892年)时,由其同学陶福履汇刻《豫章丛书》共26种47卷,催生了江西第一部地域性的大型丛书。④

但是就总体比较而言,自清初诸儒激于晚明王学末流之弊而起,以学经世,到乾嘉学者致力于经史考订之学,形成清前期中国学术思想界的主流,而江西学人则很少有人介身其中,确是不争的事实。与此时举业依然吸引大批江西学子并于功名多有收获的价值取向,形成明显的对比。近代著名学者和思想家梁启超在论述清代考据学派的地理分布时,即指出：

> 江西与皖、浙错壤,而学风琼然殊撰。最可诧者,则清代考证学掩袭一世,而此邦殆无一人以此名其家也。

> 汉学家言,不为江右人所嗜,吾竟不能举其一人。而已,则南康谢蕴山(启昆),以著《西魏书》名,他尚有所撰述,斯界二、三流人物也……

梁启超这些论述的本意,是在梳理清代学术潮流的走向后,引用"进化论"史观

---

① 卢宣旬,江西武宁人,清贡生。古籍目录皆著录《重刊宋本十三经注疏》(416卷,附校勘记)为"阮元撰,卢宣旬摘录,清嘉庆二十年南昌府学刻本,孙诒让批校"。

② 石景芬,号芸斋,江西乐平人。道光三年(1823年)进士,授翰林院庶吉士,精研经学,有诗文集行世。

③ 欧阳熙,字元斋,江西丰城人。好聚书,精版本目录学,所得多传世罕见有用善本。陶福履多向他借钞,刊入《豫章丛书》中。著有《荣雅堂诗》,为《四子诗录》之一。

④ 对这一史事的考证,主要参照王咨臣《陶福履校刊〈豫章丛书〉缘起内容及版本特点》,《江西大学学报》(社会科学版)1980年第1期。

第六章
清前期江西的文化、艺术与科技

说明考据学何以会被新的思想和治学方法所取代,对人们返观清代学术走向及其利弊很有好处。①但他指出清代江西学者的治学旨趣和学风变化,是很值得注意的:就是当乾嘉考据学派在集中全力批判阳明心学的时候,江西(江右)逐渐失去了自北宋以来至明代中期中国一个文化、思想创造地的地位,而逐渐地被疏离和边缘化。从另外一个角度看,清代在哲学思想、治学方法等方面的学术流派分野,由此也同时转化为不同区域的思想文化发展走向问题。这种深刻的变化,对直到近代江西在学术思想的创造方面乏善可陈,文化建设长期后劲不足,学者队伍弱小的状态形成,不无深刻影响。

四、李绂的特立独行及其对王学的倔犟申论

康雍以后,当对心学的声讨日益成为学术主流的强音之时,临川籍显宦和

---

① 分别参见梁启超《近代学风之地理的分布》,《饮冰室合集》第五册,中华书局 1989 年影印本;《中国近三百年学术史》,中国书店 1985 年版。中外学术界对江右王学和阳明后学的研究,在 1990 年代后进入一个发展强劲的新阶段。对此发展的回顾,可详见钱明《阳明后学的研究的回顾与瞻望》一文(《宁波市委党校学报》社会科学版 2004 年第 1 期)。钱明提到由于清统治者及正统文人对王学的排斥,使许多阳明学者的文集未被收进《四库全书》,有相当部分还被禁毁,存留于世的文集也散落在海内外各图书馆,致使收藏这些文集最多的日本学者得以长期领导这项研究的潮流。大陆学者在占有资料方面的根本性改变,是在台湾出版《四库全书》珍本之后,大陆出版界 1995 年开始陆续完成《四库全书存目丛书》、《续修四库全书》、《四库禁毁书丛刊》、《四库未收书丛刊》等大型文献资料的影印。在这些大型丛书中,绝大多数阳明学者的著作都能找到,从而为全面、深入地研究阳明后学创造了基本条件。以此为基础,钱明才提出对阳明后学的研究已经到了"勇敢超越《明儒学案》"的时候。他还提到:由于江右王学中人的著作绝大多数都存世,近年"已开始转向对阳明学中最重要的流派之一——江右学派的研究,并且还逐步拓展到对阳明的第二、三代弟子的梳理与考量"。钱文提到有关江西(江右)王学研究的著作有:杨国荣《王学通论——从王阳明到熊十力》,三联书店 1990 年版;吴宣德《江右王门与明中后期江西教育发展》,江西教育出版社 1996 年版;林月惠《良知学的转折——聂双江与罗念庵思想之研究》,[台]台湾大学中国文学博士论文,1995 年;李庆龙《罗汝芳思想研究》,[台]台湾大学历史所博士论文;吴震《罗洪先·聂豹评传》,南京大学出版社 2001 年版;钱明《阳明学的形成与发展》,江苏古籍出版社 2002 年版;吴震《阳明后学综述》,《国学研究》第九卷,北京大学出版社 2002 年 6 月;吕妙芬《阳明学士人社群——历史、思想与实践》,[台]"中央研究院"近代史研究所专辑 87,2003 年;吴震《阳明后学研究》,上海人民出版社 2003 年版;郑晓江主编《江右思想家研究》,中国社会科学出版社 2003 年版;等等。钱文尤其推崇吴震近年取得的一系列成果,认为吴震"可以说是近几年大陆在阳明后学研究领域所取得的代表性成果"。他还提到浙江省国际阳明学研究中心最近开始撰写一套《阳明学研究丛书》,该项目系 2001 年度全国社科规划课题和浙江省哲学社科重大课题,分为 11 个子课题,其中《江右王门研究》一书由徐儒宗承担。另外,对于明后期江西王学影响江西基层社会生活和家族建设的研究,还有梁洪生《江右王门学者的乡族建设——以流坑村为例》,台湾《新史学》八卷一期,1997 年 3 月。

著名学者李绂特立独行,终身以斗士姿态不畏逆境,恪守陆王学说坚定不移,并在各种场合加以倔犟申论。

李绂,字巨来,号穆堂,江西临川县人。康熙十二年(1673年)出生,恰与三藩叛乱的爆发同年。由此也可知,他与前明遗民已是明显不同的两代人。在政治态度上,李绂批评明代朝廷腐败,赞扬清廷救汉族于水深火热之中。他援引《春秋公羊传》"内诸夏而外四裔",证明儒家可为异族朝廷服务。故在36岁时(即康熙四十八年,1709年)考中进士。又选庶吉士,散馆授编修,累迁侍讲学士。康熙五十六年充日讲起居注官。此后相继担任云南乡试正考官、武会试正考官、会试副考官。擢内阁学士,历任吏、兵、工部右侍郎,直隶总督等职。雍正年间获罪,革职免死,在纂修八旗志书馆效力行走。乾隆元年(1736年)命给侍郎衔,管户部三库事,又补户部左侍郎,仍管户部三库。寻因上奏得罪乾隆帝,贬任三礼馆副总裁。乾隆六年充《明史纲目》馆副总裁,同年六月充江南乡试正考官。八年,以病致仕,乾隆十五年卒于家,终年77岁。

李绂去世后,由著名学者、浙江人全祖望撰写的《阁学临川李公绂神道碑铭》,是问世最早的李绂盖棺之论。①全祖望小李绂32岁,全然是后生晚辈,雍正七年(1729年)贡生。三年后中顺天乡试,而主考官就是李绂,他看到全祖望的考卷,大为赏识,②"公于雍正癸丑之冬见子文而许之,遂招子同居。时万学士孺庐亦寓焉,紫藤轩下,无日不奉明诲,谆谆于义礼之戒。公以丁忧归,子以罢官归,学士亦以丁忧归。是后一见公于江宁,则公已病甚,犹惓惓以子出处为念"。全氏可谓是李绂的忘年至交,得此机会可以和李绂面对面地切磋学问,相知甚深。所以,他才会在此《神道碑铭》中做如下的表白:"公之历官事迹不能悉述,且亦有事秘不能直陈者。然而予苟不言,世且无知者。乃略陈其梗概,然终不能百一也。"其所谓"不能直陈者",暗指李绂的屡屡获罪,主要是因为得罪了雍正的宠臣田文镜,故《神道碑铭》中也只能屡屡以"重臣"代称当时炙手可热的田氏而不可尽言。因为对李绂的为人和品行有抵近观察和切实了解,兼之对宋明以来的各家学说有深入把握,所以他可以从学术思想史的高度,对"扬历三朝,负重望者四十余年"的李绂弃世之影响,做如下评说:

---

① 参见钱仪吉纂《碑传集》卷二十四《雍正朝部院大臣》(中),周骏富辑,台湾明文书局1989年影印《清代传记丛刊》本。

② 李绂叹曰:"此深宁、东发后一人也!""深宁"即王应麟之号;"东发"为余姚人黄震之字,黄宗羲的远祖。王、黄二人均为南宋著名学者。

第六章
清前期江西的文化、艺术与科技

> 乾隆十有五年,阁学临川李公卒于家。公以病退已十年,然海内士大夫犹时时探公起居,以为斯道之重。公卒,而东南之宿德尽矣。

全氏上承黄宗羲经世致用之学,勤奋攻读,博通经史,严厉批评宋元以来的"门户之病",而以"学贵自得,融会百家"为治学宗旨。且其学术根底在陆王之学,所以在程朱理学占据学术主流之时,对李绂的坚守陆王心学大加推崇,而且以具体的言行事例,展现和刻画了李绂的学识与个人性格:

> 公以博闻强识之学,朝章国故,如肉贯串,抵掌而谈,如决溃堤而东注,不学之徒已望风不敢前席。而公扬修山立,左顾右盼,千人皆废,未尝肯少接以温言,故不特同事者恶之,即班行中亦多畏之。尝有中州一巨公,自负能昌明朱子之学,一日谓公曰:"陆氏之学非不岸然,特有返之吾心,兀兀多不安者,以是知其于圣人之道未合也。"公曰:"君方总督仓场而进羡余,不知于心安否?是在陆门,五尺童子唾之矣!"其人失色而去,终身不复与公接。

全氏进而说明李绂的学识和个人性格与其恪守的学说之间,有着密切关系,以此证明李绂是最将学识落实于日常行为的实在人,故而可以做到无愧无惧:

> 然其实公之虚怀善下,未尝以我见自是。予以晚进叨公宏奖,其在讲座,每各持一说与公力争,有时公亦竟舍其说以从予。即终不合者,亦曰"各尊所闻可矣?"故累不语客,尝予之不阿。而世方以闭眉合眼,喔咿嚅唲,伺察庙堂意旨,随声附和,是为不传之秘。则公之道,宜其所往辄穷也。……生平学道宗旨在先立乎其大者,陆子之教也。间谓子曰:吾苟内省不疚,生死且不足动其心,何况祸福?祸福且不足动其心,何况得失?以此处境,不难矣!予于诸生请业,多述公此言以告之,则泰山岩岩之气象如在目前。一念及之,足使顽廉而懦立。

最后,全氏将李绂放到江西历史文化的长河和氛围滋养中,加以比较和考量:

……尝谓公之生平尽得江西诸先正之裘:治学术,则文达、文安;经术,则盱江;博物,则道原、原父;好贤下士,则兖公;文章高处逼南丰,下亦不失为道园;而尧舜君民之志,不下荆公;刚肠劲气,大类杨文节所谓大而非夸者吾言是也。

在《神道碑铭》中,全祖望还记载了李绂存世的著作,计有《穆堂类稿》50卷、《续稿》50卷、《别稿》50卷、《春秋一是》20卷、《陆子学谱》20卷、《朱子晚年全论》20卷、《阳明学录》及《八旗志书》各若干卷。可谓著述宏富,洋洋大观,也足见为什么全祖望会将其视为雍乾之时陆王之学的殿军和最后一位代表人物。而在此时已经开始的《四库全书》编纂中,却只收其《陆象山年谱》2卷、《陆子学谱》20卷两种著述入"存目",而且一再批驳李绂对朱熹晚年的研究是"牵朱入陆",显然都未免"伐异"的门户之见。①

在存世的李绂著述中,还可找到一批他自己对江西王学传统的论述与见解,譬如康熙后期为南康人干特撰写的《敕封文林郎恩贡生干先生墓表》②,不仅对其朱子晚年与陆子合同之说加以叙述,而且对入清以来坚持王学的文化人有简要梳理:

有宋象山陆子,盖直接孟子之传者也。鹿洞之讲,朱子固已率同志奉其说为人德之方,至于晚年,全用陆子所称尊德性求放心之法,遗书具在,

---

① 《四库全书》分别收录此二书于卷六十《史部·传记类存目二》、卷九十八《子部·儒家类存目四》,见《四库全书总目》,第546、830—831页。《四库全书》编者论定《陆象山年谱》为"大旨申王守仁朱子晚年定论之说",而对《陆子学谱》20卷的评价颇高,抨击也较明显,且又不免带有地域上的"株连":"是编发明陆九渊之学,首列八目,曰辨志,曰求放心,曰讲明,曰践履,曰定宗仰,曰辟异学,曰读书,曰为政。次为友教,次为家学,次为弟子,次为门人,次为私淑,而终之以附录。考陆氏学派之端委,盖莫备于是书。惟其必欲牵朱入陆,以就其晚年全论之说。所列弟子如吕祖谦之类,亦不免有所假借,是则终为乡曲之私耳。"

② 《敕封文林郎恩贡生干先生墓表》收录于《穆堂初稿》卷二十八,其中提到"康熙乙未岁四月,(干特)微疾,言十四日吾当终,至期果然,年七十",故该墓表应撰于康熙五十四年(1715年)以后。《高安县学吴君墓表》亦收录于《穆堂初稿》卷二十八,未注明确切撰写时间,但其中提到"君卒于康熙癸巳,距今二十年,其孤学山始以状来,乞余文表君墓"。据此推算,撰文时间应在雍正十一年(1733年),那年李绂正好60岁。且在此文中,李绂正好将干、吴二人加以联系和比较,认为即使当时在江西也难能可贵,特加推崇:"吾当以其学求之于今,盖三十年而后,知有南康干达士先生。既为文表其墓矣,未几乃又知有高安吴君丰玉,盖君所求之三十年而不得者,忽得二人焉,岂不异哉!"

第六章
清前期江西的文化、艺术与科技

可考也。自明初以科举取士,经书束以一家之训,士习益偷苟,时文讲章外懵无所识。其黠妄者偶闻朱陆有异同之论,乃辑其异,去其同,排陆尊朱,藉以希世取宠,曰吾以尊功令,不知陆子固与周、程、张、邵诸子并从祀孔庙功令,尊朱未尝排陆,此之不知欲以论学,妄也甚矣!明之中叶,王阳明先生曾一开示,重阴暂明,久而复晦。盖举业之士知为学者,万不得一,固也其难明也。国朝隆兴,士多实学,若孙钟元、彭躬庵、李二曲、黄梨洲、汤潜庵诸先生,皆能窥寻此旨,其卓然不惑于流俗,则干先生为尤难焉。

又如至雍正十一年(1733年)所撰之《高安县学吴君墓表》,当更体现年届花甲的李绂之思想见解,且见其激愤心情较前文更有过之:

> 圣人之道,固有行之而不著者,未有不行而能知者也。不行而知是明道,程子所谓望塔说相输者也。自元明以来,科举法行,而后天下乃有不行之知,士子诵四子书,粗识其影响,依仿摩拟作诗文,为餍足富贵利达之具。其于圣人之道,终身未尝行亦终身莫能知,徒以粗识其影响也。遂自以为知,反藉以诋訾昔人能行之而具知之者,磨牙吮血,若国狗之瘈,不可响迩。噫嘻,何其妄耶!夫能行之而真知之者,宋南渡以来,无若象山陆子。……君居家善事父母,丧祭尽哀敬。病世俗礼废,搜《礼》经昏祭说为图解,率宗党行之。读书外无他嗜好,晚尤好陆子书。尝有友人劝陈说贻札言陆子近禅异于朱子者,君方食,投箸起,走笔数百言答之,谓陆子于朱子,惟论太极无极启异同之争耳,他如与傅子渊、陶赞仲、戴少望诸书,皆教人切实用功。其论禅,则与王顺伯两书具在,陆学焉可诬也?至于与赵监勾熙载诸书,并推服朱子。而朱子闻陆子义利之辩,天寒汗出,且请笔之于简,为学者入德之方。两公何尝异哉?其生平持论若此,非常行之,乌能知之?

朱熹晚年是否与陆九渊"合同",倘若在治学空气开放之时,不过为见仁见智之一说。但在雍乾之世对陆王之学的一片围剿声中,李绂的倔犟申论就不仅仅局限于学术之争,而更表现出他的政治道德和为人的品行不同凡响。与晚年李绂同时而并无深交的著名文人袁枚,曾写《内阁学士原任直隶总督临川李公传》

一篇①,其中就详细描写了全祖望当年"不能直陈"的李绂与田文镜之抗争,以及由此带来的遭难场面:

> (清)世宗登极,复原官,侍讲经筵,眷宠特隆。时九门提督隆科多、抚远大将军年羹尧俱贵显用事,九卿六曹唯喏恐后,而公独与之抗,无所挠屈,出为广西巡抚。未二年,召为直隶总督,路过河南。河南总督田文镜势方张,冒整饬吏治为名,一疏辄劾十余员,半皆科目。公乍视,揖未毕,即厉声曰:明公任封疆,有心蹂践读书人,何也?田不能堪,即密以公语奏。而公于觐时亦首劾田文镜负国殃民,漏三下,犹侃侃未退,退又连章纠之。世宗颇直公言,将斥田,而田亦再劾公乖张数事,遂两有所犹豫未决。会蔡尚书珽得罪,素与公善,忌公者因以朋党中之。世宗震怒,下公于狱,命直隶、广西后任督府摭公罪状。二臣希上意,互有奏闻。于是下刑部讯鞫,得应绞者十有七,应斩者六,共死罪二十有四。籍其家,四壁萧然,夫人所戴钗珥,悉铜器也。世宗知公谦,本无意诛公,特恶其倔彊,故摧折之,冀稍改悔。两次决囚,命缚公与蔡珽同至菜市,两手反接,刀置颈问:此时知田文镜好否?公奏:臣愚昧,虽死不知田文镜好处!乃宣旨赦还,仍囚狱中。

袁枚对李绂人品的记载和赞赏,比全祖望更为详细生动,也更可助于后人体会宋明以来,外省籍人时时所指的江西人"尚气"可以是怎样的举动:

> 公扬休山立,须眉伟然,终日无跛倚之容。于古今事宜朝章典故,口滔滔如倾河,千夫夺气。又绝少温颜曼词与人谐际,以故满潮文武望而畏之。然爱才如命,以识一贤拔一士为生平大欲之所存,形迹嫌疑,漠然不计。庚子、辛丑两科,仿唐人通榜故事,一时明宿网络殆尽,而毛燧不第者至袖瓦石相随,填公门几满,以此夺职,公终不以为非。

> 公博闻强记,藏书五万卷,手加丹黄,其宏纲巨旨,都能省记。刑部郎中杨某欲试公,故意于押赴市曹时探问经史疑义,公对赭衣白刃,应答如

---

① 载《小仓山房续文集》卷二十七,收入沈云龙主编《近代中国史料丛刊》第七十八辑。袁枚与赵翼、蒋士铨并称乾隆三大家,活跃于诗坛40余年,有诗4000余首,继明代公安派、竟陵派而持"性灵"说,故其对李绂的佩服和欣赏,当有深层的力主心学的思想基础。

第六章
清前期江西的文化、艺术与科技

流。杨退而告人曰:李公真铁胎人也!

李绂虽然喜好辩朱陆异,但他一向都不以理学家自居,而且在讲论为学诸多问题上,并不完全附和陆王之学。他之所重于心者,亦不过曰躬行心得而已,对王学的空谈心性深存戒心。李绂以躬行实践为行事指导准则,批评朱子以读书讲论为学,但自己并非束书不观、游谈无根者流,而是博闻多识,言必有据,颇似乾嘉考据学者之所为。李绂一生学术生涯大致可分为三个阶段:中年以前致力于辞章;此后至雍正五年(1727年)被罢官间的二十年里,精力主要放在社会政治;在最后的岁月里,李绂主要从事学术研究。李绂去世后十八年,他的著述因为戴名世案而遭封禁。

清代道咸以后,一些文化人对李绂的学问和人品的评价逐渐提高,如同治五年(1866年)李元度撰写《国朝先正事略》60卷,其序文中即对包括唐鉴在内的考据学家提出批评,认为其"攻击陆王太过,未脱讲学家习气,宗之者弥甚焉"。"深致鄙夷,其亦门户之见而已矣"。故主张"不分门户"之说,并收录李绂于"名臣"中,以表彰"忠义之卓著"者。到民国以后,梁启超对李绂的评价甚高,更对其人品极表钦佩:

> 雍乾之交有一大师,曰临川李穆堂(绂)。穆堂日私淑其乡先正欧、曾、王、陆之事业道德文章,当欲以一身肩其绪。居官岳岳然厉风节,奋身任艰巨。为文滂沛而渊懿,其学则专宗陆王。当时陆王学为世诟病,其屹然作干城者,穆堂与全谢山而已。

> 穆堂并未尝以讲学自居,然其气象俊伟,纯从王学得来,他历任康雍乾三朝,内而卿贰,外而督府,皆经屡任,他办事极风烈,而又条理缜密,但赋性伉直,常触忤权贵,所以一生风波极多,暮年卒以锢废终,而其气不稍挫。……凡豪杰之士往往反抗时代潮流,终身挫折而不悔,若一味揣摩风气,随人毁誉,还有什么学问的独立。明末王学全盛时,依附王学的人我们觉得可厌;清康雍间王学为众矢之的,有毅然以王学自任者,我们却不能不崇拜到极地,并非有意立异,实则个人品格,要在这种地方才能看出来。清代"朱学之流"——所谓以名臣兼名儒者,从我们眼中看来真是一文不值,据我个人的批评,敢说清代理学家陆王学派还有人物,程朱学派绝无

人物,李穆堂却算是陆王学派之最后一人了。①

第三节
清前期江西的邪教案和文字狱

一、江西境内的邪教及大乘邪教案

1.清前期江西邪教概况

在南宋以来的传统社会,官方将那些在下层民众之间秘密传播的非正统宗教性的民间秘密教门称为邪教。

江西邪教自南宋兴起,元代得到缓慢发展,在明初得到较快发展,多以白莲教及其支派为主,活动范围集中在北部和南部。较为典型的有:1130年,王念经利用摩尼教(明教)在贵溪发动20多万农民反抗饶州和信州知府残害民众的行为。1280年,都昌县人杜万一领导数万白莲教徒反抗元朝的统治。1338年,袁

---

① 梁启超:《中国近三百年学术史》,中国书店1985年版。到钱穆先生1937年撰写《中国近三百年学术史》(商务印书馆1997年版),对李绂的评价更高,专门为其撰写学案。1990年代以来,国内外学术界对李绂的研究也在升温,由此也反映出学术界对清代学术思想与文化史研究的一个新走向。除了一批专题论文外,比较有影响的专著有两部:第一部是[台]黄进兴《十八世纪中国哲学、语言学和政治:满清统治下的李绂及陆王学派》,1995年剑桥大学出版,余英时序。黄著即其在美国攻读博士学位的论文,共分七章,是一部很见分量的重评之作。黄评价李绂的"致知"观融会了王阳明以前全部理学的长处,评价李绂是"涵盖历史、礼仪、地理、诗学、古典和创作,堪称百科全书式的哲人"。因此黄还对李绂没有在《临川文化史》(罗ского奇、张世俊主编,广东高等教育出版社1993年版)中专门占一章节颇抱不平。但在其后黄作出的两种原因解释中,"无奈大陆过度推崇晏殊、李觏、王安石和汤显祖,虽以专节介绍陆九渊与罗汝芳,而仅于附录《四库全书》著录中临川区域学者遗书钞目中提及临川李绂著儒家类两书",此说比较符合1990年代前后的江西实际;而其后所谓"必因穆堂父亲是安徽歙县人,编者可不当李绂为江西人吧",则纯属个人臆断了(详见王煜《评介黄进兴〈十八世纪中国哲学、语言学和政治〉》)。在江西和抚州做地方历史文化研究的学人中,可能曾因李绂力守王学立场而对其缺乏应有的关注,但从来没有人将李绂视为徽州人而不将其置于"乡贤"之列,这种臆断也和清代以来历修《临川县志》的记载不相吻合。第二部著作,是杨朝亮著《李绂与〈陆子学谱〉》,中国社会科学出版社2005年版。该书也是作者的博士论文,其第一章中还对李绂的生年进行了考辨。针对李绂生于康熙十二年(1673年)、十三年、十四年三说之歧异,作者以康熙十四年说为合理,认为李绂卒于乾隆十五年(1750年),享年应该是76岁而不是78岁或77岁(详见林存阳《清代陆王学研究的一部新作——杨朝亮著〈李绂与〈陆子学谱〉〉绍析》,中国社科院历史研究所清史学科网,2006年6月18日刊文)。

第六章
清前期江西的文化、艺术与科技

州彭莹玉、周子旺领导5000多白莲教徒反抗元朝的统治。1385年,广州周三官领导万余白莲教徒越过江西、广东交界处的梅岭,攻占龙南、信丰、雩都等县。①1449年,龙南县蔡妙光借白莲教聚众200余人,自称天生帝王、东殿国王等号,攻破龙南县城。同年,南安府白莲教徒罗天师自称弥勒佛,聚众起事。②1569年,瑞金县有人借白莲教、红莲教之名,发动民众闹事。③1638年,铅山县张普微领导无为教徒攻占铅山、弋阳、贵溪等地。④

清代是邪教的盛行期,教门多达215种⑤,共发生邪教案件492起⑥,江西是其中较为突出的地区之一。清代江西邪教随全国形势一道不断发展壮大,以至在清末频繁发生反抗活动和骚乱活动,传播路线由北部向中部再向南部和由西部向东部,活动范围集中在鄱阳湖沿岸及南部山区,清代中后期则多从福建、广东传入。先后出现过白莲教、红莲教、无为教、罗教、三乘教、真空教、一字教、斋教、大乘教、瑶池教、金丹教、青莲教、红教、黄教、白教、密密教、老母教、真空教等⑦,其中大乘教尤为活跃。

江西邪教在清初处于低潮,康熙后期重兴。康熙四十一年(1702年),江西瑞金彭兼六组织佃户,编造檄文。次年,彭氏联合黄淑行兄弟四人利用密密教,"聚众烧香,夜聚晓散,据田抗租",创"退脚"之说,即田主如夺田另佃,需每亩赔偿一两"退脚银"。⑧

雍正年间,江西等省有许多从事漕运的水手加入罗教。1723年,刑部尚书励廷仪上奏:"浙江、湖广、江西等省众多水手加入罗教,信教者饮鸡血,姓名编入册籍,并私自储存兵器,定期聚会念经,时常聚众起事。"⑨1725年,浙江按察使甘国奎奏报破获邪教,江西也有教首。⑩1729年底,巡抚谢旻奏称"南安、赣

---

① 参见许怀林《江西史稿》,第 343、418、421、422、464 页。
② 参见濮文起《中国民间秘密宗教辞典》,四川辞书出版社 1996 年版,第 439 页。
③ 参见民国《江西通志稿》卷四〇,第 83 页。
④ 参见民国《江西通志稿》卷四〇,第 87 页。
⑤ 参见蔡少卿《中国近代会党史研究》,中华书局 1987 年版,第 5 页。
⑥ 李尚英、宋军:《明清时期的民间宗教》,载周积明等主编《中国社会史论》(上),湖北教育出版社 2000 年版,第 378 页。
⑦ 参见民国《江西通志稿》卷四〇,第 83—88 页。
⑧ 参见道光《瑞金县志·兵寇》卷十六,第 466 页。
⑨ 林铁钧、史松主编:《清史编年》第四卷,中国人民大学出版社,第 49 页。
⑩ 参见雍正三年七月初九日浙江巡抚印务按察使臣甘国奎折,江西师范大学古籍部藏雍正《朱批谕旨》第 18 册,第 1089 页。

州、吉安、瑞州、南昌、抚州等府查有王耀圣等123人,僧人海照等68名"传习罗教,又称大成教或三乘教。缴获《净心》、《苦工》、《去疑》、《泰山》、《破邪》等经卷。经卷杂引佛道思想,凑集成文。鉴于"在城者习手艺,在乡者务耕作",所以没有律法处置,而是劝善归正。①1730年,在赣县、寻乌、乐平等地收缴"罗祖五部经"等200余卷,江西全境共搜获970多部。

乾隆年间,张保太(张宝泰)的最上一乘教传入江西南部。1739年,两江总督那苏图奏及西南地区和湖广、江西、江苏、河北、山东等地广泛流传着以张保太为教首的秘密教门系统。"近年以来,弊风稍戢,不意赣属之龙南、信丰二县又有钟大乔、钟贤书等妄将滇省案犯张保太所倡邪经转相传诱,名曰'最上一乘教',以滋愚惑"②。1748年,巡抚开泰查缉在宜黄县作关帝会、歃血散札的饶令德、饶三超、萧其能、唐维瑞等人。③1752年,广东长乐县人何恶四(何亚四)在上犹县组织白莲教徒尊崇湖北马朝柱为"祖师",聚众闹事,④后被擒获处决。1781年,从奉罗祖邪教的沈本源被拿获,搜出"悖逆"经卷,此经卷得自宁都人詹明空。同年,拿获传教惑众的廖景泮等人。廖景泮是赣县人,自幼吃斋,收赣县人邱德伟等为徒,传授三皈五戒,发放佛谕,系传自罗祖三乘正教。1791年,拿获设教颂经、敛钱惑众的新城县人张允智。张的师傅许作信曾设立龙天门教,许病故后其徒党解散了;而张允智因穷苦无聊,于是兴教骗钱,聚会念经。⑤

嘉庆年间,教门向秘密会党发展的趋势开始显现,发生外省徒众潜入江西扰乱民众的事件。1798年刘联登、宋怀朴、魏文宗等人从湖北通山县潜入修水县劫财。⑥1804年,拿获丰城县吴锦荣,吴在湖北竹山县经商时曾被胁迫面刺"白莲教"三字,嘉庆仍以吴不自行毁除而治吴不销毁之罪,责打三十大板。⑦1809年,福建红莲教徒廖善庆在信丰、会昌、安远、龙南、寻乌、定南等县传教,纠集教徒抢劫安远县陈文炳家,知县陈天爵带团练捕获50余名教徒。⑧1815年,

---

① 参见雍正七年十二月六日江西巡抚谢旻折,江西师范大学古籍部藏《史料旬刊》第二期,第1页。
② 凌烇:《再禁斋教惑众》,中国社会科学院历史研究所清史研究室编《清史资料》第3辑,中华书局1982年版,第214页。
③ 参见邵鸿主编《〈清实录〉江西资料汇编》,江西人民出版社2005年版,第188页。
④ 光绪《江西通志·训典》卷首之二,第8页,"乾隆十七年十月癸巳"条。
⑤ 参见邵鸿主编《〈清实录〉江西资料汇编》,第362、364、438页。
⑥ 参见光绪《江西通志·训典》卷首之三,第3页,"嘉庆六年三月己亥"条;同治《义宁州志·武备志·武事》卷一十四,第209页。
⑦ 参见光绪《江西通志·训典》卷首之三,第9页,"嘉庆九年九月壬寅"条。
⑧ 参见同治《赣州府志·武事》卷三十三,第589页;同治《安远县志·武事》卷五之二,第456页。

第六章
清前期江西的文化、艺术与科技

阮元擒获朱毛俚徒党。这些徒党造作龙文凭票木戳,立后明晏朝年号,封胡秉耀等人官职。朱毛俚本人直到1833年仍未拿获。①

2.清前期江西大乘邪教案

明成化、正德年间,罗梦鸿在直隶创立罗教,又名无为教。此后罗教的快速发展,引起官府的重视,多次遭到查禁。为此,罗教为逃避查禁,先后发展出老官斋教、糍粑教、三乘教、金童教、龙华教、大乘教等教门。江西的大乘教发端于雍正十年(1732年)黄德辉在南昌建立斋堂,创立三皇圣祖教,即圆顿大乘教,又称金丹道、白阳会。黄德辉,又名廷臣,本名上选,字荣万,饶州府鄱阳县人,创教后自称天老爷、黄太师。其儿子黄森官自诩为"紫微星",与黄雨珍、熊簪举、周簪凤结为生死之交,集中在南昌和浙江、江西、福建三省交界处的封禁山周边散卖剖付。雍正十二年,浙江、江西等地查获三皇圣祖教,黄森官等15名教内骨干被官府逮捕。随后,江西缴获"罗祖五部经"等970部。黄德辉因不是首犯而被免罪,而事实上作为教主的黄森官被处死。

大乘教的另一支以贵溪县吴子祥(吴紫祥)为教首。吴子祥生于康熙五十四年(1715年),先入姚门教,后信从大乘教。他于乾隆四十八年(1783年)自编《大乘大戒经忏》及斋单,每次作会以盘装果品供神,名为"斋盘"。斋盘分别由吴子祥族侄吴清远及四位弟子分掌,即吴清远掌圣盘、何若掌天盘、徐步瀛掌地盘、张连发掌人盘、万兴兆掌神盘。五盘之中,以圣盘为首,故又称五盘教。吴子祥在五盘之上,统一指挥。次年,吴子祥病故,后被先天道和一贯道徒尊称为"十祖"。②

吴子祥死后,五位掌盘继续传教。嘉庆五年(1800年)吴清远被官府逮捕,发配黑龙江为奴,而徐步瀛、万兴兆又相继病故。此后,大乘教主要发展为三支:一是吴氏嫡派之五盘教,后由何若接传;一是江西万年人叶益章传至贵溪县人张起坤,后向江西北部、湖北、江苏发展;一是福建人李凌魁接传,李凌魁设阴盘教、阳盘教,后与天地会发生联系。③其中,李凌魁这支的活动声势和影响较大。

李凌魁,本名李昌标,福建建宁县人,捐纳州同,乾隆年间一向在南昌开设纸行,早年与吴子祥交好。吴子祥告诉他,若入教吃斋便可消灾祛病。乾隆四十

---

① 参见邵鸿主编《〈清实录〉江西资料汇编》,第592、598页。
② 参见濮文起《中国民间秘密宗教辞典》,第336页。
③ 参见马西沙《中华文化通志·宗教与民俗典·民间宗教志》,上海人民出版社1998年版,第151页。

七年(1782年),吴子祥将《恩本经》传授给李凌魁。乾隆末年,李凌魁回到福建后,大量抄写《恩本经》,骗人购买念诵,陆续卖出十余本,共得番银五十余元。嘉庆六年(1801年),李凌魁、郑得源、高廷彩与浦城人温有龙的徒弟吴韬(吴滔)结识。李、郑、高三人皆拜吴韬为师,加入天地会。吴韬在崇安县向李凌魁等人传授"出手不离三,开口不离本"、"吃烟取物都用三指向前"等暗号。李凌魁考虑到天地会在本地查禁严紧,想起吴子祥经本内有阴阳语句,于是另创阴盘教、阳盘教,暗藏天地会之意。李凌魁宣扬加入阴、阳盘教可以防治疾病,于是一些因病困扰的民众相继加入,如李京禄、廖义明、姚发和姚京元兄弟等。李凌魁收徒遍及江西、福建。嘉庆八年,他在教徒中自称唐天子转世,向徒众传授秘诀:"天空降下一炷香,一半阴来一半阳。若得阴阳归一处,寅卯时中坐朝堂。"李凌魁还在教徒中宣称在嘉庆乙丑年(1805年)同教将会有难,预谋与其徒众石城县廖干周、李奇天,宁都县李步高、胡仪书、王定珍,广昌县赖达忠等人起事。①但在嘉庆八年,李凌魁被建宁县知县谢坛抓获,被押往福建省城受审,被斩决。随后,广昌县知县彭运昌、南昌府知府杨炜、瑞州府知府彭应燕等将李凌魁的徒众姚发、姚京元、刘正举、魏正华、符显荣、符顺能、符保观、符奇生、廖义明等人抓获,这些人受到不同程度的惩处。

李凌魁的徒弟廖干周、李奇天、赖达忠、李步高、胡仪书和王定珍等人在得悉李凌魁遇害后,欲为李报仇。嘉庆八年在石城、瑞金、广昌、宁都等地,廖干周等人率领大乘教徒反抗当地官府。

起事前,廖干周与贵溪县老母教教首、玉山县人王添组(王添祖、王瑞忠)取得联系,恳求王的援助。王添组是吴子祥的徒弟何若的徒弟,自称弥勒佛转世,闭目打坐能知过去、知未来,人有灾难时从教吃斋就可解救。王添组念及李凌魁是吴子祥之徒,有同教之缘,且廖干周同意事成之后封他为贵溪县正一真人,住上清宫,所以欣然与廖干周等人合作。于是,廖干周等人制造书写有"唐天子"和"瑞忠法中皇"等字样的旗帜。"唐天子"是指李凌魁,"瑞忠法中皇"是指王添组,以隐示打着李凌魁的旗号,有弥勒佛王添组的暗中帮助。廖干周回到广昌后,加紧准备反抗官府的活动。廖干周的徒弟徐先保招集340余人,赖达忠之徒赖汉魁招集300余人,李步高之徒温志贴招集200余人,王定珍之徒官茂文招集280余人,李奇天之徒李鸢高招集200余人,胡仪书之徒陈顺明招集200

---

① 道光《直隶州志·武事志》卷十四第222页记载廖干周为廖广周、李奇天为李奇文、王定珍为王亭轸。

第六章
清前期江西的文化、艺术与科技

余人,加上杜世明、宁金鳌等人招集的徒众,共1500余人。为便于识认和联络,他们以朱(红色)画三X白布包头为标志,制造了起事的如意、图书、号票、旗帜等,打造了一些兵器,如矛枪、竹枪、短刀、大刀等。众人推举廖干周为大总管,赖达忠、李步高、王定珍、胡仪书、李奇天等为大头目,他们的徒弟徐先保、赖汉魁、温志贴、官茂文、李鸾高、陈顺明等为将军。他们决定在十月十二日亥时,即"癸亥癸亥癸酉癸亥万水朝宗"之时,竖立唐天子旗号起事。议定廖干周、李步高、赖达忠等人在广昌、宁都、石城和福建交界之姚坊祭旗起事,李奇天等在各自所住村庄竖旗集众,前往接应。同时,议定先攻打广昌的驿前堡作为大本营。

然而自十月初八以来,石城等地连降暴雨。道光《石城县志·艺文志·杂著》载:"连日大雨如注,山水陡发,道路不通";道光《直隶州志·武事志》载"雷电交作,雨三昼夜"。李奇天、胡仪书、王定珍等人率领的广昌、宁都、瑞金等地徒众,被大雨及路坏所阻,未及时会集。只有廖干周、李步高、赖达忠等所率领的400多人准时到达姚坊。廖干周等人于十月十二日亥时在姚坊村姚姓宗祠祭旗时,旗杆被狂风吹断,徒众认为此乃不祥之兆,想另行择日起事。而此时,驿前堡绅耆士庶已探知他们起事的消息,绅耆廖皆堂在前几日就报告了官府。于是,广昌县知县彭运昌、广昌营都司葛士伟等带领大队官兵、乡勇及团民雨夜沿途设卡,严密防范。廖干周等人在猝不及防的情况下,仓促应战。十三日凌晨,廖干周等带领陆续赶来的400余名徒众,吹响海螺,向元丰上里新坊村发起了进攻,同官兵展开激战。起事徒众部分在张子祥、吴兴廷的率领下暂驻柳家庄,部分在陈锡如、陈祥珍带领下暂守岭下排,余部在廖干周的带领下驻扎田江村。十月十一日,广昌县知县彭运昌带领葛士伟等官兵,在姚坊歼毙赖达忠等57名,生擒赖汉魁等104名,其他的起事者逃窜。各卡乡勇遇有白布裹头及收藏号票、旗帜之人,都予以截拿,又歼毙263名起事者,陆续抓获送官的有23名。而宁都、石城被雨所阻的人,有的前往姚坊,有的中途潜回,有的在村中竖旗即被族邻查知,各路人员不能互通联络,难以照应。官府在宁都州歼毙256名,陆续抓获送官者318名;在石城县歼毙360名,陆续抓获送官者129名;在瑞金县抓获10名;在永丰县抓获6名;在福建建宁县抓获1名。江西巡抚秦承恩派瑞州府彭应燕赶往广昌县督办,并要求赣州镇副将花连布派兵200名交给赣南道蒋攸铦带领,前往宁都、石城等县进行镇压。宁都州人胡仪书被官府杀毙后,李奇天也于十月十三日被族人押送官府,其他千余名"匪犯"也被抓获。①廖干周率领的徒众在广昌驿前堡遭到乡勇的夹击,廖干周被打死,其他起事者黄会连、陈协中、李利波、李朝光等也被抓获。终因寡不敌众,十一月底起事彻底失败。②

3. 江西邪教流播的原因

邪教的流播与地理环境、经济利益和小农经济的脆弱性、政治制度和官僚体制的缺陷、身份控制的弱化和人口流动的增强、宝卷的通俗性和教门的适应性等因素有关。

仔细研究清代江西境内邪教的地理分布情况,不难发现以下两个事实:

一是多起源或盛行于交界地带。这是因为交界地带官府控制力量相对薄弱,行政设置相对滞后,容易处于"三不管"状态。同时,交界地带的人员跨境流动比较频繁,有利于传教。

二是传教路线为由北部经西部至南部或由北部经东部至南部,较少经过赣中;多是通过陆路,很少利用水路。原因有三:其一,江西西部和江西东部多属山脉和丘陵地区,与他省交界,交通十分不便,政治控制力较弱;而江西中部地区,多属丘陵和平原地区,交通相对便利,政治控制力相对较强。其二,江西西部和江西东部山区陆路更容易隐藏,江西中部以赣江为主的水路,有许多关卡,很难逃脱官府的盘查。其三,江西处于腹地,由于罗霄山脉的阻隔,陆路还未完全打通,所以很少发生在与湖南交界的安福等地;由于武夷山区的阻隔,陆路还很少发生与福建省交界的黎川等地,而多发生在两省或三省交界且有陆路可通的铅山、修水、宁都、广昌等地。对于这种印象和规律总结,江西官府也是不断地强化,如江西巡抚胡宝瑔认为:"由赣南、吉安等府至临江、瑞州,复由南康至九(江)饶(州)等府,今又自北东而南,由抚州查至建昌,查该府与闽省汀州接壤,其地与赣州、宁都各属壤界交错,多系山谷溪河,崎岖盘曲,更非驿路通衢可比,稽察稍有未周,奸匪易为藏匿。"③江西巡抚、吏部侍郎迈柱认为:"江西南安、赣州一带,紧逼闽广交界之区,最易藏奸。又鄱阳湖一带,湖面

---

① 参见道光《瑞金县志·兵寇》卷十六,第467页;道光《宁都直隶州志·武事志》卷十四,第222页;同治《建昌府志·武备·武事》卷五,第192页;同治《南城县志·武事》卷五之五,第278页;同治《广昌县志·历代兵事》卷一,第264页;秦宝琦《洪门真史》,福建人民出版社2000年版,第85—87页。

② 参见曹国庆、卞利《试论嘉庆八年江西廖干周起义》,《江西师范大学学报》(哲社版)1987年第1期。

③ 乾隆二十年九月十四日江西巡抚胡宝瑔折,《史料旬刊》第10期。

第六章
清前期江西的文化、艺术与科技

渺茫,奸匪保无出没。至万载、宁州十数州县,俱系聚集棚民流匪,素好多事。"①吴文镕在查拿崇义、长宁(寻乌)等地匪犯时指出:"江西南安府所属地方多与湖南、广东连界,赣州府所属地方则多接壤广东、福建。"②

落魄知识分子借抄卖宝卷赢取银两,贫病民众期望入教而免病获福,社会无赖则借传教而赢得教内官职。如黄森官因开店折本,无法维持生计,于是在南昌创设斋堂;吴子祥卖《恩本经》赚钱;吴士荣散卖劄付赚钱;姚文宇因传教而发财;叶益章传徒张起坤而得钱;张起坤传徒王桂林等人而得钱;李凌魁开设纸行未赚到钱而抄卖《恩本经》获利;姚发等人希图加入李凌魁的阳盘教而治好疾病;吴韬为免受欺凌而拜温有龙为师。

康雍时期开始推行"摊丁入亩"和"地丁银"政策,放松了人身控制,刺激了人口增长,使得更多的民众可以从事经商、唱戏、理发、运漕、裁缝等行业。在大乘教传播过程中,就存在许多流动现象,如:黄德辉从鄱阳到南昌,黄森官从丰城到南昌,邹英士从宜黄到南昌,吴士荣从玉山到南昌,胡海滨从贵溪到南昌,姚文宇从浙江庆元到武义,张起坤从贵溪到湖北,王桂林从临川到鄱阳,桂自榜从湖北黄陂到江苏仪征,李凌魁从福建建宁到南昌,高廷彩从南丰到福建建阳,王添祖从玉山到贵溪,廖干周从石城到广昌,吴韬从邵武到蒲城,等等。江西巡抚、吏部侍郎迈柱也曾指出:"万载、宁州十数州县,俱系聚集棚民流匪,素好多事。"③

为了避免官方的查禁,各教门经卷故意隐秘难懂,"充满神秘色彩,藏头露尾,隐语暗迷,真假掺杂,错别字、代用字和文理不通现象较多,很难理顺"④。但总不能让教徒不懂其中意思,于是教首采取民众喜闻乐见的曲调式歌唱、诵读、识图等形式,如"天空降下一炷香,一半阴来一半阳。若得阴阳归一处,寅卯时中坐朝堂";甚至举行一些侠义类的仪式,如杀鸡饮血酒、盟誓等。有些教门还以设斋会、借庙诵经的名义,试图借助官方许可的场所而取得民众的认可,进而融入民间社会,如:红莲教按仁、义、礼、智、信来编五个教团,欲借助"团"的名称掩藏其组织的非法性;⑤黄森官自称弥勒佛下凡,借佛教信仰中的吉祥佛,让民众对今后生活充满希望;等等。江西巡抚常安曾指出一些教徒借

---

① 雍正五年三月十九日江西巡抚吏部侍郎迈柱折,雍正《朱批谕旨》第53册,第66页。
② 吴文镕撰、吴养原辑《吴文节公遗集》卷十四,第371页。
③ 雍正五年三月十九日江西巡抚吏部侍郎迈柱折,雍正《朱批谕旨》第53册,第2页。
④ 宋军:《清代弘阳教研究·序》,社会科学文献出版社2002年版,第3页。
⑤ 参见民国《万载县志·武备·武事》,卷七之二,第301—302页。

传统道德骗人:"……此等人始则劝人行善,或云报答天地之德,或云报答父母之恩,以致无知村愚不论老幼男女,靡然倾信,继而集人众,遂有不法之徒于中取利,久而众生心,辄谋不轨。"①

4. 清前期江西官府应对邪教的措施

在清代,地方上许多事是民不告则官不理。许多官员对邪教睁一只眼闭一只眼,因而江西按察使凌焘指出:江西省之所以邪教盛行,与官吏乡绅未尽职责有直接的关系。"恐官吏、乡保漫无警惕,而视查禁为具文"。因而要求明确官吏职责,建立奖惩机制,达到"官吏自爱其功名,乡保亦惜其身命,庶几实力奉行,而归教之人自转为安分之民,于地方实有裨益"②的目的。加上各级官员和民众也难以分清乡土信仰与邪教的差异,更何况有僧道之流夹杂其中,如江西永丰县知县戴名沅在"僧人新春庵内神座地下并僧房柜内起获《苦功悟道》、《正信除疑》等经卷及《护法牌文》"。经审讯,供称系其故师通萨及故僧广秀所藏。③清王朝的各级官吏,如果在三年的任期内,没有发生过重大事件,尤其是邪教案件,一般可以得到升迁。④因此,官员们总是千方百计地向上级隐匿这类案件,或者作为其他案件上报。在嘉庆朝镇压白莲教的过程中,就出现官员镇压不力的情况。⑤

为有效查办邪教,江西官员采取了许多措施:揭露邪教仪式的虚假性,摘除教首的神秘外衣;严格区分师巫、僧道和春秋义社等活动的性质,捣毁聚集场所(如姚姓祠堂、斋堂等);区别对待教首和教徒,缩小打击面;加强对异言异服之人,尤其是棚民的管理;强化首告制度,派人卧底(为抓获杜世明,宁化县知县王鸿运雇募曾万进、曾大连等人为线民);强化对官员的监督与奖惩,加强保甲和地方管理(廖干周起事中乡绅和团勇的配合与协助);等等。如江西巡抚臣裴㣚度在奏折中写道:

至于邪教,臣凛遵密访,果有夜聚晓散、踪迹诡秘者,立即严拏为首之

---

① 雍正十二年九月初一日江西巡抚常安折,台北故宫博物院编《宫中档雍正朝奏折》第23辑。
② 雍正十二年三月二十四日江西按察使凌焘折,台北故宫博物院编《宫中档雍正朝奏折》第20辑。
③ 参见嘉庆二十一年四月十四日江西巡抚阮元折,《军机处录副奏折》。
④ 参见曹宇新等著《中国秘密社会》第三卷,福建人民出版社2002年版,第307页。
⑤ 参见朱诚如《管窥集——明清史散论》,紫禁城出版社2001年版,第148—149页。

第六章
清前期江西的文化、艺术与科技

人治罪,断不敢仍前因循;其余被诱愚民,去邪归正者,从宽免究;有能出首者,量加奖赏。恪遵谕旨,不敢张大声势,以骇众听。再查,江省医卜、星相一应术士多于他省,遂有流棍假托地师风水,煽惑尤甚。虽非邪教,亦易藏奸,臣不时严查惩治,以除奸匪,以厚风俗。①

二、江西的文字狱与毁禁书籍

1.江西境内的文字狱

全国范围内的文字狱自康熙开始,于雍乾时期达到高峰,著名的有康熙朝庄廷钺案和戴名世案,雍正朝陆生楠案、曾静和吕留良案、谢济世案,乾隆朝胡中藻案等80多起。江西省属于文字狱的重灾区之一,典型的有查嗣庭案、胡中藻案、刘震宇案、王锡侯案等。

查嗣庭,字横浦,浙江海宁人,康熙四十五年(1706年)进士,雍正三年(1725年)任礼部汉左侍郎。次年,雍正认为"江西大省,人文颇盛,须得大员以典试事",指派查嗣庭为江西乡试正主考。雍正认为查嗣庭所出试题"显露心怀怨望,讥刺时事之意"。为进一步搜求证据,雍正派人在查嗣庭的行李和寓所中搜到日记两本,从中找出两条重要"罪证":一是为《南山集》作者戴名世喊冤;二是热河发水时写道"淹死官员八百人,其余不计其数"。日记还对科举取士、天灾等问题发表了观点。雍正认为这些言论"悖乱荒唐、怨诽捏造之语甚多"。又因查嗣庭所作《私史》中有"诬谤国恶"的言论,加上伙同副考官俞鸿图收受举人牌坊和银两、答应请托等情节。数罪并罚,查嗣庭被革职,至雍正五年五月结案时已经死在狱中,但仍被戮尸枭示。查氏之子16岁以上的被处斩刑,15岁以下的儿子以及查嗣庭的二哥查嗣傑及其子孙都流放三千里,直到乾隆元年(1736年)部分亲族才被释放。此案当时影响非常大:由于查嗣庭和因著《西征随笔》而引致文字狱的汪景祺同是浙江人,故雍正四年浙江乡试被停止,直至雍正六年因浙江总督李卫的请求而复考;江南合肥县参革知县马倬、江西宜黄县参革知县胡虞继因是查嗣庭的门生,而于雍正五年正月分别被解往江南、江西质审,送京治罪;曾经举荐过查嗣庭的蔡珽也因此而加重罪刑;另有江西巡抚汪漋、布政使丁士一、乡试副考官俞鸿图等官员也受其牵连。

胡中藻,新建人,号坚磨生,乾隆元年进士,官至内阁学士,提督陕西、广西学政,后调取回京,罢官还乡,著有《坚磨生诗钞》,为首辅鄂尔泰门生。乾隆十

---
① 雍正二年九月二十八日江西巡抚臣裴𢘅度折,雍正《朱批谕旨》第7册,第11页。

七年,乾隆抓住"一把心肠论浊清"等"违逆"字句,①认为"浊"字竟放在国号"清"之上,进而认为《坚磨生诗抄》多悖逆讪谤语,"胡中藻之诗,措词用意,实非语言文字之罪可比。夫谤乃朕躬犹可,谤及本朝,则叛逆耳",遂指派专人秘密调查。经过数年调查,于乾隆二十年三月将胡中藻押往京城质审。四月,胡中藻被处斩。已故大学士鄂尔泰受之牵连,被撤出贤良祠。鄂尔泰的侄子鄂昌则因与胡中藻关系亲密而被赐死。关于此案,有学者认为是乾隆借胡中藻案打压鄂尔泰等人的势力,禁止朋党,抬高君主权威,达到乾纲独断的目的。

金溪县生员刘震宇于乾隆六年刊印《佐理万世治平新策》一书,阐述"更易衣服制度"②的观点和捉拿"邪匪"马朝柱之法。十二年以后,被乾隆认定为大逆不道:"刘震宇自其祖父以来,受本朝教养恩泽已百余年,且身到黉序,尤非无知愚民,乃敢逞其狂诞,妄訾国家定制,居心实为悖逆。"③刚开始查办时,湖南巡抚范时绶将其革去生员,杖一百,永远禁锢。这已经判得很重了。可乾隆还觉得判得太轻,将刘震宇即行处斩,书版销毁,并斥责范时绶"仅将该犯轻拟褫杖,甚属不知大义,着交部严加议处"。刘震宇曾于乾隆八年将《治平新策》献给江西巡抚塞楞额,塞楞额不仅没有看出问题,还奖励了一番。刘震宇案发时,塞楞额早已死去,乾隆还大发雷霆:"塞楞额为封疆大吏,乃反批示嘉奖,丧心已极。若此时尚在,必当治其党逆之罪,即正典刑。"

泰和县童生李必亨到四川、江西等地衙府投递"狂悖呈词",乾隆二十六年江西巡抚汤聘在向乾隆上奏时,称李必亨怨天、怨孔子、指斥乾隆。此前,李必亨改名李雍和应试,乘机把诉苦的呈词和怨天尤人的"逆词"偷偷塞在学政谢溶生行李中,谢看后未引起重视更没有上告朝廷,故案发后也受到牵连。李必亨被凌迟处死,其兄李大有被秋后处决,其妻、幼子、幼侄解刑部,配给功臣之家为奴。④

王锡侯,原名王侯,字韩伯,宜丰人,乾隆十五年38岁时中举人,此后会试屡试不中,于是花费大量时间编完了《唐人试帖详解》、《国朝试帖详解》、《王氏源流》、《经史镜》等十多种书籍。他认为《康熙字典》有收字太多、难以穿贯、遗漏等缺点,⑤于是将《康熙字典》以类书格式编成一部新体例的简明字典,即《字

---

① 参见佚名《康雍乾间文字狱·胡中藻之狱》,山东画报出版社2004年版。
② 《清史稿》卷十一《高宗本纪二》。
③ 《清高宗实录》卷四十五,"十八年十一月癸亥"条。
④ 参见《清代文字狱档》下册,上海书店1986年版,第802、805页。
⑤ 参见林铁钧、史松主编《清史编年》第六卷,中国人民大学出版社2000年版,第284页。

第六章
清前期江西的文化、艺术与科技

贯提要》四十卷。乾隆四十二年十月,族人王泷南向县衙检举王锡侯擅自删改《康熙字典》,且没有避清朝皇帝名字之讳,属叛逆行为。时任江西巡抚海成认为虽然不属叛逆行为,但属狂妄不法行为,于是革去其举人身份,再加审问,并将《字贯》呈送朝廷审查。乾隆认为《字贯》的"凡例""将圣祖、世宗庙讳及朕御名字样悉行开列",实属"深堪发指"、"大逆不法"、"罪不容诛"之举,应该按照大逆律问罪。乾隆怪罪海成仅革去王的举人身份,训斥其"实属天良尽昧,罔知大义",将海成革职,交刑部治罪。王锡侯家产入官,所著各项书籍及版片都要在全国范围内查缴,解送到军机处销毁。王锡侯被凌迟处死,子孙6人被处死,全家21人连坐,妻、媳及未成年人为奴。此案所牵涉的官员还有:布政使周克开、按察使冯廷丞都以失察罪被革职,交刑部治罪;海成的上司——两江总督高晋以失察罪被降一级留任;侍郎孙友棠因为《字贯》题诗一首而被革职;为《经史镜》、《唐人试帖详解》写序的钱陈群和为《王氏家谱》写序的史贻直,都因己故而免遭深究,但要求他们的儿子钱汝诚、史奕昂将原书缴出销毁。

德兴县生员祝庭诤自编一本《续三字经》,教孙子祝浃诵读,乾隆四十四年被人告发。官府发现书中对于帝王兴废"尤且大加诽谤",如写元朝"发披左,衣冠更,难华夏,遍地僧","衣冠更"是指改穿着,"难华夏"是指华夏遭难,"遍地僧"是指全部光头。虽是写元朝,但被认为是"明系隐寓诋清"。于是将在乾隆十五年病故的祝庭诤开棺戮尸,16岁以上子孙辈斩立决,其余或被流放或被杖打。

乾嘉时期江西还有另外两起文字狱。乾隆四十年,南昌王作梁因疯病发作而被锁锢空屋,在房内写了四封信,下款竟写"坤治元年"。乾隆帝认为"所造逆书,语多悖妄,自应按律正法"。不久王作梁被凌迟处死,他的哥哥王才宗也被处死。嘉庆十年(1805年),彭泽县生员欧阳恕全即欧阳正朗被查出写了"逆诗",被处死。①

2.江西境内的毁禁书籍

在查办文字狱的过程中,乾隆通过纂修《四库全书》,销毁了大批典籍和著作刻板,实施文化专制。正式开馆纂修《四库全书》的第二年即乾隆三十九年(1774年),下诏查禁违碍书籍,直至乾隆五十八年遍及全国查办禁书运动才告结束,共禁毁书籍3100多种、151000多部,销毁书板8万块以上,民间因畏惧惹祸而自毁之书则不计其数。江西共奏缴452种、27400余部,仅次于江苏。被列入"违碍"、"狂悖"等罪名的书籍,内容大多是涉及明末反清战事、清兵屠杀暴行、

---

① 参见林铁钧、史松主编《清史编年》第七卷,第421页。

未避讳等。①

乾隆三十三年,江西巡抚吴绍诗奏查出李绂书集语多愤嫉,请求朝廷革去李绂生前官秩,并将其子孙革职候审。经查,"虽有牢骚之辞,但多系标榜欺人恶习,尚无悖谬讪谤实迹"。即使如此,李绂的各项书本板片仍遭销毁。②

乾隆三十九年,乾隆以所搜集书籍之中没有看到"违碍"书籍为借口,下令进行全国范围的查缴禁书运动,重点是明末野史。1775年,江西巡抚海成遵旨要求各地极力搜罗民间所藏断简遗编,无论全书、废卷,都按书价的两倍收购,此种搜集书籍的方法得到乾隆的认可,并在全国大力推广。1776年,海成上奏朝廷已在江西查缴禁书8000余部,并请求朝廷宽限时日,以便更加仔细地遍查。

乾隆四十三年,乾隆认为明末抗清的宜春人袁继咸著、张自烈辑的《六柳堂集》"语多悖逆",要求巡抚郝硕将所有《六柳堂集》及其板片查缴到京城销毁。③同时,责令进行全国范围内的查缴,尤其是山西、浙江、福建等省。此案还一直连累到袁继咸的子孙。

乾隆四十四年,曾任江西知县的湖南临湘籍沈大绶的《硕果录》被列入"违碍"书单。沈著书于乾隆三十八,于三年后身故,但仍遭屠戮。清廷在销毁《硕果录》和《介寿辞》的同时,还将其家人治罪。

同在乾隆四十四年,江西巡抚郝硕还销毁明末进士黎元宽所著《进贤堂集》和黎元宽之子黎祖功所著《不已集》。乾隆帝谕示:"黎元宽所刻诗集各种虽俱有违悖语句,但其人系明季科目,在本朝未经出仕……所有书籍自应一体行查销毁。"④

乾隆四十六年,僧人明学及其师傅心光等人的《镇坛悲法水》、《南泉秘旨便览》经卷在吉安府莲花厅被查获,这些经卷"直书御名,妄加姓氏",以星宿为天皇、以土地属地皇、以人丁属人皇。这些经卷早在乾隆四年由心光传至弟子明学。因破烂残缺,明学令其徒弟续先重抄。续先自认为"人皇"即当今皇帝,而赵姓既为百家姓之首,必是本朝皇帝姓氏,遂将乾隆帝名字及赵姓添入经卷新本。后来,明学之徒慧定又将经卷新本誊抄两份。乾隆四十五年僧人昙亮偷走慧定的经卷,在莲花厅被查获。明学、慧定被凌迟处死,续先被戮尸,昙亮被斩首。

---

① 参见徐苇《清乾隆年间江西禁毁书查缴始末研究》,《江西图书馆学刊》1999年第4期。
② 参见《清代文字狱档》上册,上海书店1986年版,第158、171—174页。
③ 参见《清代文字狱档》上册,第295—306页。
④ 《清代文字狱档》上册,第351—357页。

第六章
清前期江西的文化、艺术与科技

乾隆五十三年,清廷要求江苏、江西、浙江查办禁书不要久而懈怠。乾隆帝认为安徽尚非大省,应禁之书历年都不能尽数收缴,而江苏、江西、浙江一向为人文之薮,民间书籍繁多而近年总未见续行查缴,因此这三省官员尽心查缴。

乾隆五十八年,江西再次缴获十余种禁书,这也是乾隆朝全国范围内最后一次大规模查缴禁书的一部分。①

文字狱是君主专制空前强化的产物,极欲禁锢思想,统制言论。尽管《四库全书》的编修对于整理、保存古代文化遗产功不可没,但与此同时的禁毁书籍,也给中国历代典籍造成无法弥补的巨大损失。清廷实行文化专制的根本目的,是要在思想文化上树立君主专制和满洲贵族统治的绝对权威。这造成严重的社会后果,致使当时的文化人不敢议论社会问题,被迫埋头整理和考校古籍。乾嘉时期学者主流以考据见长,与此不无密切关系。

第四节 清前期江西的佛教、道教与天主教

一、佛教的复兴与衰落

清代江西佛教的发展,大致经历了一个前兴后衰的过程。自顺治朝到道光朝,由于朝廷对佛教采取了较为有利的宗教政策,佛教在全国得到了一定的发展。此一时期江西佛教之盛,主要表现为僧人群体的出现、寺庙的兴修和寺产的增殖。

清前期,随着临济与曹洞二宗的繁荣,一批著名的僧人来到江西,成为各地寺庙的住持,开创了江西佛教的新局面。临济宗的僧人,多为明后期三十世的天童密云圆悟、石磬天隐圆修、庐山雪峤圆信等三大支派的法嗣。

天童密云圆悟于清初传道忞,再传博凡。康熙三年(1664年),博凡入主赣州双峰寺,后又入主云居山真如寺。康熙十三年,再弘法于庐山西林寺。此后,该支在江西继续弘大,出现了多位高僧,主要有:承嗣临济宗三十一世的通容和通微,这两人分别入主宜黄的黄檗山与赣县的龚公山宝华寺;承嗣临济宗三十二世的松窦、行秀,他们分别开法于瑞金的松窦庵和崇仁的仁济寺。至三十三世,圆悟支下的僧人群体更为庞大,著名者有:志元,入主庐山西林寺;成解,

---

① 参见黄爱平《四库全书纂修研究》,中国人民大学出版社1998年版,第72、78页。

历主瑞金县龙湖、寒光、龙山及芭蕉塘四寺;济璞,于顺治朝入主庐山万杉寺,为江西巡抚董卫国等官员赏识,资助扩建寺院;本领,重建峡江县东平寺;戒显,先后住持庐山归宗寺、云居山真如寺、金溪县疏山寺;元鹏,继戒显住持云居山真如寺。

天隐圆修一支在江西的法嗣,有报劫、行一、昙瑞、超羁、行泽、心壁、澹雪、性音等高僧。其中昙瑞出家后,先后住青原山、庐山。顺治朝以后,历主安福祇山宝林寺、吉安崇恩寺;心壁为临济宗三十四世,康熙中期来到南昌,继入庐山开先寺,并立丛林规约十条;性音于雍正四年,由北京西山大觉寺回到归宗寺,圆寂后雍正帝赐"国师",谥号"圆通妙觉大智禅师"。

曹洞宗在江西的传续,主要集中于寿山一系。该系各个支派的僧人,以黎川寿昌寺、博山能仁寺、南城宝方寺、庐山归宗寺与栖贤寺、玉山瀛山寺和普宁寺、青原山净居寺以及宜黄曹山寺和石门寺为弘法道场,使曹洞宗进入到中兴时期。具体说来,住持寿昌寺的先后有元谧、大成及其门人兴沛,历主能仁寺的有雪关、道霈、宏瀚、传鹏、慈引等无异元来之嫡传法嗣,在归宗寺传法的为道独、函罡二僧,在栖贤寺住持的有僧石鉴,先后入主普宁寺和瀛山寺的僧人是心田,住持过净居寺的僧人先后有大然、大智、叶妙,仙源与戒周二僧则分别住持曹山寺和石门寺。①

清前期,随着众多高僧入赣传法,江西各地的佛寺普遍经历了一个重修或重建的过程。在南城县的宝方寺,清顺治朝遭遇火灾,寺中所有建筑荡然无存。为此,该寺僧人无谧开始了为期两年多的重建工作。重建后的宝方寺庙,寺貌焕然一新,并置有田产三百余石。不过,好景不长,由于住持僧众无心经营,该寺很快就出现了"寺屋毁坏,寺田变弃,遂使十方僻众无所归"的景象。在此后一百来年的时间中,宝方寺一直处于衰败状态。至乾隆二十六年(1761年),由于乡人大倡义举,集资聚财,宝方寺方再次得到修复。②

云居山真如寺,自宋元至明,累经兴废。至明崇祯末年,该寺已是一片衰败之景,不仅"殿堂芜塌,僧徒不守",许多寺产也归入当地熊氏名下。清初,在戒显、元鹏等住持僧人的努力下,该寺得到了一次较大规模的复兴。不仅从熊氏手中赎回了庙产,还先后对寺内各殿宇和山门进行了重修和新建。顺治十年(1653年),戒显重建了大雄宝殿。顺治十六年,又建应供堂、香积堂、云农寮。康

---

① 参见韩溥《江西佛教史》,光明日报出版社1995年版,第148—162页。
② 参见霍质彬《宝方寺及其佛教派别》,载《南城文史资料》第1辑,1985年。

第六章
清前期江西的文化、艺术与科技

云居山真如寺(李平亮提供)

熙五年(1666年)至康熙七年,元鹏又先后创建了禅堂、方丈室、安隐室、千在堂、耆宿寮、浴室、田寮、米寮、千华阁。康熙十年,元鹏先添置寺田20余亩,后又续办木桶庄田39亩,以为晦山塔院香灯之资。经过此次重建,该寺面貌焕然一新,"整齐绚烂,蔚然复唐宋旧迹"[1]。

清江的慧力寺,始建于南唐时期。此后历有修葺,明初尤盛。明末清初,该寺屡遭兵乱,以致"板寂钟尘"。至康熙年间,该寺住持自之禅师及其他僧人在官绅的资助下,"毅然以身兼其任,茹药咬菜,扶起沙盆",重修各殿。康熙九年,临江太守王端侯重新大雄宝殿内的圣像,并书"古胜今瞻"匾额。康熙戊子,住持福慧又重整大雄殿殿宇。康熙十四年,王端侯重建天王殿。康熙十七年,"副台杨贞翁重塑天王圣像"。雍正九年(1731年),住持福松重修了韦陀殿。雍正十一年,峡江李恕亭重修报恩殿圣像。

除重修原有殿宇外,慧力寺还新建了诸多殿堂。康熙三年(1664年),住持

---

[1] 谢文洊:《云居山真如寺重建诸殿堂碑记》,见元鹏禅师编纂《云居山志》卷二、卷七,康熙十二年版。

智翰新建了方丈、伽蓝堂、祖师堂、大悲堂等堂室。康熙四年,又创建昆庐殿。康熙十三年和十四年,住持偏浃分别创设法堂、禅堂及观空阁。此后,住持福慧又增设戒堂、官客堂。另外,从史料记载来看,此一时期慧力寺内还有为数众多的楼台桥亭,形成了一个规模较大的佛教建筑群。经过康雍两朝的修建,"慧力一灯,遂朗朗彻霄汉矣"[1]。

在各地寺院重建过程中,厘清和增加寺产也是一项重要内容。明代后期,因战乱等各种原因,江西许多寺庙的田产荒落民间。明末清初,随着寺院的复兴,在一些住持僧的努力下,它们的田产纷纷得到厘清和确认。如上文提及的云居山真如寺,就从当地熊氏手中,赎回了原来的田产。而青原山的净居寺,自明崇祯朝至清康熙朝,其寺产也渐次得到兴复,并不断增加。据史料记载,崇祯三年(1630年),该寺住持本寂道人赎回田产共契四十七纸,载租八百七十八石六斗五升。顺治十六年(1659年),寺僧笑峰再买入田亩共七契,合租一百二十五石五斗。康熙丙午年(1666年),僧墨历复置办田产八契,合租六十六石七斗。以上三次购买的田产,合计三顷九十八亩一分七厘,并在官方开立户头,输纳粮课。与此同时,该寺的山场的范围也得以确认,其面积为二顷,共派银一十九两二钱四分六厘。[2]另外,清江慧力寺由于"徒众渐繁,食指日益,但寺无租产",故为久远计,购得早晚水田350亩,"坐落新喻县之振藻区五都二图山观洞,计粮二十七硕一斗九升有零,立名瑞筠永禄僧户,岁租四百八十九硕"[3]。

清前期江西佛教的发展,既得益于政府的推崇,又受到其制约。例如,政府规定,民间建立寺庙,须呈报督抚批准方可。僧人年满四十,方能收徒。同时,《大清律例》还规定:"凡寺观庵院,除现在处所先年额设外,不许私自创建、增置。"僧人没有获得度牒而私自剃度者,杖责八十。"寺观住持及受业师私度者,与同罪,并还俗,入籍当差。"[4]这些条例虽在实施过程中难以完全得到执行,但在一定程度上仍然限制了佛教的繁兴。就方志记载来看,整个清代江西增建寺庵约356所,稍逊于明代。另外,自道光朝以后,军火频仍,许多佛寺庵堂被烧毁。尽管一些寺庙在战乱后得到修复,但大部分寺庙还是一直呈现凋敝的景

---

[1] 赵汝明辑:《清江慧力寺志》卷首《建置》,光绪刊本。
[2] 参见笑峰大然编,段晓华、宋三平校注《青原志略》卷十三《杂记》,江西人民出版社1998年版,第397—398页。
[3] 李明睿:《瑞筠慧力寺僧田记》,《清江慧力寺志》卷一《记疏》,光绪刊本。
[4] 《大清律例》卷八《户律·户役·私创庵院及私度僧道》,乾隆五年版。

第六章
清前期江西的文化、艺术与科技

象,江西佛教在经历一段中兴时期后,又一次进入到衰落期。①

二、走向民间的道教

清代江西道教的主流,由正一道和全真道两大道派构成。就整个清代而言,这两大教派的发展,均呈现出衰败的势态。不过,在清初时期,正一道还是在政府抑扬并行的政策下,经历了一个相对稳定的发展时期。清顺治朝,世祖皇帝对五十二代天师张应京的权限做了严格规定,要求其"申饬教规,遵行正道",仅允许其对附山本教族属进行纠察。然至康熙年间,朝廷先后多次对张天师及其家属大加荣恩。康熙二十年(1681年),康熙帝封第五十四代天师张继宗为"正一嗣教大真人"。康熙四十二年,授张继宗为光禄大夫,追赠三代诰命,将张继宗的曾祖显庸、祖父应京、洪任一体封赠光禄大夫,封其曾祖母、祖母、母亲一品夫人。至雍正朝,清廷仍然对天师府大加荣恩,封天师府署理大真人张昭麟为光禄大夫,赠其生祖母、嫡母、继母及妻为一品夫人。另外,在此一时期,天师府还是能够在乡间有效地行使国家赋予的权力。这一点,在一份新发现的天师府照票抄件中有如下记载:

> 天师府知事厅为给帖清教以杜邪巫事。奉袭封番侯嗣汉五十四代天师真人府牌委前事,内开:照得本府钦奉敕命,掌理天下道教,毋以不法邪巫假冒名色,混淆正教,蒙已咨明礼部,通行严禁在案。方今日久法弛,而阳奉阴违者实繁有徒,前本府祀岳经过地方查访,知楚俗相袭成风,以致正邪莫辨。本府职守攸关,是以委员给帖为凭,除咨移湖南布政使司转行各郡州县一体查禁外等因,本所奉委前来湖南各邑,清查教典,给牒传度,以禁邪巫。今临桂阳县,查得濠头漳溪康生,职名康胜一郎,据称永遵正教,查无过犯,应留宣行道教,除经取册给帖申缴外,理合给照为凭。嗣后遵守道规,永扬正化。所有邪巫既往不究,着即改业别途,毋许混教,致干法纲。若行奸诈,假托正教名色,冒领照票,以为护身给付,但本厅耿洁自矢,密察最深,谅难掩耳,断不乱授。此辈自后册结为名,凡无照票之人,即系邪巫。如敢仍前演邪,煽惑人心,祸害地方,许尔等呈禀省司诸法究惩。稽查教典,执此禀验,以别正邪。须正照票者,右照给付康生执照。康

---

① 参见韩溥《江西佛教史》,第152页。

熙四十三年二月十九日给桂字第三十七号。①

清初各朝对龙虎山天师道的推崇,还表现在对天师府第的积极修建。康熙四十六年,清廷赐修天师府于京师正阳门外。康熙五十二年,朝廷赐帑修葺太上清宫,并诏令江西巡抚等官员督修。雍正年间,清廷不仅在京师地安门外赐建天师府,还特地拨银十万两,对龙虎山上清宫进行了全面维修和扩建。这次维修工程持续一年多,除修复了原有各宫殿外,还新建了斗姆宫及其配殿。据《留侯天师世家宗谱》记载,重建后的上清宫"宫门南临横街,街北建坊,坊北东西旛杆二。中甃巨石为路,东西缭以朱垣。又北为门,环砖为阙,以通往来。阙上建楼,重檐丹楹,周以朱栏。檐际悬圣祖仁皇帝御书'太上清宫'额"。建有棂星门、龙虎门以及东西碑亭各一所。由龙虎门往北,先后建有玉皇殿、后土殿、三清阁。其中玉皇殿东西分别配有三宫、三省两殿,后土殿东西配五岳、四渎两殿。三清阁以东,有文昌殿、天皇殿,以西为关圣殿、紫微殿。此外,重修后的天师府既有供官方管理者和斋醮者休息的提点司、虚靖祠、鹤归亭等屋所,又有作为山上道士修行和起居的道院共24所,分别是三华、东隐、仙隐、崇元、太素、十华、郁和、清和、崇禧、崇清、繁禧、达观、明远、洞观、栖真、混成、紫中、清富、凤栖、高深、精思、真庆、玉华、迎华。②这些建筑物参差环向,星罗棋布,使整个天师府形成了一个规模庞大的建筑群。

不过,雍正朝的这次修复,也是清廷给上清宫的最后一次惠泽。自乾隆时期始,张天师的政治地位日益低落,其在政府中品级由一品降到三品,其妻的封号亦从一品夫人落为淑人。至清末时期,上清宫中的许多建筑因年久失修而渐渐消失。

清代江西的全真道,也经历了与正一道类似的命运。清初,由于全真道道主王常月调整了传教策略与传教内容,全真道得到了清廷的认可,一度出现了复兴的迹象。在江西,全真道龙门派也得到较好传播,出现了程谞、徐守诚、柳华阳等多位得道人士。另外,全真中派在江西也得到一定的发展,产生了以丰城人黄裳为代表、精于内丹的道派人物。但是,这些现象大多发生在清前期,自

---

① 参加见刘劲峰《赣南宗族社会与道教文化研究》,国际客家学会、法学远东学院、海外华人资料研究中心2000年版,第263页。

② 参见《留侯天师世家宗谱》,光绪十六年刊,参见周沐照《龙虎山上清宫建置沿革初探》,《中国道教》1981年第1期。

第六章
清前期江西的文化、艺术与科技

清后期,随着道教的全面衰微,江西的全真道也逐渐进入了衰败的轨道。①

除天师、全真两个道派外,江西其他的道派或道教名山也呈现出一副衰败之景。清人谢允璜在游历崇仁华盖山时,就曾发出今不如昔的感叹:"想其全盛时,奔走遐迩,金钱辐辏,非承平三百年,安能得此。今罘罳楹桷间多衰飒气,盛衰如环,信然!"②同样,南城麻姑山原为道教北帝派始祖邓紫阳修道之所,是唐、宋、元三代历朝王室崇奉之地,建有规模宏大的宫殿群。有明一代,政府先后两次对麻姑山进行重整。入清后,康熙、乾隆两朝又对其做了全方面修复,所谓"盛朝定鼎之后,海宇升平,渐次修葺,蔚为巨观"③。到了清朝后期,由于时局动乱,又给麻姑山带来新的灾难。咸丰六年(1856年)迭遭兵燹,宫观胜迹,名公题咏,存者寥寥,麻姑祖父屈供碧涛庵。此外,宜丰县在清康熙年间,全县仅有20名道士,比较完整的宫殿观有8座。④

当然,必须指出的是,上述对清代江西道教的印象,仅是从国家制度层面和教派衍变而言。如果我们从民间角度去看,清代江西道教的历史,又是另一种充满生命力的场景。前文所提及的许真君信仰,其在各地的庙宇也无不与当地百姓生活联系在一起。如安义县城以北就建有许旌阳祠,每逢八月初一,四方群众前往朝拜,沿途悬灯千百盏,称为"百子灯"。在万安县,每届八月初一,凡是供奉许真君的庙宇,男女信众纷纷前去进香,络绎不绝,至十五日乃止。彭泽县城的百姓则会在每年的六月初六,将县城隍庙的城隍老爷抬出巡游,届时"各街坊装台阁故事,备极精巧,观者盈市"。万载县城的士民则会在每年的四月,请戏班在城隍庙演戏,时间长达月余。在此期间,"士民酬愿无虚日,城坊各庙俱赛戏饮宴",至四月底方结束。⑤而南昌城外青云谱的历史,更是集中体现了清代以来道教与地方社会相结合的过程。

青云谱,又称梅福宅,位于南昌城南十五里处,与孺子亭、苏翁圃并称江城三大名胜。如时人记载:"窃尝考江城名迹,其为昔贤钓游之所,掩映湖山,垂之不朽者三,曰孺子亭、曰梅福宅、曰苏翁圃,皆以志甘棠之爱,永嘉树之思者

---

① 参见陈金凤《宋元明清全真道发展述论》,《宗教学研究》2007 年第 2 期。
② 谢允璜:《游华盖山记》,《华盖山志》卷八,同治八年版。
③ 黄家驹编:《重刊麻姑山志》,纪,兴废,同治五年版。
④ 参见漆跃庆《道教在宜丰》,载《宜丰文史资料》第 2 辑,1988 年。
⑤ 参见丁世良、谢放主编《中国地方志民俗资料汇编》华东卷(中),第 1104、1156 页。

也。"①青云谱之所以称梅福宅,乃是相传其旧址为汉代南昌尉梅福辞官退居之所。东晋至宋代,青云谱先后称太乙观、天宁观,并成为道教分支——净明忠孝道的一部分。清初,明室后裔朱良月重修是观,并改名为青云谱。

尽管青云谱的历史可上溯至汉代,但在有关该道院的记载中,清以前留下来的文字并不多,更多的记载出现在清康熙朝以后。自康熙至嘉庆朝,青云谱经历了一段相当鼎盛的时期,其与地方社会之间的关系也日益变得密切。南昌人胡廷校在一篇文记中说道:

> 豫章附郭,古多仙迹,青云谱其一也。谱之名创始于清初朱仙良月。考其源流,赖有二碑记载,为前记特详焉。此外虽有谱记,不过略叙汉唐事迹,而由周以迄宋元明历代变迁,盖阙如也。所可异者,康熙壬午距嘉庆甲戌百十余年事耳。先后重修,主其事者既属新安及本邑二黄,而鼎鼎大文复出云间修撰及大庾相国。异地同姓,不谋而合,非但可作本谱二千年之信史,亦极一代文物之佳话也。②

文中提及的先后重修,分别发生在康熙和嘉庆时期。康熙四十一年(1702年)的重修,得力于崇奉道教的江西巡抚詹南屏和新安人黄正甫。其中黄正甫"首捐五千金为倡",后"仍再输百余金","置田十数亩,作为焚修之资"。重兴道院后,黄氏又请其姻兄弟、翰林院编修戴有祺为记。詹氏则"遍募院司道府厅县暨徽西两河典缎布以及诸善信各捐金助之"。③

有了巡抚这样高级的地方官员的介入和戴氏的文记,青云谱在地方社会的地位日渐提升。至嘉庆时期,宗族与地方士绅成为重修道院的主导者。据时任礼部尚书、南昌人戴均元记载,嘉庆十九年(1814年),当地黄氏与戴氏两家族共同倡导并主持了青云谱的重修,"是役之兴……费四千缗,盖余兄若斋先生与淳庵率吾婿式亭相与醵金于当路贤士大夫及同乡好义乐输者,而淳庵、竹林则首捐五百金为倡。逮公输不足,又解囊以总其成"④。在这里,戴氏女婿式亭

---

① 熊家璧:《重修孺子亭记》,《民国初元南昌纪事》卷十四《遗文》,民国9年版,第347页。
② 胡廷校:《重修青云谱记》,《民国初元南昌纪事》卷十四《遗文》,第343页。
③ 戴均元:《重修青云谱记》,《江西青云谱志》,不分卷,民国刊本,第39—40页。
④ 戴均元:《重修青云谱记》,《江西青云谱志》,不分卷,民国刊本,第39—40页。

第六章
清前期江西的文化、艺术与科技

为黄氏之一员,如戴氏所说:"余婿刑部郎式亭,淳庵之犹子范亭之同怀弟也。"除以上两人外,黄氏家族还有另外三人参与其事,即戴氏在文中提及的"南昌黄俊民侍御偕其弟范亭太史暨侄在畬仪部"①。因此,可以说,此次重修,从倡议到事毕为记,完全是宗族与士绅相结合的结果。

康熙至嘉庆时期青云谱的鼎盛,还表现在经济实力的不断扩张中。在《江西青云谱志》有关田产购买的记载中,我们可以看到,从顺治朝一直到光绪朝,青云谱购置了大量田产,其中又以康乾时期至咸同时期购买的田地数最多。②

伴随着其经济实力的扩张,在地方官、宗族、士绅以及商人的共同运作下③,青云谱成为地方士绅活动的政治舞台,逐渐转化为地方权力中心的象征。如同光之际,当地士人就在谱内建造惜字塔。从一篇作于光绪元年的《青云谱惜字塔记》的碑文中可知,惜字塔的建造,乃是当地士人倡议的结果。负责建造该塔的首事有十个,文记作者、士绅万祥臻位列其中。在捐款名单中,除个人外,还有一些堂号和少数商号。捐款数额最高的为5000文,最低也有400文,但大多则为1000文。④

清代江西道教不仅与士绅、宗族及商人各社会阶层结合,还同村落组织和基层行政组织互为一体。在抚州地区,各县普遍建有供奉"三仙"的宫观,其中以南丰县军峰山、崇仁县华盖山的三仙宫影响最大。尤其是南丰县"六都四甲"的一些村落,从咸丰时期起组成了"福禄寿禧"的香会,在位于县城附近的瑶浦村建立了三仙行宫,供奉丘、郭、王三位道家神灵,同时还要举行盛大的"妆迎"活动。⑤另外,前文提及的西山万寿宫,在清后期也有为数众多的香会组织前往进香,成为江西全省性的民间信仰中心。因此,在某种意义上可以说,自清中期以后,道教与江西地方社会的历史逐渐融为一体,从而拥有了较以往更大的活力。

---

① 戴均元:《重修青云谱记》,《江西青云谱志》,不分卷,民国刊本,第39—40页。
② 参见《江西青云谱志》,不分卷,民国刊本,第72—76页。
③ 从一些其他记载中,也反映出官方、地方士绅与青云谱之间的密切关系。如云:"彭清源、周弘谦,均是谱主持也。良月基于前,赖二师守成于后。不第善于守成,且素与本省巡抚极相能,凡是谱田业均请批示立案,而是谱重修虽出黄氏子之善功,亦两师素以道德闻于江右,而始得诸善士维持其间也。"《江西青云谱志》,民国刊本,第76页。
④ 参见戴均元《青云谱惜字塔记》,该碑现存青云谱内。
⑤ 参见"咸丰四年创建三仙行宫捐款碑",该碑现存南城县瑶浦三仙行宫内。

三、清前期天主教在江西的传播

1.清初天主教在各地相继开教

随着耶稣会士在宫廷中逐渐取得皇帝的信任,天主教在全国迅速传播。明末至清军入关以前,以利玛窦为代表的耶稣会士已在江西各地活动,在南昌、建昌、赣州、吉安建立教堂,发展信徒。顺治元年(1644年),江西大约有教徒4700人(包括福建汀州,当时属江西教区管辖),耶稣会住院5所。[①]清军入关后,天主教在江西继续发展,又相继在饶州、九江和抚州开辟教区。

清军铁骑到达江西之初,教堂也遭到严重破坏。南昌、赣州、吉安等地教堂均被拆毁,当时在南昌传教的谢贵禄、梅高、郭玛诺三位耶稣会士也遭遇清兵并被杀害,葬在南昌。顺治十四年(1657年),传教士穆迪我得到许缵资助,修复南昌教堂。许缵之母徐太夫人是著名的天主教徒徐光启的孙女,她跟随儿子许缵宦游江西、四川、河南等省,所到之处,皆热心赞助当地教会。[②]此期间在南昌传教的耶稣会士还有林公撒、乐类思、聂伯多、郭玛诺、方玛诺等。

尽管受战乱影响,天主教遭到很大破坏,但在一些崇教官员的保护下,天主教很快恢复了生机,很多地方重修或新建了教堂,教徒人数进一步扩大。江西南赣巡抚佟国器是满族勋贵,对天主教十分向往,因为身份特殊,他无法受洗入教,但力劝其他官员信教。他在浙江、福建、江西等省为官时,到处访问流落各地的神父,加以保护。[③]顺治十四年,刘迪我从澳门来到赣州,佟国器和他建立了深厚友谊,为其购置房产作为传教之用,并资助他建立赣州教堂。教堂落成时,佟国器带领一批地方官员前往祝贺,参加开堂典礼,宣传天主教的好处,劝人入教。顺治十六年,他又资助刘迪我重修了福建汀州的教堂。康熙元年(1662年),刘迪我在地方官员的资助下,重修吉安教堂。[④]佟国器还刊印多种天主教经书,亲自作序。在他的带动下,地方官员也纷纷对天主教表示大力支持,这使赣州的教务得到很大发展。到康熙二年,赣州已发展为一个大教区,有教徒约2000人,管辖邻近的吉安和福建汀州地区的教务。这一时期先后在赣州教

---

① 参见徐宗泽《中国天主教传教史概论》,据土山湾印书馆1938年版影印,收录在《民国丛书》第二编第11集,上海书店1999年版,第238—240页。
② 参见方豪《中国天主教史人物传》,中华书局1988年影印本,第42—46页。
③ 参见方豪《中国天主教史人物传》,第49—54页。
④ 参见[美]费赖之著、冯承钧译《在华耶稣会士列传及书目》,中华书局1995年版,第294页。

第六章
清前期江西的文化、艺术与科技

区传教的耶稣会士有利玛弟、穆格我、瞿笃德、方玛诺、卫方济等,他们中有的甚至一生都在赣州传教。康熙三年赣州发生教案,教堂被破坏,传教士被迫离开赣州,负责赣州教务的耶稣会士聂仲迁转赴吉安,并把赣州教堂的经书及礼拜器皿藏在吉安教堂。①教案结束后,聂仲迁又回到赣州,并于康熙三十年在信丰坪石创立一基督教会口,此后一直在赣州传教,直到康熙三十五年在信丰去世。到康熙三十九年时,信丰县城内建有男、女礼拜堂各一处,并在坪路、罗峰两处建有教堂。至康熙五十九年,信丰县城教务兴盛,方济各会和耶稣会均派传教士来此传教,耶稣会在县城设公学一所。是年,教皇派梅宰巴尔波来县城视察教务。

天主教传入抚州、饶州和九江是在17世纪末。康熙三十七年,法国传教士利圣学与郭中传、孟正气三人同时被派往江西开辟新教区,他们在抚州、饶州、九江三地各购得房屋一所,作为教堂,开始传教。开教之初,传教士在饶州和九江二地就遭到官吏阻挠一年半之久。之后,利圣学派傅圣泽、殷弘绪和孟正气三位神父分别管理三地教务。

康熙三年教案发生后,地方官府对待天主教和传教士的态度有所改变,由友好接纳转变为百般阻挠,天主教在曲折中艰难发展。耶稣会士殷铎泽在建昌府主持教务期间,就曾因为一座教堂引起与官府的冲突,结果官府以"有碍风水"为由将教堂拆毁,传教士不得不躲藏在教徒家中传教。②但总体来说,清初天主教并没有被朝廷明令禁止,仍然得到较快传播。到18世纪初,江西共有南昌、建昌、赣州、吉安、抚州、饶州、九江等7个正式教区,且都有专门的神父主持,传播范围遍及全省。

2.天主教在江西民间的传播

天主教初传入中国时,走的是上层路线,即通过朝廷和地方官员来推动传播。随着康熙三年教案发生以及朝廷对待天主教态度的改变,天主教也随之改变以往的传教路线,开始深入民间,发展普通老百姓信教。

---

① [美]费赖之著、冯承钧译《在华耶稣会士列传及书目》第301页;"吾人流谪之讯传布(赣州)城中,教内外人来教堂者,为数不可胜计。教内人之来,乃因此恶(噩)耗而表示忧郁;教外人或因好奇心之驱使而来,或因唇晋吾辈而来,余则乘机窃夺堂中诸物,竟至盗及树木。"

② [美]费赖之著、冯承钧译《在华耶稣会士列传及书目》第327—328页;"建昌长官某初与铎泽善,继受属吏谮,与教士为仇,诬报于省,谓铎泽为匪首,并以教堂太高,有碍风水,欲拆毁之。虽经人关说与汤若望神甫之致书,教堂仍不免于拆毁,修复者三次,拆毁亦三次。然铎泽藏伏不出,该长官尚未敢逮捕铎泽也。"

天主教的传播给地方社会带来一系列影响。天主教虽然不信偶像,但为了使天主教深入人心,传教士结合中国民间社会的实际情况,利用治病救人、驱鬼、禳灾祈福这些传统中国的方法辅助传教,使民众减轻敌对情绪,消除陌生感。法国传教士殷弘绪在饶州时,常装扮成医生,以看病为由,"伪为医师视疾,前往举行圣事"。他帮助一位怀胎16个月的女子顺利产下一名婴儿而安然无恙,这件事在当地成为一个奇迹,"推动了不少非基督徒的皈依……把她的幸运归功于她不久前信奉的基督教"①。傅圣泽初至抚州时,仅有教民百人,一年以后"其数倍增"。他在抚州授洗的第一位教徒是一位病危的妇女,她痊愈后成为当地教堂最热情的教徒。

天主教的平民路线取得很大成功。康熙三十八年殷弘绪到景德镇时,这里没有一个信教者,首先入教的是一个修建教堂的穷泥水匠,当年仅有2人入教。到康熙五十一年时,受洗者已发展到80人,并且"其中许多人已开始在不同地方让人们领略基督教了"②。景德镇的教徒多为工匠,殷弘绪曾亲自访问信教的工匠,询问制瓷方法,并参证中国图籍,写了两封长信寄回欧洲,介绍景德镇的高岭土。③自殷弘绪始,西方才得知景德镇的瓷器,是他把景德镇的制瓷技术传到了欧洲。殷弘绪利用教会拨款和平时节衣缩食,在饶州和景德镇各修建了一座大教堂。这一时期饶州地区的天主教发展很快,很多普通百姓入了教。

传教士还深入边远乡村传教,这样做的原因一则是这些地方地处偏僻,不易为官府察觉;二则受到文人绅士等反教派的排斥和抵制要比在城市少得多;三则纯朴的乡民对外来宗教更易接受,传教士认为他们"更易教育,即更神圣更天真",在乡村传教可以取得更大的成果。

马若瑟在南丰和建昌传教时,跑遍了所有有基督教徒的村庄。在鹿岗,他第一次访问就发展了18位教徒;四五个月后,他再次来到这里,为一个无人照顾的病危老年妇女施舍了一点点,又使一部分人接受了天主教。他在建昌至新城(今黎川)的小镇"Siaoche"建立一个小教区,几乎没遇到任何阻力,就为19个

---

① [美]杜赫德著、耿昇译:《耶稣会士中国书简集》第一卷,大象出版社2000年版,第69页。
② [美]杜赫德著、耿昇译:《耶稣会士中国书简集》第二卷,第57页。
③ 参见"耶稣会传教士殷弘绪神父致耶稣会中国和编внут传教会巡阅使奥里(Orry)神父的信(1712年9月1日于饶州)";第137—156页;"耶稣会传教士殷弘绪神父致本会某神父的信(1722年1月25日于景德镇)。"[法]杜赫德著、耿昇译:《耶稣会士中国书简集》第二卷,第87—113页。

第六章
清前期江西的文化、艺术与科技

人授洗。

在传教过程中,一人受洗,带动全家入教的情况很多。在傅圣泽的信中,记录了抚州北门一个家庭因为他治愈了孩子的病而全家九口人入教的故事。[①]他还描写了一位女子夫家八人受洗,唯独她以丈夫在南京经商,不许她接受一个外国的宗教为由,拒绝受洗。他因为一位丈夫不愿信教而使其家族中五十多位和他差不多情况的亲戚推迟入教而感到痛心疾首。还有一位"热忱的基督徒"死后,争取其妻子和子女入教也没有可能。[②]

外国传教士在传教时由于语言不通,人数很少,教案期间又不敢抛头露面,担心被官府发现,加上对中国的民情、风俗知之甚少,他们常通过佣人、中国传道员宣传教义。沙守信曾对郭弼恩神父诉苦,说他为学习汉语花费了大量时间和努力而收效甚微。他们常常请佣人教会他们传教时要用到的一些语言,练习熟练后才在大庭广众之下进行演说。[③]传道员多为当地信徒,会说本地语言,了解本地风俗。他们对基督教有着虔诚的信仰和奉献的热情,乐意协助教堂神父与教徒或非教徒进行沟通接洽。传道员最早在江西出现是在康熙三十九年[④],他们常常在某个中心教区接受一定培训后,再分赴各个乡村地区讲道,扮演着传教的"先行者"角色。傅圣泽刚到抚州时,准备为一位病入膏肓的妇女授洗,就是这位妇女的丈夫先告诉传道员,再由传道员到教堂去通知神父。后来,这位丈夫拒绝让其妻子受洗,也是由传道员去转告神父的。在其他许多地方发展教徒的例子中,都可以看到传道员努力传教的身影。马若瑟在南丰鹿岗村传教时,已经有传道员先于他在那里讲道。马若瑟也承认:"由于在这个对我说来语言不通的国度里,传道员比我能讲解得更清晰明了,他对他们的教育比

---

① [法]杜赫德著、耿昇译《耶稣会士中国书简集》第一卷第218页:"抚州北门居住了三个家庭,都得了一种便血的疾病。第一个家庭请了和尚来行祷靠和献祭牺牲品等仪式,然而一个孩子还是不到十天就去世了;第二个家庭则在孩子弥留之际,惊慌失措地跑到教堂,要求为这孩子施洗礼。神父施洗过后,当天出血就停止后,孩子的病被治愈了。全家九口人全部接受了洗礼,入了教。"

② 参见[法]杜赫德著、耿昇译《耶稣会士中国书简集》第一卷,第216—217页。

③ [法]杜赫德著、耿昇译《耶稣会士中国书简集》第一卷第243页:"沙守信神父致郭弼恩神父的信。"信中说道:他刚到中国时,每天花八小时抄写词典,整整花了五个月时间,才最终能够阅读汉语书籍;为了辨识汉字,专程找了一位中国文人,每天早晚各三个小时学习,称"要不是为了上帝,我们是决不会自讨苦吃去学它的"。

④ 参见 Alan Richard Sweeten, *Christianity in Rural China: Conflict and Accommodation in Jiangxi Province*, *1860-1900*, Ann Arbor: University of Michigan Press, 2001, p.27。

我更有效。"①

虽然传教士将传教对象更多地转向城市贫民和乡村的普通百姓,并且取得了不错的成绩,但他们并没有放弃寻求更多的官府支持和向士大夫阶层传教的努力。殷弘绪曾记叙了康熙五十一年在饶州教堂集中教徒求雨应验,因而得到道台信任的故事。②法国传教士傅圣泽在抚州传教时,趁士子会聚州城参加乡试时,"常集士子多人为之讲说教义,并以前辈教师所撰之书籍赠之"③。此举意在将天主教引入士大夫圈子,使更多的上层士大夫接受天主教义。他说他的努力没有白费,至少有一位文人在看了书以后,接受了洗礼;还有一位官吏,年轻时接受了汤若望的宗教书籍,老年致仕后率领全家领洗;④一位官员本人虽不信教,但他动员其母、妻子、子女、儿媳及多数仆人公开信教,还在衙门内建了一座小教堂。

3. 天主教与佛道的冲突

天主教进入民间社会,挑战了佛教和道教的信仰权威,必然受到二者的敌视。佛道崇拜在江西乡村社会相当普遍,民间对这两种宗教的信仰超过传教士的想象,以至于传教士常常面对百姓家中举行隆重的法事、道场表示出深深的悲哀和无可奈何。沙守信在抚州传教时,一位妇女临终前想受洗入教,但当地僧人得知消息后,马上找到她的丈夫,阻止了他去找传教士的行动,并向他说传教士带着"他的油来,是想把病人的眼珠挖出来"⑤。于是这位妇女没有受洗就死了。

18世纪初,傅圣泽刚到抚州时,遇到张天师率众弟子到达抚州。他记录下见到的天师模样:"当时道士的首领'张'来到抚州,人们称他为'天师',也就是天上的医师之意,这个头衔是世袭的,不管他的儿子多么无知多么愚蠢,他也像他的父亲那样叫做'天师'。现在统辖'道士'的那人年龄在三十岁左右,很讨人喜欢,也乐善好施。他穿着华丽,坐在一把豪华的椅子上,有八个人抬着走。他经常这样在全国各地行走,看看他的手下,收收银两。由于这些道士都得听

---

① Alan Richard Sweeten, *Christianity in rural China: Conflict and Accommodation in Jiangxi Province*, 1860–1900, p.223.
② 参见[法]杜赫德著、耿昇译《耶稣会士中国书简集》第二卷,第57—69页。
③ [美]费赖之著,冯承钧译:《在华耶稣会士列传及书目》,第556页。
④ Alan Richard Sweeten, *Christianity in rural China: Conflict and Accommodation in Jiangxi Province*, 1860–1900, p.212.
⑤ [法]杜赫德著、耿昇译:《耶稣会士中国书简集》第一卷,第245页。

第六章
清前期江西的文化、艺术与科技

命于他,为了得到他的赏识和维持他们的特权,他们被迫向他送礼……"①言辞之间对道教的排场充满不屑。

治病、驱鬼,是各种宗教在下层社会传播的一种重要手段。在传统中国社会,民众对佛道的依赖由来已久。"天花娘娘"、"送子观音"、法师、师公,是百姓日常生活中的重要内容。由于贫困,普通人家生病后无力延请医师,最普遍的方法是到当地的庙里烧香拜菩萨。即使是富贵人家,也更愿意请和尚、道士到家中驱除恶鬼,化险为夷,而不愿信任医生。天主教面对这一现实,只能悲叹百姓的愚昧,它像一个陌生人一样,来到家门口,却无法得到主人的信任而进入家中。它只能以同样的、然而更有效的方式来博取百姓的信任,获得接纳。抚州一名女子染病,家人先后求助了和尚、张天师,花了大笔银子,却无济于事,在旁人的提议下,求助于上帝。结果在沙守信等几位传教士将十字架、耶稣像、念珠和圣水放到病人家中,病人的疯病立即被治好了。为此,病人全家八口人受洗入教。②傅圣泽记载了福建汀州上杭(当时属于江西教区管辖)发生的一个家庭先后请和尚、道士和传教士驱鬼的故事。③最后的结果是这家人全家入教,并且表现出笃定的信仰,对偶像崇拜"极端地反抗"。

---

① [法]杜赫德著、耿昇译:《耶稣会士中国书简集》第一卷,第213—214页。
② [法]杜赫德著、耿昇译《耶稣会士中国书简集》第一卷第216—217页:"一位青年女子感染疯病,发作时歇斯底里,大声喊叫。娘家把她接回去,她又把病传染给了几位亲人。家人没有办法,只好去求助和尚,花了大笔银子做法事,也不见效。这时,正好张天师率众弟子来到抚州。全城人都去看天师,希望天师能为他们治病去灾。这家人求僧无望,于是也转而求助天师。交了钱之后,天师交给他们一根写满咒符的木棒,然而仍然无济于事。就在这时,这家人的一位信教朋友建议他们求助上帝。当时在抚州城传教的沙守信派出几位传教士来到病人家中,将十字架、耶稣像、念珠和圣水放到病人家中,奇迹出现了:病人立即停止大喊大叫,安静下来。在场围观的和尚和百姓对此不屑,认为这只是巧合。然而当传教士一离开,病人又发作了。于是,这家人在传教士治好他们的病后,有八口人立即受洗入教。"
③ [法]杜赫德著、耿昇译《耶稣会士中国书简集》第一卷第219页:上杭有一户非基督教家庭中闹鬼,这户人家被折磨得疲惫不堪,于是求助于各种宗教;他们先求告于和尚,无济于事;于是又请了一批当地人称为"师公"的人,最先来了三人,后来增加到十人,举行仪式,每天引来各种各样的人围观;师公驱鬼失败后,这家人又召请道士,但当他们的脚一踏进屋子,就突然遭到一阵冰雹般的石头的袭击……于是在一位基督教徒的提醒下,向上帝求助。这位教徒认为自己新入教不久,还是有罪之身,没有资格向上帝提出请求,要他们请邻居的和城内的其他教徒去做仪式。并且声明不吃饭,不要钱。这家人似乎有了皈依的打算,然而还在犹豫,于是魔鬼继续作恶,终于使他们无奈之下,请求这名基督徒给予帮助。这名基督徒推辞不过,带上念珠和圣水,"跪在地上,脸面贴地,做了祈祷。接着他拔去了僧道们的各种标签和告示,将这些别人碰都不敢碰的乌烟瘴气的东西踩在脚下,然后扔进火里。却除了所有这些迷信的东西之后,他使这户人家获得了彻底的和平和安宁,自此再也没有受到过侵害"。这家人家后来全家受洗,而对其他宗教的偶像崇拜表现出极端的反抗,因为有一次将一块写有他名字,并准备安放在寺庙里的木板"夺了过来,当着那些人的面将木板砸得粉碎"。

4.禁教时期江西的天主教

"礼仪之争"后,雍、乾、嘉、道四朝厉行禁教政策。雍正二年(1724年),雍正颁谕全国禁教,从此开始了漫长的"百年禁教"时期,直到道光二十四年(1844年)道光帝与法国签订《中法条约》,正式废除禁教令。在这一百多年间,天主教被明令禁止。在中国许多教区,广大教徒长年见不到一名传教士。一些宗教仪式,如给新生婴儿的洗礼、婚丧时的礼仪、日常祷告等等也无法正常举行。然而,江西各地还保留着相当一批教徒。在漫长的半个世纪,这种信仰,或者更应该说是一种教徒身份,一种家族传统,作为遗产一样继承下来。

在禁教时期,江西仍有相当数量的中外传教士。在赣县,禁止传教之时,仍有一意大利籍耶稣会士隐居在县城东门外,秘密传教。在江西境内活动的不仅有耶稣会士,也有天主教其他修会派出的传教士。他们当中一些人继续秘密传教,另一些则借江西作为避难所,暂时居住以躲避教难。由于禁教,继续秘密传教的传教士们行踪不定,多数隐藏在教民家中,或乔装改扮,以躲避官府的追查。

冯秉正是一位法国传教士,康熙四十六年(1707年)他在江西传教时,"曾感受严重仇教事件三次"。从康熙四十九年开始,冯秉正与雷孝思、德玛诺两位神甫测绘河南、江南、浙江、福建、台湾及附近诸岛地图。他利用这个机会,常往来各地传教,鼓励教民。康熙五十四年,他在九江传教期间,给科洛尼亚神甫写了一封信,信中论及台湾、澎湖诸岛事宜。冯秉正在江西活动期间,正值禁教前夕,朝廷虽未正式下令严禁,但是对天主教的态度已从默许转为遏制,不少地方的传教活动受到官府的打击,但是传教士的行动还较自由,传教活动也处于半公开状态。

雍正颁布禁教令前后,有几位传教士在江西居住过一段时期。意大利传教士利国安是一位身份很高的传教士,他早在康熙三十六年即来华传教;活动二十余年,后于康熙五十七年被召至北京;两年后,被任为中国日本视察员。由于得罪了康熙,被加锁链入狱;获释后,离开北京。康熙六十一年至雍正三年(1722—1725年)他在江西;雍正颁布禁教令后;他被迫谪居广州,雍正五年殁于澳门。利国安从皇帝身边被赶到江西,正是印证了清代天主教从兴盛到衰弱的轨迹。

因为同样原因而流落江西的还有一位传教士骆保禄。他于康熙三十三年(1694年)来华,主要在河南开封、福建福州、兴化等地传教,被誉为"最初阐明

第六章
清前期江西的文化、艺术与科技

中国犹太教徒之状况第一人"①,任耶稣会北京会团长。他到江西赣州是在雍正二年禁教令颁布时,离开北京谪居广州之前,隐居于赣州若干时间,当时他已有78岁高龄。

波希米亚传教士严嘉乐也到过江西的九江、南昌地区,他时常往返于北京和江西两地,他在南昌时写过两封信,时间是雍正元年8月7日和10月14日,信中言及康熙驾崩、雍正嗣位等事。还有一位有明确史料记载的是法国传教士石若翰,他于乾隆五年(1740年)来华,乾隆四十三年因躲避教难而藏身江西。

乾隆年间清廷对待天主教十分严厉,但这时的江西也不乏传教活动。一位叫陈多禄的中国籍耶稣会士就以医生的身份秘密传教。他是苏州人,雍正十二年(1734年)八月被派往江西传教。由于身为医师,因此"得入他人所不能入之家宅,于诊治疾病之余,兼为灵魂之救赎"②。直到乾隆五年(1740年)时可能仍在江西临江府活动。

乾隆十二年三月,鄱阳县逮捕了一位德国传教士李世辅,他于乾隆五年进入中国,在山东、陕西二省传教,此次在途经江西时被捕。由于此时正值乾隆禁教高峰,江西巡抚开泰将此事上奏给了皇帝。乾隆命将该传教士"在江西省城永远牢固拘禁"③,因为他担心让洋人押解回国,洋人会"捏造妄言,肆行传播"。李世辅就此被监禁在江西,1754年才被释放,被押解回澳门。

江西在这一时期并非传教士的重点活动区域,但它连接北京与广州两个天主教重要活动城市,因此成为外籍传教士北上和南下的重要枢纽。在禁教时期,出入江西的传教士有三种:一种是被朝廷驱逐出境,押解途中经过江西;一种是秘密潜入中国内地时途经江西;还有一种就是负有特殊使命的传教士。乾隆五十二年,一位教徒向官府举报:耶稣会士杨德望隐居在江西,秘密帮助教会运送物资。因为江西"为广州、北京与各省交通集中之所",教徒从北京及其他各省运送物品至广州,需先送到杨神父的住所,在此汇齐之后再送到广州。教徒由广州返还北京时,也在杨神父的住所中转。④杨德望于当年五月被捕入狱。他是北京人,两次被派往江西,都是肩负教会物资在江西中转的重任。

在朝廷禁教暴风雨来袭时,江西成了传教士的避风港,利国安、骆保禄等

---

① [美]费赖之著、冯承钧译:《在华耶稣会士列传及书目》,第474页。
② [美]费赖之著、冯承钧译:《在华耶稣会士列传及书目》,第765页。
③ 《清史编年》卷五,中国人民大学出版社2000年版,乾隆十二年三月(1747年4月)。
④ 参见[美]费赖之著、冯承钧译《在华耶稣会士列传及书目》,第973—974页。

耶稣会的高层传教士在谪居广州之前,都选择留住在江西一段时间。也许他们是想观望一阵,看看这阵风暴要多久才会过去,当明白形势不对时,不得已而黯然离开。江西成为这些洋传教士的一个"中转站"和"收容所"。在禁教最严厉的时期,江西又成为连接南北通道,运送物资的枢纽,传教士和教徒蛰伏在这一地区,秘密活动,使天主教得以喘息和延续。特殊的地理位置为江西的天主教"禁而不止"提供了便利条件。

这个时期许多县第一次传入了天主教。大部分县市都在本地建有教堂,传教活动就在教堂中展开。但是,由于朝廷的禁教政策,导致教案频繁,外籍传教士要么出逃离境,要么藏匿在教民家中,传教十分不便,大部分教堂或教区都没有常驻教士,而是由中国籍神父或村民自行主持教务。南康县在天主教传入初期,无常驻神父管理教务,只是每隔数年由澳门教区派神父来一次访问教徒。乐平的天主教由一位本地人从婺源县引入,部分村民开始受洗入教,并在村中建立教堂传教。不久因为发生教案,传教士离去,当地教务一直由本村教徒自行主持。而万安的天主教由一刘姓商人从建昌带回本地,并在龙溪的竹头坳创办教会公所,有自赣州、南康一带迁来万安的教徒50多名,由赣州派来的德国籍穆神父及南康来的中国籍陈神父传教。

屈指可数的外籍传教士远远无法满足内地传教的需要,一些平民教徒试图从澳门秘密接引外籍神父进入内地传教。为此,乾隆年间发生了一起江西教徒去澳门邀请外籍神父,结果在广东被查获的教案。

庐陵县厦下村(又作社下村)一位平民教徒吴均尚派遣万安县教徒蒋日逵、刘芳名赴澳门邀请西洋神父来本地执掌教务,将安当、尼都两位洋神父改装前往江西,结果一行人在途经广东时被官府查获。吉安府知府李源闻讯后,立即带着一批官员,秘密赶到厦下村,将吴均尚父子逮捕归案,在吴家搜查出天主教经像同时,在同村的萧祥生、萧鼎生、吴贤运、吴魁士等家也搜出经像等物。审讯时,吴均尚供称:"乾隆二十一年,曾有已故村民刘若汉,请西洋人林若汉至村,传习天主教,后闻查禁,林若汉随即回去。今年二月,曾托万安县同教蒋日逵赴广东,仍寻林若汉主教来传教。还有赣州人刘芳名同去。"与此同时,万安县知县胡万年也在乡民刘其、王保禄、蒋云善家中查出天主教经像等物。但在审讯时,也许是惧怕官府,这些教徒都否认自己信教。萧祥生等供称:"祖上曾习天主教,今无人传授,已经不习。""祖上遗留,近已教法失传,并未习

第六章
清前期江西的文化、艺术与科技

教。"蒋日迓即蒋云善之子,据蒋云善供称:"蒋日迓……向习医道。今年四月赴广东买药,他怎样受吴均尚嘱托,去寻西洋人林若汉来传教,并不知道。"

此案涉境粤赣两省,牵涉江西庐陵、赣县、万安等三县,是乾隆年间影响较大的一起教案。此案处理结果:吴均尚发配伊犁,萧氏两兄弟发配新疆,安当、尼都两洋教士被遣送回国。实际上,我们从这起教案中可以发现,天主教在朝廷的禁教政策打压下并没有销声匿迹。庐陵、赣县和万安的这些信教者当中以父子、兄弟、叔伯等亲属关系居多,均为祖上就开始信教,信教传统在家族中由来已久;并且教徒家中都藏有天主教经像,有的居然敢公开悬挂家中;这些教徒还遵循天主教的传统,每月吃斋。可见,即使在严厉的禁教时期,吉安、赣州一带仍有天主教活动的踪迹。

5.遣使会在江西的传教

乾隆四十三年(1778年),罗马教廷解散耶稣会的诏令在中国宣布,耶稣会士被迫离开中国,遣使会[①]接替耶稣会在江西传教,传教活动一直持续到1949年。[②]

"礼仪之争"使中国的天主教命运发生重大转折,教会也意识到中国上层社会人士因为笃信孔子和日常敬奉祖先,不太可能接受天主教;士大夫对待西洋科学亦不如明末清初那样好奇,因当时不少西文书籍都已译成中文,可以阅读。禁教政策使得传教只能秘密进行,于是传教方针由原先的偏重上层人士转向下层贫苦百姓。

道光十八年(1838年),由遣使会正式接管江西教务时,共有教徒923人。早期进入江西的遣使会传教士和禁教时期的耶稣会士一样,必须在艰苦的环境下秘密传教。有记载最早进入江西的遣使会士是法国籍神父刘格来。他于乾隆五十七年(1792年)前往湖北时途经江西,在江西停留了近一年。他在给教会的信中提到:"我已为一百多名受过良好教育的成年人授洗。本来我可以为更多要求这项荣誉的人授洗,但我认为他们还没有足够的经文知识,而且我们发

[①] 遣使会(Vincentians 或 Lazarists),又名味增爵会,于1625年由圣味增爵(1581—1660年)创立,培植派遣往外方传教的人士,故称遣使会。与耶稣会士的上层传教路线不同,它的宗旨是为贫穷人传布福音。遣使会于1699年进入中国,起初只是少数会士;1783年,教廷命遣使会继续耶稣会的工作。

[②] 遣使会在江西的力量一直持续到1949年,当时它仍辖有河北省一大部分及浙江、江西2省,共11教区,教徒约40余万。

现,轻易受洗的望教者(catechumens)在迫害面前也轻易地投降。"①

刘格来离开江西后,时隔四十多年,即19世纪30年代初,才有第二位遣使会神父入赣,他是法籍神父和德广。道光十二年(1832年),他乘船从澳门到福建,登陆后进入江西东部,沿着这条路线他来到建昌府九都村(今南城徐家乡,民国以前又称渭水乡),此后即以此地为据点,走访散布在各个乡村的天主教徒。他在这里的传教活动是半公开的,而且非常成功,到道光十八年,九都已成为他传教活动的中心。当时建昌府大约有1600名教徒,大部分都集中在九都及周围村庄。②

与和德广同时来华的法籍神父张导元,此期间也在江西传教。道光十八年江西成为独立的宗座代牧区后,他被任命为第一任主教。他在江西创办了第一所教会学校。

19世纪20—30年代在江西传教的还有两位神父,一位是沈西禄(1769—1827年)在蒙古及江西传教,另一位是陈安当(1778—1835年)在湖北、江西传教。③与此同时,在江西传教的还有其他修会的传教士。例如:耶稣会解散之后仍然有几位耶稣会士留在江西传教;方济各会和多明我会士也有江西活动的踪迹,④但人数并不多。

在江西传教的遣使会士中,以法国籍神父居多。这是因为道光十年(1830年)以前,葡萄牙曾白享有保教权,派遣来华的遣使会士特别多,但他们大部分集中在澳门,没有深入内地;而在道光十年以后,法国派遣了数位遣使会士来中国。至道光二十年,全国共有120位神父,包括40位客籍神父和80位中国籍神父,这其中,遣使会士占了50位。

---

① "Vincentian Missions in China." Perryville, Mo.: St. Mary's Seminary, n.d., pp.2-3,参见 Alan Richard Sweeten, *Christianity in rural China: Conflict and accommodation in Jiangxi Province, 1860-1900*,p.19。

② 参见 Alan Richard Sweeten, *Christianity in Rural China: Conflict and Accommodation in Jiangxi Province, 1860-1900*,p.19。

③ 参见 Alan Richard Sweeten, *Christianity in Rural China: Conflict and Accommodation in Jiangxi Province, 1860-1900*,p.20。

④ 据 Alan Richard Sweeten 引自 *Annales de la Congrégation de la Mission*,称 1770 年有位方济各会士在赣南传教,"十余年间都和一位虔诚的天主教徒住在一起"。道光年间 (1821—1850 年)初期,一位方济各会士在江西南部的赣县乡下买了一块地,建了一所教堂。1843 年,有一名多明我会士曾在江西活动过。参见 Alan Richard Sweeten, *Christianity in Rural China: Conflict and Accommodation in Jiangxi Province, 1860-1900*,p.18,p.20。

第六章
清前期江西的文化、艺术与科技

与耶稣会士进入中国内地的路线一样，遣使会士也是先从澳门进入广东或福建，再途经江西北上，江西成为遣使会士进入中国内地的必经之地。道光十五年，法籍传教士董文学离开澳门前往湖北武昌时，曾以江西为中转站。他和巴黎外方传教会的一位马神父于道光十六年三月来到江西，拜访了在江西传教的张导元神父，一起过了复活节瞻礼，之后来到建昌，由此坐船前往湖北武昌传教。事实上，在某些特定时期内，江西并不是一个传教中心，而是因其地利之便，成为众多传教士的途经之地，而江西的天主教的传播在很大程度上仰赖于这一地理优势而得到较大发展。

遣使会在江西传教一个多世纪，不仅将耶稣会士创建的天主教传统延续下来，而且在此基础上，教区划分更加细密，教徒人数增多，教堂的建设较以往更加频繁。到1841年，江西有6998名教徒、1位主教、6位遣使会牧师和1位多明我会牧师。1849年，教徒人数增加至8536人，共建有25座教堂和礼拜堂、1座神学院和8所教会学校。①当代江西境内的天主教信仰传统和民众基础，基本上是在遣使会传教时期的基础上保留和发展而来的。

第五节
戏剧与绘画的成就

一、蒋士铨与《藏园九种曲》

蒋士铨，字心余，一字苕生，号清容、藏园，晚号定甫、离垢居士，江西铅山县人，是清代乾隆年间著名的戏曲文学家。

蒋士铨生于清雍正三年（1725年），乾隆二十二年（1757年）得中进士，三年后授翰林院编修。乾隆二十九年，蒋士铨因久未升迁，便辞官南归，此后历主绍兴蕺山书院和扬州安定书院。乾隆四十二年，蒋士铨再次入京，官国史馆纂修。乾隆四十八年，蒋士铨因身体不适，又辞官归里。乾隆五十年，病逝于南昌。

蒋士铨的文学成就，主要体现在诗文和戏曲两方面，其中尤以戏曲成就

---

① 参见 Alan Richard Sweeten, *Christianity in Rural China: Conflict and Accommodation in Jiangxi Province, 1860–1900*, p.20。

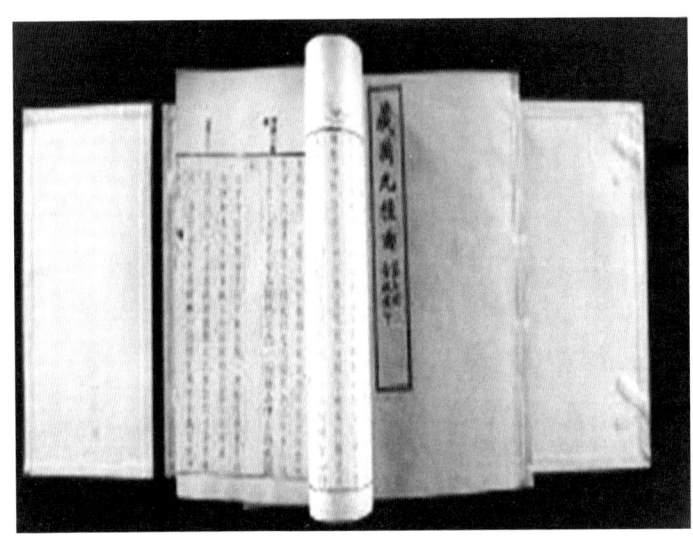

藏园九种曲
(李平亮提供)

最为后人推崇。《清代学者像传》有云:"诗古文词负海内盛名,古诗胜近体,七古尤胜,苍苍莽莽,不主故常。而最擅长莫如曲,直造元人堂奥。"蒋士铨的诗文,与同时代的袁枚、赵翼齐名,并称"乾隆坛三大家"。乾隆帝在赐予南昌人彭元瑞的一首诗中,将彭与蒋士铨称为"江右两名士"。李调元在《雨村诗话》中,则对蒋士铨的戏曲成就有这样评价:"铅山编修心余士铨曲,为近时第一。以附有诗书,故随手拈来,无不蕴藉,不似笠翁辈,一味优伶俳语也。"

蒋士铨一生创作的戏曲有31种,其中有15种未传于世,现已刊行的有《一片石》、《空谷香》、《桂林霜》、《四弦秋》、《雪中人》、《香祖楼》、《临川梦》、《第二碑》、《冬青树》、《康衢乐》、《忉利天》、《长生箓》、《升平瑞》、《庐山会》、《采樵图》、《采石矶》等16种。前九种有书坊渔古堂刻本,称《藏园九种曲》,也有《红雪楼九种曲》、《蒋士铨九种曲》、《香祖楼九种曲》、《九曲传奇》等不同的合刊版本。九种曲中,有三种为杂剧,其余六种为传奇。

九种曲的创作,是蒋士铨的个人才情、历史事件与地域文化相融合的结果。在《空谷香》剧中,蒋士铨运用了诗歌的手法,表达了两次落第后的心境,同时也使戏曲的文本趋于通俗化;在《一片石》、《第二碑》、《冬青树》这三部剧中,蒋士铨分别以娄妃和文天祥、谢叠山以身殉国的壮烈事迹为蓝本,既使曲本展现出一种史诗般的崇高与悲壮,又高扬了"节义之邦"的地方文化特色;在《雪

第六章
清前期江西的文化、艺术与科技

中人》、《一片石》两剧中,充满了对疍民的生活习性、猺僮蛮歌、赣地秧歌与方言土语的描述与刻画,真实地展现南方土著民俗及江西民间风俗的景象①;《四弦秋》、《临川梦》、《采石矶》三剧,则充分抒发了作者仕途失意的心境,揭示了蒋士铨终其一生无法释然的循吏情怀,以及无尽的沦落之感。②

蒋士铨的《藏园九种曲》,既在理论上继承了前人的"风教观",提高了戏曲的社会教育功能,又对其后及近代的戏曲创作产生了深远影响。蒋士铨以高超的艺术技巧,将剧作内容与艺术形式完美结合,使雅音深入人心,成为继清初洪昇、孔尚任之后的又一艺术大家,为昆曲的谢幕画上一个圆满的句号。

二、江西地方戏的勃兴

清代,宜黄腔的崛起和花部乱弹的勃兴,使江西戏曲迅速发展,产生了一批地方剧种。这些以所在河流和地域命名的地方大戏,主要有东河戏、西河戏、宁河戏、饶河戏、信河戏等五大剧种。

1. 东河戏

东河戏又称东河班,起源于赣县和兴国交界的田村、白鹭及睦埠一带,因该地区位处东河流域(即贡水流经地区)而得名。东河班的形成,源于明嘉靖时期当地举行庙会时的"坐堂班"和"扮故事"。坐堂班为当地庙会期间,香客带来的歌舞乐队。每班五六人、七八人不等。扮故事是以童男童女,扮作神话传说和民间故事中的人物,肩抬游行,以示吉庆。明万历时期,田村一刘姓与睦埠刘仁全合伙,邀集一批学馆师生,在坐堂班的基础上,吸取"扮故事"形式,加上颇具地方特色的锣鼓,尝试将其搬上舞台表演。清顺治三年(1646年),刘仁全等人的继承者,正式成立了演唱高腔大戏的班社——玉合班。玉合班的诞生,标志着东河戏的形成。

玉合班成立后,不断吸收其他唱腔和表演形式,逐渐发展为一个三腔合一的剧种。顺治十一年,一批苏州昆腔艺人来到赣州,糅合玉合班,建立雪聚班,后改凝秀班。康、雍年间,一位在赣县为官的宜黄人,带来了宜黄调,此为东河戏吸纳二黄(二凡)调之始。咸丰年间,当地艺人丁仔将桂剧西皮戏,授以东河

---

① 参见龚国光《江西戏曲文化史》,江西人民出版社2003年版,第255—284页。
② 参见林叶青《一代才人的情志 "沦落史"——论蒋士铨的三部文人故事剧》,《艺术百家》2001年第1期。

赣县白鹭村福神庙传统戏台外墙绘画（梁洪生摄）

戏艺人。①光绪时期，湖南祁戏又为东河戏注入了新的内容，东河戏成为一个集高腔、昆曲、皮黄等多种声腔于一体的独特剧种，形成了具有地方特色的东河昆腔体系。据称，在鼎盛时期，东河戏共有班社30余个，剧目有《目连》、《岳飞》、《封神》、《三国》以及《东、西、南、北游记》八种连台本大戏，高腔剧目250出，昆腔剧目104出，其他剧目518出。演出范围除江西南部各县外，还流传至邻近的遂川、泰和、吉安、万安等县，以及闽西的连城、宁化和粤北的南雄、始兴等地。②

2. 西河戏

西河戏又称"弹腔戏"，俗名"星子大戏"，是清代江西地方大戏之一。该剧中主要流行于北部地区的星子、德安、九江等县。其主要声腔为皮黄，因有西河水流经星子，故又称"西河戏"。

西河戏的形成，源于德安县的汤家戏班及其表演的簧皮戏。清乾隆时期，赣江下游的南昌地区，以及西河流域的永修、德安、九江、星子等县，是弋阳腔、宜黄腔、青阳腔和湖北汉剧频繁活动的地区。清嘉庆年间，诸腔合流，首先在南昌形成一种乱弹班，影响甚广。清道光年间，德安县高塘乡艺人汤大乐先后在

---

① 参见廖祥年《江西名戏——东河戏》，《华夏文化》2004年第4期。
② 参见戚齐孟《东河戏》，载《赣县文史资料》第3辑。

第六章
清前期江西的文化、艺术与科技

南昌的乱弹班和汉口的汉剧班演戏,后回乡与兄汤大荣一道组织汤家戏班,排演簧皮戏。同时还在德安县城郊建造乐王庙,以乐王菩萨为弹腔戏之祖,使西河弹腔迅速在当地传播开来。

清中叶,西河大戏开始由德安汤家向星子县周家转移。早在道光末年,汤大乐由德安至星子教戏,并与星子汤姓建立了该县第一个弹腔戏班——义和班,演出剧目30余出。同治十三年(1874年),在汤氏兄弟去世后,星子艺人周自秀出任班头,改戏班名为青阳公主星邑义和班。其子周

湖口县石钟山戏楼戏曲木雕之一:《三官堂》

湖口县石钟山戏楼戏曲木雕之二:《击鼓骂曹》(李平亮提供)

招生与其孙周杨鑫、杨银、杨锭,"均能继续先人之业",先后成为义和班的骨干成员。在周氏三代及郭德英、刘忠化、黄以政等艺人的努力下,星子西河戏不断发展。戏班不仅在星子本地常有演出,还逐渐扩散到永修、德安、九江、都昌等地。所演的剧目有大本戏《打龙蓬》、《清官册》、《反昭关》、《三关调将》、《白虎关》、《二进宫》等50余出,小本戏30余出。唱腔以二黄、西皮为主,演出多沿高腔旧习。角色分为十大行,即一末、二净、三生、四旦、五老、六外、七丑、八贴、九小、十杂。

自光绪时期始,西河戏先后融合了其他流派,进入到一个繁荣阶段。光绪十四年(1888年),星子人刘郭原,从瑞祝班归来加入义和班,并继周自秀出任

班头。光绪十五年,星子人汤再树将汉剧的元素注入到义和班。不久,星子人万正榜又为班社添加了饶河戏的成分。这些从外地带来新的剧目,改造了一批西河戏的老唱腔,大大丰富了西河戏的演出内容和形式。宣统二年(1910年),义和班为满足各地演出的需要,分为南、北两班。北班以温泉一地为中心,班主由汤再树接领,南班以苏家垱为基地,由周招生领班。南北两班所到之处,"人皆津津乐道以为快"①。

义和班的繁荣,带动了民间演剧的发达。据称,当时星子各地几乎每村都建有供奉乐王菩萨的神庙,增修了大量的戏台。每年的八月二十八日,村人都会做乐王会,祭祀戏神。每逢年节,村村聘请戏师,排演剧目,通宵达旦,数日不绝。

3.宁河戏

宁河戏古称"宁州大戏",发源于南昌府义宁州,流播于今江西西北地区的修水、武宁、铜鼓等县以及赣、鄂、湘毗邻地区,是清代江西又一个具有鲜明地域特色的地方大戏。

清代义宁州(今修水县)的宁河戏,源于明代的傩戏。据同治《义宁州志》记载,明代以前,修水民间形成敬傩神之俗,"乡村都社各奉神为傩,竞立傩案,每当酬神还愿,献以歌舞,谓之'傩歌'、'傩舞'"。至嘉靖、万历年间,傩歌、傩舞在吸收弋阳腔的基础上,逐渐衍变成傩戏。每年八月初,乡人都会举行迎神赛会,出演戏剧。由于"乡里演戏,谓之行傩",故始有"无傩不开亲,无傩不成戏"之说。不过,当时傩戏的表演,均是由乡民在农闲时完成,并没有形成专业性的演出班社。隆庆元年(1567年),义宁州的傩戏演出进入到一个新的发展时期,出现了第一个傩戏案堂班——小溪三帝案三元班。至万历年间,又先后出现了上源余太公案的春林班、全丰戴太公案凤舞班、大桥马爷案同庆班、噪口肖爷案鸿云班等班社。这些班社活跃于乡村各地,演出《目莲传》、《征东传》、《西游记》等剧目,所演唱的腔调为傩戏与弋阳腔混交而成的高腔。

清代是宁河戏形成与发展的重要时期。自康熙年间起,义宁州的案堂班先是从徽班吸收了石牌腔和九腔十牌子等曲牌吹腔,以及《神州擂》、《蜈蚣岭》、《采石矶》等剧目,继而又从宜黄戏吸收了"二凡"及《清官册》、《下河东》、《三官堂》、《钓金龟》、《假棺材》、《满门贤》、《全家福》、《琵琶上路》、《双贵图》、《探五阳》、《万里侯》等剧目,从而发展为融高腔、昆曲、吹腔、徽调及民歌小调于一

---

① 龚国光:《江西戏曲文化史》,第142—143页。

第六章
清前期江西的文化、艺术与科技

体,具有地方特色的多声腔的宁河戏。宁河戏的成型,又进一步刺激了戏曲活动的兴盛,修水境内出现了"宁州十八班"。清代中叶,宁河戏声腔又一次发生了重大变化,而导致这次转变的是楚腔西皮调。据载,道光丁未年(1847),湖北崇邑三胜班到义宁州的溪口、山口等地进行了长时间的演出,对当地的班社产生了极大影响,"宁州十八班"之首的三元班,以及春林、凤舞、同庆、舞云、鸿云等班都吸收了楚腔的西皮调,导致宁河戏中高腔、吹腔、徽调日趋衰微,形成以皮黄为主体的声腔。①

武宁县东岳庙宁河戏壁画之一:《程敬思解宝》

武宁县东岳庙宁河戏壁画之二:《闹昆阳》(周秋平提供)

宁河戏由高腔向西皮的转变,为自身进入鼎盛时期创造了有利条件。首先,义宁州的班社借助所唱声腔,与湖北的汉剧班、湖南的巴陵戏班互相搭班,进一步丰富了宁河戏的声腔和剧目,扩大了自身的影响。其次,随着宁河戏演出地域的扩大和演出次数的增加,许多新的班社应运而生。至光绪年间,义宁州不仅有31个案堂班(其中7个傀儡班),还有了5个职业戏班。这些案堂班的演出,一般以所奉傩神的香火范围为中心,其演出范围集中在修水、武宁、铜鼓一带,许多班社甚至还有固定的演出场所。如三元班的演出地,就是乾隆三年(1738年)建造的三元殿。案堂班在完成祀神任务后,也可于八月到毗邻地区作营业演出,谓之"唱卖戏",如三元班到湖北崇阳、春林班到湖北通城、同庆班到湖南平江。民间职业班社除在修水、

---

① 参见张待检《山谷幽兰倍风流——修水宁河戏与宁河戏剧团始末》,《修水报》2006年6月27日。

武宁、铜鼓演出外,还往来于高安、上高、奉新、宜丰、万载,远至饶州、赣州。再次,声腔和剧目的丰富,使宁河戏成为乡村社会最重要的活动之一。自清以后,义宁州内凡庙宇祠堂,均建戏台。据时人瞿炳育《箴俗臆说》记载:"各城镇村落每建一神龛,必襄金立会,置买田租,少者不下数十担,多者或至数百担,岁岁皆为演剧消耗,甚至强宗之祖祠,亦复如是。"其演出之盛况,由此可见一斑。①

4.饶河戏与信河戏

饶河戏与信河戏是江西东北地区的两个地方剧种,也是赣剧的前身,其实力在所有新兴乱弹腔中最强,人们称之为"江西大班"。

饶河戏,又称"饶河班",流行于饶河流域各县,及安徽祁门、至德等地。清代饶河戏的班社,大多出现于道光、咸丰年间,主要有老亲生、老同庆、老采福、老同乐、新同乐等。此后,又产生了大同乐、天庆同乐、明经同乐等班社。饶河戏的演唱腔调,最初以乱弹为主,如清人郑廷桂在《陶阳竹枝词》中就有描述:"青窑烧出好龙缸,夸示同行新老帮。陶庆陶成齐上会,酬神包日唱弹腔。"至光绪二十年(1894年)前后,随着乐平义洪班的王裕发将弋阳腔传授给饶河戏艺人,继而又有李三保、余兴寿、汪兴师等人搭入了饶河戏班,饶河戏形成了高腔与乱弹并存的格局。清末民初,老义洪、大同乐、明经同乐和赛同乐等,均是以演唱弋阳腔而著名的班社,被称为"乐平四大名班"。光绪三十年时,乐平县秧坂马家以婺源的洪富林徽班为基础,又请来一批昆腔艺人,组成一个昆腔班,名为"万春"。他们竭力提倡昆曲,并以此与义洪班相互媲美。由于高腔、昆曲与乱弹的合演,使饶河班便成为赣剧的一个流派了。

信河戏,又称"广信班",流行于广信府的贵溪、玉山、上饶、横峰、弋阳等地。由明至清初,该地戏剧演唱主要为弋阳腔。清乾隆以后,由于乱弹腔的盛行,在玉山和贵溪两地便出现一种高腔、乱弹的合班。不过,直至道光年间,玉山县城的戏曲演出,仍然是"弋多昆少"。到了光绪时期,玉山县的紫云、彩云、紫玉云、鸿云、大庆和等班,仍可以演出少量的名为弋阳腔折子戏,其他的班社则唱乱弹腔了,而贵溪县的高腔班亦能演出诸如《目连传》、《三国传》、《西游记》等弋阳腔的连台本戏。不过,随着贵溪班的高腔艺人转至万年县搭班,弋阳腔遂销声匿迹了。除《目连传》以外,贵溪班所唱的《三国传》和《西游记》均改为乱弹腔演唱。广信班因不唱弋阳腔而只演乱弹,自成一派,因而成为赣剧的另

---

① 参见龚国光《江西戏曲文化史》,第144—145页。

第六章
清前期江西的文化、艺术与科技

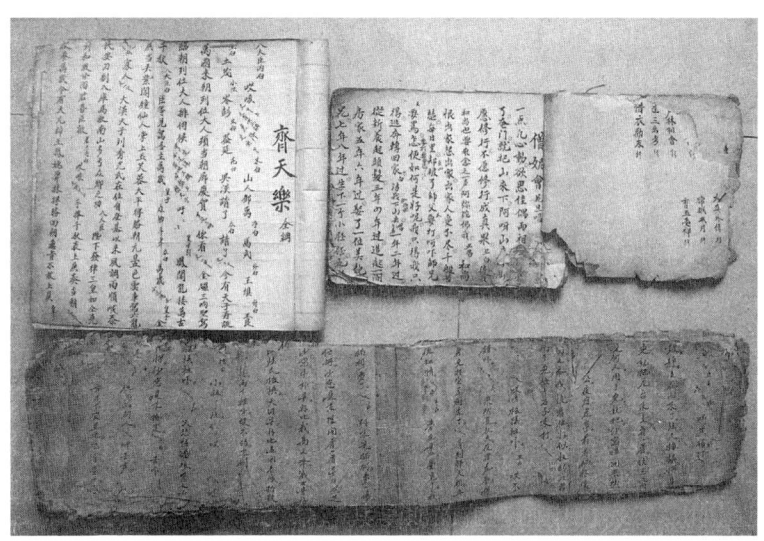

流传于上饶民间的"串堂戏"剧本
（章俊提供）

一流派。

除上述五大地方戏外，清代江西戏曲中还有抚州府的抚河戏与盱河戏、吉安府的吉安戏、瑞州府的瑞河大班、南昌府的丰城大班及袁州府的袁河大班。这些地方戏与前述五大戏一样，曲调唱二凡和西皮，剧目多出自宜黄戏，声腔以乱弹为主，结合高、昆以及其他腔调，成为清代江西戏曲繁荣的重要组成部分。①

三、深入民间的采茶戏

采茶戏是地方小戏的总称，主要发源于赣州府的信丰、安远一带，由民间采茶歌和采茶灯演唱发展而来，继而成为一种有人物和故事情节的民间小戏，由于它一般只有二旦一丑，或生、旦、丑三人的表演，故又名"三角班"。赣南采茶戏形成后，即分几路向外发展，与当地方言和曲调融合，形成赣东、西、南、北、中五大流派，每个流派中又有不同的本地腔。清前期，江西的采茶戏进入到一个较为成熟的发展阶段，主要表现在各区域的采茶戏开始摆脱茶山采茶这种单一的表达方式，出现了大批反映民间生活的剧目，形成了一些较为专业的著名戏班。

清乾嘉时期，采茶戏已流行于江西南部和粤北一带。其表演形式也不再仅

---

① 参见龚国光《江西戏曲文化史》，第138—145页。

以茶山采茶为表现灯戏内容的方式，还有《四姐反情》、《卖杂货》、《上广东》、《大劝夫》等剧目。尤其是在清嘉庆二十年(1815)，赣县的戏班打破了采茶戏不能进庙台祠堂的旧习，开始进入当地百姓的各种节日庆贺和祭祀活动中，从而带动了灯子戏班的发展。这一时期赣南采茶戏的唱腔曲调也有所发展，分为灯腔、茶腔、路调、杂调四类，以茶腔为主，弦乐伴奏。剧目多为丑旦合演的民间生活小戏，如《挖笋》、《捡田螺》、《巧耍香龙》等。

江西北部的采茶戏又分南昌采茶戏、武宁采茶戏和九江采茶戏三个子系统。南昌采茶戏流行于南昌、新建、安义等县，其曲调分为本调和杂调"四大记"，即《南瓜记》、《鸣冤记》、《辜家记》、《花轿记》等48本；武宁采茶戏，流行于武宁、修水、铜鼓、靖安一带。清道光年间就已演整本戏，如《失印配》、《褂袍记》、《文武魁》等50余本。音乐曲调有正腔(包括北腔、汉腔、叹腔、四平腔)、花腔和杂调。剧目、唱腔亦与黄梅采茶戏接近；九江采茶戏流行于瑞昌、德安、九江、湖口一带，剧目有"三十六大本，七十二小出"之说，唱腔分平板、花腔、汉腔、杂调四类，接近黄梅采茶戏。九江采茶戏中较著名的班社，是起班于道光十年(1831年)的瑞昌瓜山社。

江西东北部采茶戏又可分为东部采茶戏和景德镇采茶戏两种。东部采茶戏源于铅山县的茶灯戏，流行于铅山、上饶、贵溪、弋阳等地。初为二旦一丑的"三脚班"，受黄梅采茶戏影响增一小生，后又增加了老生、老旦、花脸，连同三个打击乐手，称为"七唱三打"的"半班"。男脚擅长扇子功，旦脚擅长手帕功，曲调分三角小调和湖广调两类，早期演唱只以锣鼓伴奏，干唱加帮腔，现已加管弦伴奏。主要剧目有《三矮子放牛》、《三姐妹观灯》、《打平斗米》、《鹦哥记》、《拷打红梅》等。景德镇采茶戏系由湖北黄梅采茶戏流入后衍变而成，流行于景德镇、鄱阳、都昌一带。剧目、唱腔均近似黄梅采茶戏，表演上曾受饶河戏影响。

江西西部采茶戏主要有萍乡采茶戏、永新采茶戏、莲花采茶戏和万载花灯戏等，流行于永新、宁冈、莲花、萍乡、万载一带。西部采茶戏的形成，是由清初赣南采茶戏一支流入后衍变发展而成。清道光年间，西部采茶戏已盛行于赣湘交界地区，其唱腔有二胡、笛、唢呐等伴奏乐器。主要曲调分灯彩词调、花鼓调、歌腔、民歌小调四类，传统剧目有《放风筝》、《卖杂货》等。道光二十六年(1846年)，湖南湘剧进入萍乡，对当地采茶戏产生了较大影响。至清末，西部采茶戏已进入半班，并兼唱湘剧。

江西中部采茶戏有抚州、吉安、高安、宁都等多种采茶戏。清初，高安的灯

第六章
清前期江西的文化、艺术与科技

彩衍变为茶灯戏。康熙年间,抚州地区出现了脱离灯彩而独立存在的三脚班,演出单台戏、对子戏和三小戏。道光初年,抚州采茶戏由宜黄传入永丰,并继而向西流传于吉安、吉水,向南则传至宁都。嘉庆年间,吉水采茶戏传入高安后唱腔发生变化,由原来的小调发展为余家调和老本调,并逐渐向板腔体过渡,从而使高安采茶戏进入到半班阶段。至清末,高安采茶戏又吸纳了瑞河大班的高腔,形成了独具一格的瑞河采茶高腔。①

四、八大山人与罗牧的艺术成就

八大山人,为明宗室宁献王后裔,谱名朱统鋈②,是明末清初著名的画家,与石涛、石溪、渐江并称"清初四大画僧"。

八大山人于明天启六年(1626年)出生于南昌城,其父、祖均工于诗文和书画。在他们的影响下,少时的八大山人也表现出一定的书画才能。八大山人虽贵为皇室后裔,然而由于宗室人员为数巨大,因此其家庭能从朝廷获得仅仅是一个空虚的爵衔和经常遭到克扣的俸禄。崇祯十六年(1643年),18岁的八大山人参加了科举考试,取得了秀才的功名。清顺治二年(1645年),清军攻占南昌,八大山人离家隐遁江西奉新山中避难。顺治五年,遭受妻、子俱失之痛的八大山人由奉新至进贤,在介冈灯社剃度为僧,开始了一边潜心向佛,一边专于书画的生活,并于一年后使用"传綮"僧名以及"刃庵"、"雪个"僧号。顺治十年,八大山人成为颖学弘敏禅师的弟子,一同创办了奉新芦田的"耕香院"。顺治十四年,八大山人不仅在佛法上大有增进,继其师住持介冈灯社,执拂称"宗师",且在艺事上精进不少,"书法已有欧阳询风骨俊秀的结体、虞世南圆润柔和的笔触、褚遂良钩捺之间的遒媚风格"③。

顺治十六年底,八大山人离开进贤至奉新定居。在耕香院过了十余年的隐居生活后,八大山人重新回到世事中,与新昌县令胡亦堂等一些官吏交往,并为他们作画,希望借此受到他人的赏识。八大山人的这种心态,在此一时期的书画作品中也能感受。在康熙九年(1670年)所作的《花卉图卷》题诗中,就"多少流露一种怀才不遇、希冀成功和受人赏识的热望"。康熙十六年,八大山

---

① 参见龚国光《江西戏曲文化史》,第150—156页。
② 据学者考证,朱耷为八大山人应秀才试的"庠名"。参见萧鸿鸣《也谈八大山人的几个问题——兼致杨新〈八大山人三题〉》,《南方文物——八大山人专辑》总第29期,1999年。
③ 萧鸿鸣:《八大山人生平及其作品系年》,燕山出版社1997年版,第92页。

人由奉新回到进贤,拜访了同门师兄饶宇朴,请其为《个山小像》题跋。当饶氏言八大山人以诗画来打发闲暇时,八大山人却标明自己要像贯休、齐己那样,力求以诗画著名于世,公开宣告了疏离修禅。康熙十七年,应调任临川县的胡亦堂之邀,八大山人前往临川担任了方志编修顾问,成为胡氏县衙中的座上客。但是,在居留县衙一年后,八大山人发现,自己借助胡亦堂入世的愿望只是一厢情愿,于是在康熙十九年再次"忽发癫狂",撕裂袈裟,回到了南昌城。入世希望的破灭,解除了八大山人内心的桎梏,也让他的书画创作进入了成熟期,显现出了不拘一格的画风,并以"驴"、"驴书"、"驴屋"等题款来自我标志。自59岁后,其书画的款识又以"八大山人"为最多。[1]这四字的书写,紧紧连缀,形成"哭之"或"笑之"字样。

在八大山人的绘画作品中,既有花鸟等动物,又有山水树石,也有人物临摹。其早期的花鸟画中的梅、兰、竹、菊之类的作品,主要受徐渭的影响较大,"模仿塑形"是八大山人早期花鸟艺术的主要特征。而在其后期的作品中,八大山人以其独特的艺术风格和高超的笔墨技巧,发展了陈淳、徐渭的风格,并从民间汲取养分,使作品呈现出鲜明的个性。[2]他的山水作品,大多创作于晚年时期。在风格上,融黄一峰之"痴"、倪云林之"迂"及米元章之"癫"为一体,兼取董其昌、吴道子、郭熙,"以意象的含蓄凝练简扼,来表现'知君自有真丘壑,不在区区水墨间'的意境"[3],将大笔水墨写意画推进到一个新的高度。

八大山人的艺术成就,还体现在书法领域。正如八大山人自己所言,其对于书画,常是"以画法兼之书法"、"以书法兼之画法",故石涛有"眼高百代古无比,书法画法前人前"的赞誉和评价。八大山人早期的书法,既有欧阳询楷书之风,又有黄庭坚、米芾、董其昌等人行书之迹,并临摹钟繇、王羲之的法书。其晚年书法则在前人的基础上,运用秃笔,创造出简、奇、意的风格。[4]

罗牧,字饭牛,号云庵、牧行者,江西宁都县钓峰人,是明末清初著名的山水派的开派画家。据史料记载,罗牧学画,初师同代人魏石床,后又宗法董源、黄公望,并在此基础上进行个人创作,形成自己的风格。其画林壑森秀,笔法多变,水墨清润淋漓,画风深沉粗犷。在罗牧诸多作品中,有《寒江独钓图》、《读书秋树根图》、《山水十二条屏》等代表性作品传世。除了自成一格的画风外,罗牧

---

[1] 参见陈椿年《另眼看八大山人》,《书屋》2003年第4期。
[2] 参见张树洪《八大山人的花鸟画艺术》,《齐鲁艺苑》2003年第3期。
[3] 参见胡光华、李书琴《晓峰烟树午生寒——八大山人山水画风格论》,《荣宝斋》2004年第4期。
[4] 参见傅明鉴《八大山人书法艺术浅析》,《东南文化》2002年第8期。

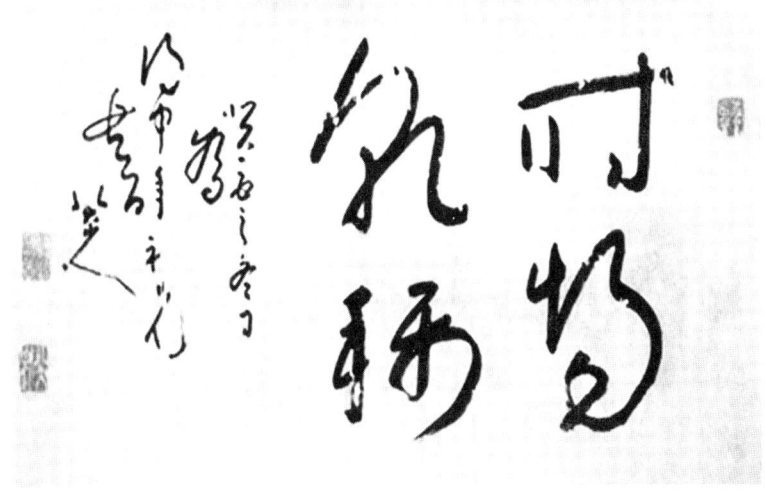

八大山人书法(李平亮提供)

在中国书画史的地位,还来自其与江西另外几位画家开创了"江西画派"。

江西画派,简称"江西派",又称"西江派"。与扬州画派、海上画派、岭南画派等一样,为中国画流派之一。罗牧之所以能成为江西画派的代表性人物,除了当时较为宽松的政治环境外,还与罗牧自身的画风密切相关。在罗牧的作品中,摆脱了崇古压抑的沉闷风格,展现了一派平淡天真、岚气清润的景象,以明快简洁的平淡天真、岚气清润替代了狂草滥题。可以说,罗牧以自己特有的方式,打破了清初早期摹古一统天下的局面,使八大山人、石涛等更具个性的作品,被社会所认识所接受,亦为江西派的形成创建了条件。晚年时期,罗牧与八大山人在南昌东湖畔创立"东湖书画会",主要成员有彭廷谟、李仍、蔡秉质、涂岫、闵应铨、齐鉴、吴雯炯、徐煌及八大山人之侄朱容重。该会的建立,在光大了江西画派的同时,也将罗牧推上了江西画派的领袖之位。

第六节
大型书院的修复与兴衰

一、清初四大书院的修葺与重建

明清政权交替之际,白鹿洞书院未遭到大的破坏。至清顺治时间,在地方官员的支持下,白鹿洞书院进入到一个发展阶段。顺治四年(1647年),南康知府李长春升任江西按察使,临行时捐俸银交前任知府聂应井作修葺书院的费用。但因南昌金声桓反清复明起义,原白鹿洞生徒吴江等聚众响应,与清军在星子交兵而停顿下来。顺治七年,聂应井与知府徐士仪等倡捐赠款,连同原有存资修葺书院。此时李长春与建昌(今永修县)绅士熊德扬分别作了《重兴白鹿洞书院记》和《重修白鹿洞书院礼圣殿记》。顺治十年,江西巡抚蔡士英会同藩臬诸司,陆续将铅山鹅湖、吉安白鹭洲、南昌友教、庐山白鹿洞四所名书院加以恢复、整顿、聘师、开讲。对白鹿洞书院,蔡士英与李长春等人清查了明代旧有田亩,倡增新田,制定规章条例,招生课试。在蔡士英调任漕运总督赴任途中,又到书院暂驻。离赣后还对书院建设多有关心,打算聘请新建儒生杨益介主讲白鹿洞书院,只是杨益介因身体不适而推辞。接着,蔡士英又与继任江西巡抚郎廷佐、李长春以及提学道杨兆鲁等人商议,聘请明代进士熊维典与明代拔贡何大良任教。熊、何两人经再三推辞后至顺治十四年赴书院就职。顺治十七年,黄宗羲游庐山来到白鹿洞书院,并作《匡庐游录》说:"先圣及从祀皆像设,嘉靖间易天下文庙以主,所以书院得如故。然两庑模范尽已剥落僵仆,诚不如主之为愈。"这时其他建筑还有宗儒祠、文会堂、先贤祠、彝伦堂等,"规制大略从翟守也"。此外,清初白鹿洞书院仍承袭明代推官主洞制,聘知名学者为主洞,同时还让推官监督洞事。熊、何两人主洞时,仍有府推官范扔监督洞事,这种监督洞事官员的设置至清末才废除。①

清初,白鹭洲书院也经历了一系列整修过程。早在顺治三年,官府就重修了白鹭洲书院,顺治十二年吉安知府李兴元又加以重修。康雍两朝,吉安地方官员又先后四次重修白鹭洲书院。在此过程中,湖西道施闰章与毛奇龄等人在白鹭洲书院讲学,恢复了中断多年的讲会活动。如史料记载:"(施闰章)修景贤、白鹭洲两书院……倡复五贤祠、道一堂。郡中耆旧、逸民以为自邹、罗诸先生青原会后,未有此盛。"②同时,为了重兴讲学之风,施闰章还聘请理学家、吉水人李振裕主讲白鹭洲书院,并主持了白鹭洲书院历史上著名的学术辩论——庐陵辩论。这场辩论双方为前任白鹭洲书院山长毛奇龄与湖南杨洪才,持续时间达三天之久,施闰章对辩论内容作了记录。通过此次辩论,白鹭洲书

---

① 参见周銮书、孙家骅、闵正国、李科友编《千年学府——白鹿洞书院》,江西人民出版社2003年版,第32—34页。

② 《白鹭洲书院志》卷一《崇祀》,同治十年版。

第六章
清前期江西的文化、艺术与科技

鹅湖书院外景(肖发标提供)

院的影响得到扩大。但是,由于此后地方官员加强了对书院的控制,白鹭洲书院逐渐成为科举考试的场所,学术之风渐衰。

除白鹿洞和白鹭洲两大书院外,另外两大书院豫章书院和鹅湖书院也得到恢复。豫章书院,位于南昌进贤门内,始创于南宋年间。明万历年间,巡抚凌云翼、潘季驯先后进行修葺,后因改祀宋、明、元各代的诸儒,如陆九渊、罗从彦、吴澄等二十四位省内的理学名家,所以又被称为豫章二十四先生祠。清康熙二十八年(1689年),改立为理学名贤祠。康熙五十六年,江西巡抚白潢重建了省城的豫章书院。右为讲堂,左为祠,仍祀先贤名儒,旁列房舍数十间。"院中为文渊堂,后为丽泽堂,后为九间,又北为七间,前为头门,为门房,为书房。左为官厅,东为圣经堂,前为五间,后为理学祠,又北为文昌宫,又东北为二十八间,西为白公祠,前为四间,后为七间,又西北为六十间"①。此外,省府官员还延请名儒主讲豫章书院,容纳省内各地学者二百多人。康熙五十八年,康熙帝鉴于豫章书院的声名,御赐"章水文渊"之匾额,悬挂于书院的讲堂之上。与此同时,鹅湖书院也得到了大规模的修葺。顺治初,巡抚蔡士英捐资重建了鹅湖书

---

① 《南昌府志》卷十《书院》,同治九年版。

院。康熙年间,铅山知县潘士瑞、施德涵又分别进行了修正,新增了山门、牌坊、大堂、浮池、拱桥、碑亭、御书楼等建筑物。书院两侧有厢房数十所,以为士子读书之所。

二、康乾时期白鹿洞书院的兴盛及嘉庆后的衰微

在经历了清初的整修后,白鹿洞书院继续得到了朝廷和地方官员的关怀,屡有兴修、置田、清租、聘师、招生、讲学、购书、订规、题诗、祀祭贤圣,规定科举名额等,迎来了兴盛时期。康熙元年(1662年),江西总督张朝璘带领府县官员重建明伦堂、宗儒祠,并由府教授杨日升掌教,推官朱雅醇督理洞事。康熙六年,南康府推官巫之峦、汪士奇相继兼督洞事,并与其他地方官一齐修葺书院。康熙九年,廖文英继任南康知府后,亲掌书院事务,修建院舍,增置院田,清理田租,组织开垦荒田、荒地、荒塘,装修圣贤像设,并重修书院志。此外,廖文英还先后聘请星子吴一圣与宜春张自烈主讲书院,开展会文讲学活动。康熙十六年后,南康知府伦品卓在布政使姚启盛、提学道邵吴远的支持下,对书院院舍大加整修,翻新了彝伦堂、文会堂、宗儒祠、先贤祠、三先生祠,添堂、亭及号舍,白鹿洞书院"瓦砾茂草一时仑奂"。

康熙二十一年,江西提学道高璜制定了《白鹿洞书院经久规模议》,议中包括洞规、禁约、职事、洞中日用事宜、议注、合用器具、祭器、书籍、每年支给常例,经费、洞租征收等十余项。议中肯定了朱熹、胡居仁、章演的《揭示》《续规》《为学次第》以及李龄、高贲亨戒条,明确规定了主洞应"聘海内崇正学,黜异端,道高德厚,明体达用者",副讲应聘"通《五经》,笃行谊者为之"。除此之外,议中还规定由主洞、副讲择生徒任为堂长、正副管干、典谒、经长、学长、引赞等执事。经长负责经义斋事,学长负责治事斋事。凡生徒有疑义,"先求开示于经、学长;不能决,再叩堂长;不能决,再叩副讲;不能决,再叩主洞;不许蹭等"。主洞除供膳外,每年束修银60两;副讲除供膳外,每年束脩银36两。堂长、管干等职事生,每年亦发给数量不等的津贴。另外,每月给银二两四钱,作为洞生月课赏格。康熙二十二年,江西巡抚安世鼎、提学道高璜、巡道查培继等人委托南康知府周灿重修书院。康熙二十四年又礼聘南丰汤来贺主洞务,并由府学教授任副讲,典管诸多事务。汤在受聘期间,又立堂长、学长多人,并在白鹿洞留有学规,白鹿洞一时学者云集,许多文人慕名前来,就学洞中。康熙二十六年,清圣祖玄烨亲书匾额"学达性天",赐予白鹿洞书院,遣官送抵书院悬挂,同

第六章
清前期江西的文化、艺术与科技

时颁送了经史诸书。

康熙朝后期,白鹿洞书院建设继续得到江西省府官员的支持。康熙三十一年年,巡抚宋荦赴洞整顿规制,聘请安义县举人徐京阶任教书院。康熙三十二年,江西巡抚马如龙亲赴白鹿洞书院课士、评卷,并聘熊飞渭主讲,熊又聘生徒万艇、蔡篙生为堂长。康熙三十四年,江西提学道王综为白鹿洞书院制定了"戒"、"勉"各八条。其八戒为"戒游惰、戒戏狎、戒欺诈、戒矜傲、戒苟安、戒驰骛、戒忌嫉、戒纤刻";八勉为"立志、敦本、主敬、致诚、明经、学古、专课、持重"。康熙三十六年,马如龙在熊飞渭去世后,聘都昌县解元邵良杰主洞事。康熙四十八年,南康府学教授兼主白鹿洞书院教事熊士伯请求建专祠祭祀朱熹,此事得到江西巡抚郎廷极和藩臬诸司的支持。祠建成后定名"紫阳祠",同时将朱熹门徒林用中、蔡沈、黄榦、吕炎、吕焘、胡泳、李燔、黄灏、彭方、周耜、彭蠡、冯椅、张洽、陈宓及陈潞等十五人由宗儒祠随迁此从祠。紫阳祠的修建,也是白鹿洞书院为朱熹及其门徒设专祠的开始。

康熙五十一年,署南康知府蒋国祥呈请仿白鹭洲书院例,另棚考试白鹿洞书院童生。省府批定为每逢岁、科考定取四名,永为定例。江西巡抚郎廷极、布政使傅泽渊聘原敬主白鹿洞书院讲席。康熙五十二年,南康知府叶谦派星子、建昌、都昌、安义四县教官按季轮流至白鹿洞督课。次年又聘邵良杰主讲书院。康熙五十四年,星子知县毛德琦奉委协理书院事务。毛德琦来白鹿洞书院后,课士评文,修葺房舍,清理田亩,整复规制,重修书院志。康熙五十八年,《白鹿书院志》修成,巡抚白潢、学政王思训等作序,志分形胜、兴复、沿革、先献、主洞、学规(包括讲义)、书籍、艺文(包括记、书、诗等)、祀典、田赋十部分,共19卷。至此,白鹿洞书院无论是在建筑规模,还是在学术成就,均达到一个鼎盛。

雍正、乾隆两朝,江西地方官长仍然对白鹿洞书院的建设予以了一定的关注,许多名家也先后主讲白鹿洞书院。雍正五年(1727年),江西布政使李兰聘金溪县进士王鳌为山长。王任职后整顿了书院的规制。乾隆三年(1738年),南康知府董文伟在上年增置田亩并讲学于洞中后,又与主洞章国禄等人立《朱子白鹿洞教条》于洞中。乾隆十年,江西巡抚陈宏谋视察并讲学白鹿洞。乾隆十三年,南康知府赵立身修建院宇,赴院督课,为白鹿洞书院建设尽心尽力。赵立身离任时,主洞熊直宋率生徒百余人立《郡伯赵公教思碑》。乾隆三十一年,南康知府陈子恭又修葺书院,重建文会堂,增加生徒膏火,聘苏州昭文县进士顾镇主教白鹿洞。乾隆四十五年,江西按察使王昶谒白鹿洞书院。乾隆五十三年,王艇再次视察鹿洞之后,决定编写《天下书院总志》。乾隆五十年,建昌进士郭祚炽主洞,并讲学洞中,从游者高达三百人之多。乾隆五十二年,江西提督学政翁方纲视察白鹿洞,并讲学其中。

总之,康熙朝的六十一年间,是清代白鹿洞书院建设的高潮。在这六十一年中,有赐书、赐额、科举之设,还有两次修志,有大批督抚、学政以及司道大员对书院的关怀等等。这些官方的努力都与清圣祖玄烨本人对理学的推崇、对朱熹的崇敬有十分密切的联系。雍正、乾隆时期,白鹿洞书院的发展虽不如康熙朝,但仍然处于一个较好的态势。但是就在兴盛之中,也可见其逐渐走向衰败的种种迹象。查慎行在《庐山游记》中就说道:"时读书洞中者仅二十余人","每日人给钱三文,谷二升","惟正讲、副讲二人岁支学俸共百金,其余尽归郡、县官吏中饱"。此外,尽管有许多人来到白鹿洞书院,但往往只是凭吊古迹,游览风景,而并非读书讲学。

嘉庆朝以后,白鹿洞书院更是日益衰败,兴修的记载也很少,山长也常见空缺。嘉庆九年(1804年),江西巡抚秦承恩,借南昌友教书院存银两千两,为白鹿洞置田,并重修书院。但是,此时白鹿洞书院经费已亏至七千余两,以致"院长修缮有缺,生徒膏火不给"。因此,以两千两的借款,填七千两之亏欠,终究无济于事。嘉庆十年,阳湖人榜眼洪亮吉游庐山,并讲学白鹿洞书院,也未能得到山长的接待。嘉庆十八年,著名学者恽敬游庐山,也来到白鹿洞书院,但未有任何教学活动,白鹿洞书院渐渐丧失了学术中心的地位。①

第七节
名医、"龙泉两码"与"样式雷"

一、名医与医案

在清代江西众多医学名家中,当以新建人喻昌的成就最为突出,对后世的影响亦最为深远。喻昌,字嘉言,江西新建人,因新建古称西昌,故又号西昌老人。生于明万历年间,卒于清康熙三年(1664年),是明末清初杰出的医学家,与江苏长洲人张璐、安徽歙县人吴谦,并称"清初三大名医",也是江西古代历史上十大名医之一。

---

① 参见周銮书、孙家骅、闵正国、李科友编《千年学府——白鹿洞书院》,第34—38页。

第六章
清前期江西的文化、艺术与科技

喻昌的治医之路,大致历经了一个由儒而禅、由禅入医的过程。清顺治二年(1645年),为了不入仕清廷,喻昌由一个明王朝的贡生,转而皈依佛门,云游于南昌、奉新、靖安等地,开始钻研《黄帝内经》、《素问》、《伤寒论》、《本草纲目》等经典医籍,深入研究人体五脏六腑的构造。顺治十年喻昌应江苏常熟人钱谦益之邀,由江西南昌移居江苏虞山。在此后近十年的时间里,喻昌根据前人的医学理论和自身的实际经验,治愈了为数众多的疑难杂症,创造了一套独特的医术,形成了"脾胃理论"、"幼科医论"、"大气论"以及"秋燥论"等多种理论。①

喻昌的诸多医学理论,充分体现在其为数颇丰的著述中。自明崇祯时期至清康熙年间,喻昌先后写出了《寓意草》、《尚论篇》、《医门法律》、《生民切要》、《张机伤寒分经注》、《伤寒决疑》、《喻选古方》、《会讲温证语录》和《瘟疫明辨》等九部医书。在以上九种著作中,又以《寓意草》、《尚论篇》(全称《尚论张仲景伤寒论397法》)以及《医门法律》三部流传最广,影响最深,合称《喻氏医学三书》。

《医门法律》刊行于顺治十五年,是一部临证著作,"取风、寒、暑、湿、燥、火六气及诸杂症,分门著论"。全书共六卷,卷一阐述"望、闻、问、切"四诊之法、《内经》及仲景学说法律。卷二至卷六分述中寒门、中风门、热湿暑三气门、伤燥门、疟证门、痢疾门、痰饮门、咳嗽门、关格门、消渴门、虚劳门、水肿门、黄瘅门及痈肺痿门。每门之下先论病因、病机及证治,再出法律,最后附方。所谓"法",指"治疗之术,运用之机";所谓"律",指"明著医之所以失而判定其罪"。也就是说,喻昌希望通过著述,确立一个基本原则:先明辨医者施治的原则和灵活性,而后指出医疗差错的原因和医生所应承担的责任。因此,喻昌在序言开篇就明确指出:"医之为道大矣,医之为任重矣。"②而《清史稿·喻昌传》也认为"此书专为庸医误人而作,分别疑似,既深明毫厘千里之谬,使临诊者不敢轻尝,有功医术"。③

《尚论篇》问世于清顺治五年,是喻昌治伤寒的代表作,分前、后两篇。前篇刻于1648年,原为八卷。乾隆二十八年(1763年),江西新城(今黎川)陈氏并为四卷,且另刻《尚论后篇》四卷,与原书合为八卷。喻昌治理伤寒,特别推崇张仲景的《伤寒论》,但又认为后世对《伤寒论》的认识和使用,存在着诸多缺陷。他批评王叔和在整理与编次《伤寒论》的过程中,参入一己之意,导致《伤寒论》一

---

① 参见李放《江西历代杰出科技人物传》,江西科学技术出版社2000年版,第153—157页。
② 喻昌著、张晓梅等校注:《医门法律》,自序,中国中医药出版社2002年版。
③ 赵尔巽、柯劭忞等编:《清史稿》卷五百二《喻昌传》,中华书局1977年版。

书失去了原貌,林亿、成无己两人又过于尊信王叔和,往往先传后经,不仅将王叔和的观点附会于张仲景之言,且将王氏之书汇混编为张仲景的著作。因此,喻昌在方有质《伤寒论条辨》基础上,重订了《伤寒论》的条文次序,提出冬伤于寒、春伤于温、夏秋伤于暑为主病之大纲。四季之中,以冬月伤寒为大纲。"伤寒六经中,又以太阳一经为大纲。而太阳经中,又以风伤卫、寒伤营、风寒两伤营卫为大纲"①。喻昌采用"三纲鼎立"法对《伤寒论》进行编次归类,开创了《伤寒论》学术争鸣的局面,喻昌也因之成为伤寒学派中"错简重订"一派的代表人物。

《寓意草》成书于崇祯十六年(1643年),是喻昌生平第一部著作。全书共4卷,收录了医论和六十余则诊治内科杂病或伤寒等疑难杂症的案例。两篇医论一是"先议病,后用药",一是"与门人定议病式",即强调治病必先识病,见病然后用药。在列举的每一个医案中,喻昌均力求反复推论,"务阐明审证用药之所以然",故《四库全书总目提要》一书称其"较各家医案,但言某病、用某药愈者,亦极有发明,足资一悟焉"②。此外,喻昌在书中还订立议病格式,规范病症书写等要求,其内容之详尽,堪称医案书写的典范。

黄宫绣,字锦芳,江西宜黄人。生于雍正八年(1730年),卒于嘉庆二十二年(1817年)。黄宫绣出身书香门第,其父为邑廪生。在家庭影响下,黄宫绣从小就专治举业,后又放弃科举考试,转而潜心钻研医学。乾隆十五年(1750年),宫绣在参考《内经》、《伤寒论》、《本草经》的基础上,结合自身的研究心得,写成《医学求真录》一书。该书共16卷,有总论,有分说。宗旨明确,讨论明白。但可惜的是,此书未能流传于后世。现存黄宫绣所著的医书,主要有刊行于乾隆三十四年的《脉理求真》和《本草求真》两种。

在《脉理求真》一书中,黄氏对脉诊部位和脏腑分配做了具体的说明,并对浮、沉、数、迟、长、端、大、小、洪、微、实、虚、紧、缓、花、濡、弦、弱、滑、涩、动、伏、促、结、革、牢、疾、细、代、散等三十种脉象作了详尽的论述。他认为,在所有脉象中,"胃脉"最为重要。元气之来,则脉象和缓;邪气之来,则脉来劲急。"必得脉如阿阿,软若阳春柳,方为脾气胃脉气象耳"。如不见有和缓之气,则为真脏脉见,是不知之症的征兆。在《本草求真》这部专论药物的书中,黄宫绣打破了以草木果菜金石这一传统的药物分类法,以气味和功效来编次归类,真正做到

---

① 张效霞:《尚错简重订,倡三纲鼎立》,《中国中医药报》2007年7月11日。
② 纪昀:《四库全书总目提要》卷一百四十《子部十四·医家类(二)》,中华书局1997年版。

第六章
清前期江西的文化、艺术与科技

了纲目并举,使阅者一目了然。此外,该书还对白术与山药、人参与玉竹、龙眼与当归、首乌与枸杞等药物的比较鉴别使用,作了详明的阐述,为医者临床选药提供了极具指导性的文本。①

谢星焕,字应庐,江西南城人,生活在清道光、咸丰两朝,是当时一位较为著名的医学家。星焕出身医学世家,早年曾应科举,后因家境不济,弃儒从医,在家乡行医数十年,医人无数。晚年将行医心得辑成一书,名《得心集》。该书共6卷,分伤寒、中风、头痛、虚寒、内伤、吐泻、杂症、霍乱等21门,记载了200多个医例,并附有相应答问。由于《得心集》对许多疑难杂症作了精辟入微的分析,故对后世行医者具有相当高的借鉴意义。

作为一代名医喻嘉言的私淑弟子,谢星焕对医学的认识和理解,无论是在理论上还是在临床应用中,均深受喻氏的影响。在医理上,谢氏承袭了喻嘉言的理念,主张"先议病,后用药";在实践中,谢氏大多采用喻氏的"畜鱼置介法",治疗阴虚风动引发的头脑昏痛,并以喻嘉言的"丹田有热,胸中有寒"理论,治疗肝风撮指"。甚至在《得心集》一书写作的体例上,也表现出了与《寓意草》一脉相承的特征。②

方略,字南薰,江西武宁人,约生于乾嘉时期,卒于道咸之际。与黄宫绣、谢星焕一样,方略早年也曾应举子业。不同的是,方略在治举时就表现出了较为非凡的医学才华。据资料记载,道光六年(1826年),方略到南昌参加科举考试,经友人举荐,为杨锦云治病。对杨锦云的病症,之前几位有经验的老年医生均不得要领。方略通过切脉,将其诊断为"夹痰伤寒",即以麻黄附子汤,加砂仁、白蔻、陈皮、神曲煎熬,之后兑入生姜汁。杨锦云服用后,立刻将胸中寒痰咳出,"乳肿随消"。"二服,汗出热退,乃去麻黄,加附子、肉桂,调治月余,厥疾告瘳"③。

在医理上,方略对张仲景的《伤寒论》有着深入研究,对吴鹤皋、李士材两人亦颇为推崇,尤服膺于明末清初的张景岳与喻嘉言。在治法上,方略博采众长,注重脉诊,施治层次分明,尤善温补。道光二十六年方略将自身行医三十余年的心得体会,写成《尚友堂医案》。该书分上、下两卷,上卷收录医案53篇,下

---

① 参见杨卓寅《江西十大名医谱(续)》,《江西中医药》1987年第1期;李放《江西历代杰出科技人物传》,第192—194页。
② 参见杨卓寅《江西十大名医谱(续)》,《江西中医药》1987年第3期。
③ 方略:《尚友堂医案》卷上《治伤寒结胸案》,上海中医学院出版社1993年版。

卷记有医例90则。上卷所录医案较精详,对所治病例的病情、脉症、病理及立法、处方,均有缜密的逻辑分析。下卷多为"随时应诊、遇病酌方"的医案,叙述较为简略。全书所载医案,重点集中在伤寒杂症、失血、遗精、缩阴、缩阳、不孕、小儿燥症等证,并附有治验奏效之方,在医案著作中堪称佳作。此外,方略还著有《慈航集要》、《伤寒集要》、《幼科集要》等书,惜未能刊行于世。①

除上述医案外,清前期江西较为著名的医家与医案,还有遂川人蔡宗玉及其所著《医书汇参辑成》。蔡氏出生在一个医学世家,科场失意后随祖父、父亲学医,并最终成为一代名家。宗玉行医,力主"方必切病,药必对症",医治了诸多疑难杂症,体现了扎实的理论功底和丰富的实践经验。行医之余,宗玉潜心著书立说,写就《医书汇参辑成》。该书刊行于嘉庆二年(1797年),共分24卷,收集了清代以前历代医学名家的理论,涉及范围广泛,包括了中医基础学、方剂学、药物学、内科、妇科、儿科以及五官科等,是一部内容丰富、编次分明,浅显易懂的医著。②

二、"龙泉两码"

"龙泉两码"又称"龙泉码价"、"龙泉尺码",是一种以银两价码作为杉木原条材积计量单位的材积表,因创立于明代崇祯时期江西龙泉县(今遂川县)而得名,距今已有300多年的历史。

"龙泉两码"的发明人是龙泉人郭维经及其女郭明珠。在"龙泉两码"发明之前,当地木材交易先后采用"估堆法"、"称重法"以及定尺寸、定重量、定价格的"三定法",但均无法解决杉木干湿带来的相应问题,木材交易受到了一定的阻碍。郭氏父女发明的"龙泉两码",是先根据杉木的树高生长、直径生长和木材交易价格的相应关系,用六十根长短不一的丝线,表示年龄径级不同的杉条木,然后依据丝线比例对应的木材大小,拟订码价等级。在制定码价等级中,以重量单位斤、两、钱、分,作为杉木计价单位。按照最初的龙泉两码,五尺大的杉木定位为"斤",码价16.03两;三尺之木定位为"两",码价为1.03两;一尺五寸之木定位为"钱",码价1钱;八寸之木定位为"分",码价1分。这种定位虽有较高的可行性,但也使一尺五寸之木与八寸之木之间码价相差过大。为了使码价等级

---

① 参见余应鳌、王立《江西医家方略〈尚友堂医案〉评介》,《江西中医药》1981年第3期。
② 参见李国强、傅伯言编《赣文化通志》,江西教育出版社2004年版,第383页。

第六章
清前期江西的文化、艺术与科技

更符合实际,郭氏父女又作了进一步完善,将一尺五寸之木的码价定为9分,八寸之木的码价定为1.5分,最终确定了15个码名、122个等级。①

"龙泉两码"由码名、眉围、长度和价码组成。码名分为分码、钱码、两码、飞码。眉围全距1—7滩尺(1滩尺=34.22厘米),按0.05滩尺的间距分为121个眉围级,依次合并成自小分码到6级飞码14个码名组。多数码名组包括10个眉围级,最少的大分码组只包括3个眉围级。每个码名均有一个标准材长,符合标准的条木叫"正木",达不到标准的条木称"脚木"。

用"龙泉两码"测量木材长度以有蔸有梢为准,若有蔸无梢或有梢无蔸,不论长短均视为"脚木",计价时以七折核算。杉木条的缺陷,在"龙泉两码"中称为"病",主要有短、弯、空、破、烂几种,测量与计码时要让篾与让码。让篾与让码的具体数字,由买卖双方根据实际情况议定。

"龙泉两码"的计数为十进制,十分为一钱,十钱为一两,但起始码名的小分码为3分,到单两码与双两码时的码价不是100与200分,而是103与203分,因而自单两码以后,各码价的尾数都是3分。一般说来,"龙泉两码"只计算到3尺条木,超过3尺的大材,其码两以"转贯法"算出。

"龙泉两码"问世后,先是在江西各木材贸易区得到应用,后又逐渐推行到湖广地区,最终通行全国。"龙泉两码"之所以能由一地走向全国,是因为它是一种科学、实用、简便的木材计量标准,有着较高的科学性和极强的实用性。"龙泉两码"的发明与应用,为我国历史上木材贸易的流通、林业生产的发展,发挥了重要作用。②

三、宫廷建筑世家"样式雷"

在清代中国的科技史上,出现了一个杰出的宫廷建筑世家。这个家族就是祖籍江西永修的雷氏家族。从清初康熙年间始,至清末光绪朝,该家族先后有七代人为皇家进行宫殿、陵寝、衙署及庙宇的设计和修建。由于这个建筑师家族世袭清廷样式房掌案一职,故被世人尊称为"样式雷"。

"样式雷"的第一代是雷发达。明末清初,为了躲避战乱,雷发达由南康府建昌县(今永修县)徙居江苏南京。康熙二十二年(1683年),雷发达与堂兄雷发宣来到北京,应诏参与皇家宫殿的修建。到康熙中期,雷发达主持了故宫三大

---

① 参见周慧《郭明珠与龙泉码价》,《中国典籍与文化》1999年第2期。
② 参见张志云《龙泉码价探讨》,《农业考古》1999年第1期。

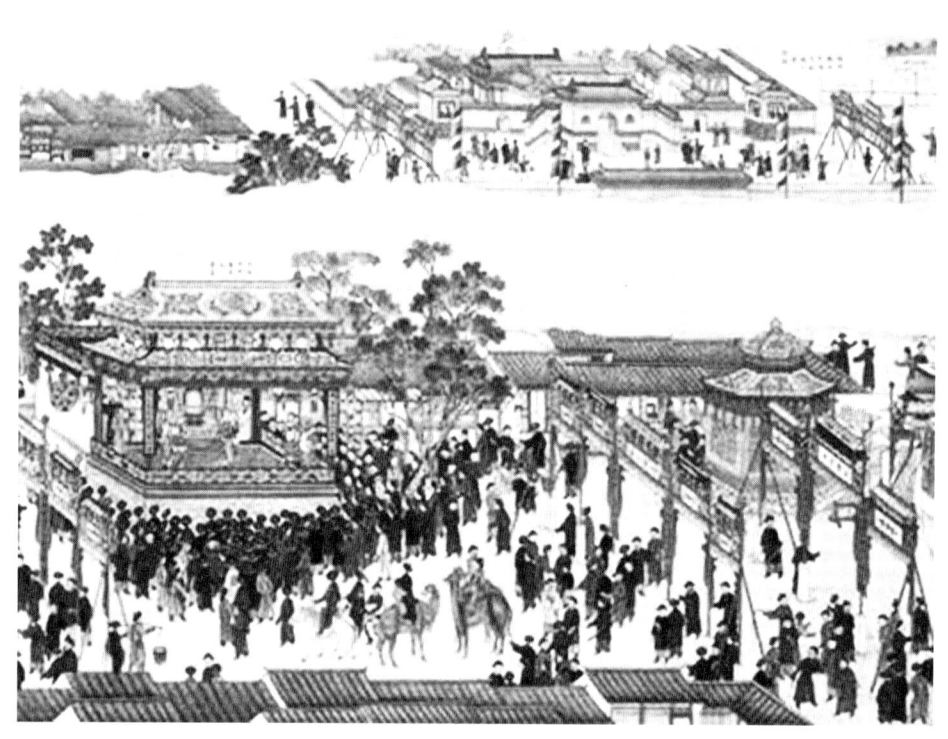

"样式雷"放样作品(李平亮提供)

殿即太和殿、中和殿、保和殿的修建。据说,在建造太和殿的过程中,雷发达不仅通过拆取明陵楠木旧梁柱的方法,解决了大木梁缺少的问题,还在上梁之日仅用三斧就将因卯眼不合的大梁固定,在民间留下"上有鲁班,下有长班。紫徽照令,金殿封官"的故事。

雷发达的成功,为"样式雷"的兴起奠定了坚实的基础。从第二代雷金玉始,雷氏世家开始了长达250多年的执掌样式房的历史时期。雷金玉生于顺治十六年(1659年),康熙二十八年(1689年)接替雷发达成为营造所长班。至雍正朝,雷金玉参加了圆明园再建工程,并任楠木作样式房掌案。他根据圆明园所在地的特点,对整个工程进行了综合规划,打破了园内宫殿结构旧式样,全部采取九脊、硬山、挑山、卷棚式的屋顶,出色地完成了园林中殿台楼阁和园庭的

第六章
清前期江西的文化、艺术与科技

画样、烫样和施工任务,受到了雍正帝的嘉奖。雍正七年(1729年),雷金玉去世,蒙皇恩赏赐盘费,奉旨归葬江苏。①

雷金玉去世后,其子声澂留守北京,继承父业,但受到其他匠人排挤,样式房掌案之职一度落入他人之手。至第四代,"样式雷"家族出现了家玮、家玺、家瑞三位传人。尤其是雷家玺,先后负责万寿山、香山、热河避暑山庄等多项工程的设计和施工,深受乾隆帝的赏识,从而重新确定了"样式雷"在样式房的领班地位。此后,"样式雷"第五代雷景修、第六代雷思起、第七代雷廷昌继续执掌样式房,并在重建和重修圆明园、重建太和门、修造定陵等皇家陵寝的工程中有着不俗的表现,延续了"样式雷"在建筑领域的荣耀。

"样式雷"不仅留下了许多令后人惊叹的建筑实物,还保留了大量的建筑图样、烫样、工程做法和相关文献。"烫样"是指按照实物比例缩小的木制模型,因模型需要烫蜡,还要熨斗,古称"烫样"。它有5分样、寸样、2寸样、4寸样、5寸样之分。5分样是指烫样的实际尺寸每五分相当于建筑实物的一丈,寸样指每一寸作一丈,依此类推。在形式上,"烫样"又分单座烫样和组群烫样两种。单座烫样可全面反映拟盖建筑的形式、色彩、材料和尺寸,组群烫样除反映单座建筑的情况外,还表现建筑组群的布局及其与周边环境的格局。"样式雷"设计的图样具有严密的科学性、高度的规范性和极高的艺术性。它既依据具体情况进行全局的规划设计,又根据实际需要绘制不同比例的施工图纸。"样式雷"的图档,不仅真实地记录了清代皇家建筑设计和营造,还充分体现了中国古代建筑达到最后一个高峰时期的全面成就。②此外,雷发达及其后人撰有《工部工程做法则例》及《工段营造录》两部著作。前者图文并茂,共74卷,记录了工程的施工、安装、构件的规格尺寸等,在中国古代建筑史上具有重要的地位。

---

① 参见朱启钤辑、梁启雄校补《哲匠录·雷发达(附朱启钤:样式雷考)》,《中国营造学社汇刊》1934年第4期。

② 参见李理《"样式雷"——清代杰出的建筑世家》,《建筑知识》2004年第6期。

主要参考文献

一、正史与政书

(清)张廷玉等撰《明史》,中华书局点校本,1974年版。
赵尔巽等撰《清史稿》,中华书局点校本,1977年版。
《清实录》,中华书局1986—1987年影印本。
《清朝文献通考》,浙江古籍出版社,1988年影印本。
《清朝通典》,浙江古籍出版社,1988年影印本。
《清朝通志》,浙江古籍出版社,1988年影印本。
《清会典》,中华书局,1991年影印本。
《大清律例》,《四库全书》本,商务印书馆,2005年影印本。
《钦定大清刑律》,清宣统三年(1911)刻本,《故宫珍本丛刊》本,海南出版社,2000年影印本。
(清)贺长龄编《皇朝经世文编》,中华书局,1992年版。
(清)盛康辑《皇朝经世文编续编》,台湾文海出版社,1972年影印本。
《宫中档康熙朝奏折》,台北故宫博物院,1976年影印本。
《康熙朝汉文朱批奏折汇编》,档案出版社,1985年影印本。
《雍正朝汉文朱批奏折汇编》,江苏古籍出版社,1989—1991年影印本。
《宫中档乾隆朝奏折》,台北故宫博物院,1982—1985年影印本。
《圣谕广训》,《四库全书》本,商务印书馆,2005年影印本。
(清)江西按察使司编纂《西江政要》,江西布政司藏本。

（清）凌焘编纂《西江视臬纪事》，《续修四库全书》本，上海古籍出版社，1997年影印本。

邵鸿主编《〈清实录〉江西资料汇编》（上、下册），江西人民出版社，2005年版。

《两淮盐法志》，扬州书局，同治九年（1870）重刻本。

（明）王在晋编《通漕类编》，《四库全书存目丛书》本，齐鲁书社，1997年影印本。

（清）傅泽洪编《行水金鉴》，雍正三年（1725）刊本。

（清）杨锡绂编《漕运则例纂》，乾隆三十四年（1769）刊本，收入《四库未收书辑刊》，北京出版社，2000年影印本。

（清）张光华编《漕运摘要》（附《漕运便览》1卷），嘉庆八年（1803）刊本。

（清）《户部漕运全书》，光绪二年（1876）编，光绪二年刊本。

二、文集、笔记

（明）章潢《图书编》，明万历后期刊本。

（明）郎瑛《七修类稿》，《历代笔记丛刊》本，上海书店出版社，2001年整理版。

（明）焦竑《玉堂丛语》，《历代史料笔记丛刊》本，中华书局，1997年整理版。

（明）罗洪先《念庵集》，《四库全书》本，上海古籍出版社，1989年影印本。

（清）蔡士英《抚江集》，《四库未收书辑刊》本，北京出版社，2000年影印本。

（清）宋之盛《程山问答》，《谢程山集》附录二，《四库全书存目丛书》本，齐鲁书社，1997年影印本。

（清）徐世溥《江变纪略》，《四库禁毁书丛刊》本，北京出版社，1997年影印本。

（清）施闰章《学余堂文集》（包括文集28卷、诗集50卷、外集2卷），《四库全书》本，上海古籍出版社，1989年影印本。

（清）宋荦《西陂类稿》，康熙五十年（1711）刊本。

（清）《宁都三魏全集》，清易堂原刻版（包括：魏际瑞《魏伯子文集》，魏禧《魏叔子文集》、《魏叔子日录》、《魏叔子诗集》，魏礼《魏季子文集》、《魏季子诗集》，魏世杰《梓室文稿》，魏世俲《耕庑文稿》，魏世偠《为谷文稿》）。

（清）邱维屏《邱邦士文集》，清康熙五十八年（1719）易堂刊本。

(清)李腾蛟《丰庐文稿》,《豫章丛书》本,民国胡思敬辑,民国10年(1921)豫章丛书编刻局刊本。

(清)曾灿《六松堂文稿》,《豫章丛书》本,民国胡思敬辑,民国10年(1921)豫章丛书编刻局刊本。

(清)林时益《朱中尉集》,《豫章丛书》本,民国胡思敬辑,民国10年(1921)豫章丛书编刻局刊本。

(清)彭士望《耻躬堂文钞》,《豫章丛书》本,民国胡思敬辑,民国10年(1921)豫章丛书编刻局刊本。

(清)彭任《草亭文集》,《豫章丛书》本,民国胡思敬辑,民国10年(1921)豫章丛书编刻局刊本。

(清)谢文洊《谢程山集》,《四库全书存目丛书》本,齐鲁书社,1997年版。

(清)李绂《穆堂初稿》、《穆堂别稿》,《续修四库全书》本,上海古籍出版社,1997年影印本。

(清)袁枚《小仓山房续文集》,《近代中国史料丛刊》本,[台]文海出版社,1989年影印本。

(清)阮葵生《茶余客话》,《明清笔记丛刊》本,中华书局,1959年整理本。

(清)吴文镕《吴文节公遗集》,《续修四库全书》本,上海古籍出版社,1997年影印本。

(清)唐鉴《国朝学案小识》,《清代传记丛刊》本,[台]明文书局,1986年版。

(清)喻昌《医门法律》,张晓梅等校注,中国中医药出版社,2002年版。

(清)方略《尚友堂医案》,上海中医学院出版社,1993年版。

(清)蓝浦《景德镇陶录》,嘉庆二十年(1815)版。

(清)赖学海《吴城竹枝词》,同治四年(1865)版。

三、总志与地方志书

(唐)李吉甫《元和郡县图志》,中华书局点校本,2005年版。

(明)王士性《广志绎》,中华书局点校本,1981年版。

康熙《西江志》,白潢主修,查慎行等纂,康熙五十九年(1720)刊本。

雍正《江西通志》,谢旻主修,陶成等纂,雍正十年(1732)刊本。

光绪《江西通志》,刘坤一主修,刘绎等纂,光绪七年(1881)刊本。

民国《江西通志稿》,吴宗慈主修,辛际周等纂,1985年整理印行本。

顺治《吉安府志》，李兴元修，欧阳主生等纂，顺治十七年(1660)刊本。
康熙《奉新县志》，黄虞再修，闵钺等纂，康熙元年(1662)刊本。
康熙《(吉)永丰县志》，邓秉恒修，涂拔尤等纂，康熙元年(1662)刊本。
康熙《雩都县志》，李祐之修，易学实等纂，康熙元年(1662)刊本。
康熙《南昌郡乘》，叶舟修，陈弘绪等纂，康熙二年(1663)刊本。
康熙《丰城县志》，何士锦修，陆履敬等纂，康熙三年(1664)刊本。
康熙《信丰县志》，杨宗昌修，曹宣光纂，康熙三年(1664)刊本。
康熙《新昌县志》，黄运启修，熊任等纂，康熙四年(1665)刊本。
康熙《抚州府志》，刘玉瓒修，饶昌胤等纂，康熙四年(1665)刊本。
康熙《东乡县志》，沈士秀修，梁奇等纂，康熙四年(1665)刊本。
康熙《武宁县志》，冯其世修，汪克淑等纂，康熙五年(1666)刊本。
康熙《宜黄县志》，尤稚章修，欧阳斗照等纂，康熙五年(1666)刊本。
康熙《临江府志》，施闰章修，高咏纂，康熙七年(1668)刊本。
康熙《余干县志》，江南龄纂修，康熙八年(1669)刊本。
康熙《峡江县志》，佟国才修，边继登等纂，康熙八年(1669)刊本。
康熙《袁州府志》，施闰章修，袁继梓等纂，康熙九年(1670)刊本。
康熙《高安县志》，张文旦修，陈九畴纂，康熙十年(1671)刊本。
康熙《万安县志》，胡枢修，郎星纂，康熙十年(1671)刊本。
康熙《贵溪县志》，毕士俊修，江熙龙等纂，康熙十一年(1672)刊本。
康熙《九江府志》，江殷道修，张秉铉纂，康熙十二年(1673)刊本。
康熙《安福县志》，张召南修，刘翼张等纂，康熙十八年(1679)刊本。
康熙《新建县志》，杨周宪纂修，康熙十九年(1680)刊本。
康熙《宁州志》，班衣锦修，戴云章等纂，康熙十九年(1680)刊本。
康熙《临川县志》，胡亦堂纂修，康熙十九年(1680)刊本。
康熙《乐平县志》，宋良翰修，杨光祚等纂，康熙二十年(1681)刊本。
康熙《浮梁县志》，陈淯修，邓燨等纂，康熙二十一年(1682)刊本。
康熙《金溪县志》，王有年纂修，康熙十一年修，二十一年(1682)刊本。
康熙《饶州府志》，黄家遴增刻，康熙二十二年(1683)刊本。
康熙《铅山县志》，潘士瑞修，詹兆泰等纂，康熙二十二年(1683)刊本。
康熙《萍乡县志》，尚崇年修，谭诠等纂，康熙二十二年(1683)刊本。
康熙《宜春县志》，王光烈修，周家祯等纂，康熙二十二年(1683)刊本。

康熙《乐安县志》,方湛修,詹相廷等纂,康熙二十三年(1684)刊本。
康熙《上犹县志》,章振萼纂修,康熙三十六年(1697)刊本。
康熙《重修瑞金县志》,郭一豪修,朱云映等纂,康熙四十九年(1710)刊本。
康熙《漱水志林》,张尚瑗纂修,康熙五十年(1711)刊本。
乾隆《宁都县志》,郑昌龄修,梅廷训纂,乾隆六年(1741)刊本。
乾隆《奉新县志》,余潮修,甘志道等纂,乾隆十五年(1750)刊本。
乾隆《安远县志》,董正修,刘定京等纂,乾隆十六年(1751)刊本。
乾隆《德化县志》,沈锡三续修,罗为孝续纂,乾隆四十五年(1780)续刊本。
乾隆《石城县志》,杨柏年修,黄鹤雯纂,乾隆四十六年(1781)刊本。
乾隆《新昌县志》,杨文峰等修,万廷兰纂,乾隆五十七年(1792)刊本。
嘉庆《萍乡县志》,陈建勋纂修,嘉庆十六年(1811)刊本。
嘉庆《湖口县志》,宋庚等修,洪宗训等纂,嘉庆二十三年(1818)刊本。
道光《分宜县志》,龚笙修,王钦纂,道光二年(1822)刊本。
道光《兴国县志》,蒋叙伦修,萧朗峰纂,道光四年(1824)刊本。
道光《宁都直隶州志》,黄永纶修,杨锡龄等纂,道光四年(1824)刊本。
道光《丰城县志》,徐清选等修,毛辉凤等纂,道光五年(1825)刊本。
道光《吉水县志》,周树槐纂修,道光五年(1825)刊本。
道光《定南厅志》,赖勋等修,黄锡光等纂,道光五年(1825)刊本。
道光《万载县志》,卫鹓鸣修,郭大经纂,道光十二年(1832)刊本。
道光《浮梁县志》,游际盛增补,道光十二年(1832)增补刊本。
道光《新建县志》,崔登鳌等修,涂兰玉纂,道光二十九年(1849)刊本。
同治《东乡县志》,李士棻等修,胡业恒纂,同治八年(1869)刊本。
同治《武宁县志》,何庆朝纂修,同治九年(1870)刊本。
同治《清江县志》,潘懿等修,朱孙诒等纂,同治九年(1870)刊本。
同治《上高县志》,冯兰森修,陈卿云等纂,同治九年(1870)刊本。
同治《新建县志》,承霈修,杜友棠等纂,同治十年(1871)刊本。
同治《星子县志》,蓝煦等修,曹徵甲等纂,同治十年(1871)刊本。
同治《贵溪县志》,杨长杰修,黄联珏等纂,同治十年(1871)刊本。
同治《鄱阳县志》,陈志培修,王廷鉴等纂,同治十年(1871)刊本。
同治《新城县志》,刘昌岳修,邓家祺纂,同治十年(1871)刊本。
同治《建昌县志》,陈惟清修,闵芳言等纂,同治十年(1871)刊本。

主要参考文献

同治《分宜县志》,李寅清等修,严升伟等纂,同治十年(1871)刊本。
同治《德化县志》,陈鼐修,吴彬等纂,同治十一年(1872)刊本。
同治《都昌县志》,狄学耕修,刘庭辉等纂,同治十一年(1872)刊本。
同治《南康府志》,盛元等纂修,同治十一年(1872)刊本。
同治《广丰县志》,双全等修,顾兰生等纂,同治十一年(1872)刊本。
同治《萍乡县志》,锡荣等纂修,同治十一年(1872)刊本。
同治《建昌府志》,邵子彝修,鲁琪光纂,同治十一年(1872)刊本。
同治《安福县志》,姚濬昌修,周立瀛等纂,同治十一年(1872)刊本。
同治《赣县志》,黄德溥等修,褚景昕纂,同治十一年(1872)刊本。
同治《南昌府志》,许应鑅等修,曾作舟等纂,同治十二年(1873)刊本。
同治《广信府志》,蒋继洙纂修,同治十二年(1873)刊本。
同治《铅山县志》,张廷珩修,华祝三纂,同治十二年(1873)刊本。
同治《新喻县志》,文聚奎等修,吴增逵纂,同治十二年(1873)刊本。
同治《赣州府志》,魏瀛修,鲁琪光等纂,同治十二年(1873)刊本。
同治《雩都县志》,颜寿芝等修,何戴仁等纂,同治十三年(1874)刊本。
光绪《吉水县志》,彭际盛等修,胡宗元等纂,光绪元年(1875)刊本。
光绪《瑞金县志》,张国英修,陈芳等纂,光绪元年(1875)刊本。
光绪《抚州府志》,许应鑅等修,谢煌等纂,光绪二年(1876)刊本。
光绪《吉安府志》,定祥等修,刘绎等纂,光绪二年(1876)刊本。
光绪《龙南县志》,孙瑞徵等修,钟益驭纂,光绪二年(1876)刊本。
光绪《建昌乡土志》,谭鸿基修,吴士仁纂,光绪三十三年(1907)刊本。
(民)《盐乘》,胡思敬纂,民国6年(1917)刊本。
《民国初元南昌纪事》,汪浩督修,民国9年(1920)刊本。
(民)《南丰县志》,包发鸾修,赵惟仁等纂,民国13年(1924)版。
《清江县志》,清江县志编纂委员会编,上海古籍出版社,1989年版。
《铅山县志》,铅山县志编纂委员会编,南海出版公司,1990年版。
(清)《南昌文考》,万廷兰辑,乾隆六十年(1795)刊本。
(清)《白鹭洲书院志》,刘绎纂修,同治十年(1871)刊本。
(清)《青原志略》,笑峰大然编,江西人民出版社,1998年点校版。
(清)《云居山志》,元鹏禅师纂修,康熙十二年(1673)刊本。
(清)《重刊麻姑山志》,黄家驹纂修,同治五年(1866)刊本。

(清)《华盖山志》,谢允瑛纂修,同治八年(1869)刊本。

(清)《逍遥山万寿宫志》,金桂馨等纂修,光绪四年(1878)刊本。

(清)《清江慧力寺志》,赵汝明辑,光绪刊本。

(民)《江西青云谱志》,徐云崖纂修,民国刊本。

《九江市风俗志》,九江市文化局编,2000年版。

四、人物传记

《国朝耆献类征初编》,李桓纂,周骏富辑,《清代传记丛刊》本,[台]明文书局,1989年影印本。

《国朝先正事略》,李元度撰,岳麓书社,1991年版。

《碑传集》,(清)钱仪吉纂,周骏富辑,《清代传记丛刊》本,[台]明文书局,1989年影印本。

《清史列传》,王钟翰点校,中华书局,1987年版。

《国史列传》,东方文化学会印行本,《近代中国史料丛刊续辑》第七辑,台湾文海出版社版。

《满汉名臣传》、《续集》、《三集》附《贰臣传》,黑龙江人民出版社,1991年版。

《清代碑传全集》,上海古籍出版社,1997年版。

《清代名人传略》,[美]恒慕义主编,青海人民出版社,1990年版。

《国朝名臣言行录》,王炳燮辑,《近代中国史料丛刊》第四十八辑,台湾文海出版社版。

《清代人物传稿》(上、下编),清史编委会编,中华书局、辽宁人民出版社1984—1994年分别出版。

《明遗民录》,孙静庵撰,浙江古籍出版社,1985年版。

《魏叔子年谱》,温聚民编撰,上海商务印书馆,1936年版。

《易堂九子年谱》,邱国坤编撰,江西高校出版社,1990年版。

五、史料汇编

《中国近代手工业史料》,彭泽益主编,中华书局,1962年版。

《清史资料》,中国社会科学院历史研究所清史研究室编,中华书局,1985年版。

《清代文字狱档》,原北平故宫博物院文献馆编,上海书店,1986年版。

《清史编年》,李文海主编,中国人民大学出版社,2000年版。

《耶稣会士中国书简集》(一至三卷),[法]杜赫德编,耿昇译,大象出版社,2000年版。

(清)《抚郡农产考略》,何德刚撰,光绪二十九年(1903)刊本。

(民)《江西之特产》,王松年撰,联合征信所南昌分所,1949年刊本。

《江西近代贸易史资料》,江西省社会科学院历史研究所、江西省图书馆选编,江西人民出版社,1987年版。

《江西地方文献索引》(下编),江西省社会科学院情报资料研究所编,1987年印行。

《江西四十三县市文史资料目录汇编》,江西师范大学区域社会研究资料中心编,2000年印行。

六、目录工具书

《四库全书总目》,中华书局,1983年影印本。

《清史稿纪表传人名索引》(上、下),何英芳编,中华书局,1996年版。

《中国地方志联合目录》,庄威凤等主编,中华书局,1985年版。

《中国稀见地方志汇刊》,中国社会科学院图书馆选编,中国书店,1992年影印本。

《日本藏中国罕见地方志丛刊》,书目文献出版社,1992年影印本。

《日本藏中国罕见地方志丛刊续编》,北京图书馆出版社,2003年影印本。

《中国方志丛书目录》,[台]台湾成文出版社,1996年版。

《北京图书馆古籍珍本丛刊·史部地理类》,书目文献出版社,1998年影印本。

《中国地方志民俗资料汇编》,丁世良、赵放主编,书目文献出版社,1995年版。

《中国民间秘密宗教辞典》,濮文起编,四川辞书出版社,1996年版。

《中华文化通志·民间宗教志》,马西沙编,上海人民出版社,1998年版。

《中国历史大辞典》,郑天挺等主编,上海辞书出版社,2000年版。

《江西历代人物词典》,陈荣华等主编,江西人民出版社,1990年版。

《江西省地图册》,江西省测绘局编制,中华地图学社,1993年版。

七、研究著作

《江西史稿》,许怀林著,江西高校出版社,1993年版。
《江西通史》,陈文华、陈荣华主编,江西人民出版社,1999年版。
《江西内河航运史》,沈兴敬主编,人民交通出版社,1991年版。
《明清景德镇城市经济研究》,梁淼泰著,江西人民出版社,2004年版。
《赣方言概要》,陈昌仪著,江西教育出版社,1991年版。
《客赣方言比较研究》,刘纶鑫主编,中国社会科学出版社,1999年版
《江西文化》,周文英等编著,辽宁教育出版社,1993年版。
《江西佛教史》,韩溥著,光明日报出版社,1995年版。
《江西近现代人物传稿》,朱祥清主编,江西人民出版社,1991年版。
《江西历代杰出科技人物传》,李放主编,江西科学技术出版社,2000年版。
《江西公藏谱牒目录提要》,梁洪生著,江西教育出版社,2002年版。
《江西戏曲文化史》,龚国光著,江西人民出版社,2003年版。
《清代江西财经讼案研究》,龚汝富著,江西人民出版社,2005年版。
《江西省志·人物志》,刘斌总纂,方志出版社,2007年版。
《江右王门与明中后期江西教育发展》,吴宣德著,江西教育出版社,1996年版。
《宁都县的宗族、庙会与经济》,刘劲峰主编,(香港)国际客家学会、法国远东学院、海外华人资料研究中心,2002年版。
《吉安市的宗族、经济与文化》(上、下),刘劲峰、耿艳鹏主编,(香港)国际客家学会、法国远东学院、海外华人资料研究中心2005年版。
《易堂九子的生平和诗文》,谢帆云著,作家出版社,2001年版。
《易堂九子散文选注》,邱国坤、戴存仁选注,花城出版社,2001年版。
《近三百年人物年谱知见录》,来新夏著,上海人民出版社,1983年版。
《近代学风之地理的分布》,梁启超著,《饮冰室合集》第五册,中华书局1989年影印本。
《中国近三百年学术史》,梁启超著,东方出版社,1996年版。
《江村经济——中国农民的生活》,费孝通著,上海人民出版社,2007年版。
《明清福建家族组织与社会变迁》,郑振满著,湖南教育出版社,1992年版。
《在国家与社会之间——明清广东里甲赋役制度研究》,刘志伟著,中山大学出版社,1997年版。

《中国移民史》第5、6卷,曹树基著,福建人民出版社,1997年版。

《清代漕运》,李文治、江太新著,中华书局,1995年版。

《明清湘鄂赣地区的人口流动与商品经济》,方志远著,人民出版社,2001年版。

《明清长江中游市镇经济研究》,任放著,武汉大学出版社,2003年版。

《明清长江中下游渔业经济研究》,尹玲玲著,(济南)齐鲁书社,2004年版。

《明代巡抚研究》,张哲郎著,[台]文史哲出版社,1995年版。

《明朝总督巡抚辖区研究》,靳润成著,天津古籍出版社,1996年版。

《中国近代会党史研究》,蔡少卿著,中华书局,1987年版。

《在"盗区"与"政区"之间——明代闽粤赣湘交界的秩序变动与地方行政演变》,唐立宗著,台湾大学出版委员会,2002年版。

《王学通论——从王阳明到熊十力》,杨国荣著,三联书店,1990年版。

《罗洪先·聂豹评传》,吴震著,南京大学出版社,2001年版。

《阳明学的形成与发展》,钱明著,江苏古籍出版社,2002年版。

《阳明后学研究》,吴震著,上海人民出版社,2003年版。

《阳明学士人社群——历史、思想与实践》,吕妙芬著,[台]"中央研究院"近代史研究所专辑87辑,2003年版。

《江右思想家研究》,郑晓江主编,中国社会科学出版社,2003年版。

《净明道研究》,黄小石著,巴蜀书社,1999年版。

《中国天主教史人物传》,方豪著,中华书局,1988年影印本。

《方豪六十自定稿》(上),方豪著,[台]学生书局,1969年版。

《明清间在华的天主教耶稣会士》,江文汉著,知识出版社,1987年版。

《天主教传行中国考》,萧若瑟著,《民国丛书》第一编第11集,上海书店据河北献县天主堂1931年版影印。

《中国天主教传教史概论》,徐宗泽著,《民国丛书》第二编第11集,上海书店据土山湾印书馆1938年版影印。

《明清间耶稣会士译著提要》,徐宗泽著,《民国丛书》第一编,上海书店据中华书局1949年版影印。

八、外文著作

《〈荷使初访中国记〉研究》,[荷]包乐史、[中]庄国土著,厦门大学出版社,

1989年版。

《冲突和适应:1860—1900年的江西基督教》,[美]史维东(Alan Richard Sweeten)著,安·阿伯,密歇根大学出版社,2001版。

《南明史》,[美]司徒琳(Lynn A. Struve)著,李荣庆等译,上海古籍出版社,1992年版。

《洪业——清朝开国史》,[美]魏斐德(Frederic E.Wakeman, Jr)著,薄小莹等译,江苏人民出版社,1995年版。

《中国社会史》,[法]谢和耐著,耿昇译,江苏人民出版社,1995年版。

《蒙元入侵前夜的中国日常生活》,[法]谢和耐著,刘东译,江苏人民出版社,1999年版。

《剑桥中国晚清史》,[美]费正清编,中国社会科学出版社,1993年版。

《叫魂:1768年中国妖术大恐慌》,[美]孔飞力著,陈兼、刘昶译,上海三联书店,1999年版。

《在华耶稣会士列传及书目》(上、下),[美]费赖之著,冯承钧译,中华书局,1995年版。

《在华耶稣会士列传及书目补编》(上、下),[美]荣振华著,耿昇译,中华书局,1995年版。

《基督教中国传教手册》(第一卷:635—1800),[比]Nicolas Standaert主编,雷登:Brill,2000年版。

《中国和基督教》,[法]谢和耐著,耿昇译,上海古籍出版社,1982年版。

《江南传教史》,[法]史式徽著,天主教上海教区史料译写组译,上海译文出版社,1983年版。

《1900年以前的基督教传教活动及其影响》,[美]保罗·柯恩著,收录在《剑桥中国晚清史》,费正清(美)编,中国社会科学出版社,1993年版。

《中国基督徒史》,[法]沙百里著,耿昇等译,中国社会科学出版社,1998年版。

《大中国志》,[葡]曾德昭著,何高济译,上海古籍出版社,1998年版。

《遣使会在华传教史》,[美]P. Octave Ferreux C. M.著,吴宗文译,台湾出版。

九、研究论文

《关于雍正帝的除豁贱民令》,[日]寺田隆信撰,收入《日本学者研究中国史论著选译》第六卷,中华书局,1993年版。

《论清代棚民的户籍问题》,刘敏撰,《中国社会经济史研究》1983年第1期。

《清前期江西棚民的入籍及土客籍的融合和矛盾》,万芳珍撰,《江西大学学报》(社科版)1985年第2期。

《明清时期的流民与赣北山区的开发》,曹树基撰,《中国农史》1986年第2期。

《移民·户籍与宗族:清代至民国期间江西袁州地区研究》,郑锐达撰,香港科技大学人文学部1997年硕士学位论文,未刊本。

《明清江西农村市场初探》,占小洪撰,中国社会科学院经济研究所1986年硕士学位论文,铅字打印本。

《明清时代江西墟市与市镇的发展》,刘石吉撰,[台]"中央研究院"第二次中国近代经济史研讨会论文集,1989年版。

《吴城商镇及其早期商会》,梁洪生撰,《中国经济史研究》1995年第1期。

《江右王门学者的乡族建设——以流坑村为例》,梁洪生撰,[台]《新史学》八卷一期,1997年。

《从"异民"到"怀远"——以"怀远文献"为重心考察雍正二年宁州移民要求入籍和土著罢考事件》,梁洪生撰,《历史人类学学刊》第一卷第一期,中山大学历史人类学研究中心、香港科技大学华南研究中心,2003年。

《明清时期江西的商业城镇》,许檀撰,《中国经济史研究》1998年第3期。

《清代前期的九江关及其商品流通》,许檀撰,《历史档案》1999年第1期。

《赣南的农村墟市与近代社会变迁》,谢庐明撰,《中国社会经济史研究》2001年第1期。

《清代赣南乡族势力与农村墟市》,黄志繁撰,《江西社会科学》2003年第2期。

《中心与边缘:九江近代转型的双重变奏》,陈晓鸣撰,上海师范大学2004年博士学位论文,未刊本。

《明清北京新建会馆与地方管理权力的转移》,杜玉玲撰,江西师范大学2004年硕士学位论文,未刊本。

《清代南昌城市经济发展与转型研究》,张敏撰,四川大学2007年硕士学位论文,未刊本。

《清代江西的粮食运销》,陈支平撰,《江西社会科学》1983年第3期。

《明清福建烟草的生产与贸易》，林仁川撰，《中国社会经济史研究》1999年第3期。

《清中叶江西中南部地区盐枭走私初探》，吴海波撰，江西师范大学2002年硕士学位论文，未刊本。

《夏布业与棠阴村落变迁》，黄建安撰，江西师范大学2004年硕士学位论文，未刊本。

《清代江西运漕及其负担研究》，陈华撰，江西师范大学2005年硕士学位论文，未刊本。

《江西万安县出土的民窑青花瓷试析》，余家栋、伯敏撰，《江西文物》1990年第2期。

《海外瓷器贸易影响下的景德镇瓷业》，刘昌兵撰，《南方文物》2005年第3期。

《龙泉码价探讨》，张志云撰，《农业考古》1999年第1期。

《郭明珠与龙泉码价》，周慧撰，《中国典籍与文化》1999年第2期。

《"样式雷"——清代杰出的建筑世家》，李理撰，《建筑知识》2004年第6期。

《清初江西三大学派歧同述略》，胡迎建撰，《江西社会科学》1996年第12期。

《清初士人：道德追求与社会责任——以宁都魏氏一门为例》，廖华生撰，江西师范大学2002年硕士毕业论文，未刊本。

《陶福履校刊豫章丛书缘起内容及版本特点》，王咨臣撰，《江西大学学报》（社科版）1980年第1期。

《清代江南乡绅助考活动研究》，毛晓阳撰，江西师范大学1999年硕士学位论文，未刊本。

《清代江西进士丛考》，毛晓阳撰，浙江大学2005年博士学位论文，未刊本。

《良知学的转折——聂双江与罗念庵思想之研究》，林月惠撰，台湾大学中国文学博士论文，1995年。

《罗汝芳思想研究》，李庆龙撰，台湾大学历史所博士学位论文，1999年。

《阳明后学研究的回顾与瞻望》，钱明撰，《宁波市委党校学报》（社科版）2004年第1期。

《阳明后学综述》，吴震撰，《国学研究》第九卷，北京大学出版社，2002年版。

《试论嘉庆八年江西廖干周起义》,曹国庆等撰,《江西师范大学学报》(社科版)1987年第1期。

《清乾隆年间江西禁毁书查缴始末研究》,徐苇撰,《江西图书馆学刊》1999年第4期。

《清代江西民间秘密教门研究》,谭小军撰,江西师范大学2006年硕士学位论文,未刊本。

《龙虎山上清宫建置沿革初探》,周沐照撰,《中国道教》1981年第1期。

《云贵川境内万寿宫的分布及其由来》,章文焕撰,《南昌职业技术师范学院学报》1997年第2期。

《明清时期的民间宗教》,李尚英等撰,收入《中国社会史论》(上),湖北教育出版社,2000年版。

《民间记忆的重塑:清代山东的驱蝗神信仰》,代洪亮撰,《济南大学学报》(社科版)2002年3期。

《环鄱阳湖的民间信仰》,扶松华撰,南昌大学2006年硕士学位论文,未刊本。

《宋元明清全真道发展述论》,陈金凤撰,《宗教学研究》2007年第2期。

《也谈八大山人的几个问题——兼致杨新〈八大山人三题〉》,萧鸿鸣撰,《南方文物》1999年第1期("八大山人专辑")。

《另眼看八大山人》,陈椿年撰,《书屋》2003年第4期。

《一代才人的情志"沦落史"——论蒋士铨的三部文人故事剧》,林叶青撰,《艺术百家》2001年第1期。

《江西名戏——东河戏》,廖祥年撰,《华夏文化》2004年第4期。

《江西十大名医谱(续)》,杨卓寅撰,《江西中医药》1987年第1期。

《尚错简重订,倡三纲鼎立》,张效霞撰,《中国中医药报》2007年7月11日第5版。

《中国乡村的妇女与法:江西教案的启示,1872—1878》,[美]史维东(Sweeten,Alan R.)撰,《清史问题》第3卷第10期,1978年。

《中国乡村的社会与官僚:以江西教案为例,1860—1895》,[美]史维东(Sweeten,Alan R.)撰,加利福尼亚大学博士论文,1980年。

《康熙皇帝和他身边的法国耶稣会士》,朱静撰,《复旦学报》(社科版)1994年第3期。

《清代法国耶稣会士在华传教策略》,李晟文撰,《清史研究》1995年3期。

《明末清初来华法国耶稣会士与"西洋奇器"——与北美传教活动相比较》,李晟文、[加]蒂尔贡撰,《中国史研究》1999年第2期。

《明清欧人对中国舆地的研究》(一至三),吴孟雪撰,《文史知识》1994年第4、8、9期。

《明清欧人对来华通道的探寻》,吴孟雪撰,《文史知识》1996年第2—6期。

《明清欧人对中国宗教及其习俗的评价》,吴孟雪撰,《文史知识》1996年第1—2期。

《明清欧人对中国科举、教育制度的介绍与评价》,吴孟雪撰,《文史知识》1997年第1期。

《十九世纪在华基督教的两种传教政策》,王立新撰,《历史研究》1996年第3期。

《传教士与近代中西文化竞争》,罗志田撰,《历史研究》1996年第6期。

《明清在华耶稣会士面向西方描述的江西》,梁洪生撰,《江西师范大学学报》(社科版)2003年第1期。

《明清江西天主教的传播》,吴薇撰,《江西师范大学学报》(社科版)2003年第1期。

《明清时期江西天主教的传播》,吴薇撰,2003年江西师范大学硕士学位论文,未刊本。

后 记

《江西通史·清前期卷》的成文费时三年之久,确是一件劳心劳力又令人快慰的好事情。

《江西通史·清前期卷》的最终完成,是一个学术团队多年潜心研究的结晶。江西师范大学历史系地方史教研室的四位教师和先后毕业的五位研究生众手合成了这部著述,具体撰写的内容如下:

梁洪生撰写了第一章全文,第二章第一节、第二节第一小节,第五章第一节,第六章第一节第四小节、第二节第三、四小节;

李平亮博士撰写了第四章全文,第五章的第一至第五节,第六章的第四节第一、二小节以及第五至第七节;

游欢孙博士撰写了第三章全文;

廖华生博士撰写了第六章第一节第一至第三小节。

毛晓阳博士(任教福建省闽江学院)撰写了第二章第二节第二小节,第六章第二节第一、二小节;

吴薇硕士(任教杭州电子科技大学)撰写了第六章第四节第三小节;

陈华硕士(任教江西财经大学)撰写了第二章第三节;

谭小军硕士(任教江西师范大学)撰写了第六章第三节;

杜玉玲硕士(任教江西师范大学)编制了第二章第一节中的表2—1(《清前期江西巡抚任职年表》)。

当年这五位研究生的学位论文一般都投入了两年甚至更长的时间,在一个研究专题上花费的心力和体会往往比他们的老师要多,他们应邀撰写的部分即以此为基础。他们现在继续贡献自己的学识和勤奋,不仅带有跨省多校合作研究的性质,还可看出江西学子无论走到哪方土地,都不忘回报桑梓的赤诚之情。感谢他们!

南昌大学建筑工程学院的姚赯教授、哲学系的刘经富教授、江西浩风建筑工程设计事务所的黄浩总建筑师、江西省文物考古研究所的肖发标研究员、江西省博物馆副馆长兼文物建筑保护中心主任刘昌兵研究员、资深摄影师钱进先生和部分县市博物馆的同人等,提供了体现江西历史文化底蕴的精美照片,感谢他们的支持!

梁洪生还审读了全部文稿,整合了开篇的《引言》、文末的《主要参考文献》以及全书的照片资料。

百花洲文艺出版社的张国功先生不仅极其细心地通检了全书的文字,而且在目录修订和史料征引方面多有指点。本书得遇这样一位学识渊博并且深具人文关怀的责任编辑,实是一大幸事。

本书内容可能存在的不足和讹误,敬请方家与广大读者批评并不吝指教。

梁洪生
2008年11月20日